Treasures for Scholars Worldwide

国家社会科学基金重大招标项目
民族文字出版专项资金资助项目

中国西南少数民族地区濒危文字文献调查研究丛书
赵丽明　孙宏开　主编

宝山纳西东巴文应用文献调查、整理与研究

赵丽明　李学信　和茂春　和学耀
蒋　波　高　渊　苏　裴　李静生　编著

广西师范大学出版社
·桂林·

二 调解协议

文书2-1

民事纠纷调解协议（正面）

民事纠纷调解协议（背面）

著录

编号	2-1
文书名	民事纠纷调解协议
书写人	佚名
书写时间	咸丰二年（1852）
来源	云南省玉龙纳西族自治县宝山乡吾木村
体例	竖行书写，从左向右换行，双面书写
材质	东巴纸，墨书
采集时间	2011年7月24日
采集地点	云南省玉龙纳西族自治县宝山乡吾木村
摄影	李学信
翻译者	和茂春，和学湛，和学耀
整理者	蒋波，苏裴
备注	

翻译

【正面】

01

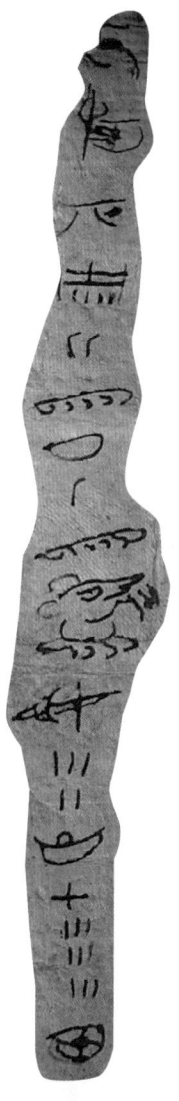

字符	国际音标	直译	意译	串讲
	k^ha^{33}	苦	可汗	
	$^nga^{33}$	胜利		
	ka^{33}	好	咸丰	
	fu^{55}	锯子		
	ni^{33}	二		
	k^hu^{13}	镰刀	年	
	gu^{31}	蛋	指示代词	咸丰皇帝二年这一年属鼠，腊月十九日是属马的一天。
	$dɯ^{31}$	一		
	k^hu^{13}	镰刀	年	
	$fu^{33}\ k^hu^{13}$	鼠、镰刀	属鼠	
	$^nda^{31}$	砍	腊月	
	ua^{33}	五		
	xe^{33}	月亮	月份	
	ts^he^{31}	十		

续表

字符	国际音标	直译	意译	串讲
	ⁿgu³³	九		
	ni³³	太阳	日、天	
	ʐua³³ kʰu¹³	马、镰刀	属马	咸丰皇帝二年这一年属鼠，腊月十九日是属马的一天。
	du³¹	一		
	ni³³	太阳	日、天	

02

字符	国际音标	直译	意译	串讲
	la³¹	手	拉皂（人名）	
	zo³³	缸		
	nɯ³¹	心脏	主语助词	
	ue³³	村子		因为拉皂（人名）家的大门阻碍了伟伽究塔（人名）的道路，
	ⁿga³³	胜利	伟伽究塔（人名）	
	dzie³¹	秤砣		
	tʰa³¹	塔		
	gə⁵⁵	上	定语助词	

续表

字符	国际音标	直译	意译	串讲
	ʐɯ⁵⁵	蛇	道路	
	gu³¹	熊		
	tɕi³¹	钩子	上	
	ka³¹	弹弓		
	ᵐbu³¹	山坡	大门	因为拉皂（人名）家的大门阻碍了伟伽究塔（人名）的道路，
	kʰu⁵⁵	门		
	sɑ¹³	气		
	zɯ³³	蝙蝠	因为	
	gə⁵⁵	上		
	nɯ³¹	心脏		

03

字符	国际音标	直译	意译	串讲
	dziə³¹	秤砣	季塔（人名）	季塔（人名）到村官面前去告状。
	tʰɑ³¹	塔		
	nɯ³¹	心脏	主语助词	

续表

字符	国际音标	直译	意译	串讲
	mu^{31}	簸箕		
	kua^{31}	锅灶	村官[1]	
	ka^{33}		前	
	$tçi^{31}$	钩子		季塔（人名）到村官面前去告状。
			告状	
	kua^{31}	盆		
	$tʰə^{33}$	桶	情态助词	
	me^{55}	雌性	语气助词	

04

字符	国际音标	直译	意译	串讲
	mu^{31}	簸箕		
	kua^{31}	锅灶	村官	
	$nɯ^{31}$	心脏	主语助词	
	le^{55}	獐子	结构助词	村官调解过了。
	xo^{31}	肋骨	调解	
	se^{31}	岩羊	情态助词	
	me^{55}	雌性	语气助词	

05

字符	国际音标	直译	意译	串讲
	zɿ⁵⁵	蛇	道路	是道路问题。
	gu³¹	熊		
	lɯ¹³	牛虻	不详	
	mu³¹	蘑菇	是	

06

字符	国际音标	直译	意译	串讲
	mu³¹	簸箕	村官	村官已经调解过了。
	kuɑ³¹	锅灶		
	nɯ³¹	心脏	主语助词	
	le⁵⁵	獐子	助词	
	ʂə¹³	说	调解	
	ʂə¹³	说		
	se³¹	岩羊	情态助词	

07	字符	国际音标	直译	意译	串讲
		la³¹	手		
				拉皂（人名）	
		zo³³	缸		
		dziə³¹	秤砣		
				季塔（人名）	
		tʰa³¹	塔		
		ni³³	二		
		ku¹³	大蒜	个	
		u³¹	奴仆		拉皂（人名）和季塔（人名）二人各走各的路。
		ʐɯ⁵⁵	蛇		
				各自	
		u³¹	奴仆		
		le⁵⁵	獐子		
		ⁿtɕi⁵⁵		走	
		tʂə³¹	骨节	不详	
		me⁵⁵	雌性	语气助词	

08

字符	国际音标	直译	意译	串讲
	ma³³	尾巴		
	dɯ³¹	一	今后	
	ni³³	太阳		
	la³¹	手	拉皂（人名）	
	zo³³	缸		
	dzie³¹	秤砣	季塔（人名）	
	tʰɑ³¹	塔		今后，拉皂（人名）和季塔（人名）两个人，约定每个人都不可以记仇。
	ni³³	二		
	ku¹³	大蒜	个	
	dɯ³¹	一		
	ku¹³	蛋	个	
	nɯ³¹	心脏	主语助词	
	dɯ³¹	一		
	ku¹³	蛋	个	
	tɕi³¹	钩子	助词	

第三章　文献解读　605

续表

字符	国际音标	直译	意译	串讲
	tɕi³³	羊毛剪		
	sy³¹	羊毛团		
	zɯ³³	仇恨	记仇	
	sy³¹	羊毛团		
	zɯ³³	夏天		今后，拉皂（人名）和季塔（人名）两个人，约定每个人都不可以记仇。
	mə³³	日暮	绝不、永不	
	be³³	战神		
	se³¹	岩羊	情态助词	
	me⁵⁵	雌性	语气助词	

09	字符	国际音标	直译	意译	串讲
		tsʰo³³	大象		
		zɯ⁵⁵	蛇	充当调解员的小官	村官调解过了。
		ᵐbe³³	雪花		
		le⁵⁵	獐子	结构助词	

续表

字符	国际音标	直译	意译	串讲
	xo^{31}	肋骨	调解	村官调解过了。
	me^{55}	雌性	语气助词	

10

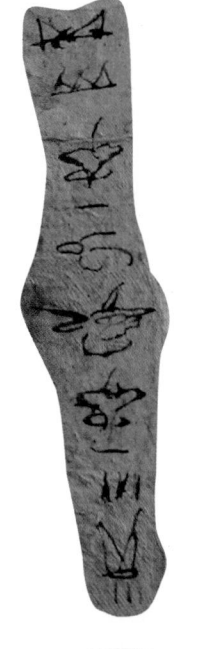

字符	国际音标	直译	意译	串讲
	ue^{33}	村子		
	mi^{55}	火	伟密（人名）	
	ba^{33}	花	父亲	
	a^{33}	语气词		
	y^{33}	羊	阿宇（人名）	
	ba^{33}	花	父亲	伟密（人名）的父亲、阿宇（人名）的父亲，三人和好了。
[2]	su^{31}	三		
	ku^{13}	大蒜	个	
	nu^{31}	心脏	主语助词	
	xo^{31}	肋骨	和睦	
	me^{55}	雌性	语气助词	

【背面】

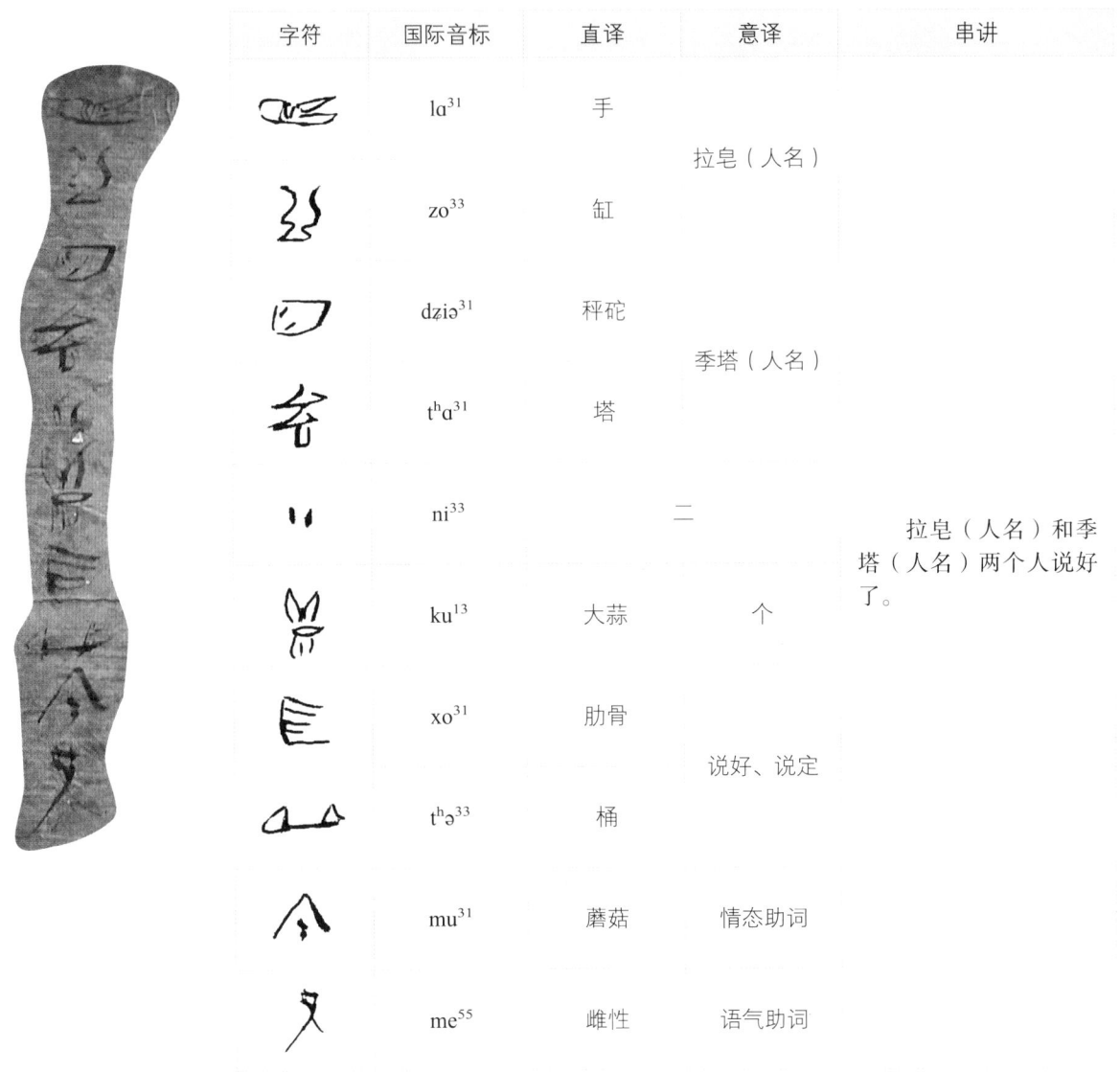

字符	国际音标	直译	意译	串讲
	la^{31}	手		
			拉皂（人名）	
	zo^{33}	缸		
	dziə^{31}	秤砣		
			季塔（人名）	
	tʰa^{31}	塔		
	ni^{33}	二		拉皂（人名）和季塔（人名）两个人说好了。
	ku^{13}	大蒜	个	
	xo^{31}	肋骨		
			说好、说定	
	tʰə^{33}	桶		
	mu^{31}	蘑菇	情态助词	
	me^{55}	雌性	语气助词	

翻译全文

【正面】咸丰（皇帝）二年这一年属鼠，腊月十九日是属马的一天。因为拉皂（人名）家的大门阻碍了伟伽究塔（人名）的道路，季塔（人名）到村官面前去告状。村官调解过了。是道路问题。村官已经调解过了。拉皂（人名）和季塔（人名）二个人各走各的路。今后，拉皂（人名）和季塔（人名）两个人，约定每个人都不可以记仇。村官调解过了。伟密（人名）的父亲、阿宇（人名）的父亲，三人和好了。

【背面】拉皂（人名）和季塔（人名）两个人说好了。

---

［1］［mu^{33} kua^{31}］为村中负责兵役的小官。
［2］疑为"二"。

三 会议纪要

文书3-1

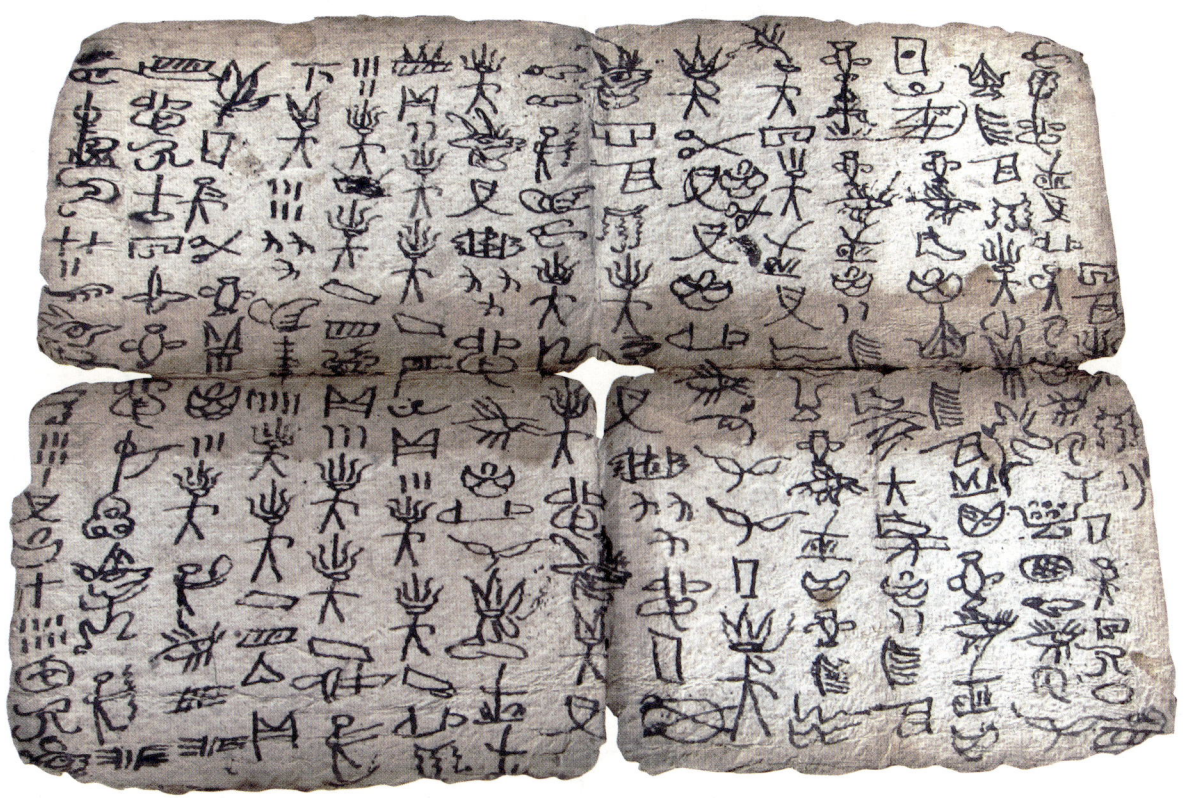

化赊会议纪要

著录

编号	3-1
文书名	化賨会议纪要
书写人	佚名
书写时间	民国二十二年（1933）
来源	云南省玉龙纳西族自治县宝山乡吾木村和茂芳
体例	竖排书写，从左向右换行，单面书写
材质	东巴纸，墨书
采集时间	2010年4月
采集地点	云南省玉龙纳西族自治县宝山乡吾木村
摄影	和继先
翻译者	和继先
整理者	蒋波
备注	

翻译

01

字符	国际音标	直译	意译	串讲
	k^ha^{33}	苦	可汗	
	$^nga^{33}$	胜利		
	mi^{31}	火	民国	
	kue^{31}	刨刮		
	$ni^{33} tsɯ^{31}$	二十		
	ni^{33}	二		
	k^hu^{13}	镰刀	年	
	a^{31}		鸡	民国二十二年是属鸡的一年，七月十八日。
	k^hu^{13}	镰刀	属（年）	
	$ʂə^{33}$		七	
	me^{33}	雌性	月份	
	xe^{33}	月		
	$ts^hɯ^{31}$		十	
	xo^{55}		八	
	ni^{33}	太阳	日	

02	字符	国际音标	直译	意译	串讲
		i⁵⁵	漏		
		gu³¹	熊	丽江（地名）	
		dy³¹	地		
		nɯ³¹	心脏	状语助词	
		i³³	漏		
		tʂʰɯ⁵⁵	吊	昆明（地名）	
		gɔ⁵⁵	上		
		sy³³	锡	官	在丽江，昆明来的高官通过文书要求（当地居民）化赕。
		dɯ³¹	大		
		nɯ³¹	心脏	主语助词	
		tʰe⁵⁵	旗子		
				书籍、文书	
		ɣɯ⁵⁵	宝物		
		tsʰo³¹	跳	化赕	
		bi³¹	搓	要求	
		tse³¹	拴	语气助词	

03

字符	国际音标	直译	意译	串讲
	不详	不详	不详	
	to³³	板子		
	ba³³	大脖子病	东巴	
	tɕi³³	羊毛剪	小	
	dɯ³¹	大	一	
	ku¹³	大蒜	个	
	ŋu³³		白银	一个小东巴要三圆银钱，
	sɯ³¹		三	
	be³³	法冠	圆	
	pu¹³		带	
	lɯ³³	牛虱	要	
	ⁿdə³¹	粪肥	语气助词	
	tse³³	拴	语气助词	

04	字符	国际音标	直译	意译	串讲
		ɕiə¹³	汉字"下"	乡	
		tse³¹	仄鬼	镇	
		tʂʰuɑ⁵⁵		六	
		ᵐbe³³	雪花	村	
		lɑ³¹	手	果乐（地名）	果乐（地名）乡的六个村子要缴纳五圆的赊款，
		zɯ³³	草		
		uɑ³³		五	
		be³³	法冠	圆	
		be³¹	法冠	做	
		to³³	板子	缴纳	

05

字符	国际音标	直译	意译	串讲
𝍤	tʂɯ⁵⁵	田地		
𐊀	tsʰɯ³³	犁铧	吾木（地名）	
𐌅	ue³³	村寨		
川	uɑ³³		五	吾木（地名）要缴纳五圆的赊款，
𐊅	be³³	法冠	圆	
𐊅	be³³	法冠	做	
⬭	to³³	板子	缴纳	

06

字符	国际音标	直译	意译	串讲
𝍤	tʂɯ³³	田地		
𐊈	ʂɯ³¹	黄	知识伟（地名）	
𐌅	ue³³	村寨		
川	sɯ³¹		三	知识伟（地名）要缴纳三圆的赊款，
𐊅	be³³	法冠	圆	
𐊅	be³³	法冠	做	
⬭	to³³	板子	缴纳	

第三章 文献解读　　617

07	字符	国际音标	直译	意译	串讲
		ⁿda¹³	砍		
		pʰu³³	逃跑	达蒲明伟（地名）	
		mi⁵⁵	土地		
		ue³³	村寨		达蒲明伟（地名）要缴纳两圆赔款，
		ni³³	二		
		be³³	法冠	圆	
		be³³	法冠	做	
		to³³	板子	缴纳	

08	字符	国际音标	直译	意译	串讲
		ʂua³¹	高		
		na³¹	黑	苏明（地名）	
		ue³³	村寨		
		sɯ³¹	三		苏明（地名）要缴纳三圆赔款，
		be³³	法冠	圆	
		be³³	法冠	做	
		to³³	板子	缴纳	

09

字符	国际音标	直译	意译	串讲
	$t^h ə^{33}$	桶	出	
	$z̩u^{33}$	夏季	决定	
	be^{33}	法冠	做	兹决定（照此方法）出钱。
	se^{31}	岩羊	情态助词	
	me^{55}	雌阴	语气助词	

10

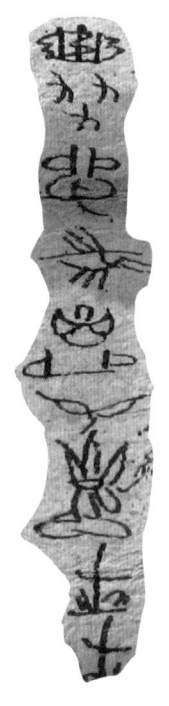

字符	国际音标	直译	意译	串讲
	pu^{31}	蒸笼	镇	
	$^mbe^{33}$	雪花	村	
	$nɯ^{31}$	心脏	结构助词	
	$lɯ^{33}$	牛虱	要	只要村镇出钱，什么样的祭祀仪式东巴都得做。
	$ŋu^{33}$		银	
	$t^h ə^{33}$	桶	出	
	$iə^{13}$	烟叶	语气助词	
	$to^{33} ba^{33}$		东巴	

第三章 文献解读 619

续表

字符	国际音标	直译	意译	串讲
	py^{33}	祭祀仪式		
	py^{33} [1]	祭祀仪式		
			任何、什么	只要村镇出钱，什么样的祭祀仪式东巴都得做。
	ʂuɪ^{33}	祭祀仪式		
	ʂuɪ^{33}	祭祀仪式		
	bi^{31}	搓	情态动词	
	lɑ^{31}	手	也	

11	字符	国际音标	直译	意译	串讲
		ɑ^{33}	语气词		
		be^{33}	法冠		
				以前	
		ʂə^{33}	满		
		be^{33}	法冠		以前怎样，（现在）就怎样。
		nɯ^{31}	心脏	结构助词	
		se^{31}	岩羊	情态助词	
		tse^{31}	厌鬼	用	

续表

字符	国际音标	直译	意译	串讲
只	me⁵⁵	雌阴	语气助词	以前怎样，（现在）就怎样。

12

字符	国际音标	直译	意译	串讲
	ʂe³¹	岩羊	按照	
	ta³¹	柜子		
	ʂu³³	斧子	要	决定要按照（原来的做法）。
	zu³³	夏季	决定	
	be³³	法冠		
	ʂe³¹	完	情态助词	
	me⁵⁵	雌阴	语气助词	

13

字符	国际音标	直译	意译	串讲
	pu³¹	蒸笼	镇	如果村镇对东巴的祭祀不支付银钱，
	ᵐbe³³	雪花	村	
	nɯ³¹	心脏	结构助词	

第三章 文献解读 621

续表

字符	国际音标	直译	意译	串讲
	to³³	板子		
	bɑ³³	大脖子病	东巴	
	ŋu³³	白银		
	tɕi³³	羊毛剪	祭祀	
	me⁵⁵	雌阴	语气助词	
	me⁵⁵	雌阴	语气助词	如果村镇对东巴的祭祀不支付银钱，
	ŋu³³	白银		
	tʰə³³	桶	出	
	lɯ³³	牛虻	要	
	mə³³		不	
	iə¹³	烟叶	给	
	iə¹³	烟叶	语气助词	

14

字符	国际音标	直译	意译	串讲
	to^{33}	板子	东巴	东巴的祭鬼仪式，
	ba^{33}	大脖子病		
	$ɕi^{33}$	人		
	$gə^{55}$	上	定语助词	
	$tsʰu^{31}$	鬼		
	py^{33}	祭祀		
	me^{55}	雌阴	语气助词	

15

字符	国际音标	直译	意译	串讲
	xa^{33}	风	小祭风[2]	一场小祭风（需）祭银一合，
	zo^{33}	缸		
	$dɯ^{31}$	大	一	
	mu^{31}	牛蝇	场	
	py^{33}	祭祀		
	$ŋu^{33}$	白银		
	$dɯ^{31}$	大	一	

续表

字符	国际音标	直译	意译	串讲
	xo^{31}	肋骨	合	一场小祭风（需）祭银一合，

16

字符	国际音标	直译	意译	串讲
	xa^{33}	风		
	dɯ^{31}	大	大祭风[3]	
	dɯ^{31}	大	一	
	mu^{31}	牛虻	场	一场大祭风（需）祭银两合，
	py^{33}	祭祀		
	ŋu^{33}	白银		
	ni^{33}	二		
	xo^{31}	肋骨	合	

17

字符	国际音标	直译	意译	串讲
[4]	to^{31} kʰɯ^{31}	朵肯		
	tə^{33}	鬼名	压厌鬼[6]	压厌鬼需要白银两合，
[5]	zɯ^{31}	踩压		

续表

字符	国际音标	直译	意译	串讲
	ŋu³³	白银		
	ni³³	二		压厌鬼需要白银两合，
	xo³¹	肋骨	合	
	ʂu³³	斧子	需要	

18

字符	国际音标	直译	意译	串讲
	to³³	板子		
	nɑ³¹	黑	大朵肯	
	kʰɯ³³	踩压		
	dɯ³¹	大	一	
	mu³¹	牛虱	场	做一场大朵肯需要白银三合，
	kʰɯ³¹	脚	做	
	ŋu³³	白银		
[7]	sɯ³¹	生命神	三	
	xo³¹	肋骨	合	
[8]	ʂu³³	斧子	需要	

第三章 文献解读 625

19	字符	国际音标	直译	意译	串讲
		mi^{55}	火		
				免责仪式	
		$kh\partial^{13}$	篮子		
		$du\ɯ^{31}$	大	一	
		mu^{31}	牛虻	量词	
		py^{33}		祭祀	一场免责仪式需要白银三合。
		ηu^{33}		白银	
		$su\ɯ^{31}$	生命神	三	
		xo^{31}	肋骨	合	
		$ʂu^{33}$	斧子	需要	

20	字符	国际音标	直译	意译	串讲
		$z\ṳ^{33}$	夏季		
				决定	
		be^{33}	法冠		
		se^{31}	完	语气助词	决定凡是头、皮、粮、肉等供品，谁做了就是谁的。
		ku^{55}	大蒜	头	
		$\gamma u\ɯ^{33}$		皮	

续表

字符	国际音标	直译	意译	串讲
	kə³³	祭粮		
	mu³¹	竹匾	供品	
	ʂɯ³³	肉		
	lɯ³³	牛虱	副词	
	ɣo³¹	倾倒	是	
	iə¹³	烟叶	语气助词	
	a³³	语气词		决定凡是头、皮、粮、肉等供品，谁做了就是谁的。
	ne³³	苋菜	谁	
	nɯ³¹	心脏	结构助词	
	py³³	祭祀		
	me⁵⁵	雌阴	语气助词	
	tʰə³³	桶	他	
[9]	gə³¹	右	属格助词	
	ɣo³¹	倾倒	属于	

第三章 文献解读　627

21	字符	国际音标	直译	意译	串讲
		ŋu³³		银子	
		lɯ³³	牛虱	只要	□□□□。
		ɣo³¹	倾倒	是	
		y³¹	不详	语气助词	

22	字符	国际音标	直译	意译	串讲
		to³³	板子		
		bɑ³³	法冠	东巴	
		gə⁵⁵	上	定语助词	
		i⁵⁵	泄露		
		gu³¹	蛋	丽江（地名）	
		dy³¹	地		要遵守丽江（人名）东巴赊的决定。
		gə⁵⁵	上	定语助词	
	[10]	ʂu³³	斧子	要	
		be³³	法冠		
		zu³³	夏天	遵守	
		se³¹	完	语气助词	

翻译全文

民国二十二年是属鸡的一年，七月十八日。在丽江，昆明来的高官通过文书要求（当地居民）化赊。一个小东巴要三圆银钱，果乐（地名）乡的六个村子要缴纳五圆的赊款，吾木（地名）要缴纳五圆的赊款，知识伟（地名）要缴纳三圆的赊款，达蒲明伟（地名）要缴纳两圆赊款，苏明（地名）要缴纳三圆赊款，兹决定（照此方法）出钱。只要村镇出钱，什么样的祭祀仪式东巴都得做。以前怎样，（现在）就怎样。决定要按照（原来的做法）。如果村镇对东巴的祭祀不支付银钱，东巴的祭鬼仪式，一场小祭风（需）祭银一合，一场大祭风（需）祭银两合，压厌鬼需要白银两合，做一场大朵肯需要白银三合，一场免责仪式需要白银三合。决定凡是头、皮、粮、肉等供品，谁做了就是谁的。□□□□。要遵守丽江东巴赊的决定。

---

[1] 补残。
[2] 纳西族宗教活动。
[3] 纳西族宗教活动。
[4] 纳西族宗教仪式，即脚踩鬼。
[5] 会意字。
[6] 纳西族宗教活动。
[7] "生命神"本读［su¹³］，此处假借表示"三"，音变为［sɯ³¹］。下同。
[8] 行为动词。
[9] 标记定语。
[10] 行为动词。

文书3-2

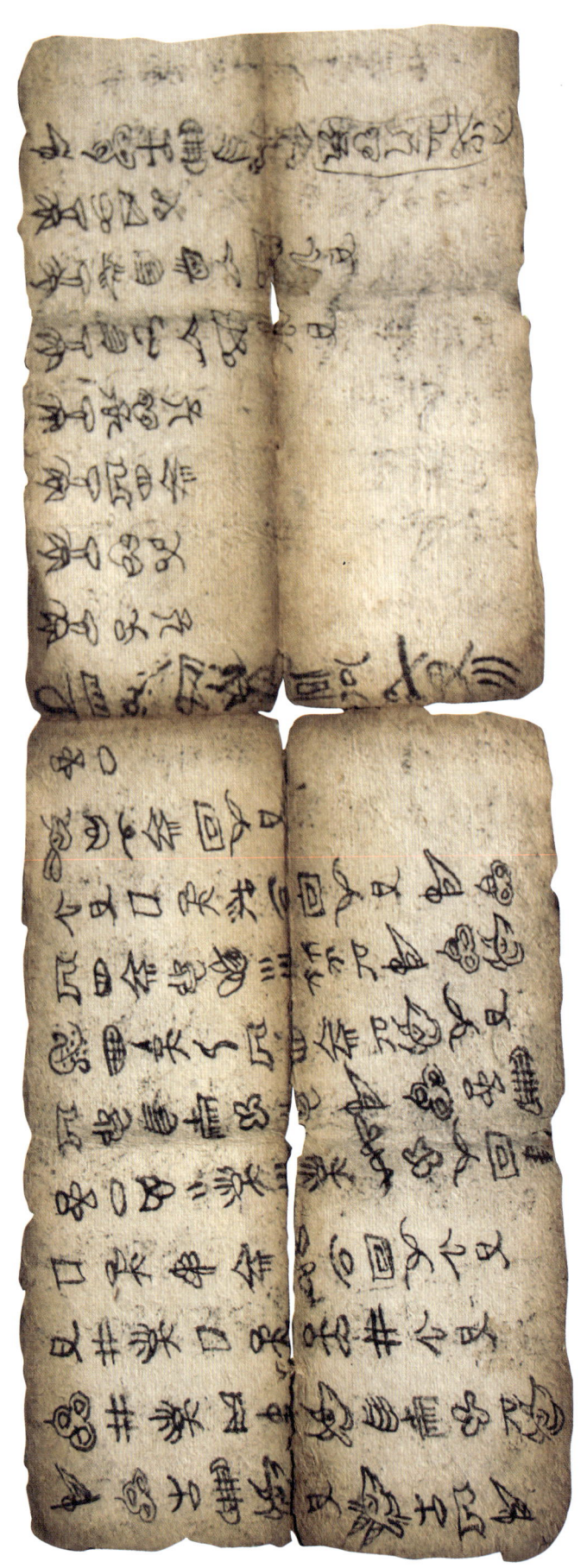

东巴施法会议纪要（正面）

① ②

东巴施法会议纪要（背面）③

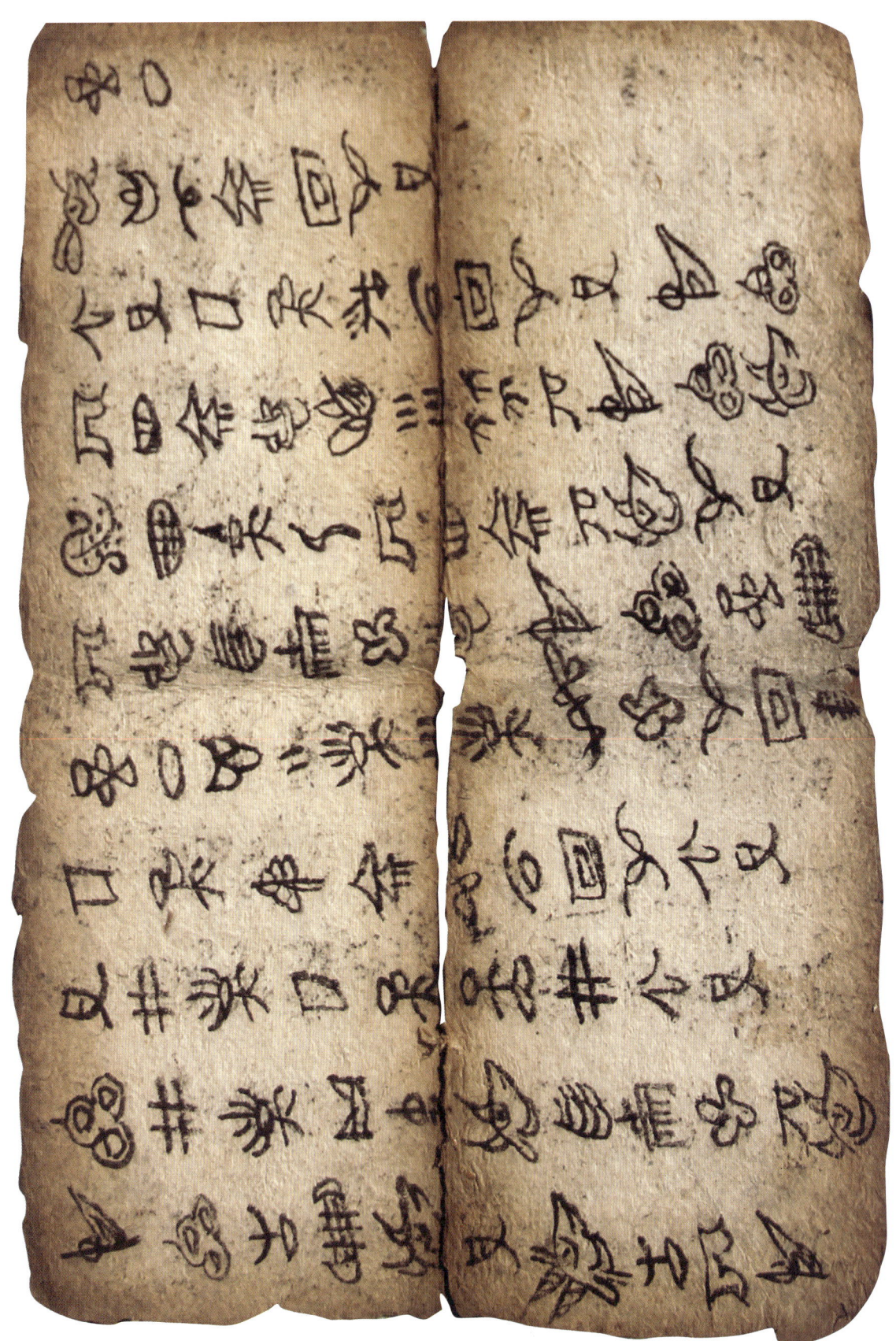

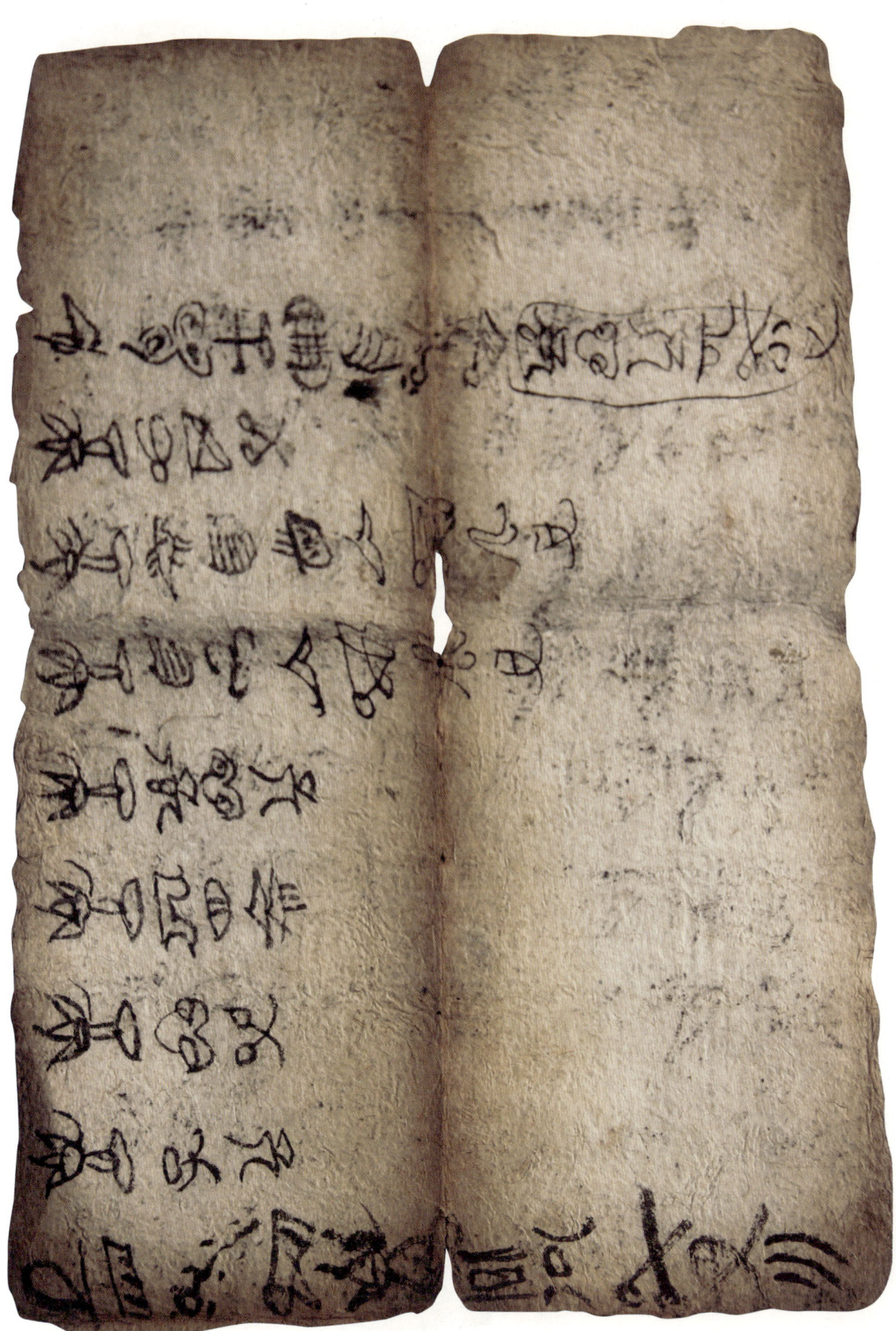

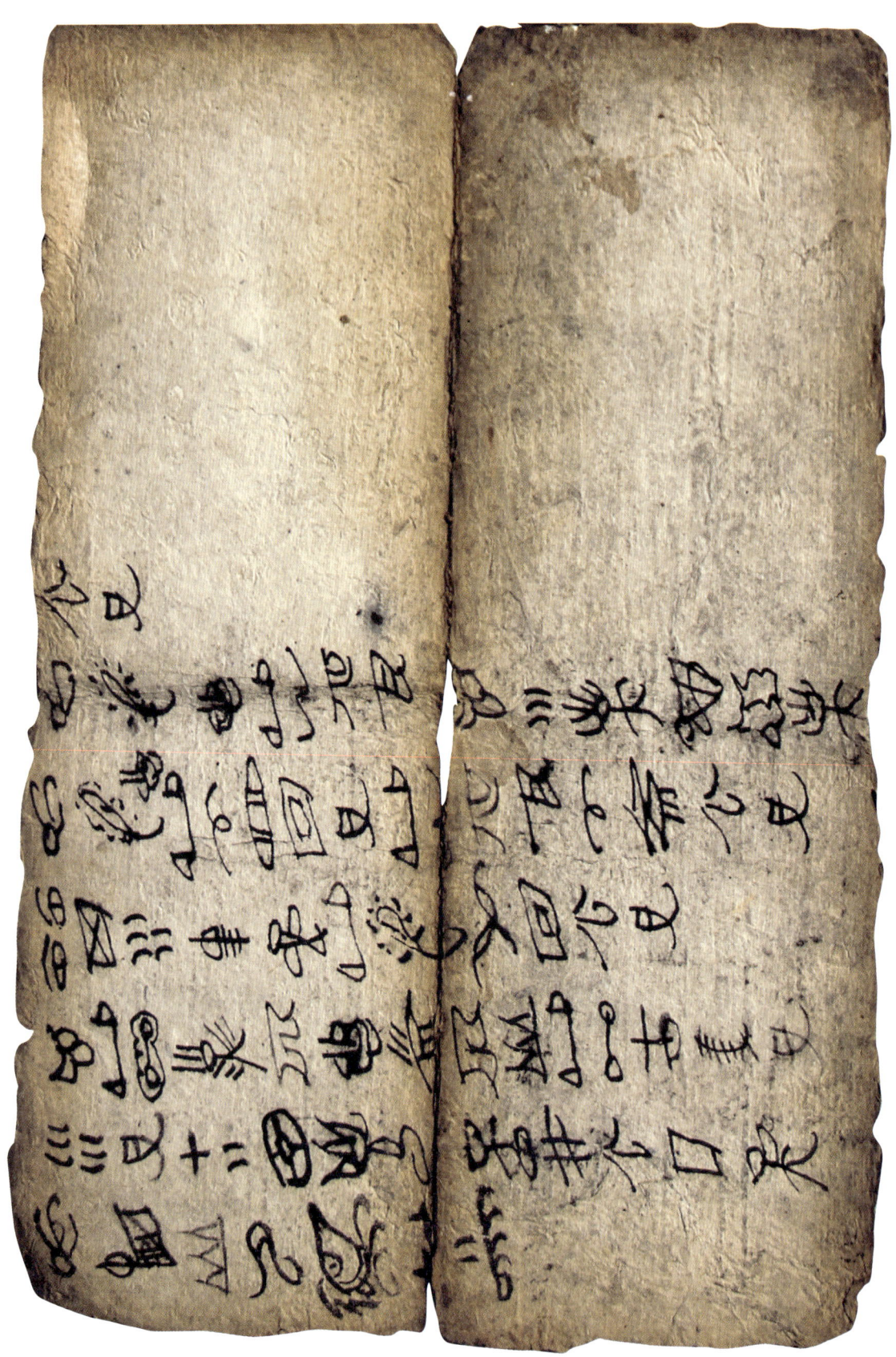

著录

编号	3-2	
文书名	东巴施法会议纪要	
书写人	佚名	
书写时间	民国二十二年（1933）	
来源	云南省玉龙纳西族自治县宝山乡吾木村和茂芳	
体例	竖行书写，从左向右换行，双面书写	
材质	东巴纸，墨书	
采集时间	2011年7月24日	
采集地点	云南省玉龙纳西族自治县宝山乡吾木村	
摄影	李学信	
翻译者	和学耀	
整理者	蒋波，高渊	
备注		

翻译

【正面】

01	字符	国际音标	直译	意译	串讲
		tʰe⁵⁵	红旗		
				文书	
		ɣɯ⁵⁵	吉祥		
		tʂʰɯ³³	吊	指示代词	
		pʰe¹³	麻布	张	
		kʰɯ³¹	狗	寄	
		me⁵⁵	雌阴	语气助词	这张文书是从昆明（地名）寄来的文书。
		i³³	羊		
				昆明（地名）	
		tʂʰɯ⁵⁵	美好、吉祥		
		gə⁵⁵	上	定语助词	
		tʰe⁵⁵	红旗		
				文书	
		ɣɯ⁵⁵	吉祥		

02

字符	国际音标	直译	意译	串讲
	$^n gu^{31}$	粮仓	丽江（地名）	丽江（地名）玉龙县（地名）的和福锡（人名）来施法术。
	be^{33}	战神		
	ue^{33}	村	玉龙县（地名）	
	ly^{33}	长矛		
	$k^h ɯ^{33}$	狗		
	xo^{31}	肋骨	和福锡（人名）	
	fu^{55}	锯子		
[1]	sy^{33}	锡		
	$^n tʂɚ^{55}$	法术		
	$k^h ɯ^{13}$	狗	降、施	
	me^{55}	雌阴	语气助词	

03

字符	国际音标	直译	意译	串讲
	$^n gu^{31}$	粮仓	丽江（地名）	丽江（地名）的东巴们商量过了。
	be^{33}	战神		
	to^{33}	板子	东巴	

续表

字符	国际音标	直译	意译	串讲
	ba^{33}	脖子肿大	东巴	
	dzu^{33}	坐		
	$^{n}gu^{31}$	粮仓	商议、讨论	丽江（地名）的东巴们商量过了。
	se^{31}	完	情态助词	
	me^{55}	雌阴	语气助词	

04

字符	国际音标	直译	意译	串讲
	to^{33}	板子		
	ba^{33}	脖子肿大	东巴	
	εy^{13}	柏树		
	$t^{h}a^{31}$	塔	叙塔（人名）	是东巴叙塔（人名）的孙子一个人。
	lu^{33} [2]	缠绕		
	by^{31}	孵卵	孙子	
	ta^{55}	佛堂、祠堂		
	$iə^{31}$	烟草	独自、一个人	

续表

字符	国际音标	直译	意译	串讲
	ɣo³¹	完	情态助词	是东巴叙塔（人名）的孙子一个人。
	me⁵⁵	雌阴	是	

05

字符	国际音标	直译	意译	串讲
	dɯ³¹	大	一	
	ku¹³	蛋	个	
	ŋu³³		银子	
	ni³³		二	
	be³³	战神	圆	
	sɯ³¹		三	
	be³³	战神	圆	一个人必须用两三圆银钱去换。
	kʰa³³		换	
	ne³³	苋菜	和	
	iə¹³	烟草	给	
	tɑ⁵⁵	佛堂、祠堂	不详	
[3]	ɣo³¹	完	情态助词	

06	字符	国际音标	直译	意译	串讲
		gɔ⁵⁵	上面	天神	
		nɯ³¹	心脏	结构助词	
		xo³¹	肋骨		
		fu⁵⁵	锯子	和福锡（人名）	
		sy³³	锡		和福锡（人名）先请天神（向自己施法），然后和福锡（人名）又写了这张文书。
		nɯ³¹	心脏	结构助词	
		tʰe⁵⁵	红旗		
		ɣɯ⁵⁵	吉祥	文书	
		dɯ³¹	大	一	
		pʰe¹³	麻布	张	

07	字符	国际音标	直译	意译	串讲
		ɣo³¹	泼	吾木（地名）	
		mu³¹	簸箕		给吾木（地名）的毒及格吉塔（人名）施法。
		ⁿdɚ³¹	毒鬼	毒及格吉塔（人名）	
		ⁿtɕi³¹	脾		

续表

字符	国际音标	直译	意译	串讲
	$gə^{55}$	上		
	$^{n}tɕi^{31}$	酒曲	毒及格吉塔（人名）	
	$tʰa^{31}$	塔		给吾木（地名）的毒及格吉塔（人名）施法。
	$^{n}tʂə^{55}$	法力		
	$kʰɯ^{13}$	狗	降、施	
	$iə^{13}$	烟草	给予	
	me^{55}	雌阴	语气助词	

08

字符	国际音标	直译	意译	串讲
	$gə^{55}$	上		
	$^{n}tɕi^{31}$	酒曲	戈吉塔（人名）	
	$tʰa^{31}$	塔		戈吉塔（人名）用文书给宝山（地名）六个乡镇施法术。
	$nɯ^{31}$	心脏	主语助词	
	$la^{31}pu^{33}$	手	宝山（地名）	
	$tʂʰua^{55}$	六		

第三章 文献解读 　641

续表

字符	国际音标	直译	意译	串讲
	ᵐbe³³	雪花	镇	
	ⁿtʂə⁵⁵		法力	
	tʰe⁵⁵	红旗		
	ɣɯ⁵⁵	吉祥	文书	戈吉塔（人名）用文书给宝山（地名）六个乡镇施法术。
	kʰɯ¹³	狗	降	
	se³¹	完	情态助词	
	me⁵⁵	雌阴	语气助词	

09

字符	国际音标	直译	意译	串讲
	to³³	板子		
	ba³³	脖子肿大	东巴	
	so³³	学习	不详	（宝山六村）的人学习东巴文化。
	bu³³	下；孵卵	不详	
	tɑ⁵⁵	佛堂、祠堂	不详	
	iə¹³	烟草	不详	

续表

字符	国际音标	直译	意译	串讲
豆	me⁵⁵	雌阴	语气助词	（宝山六村）的人学习东巴文化。

10

字符	国际音标	直译	意译	串讲
	tʰe⁵⁵	红旗	文书	文书（学习）不可以停息。
	ɣɯ⁵⁵	吉祥		
	le⁵⁵	獐子	停止	
	xe³³	月牙		
	mə³³	日暮	否定词	
	tʰɑ³¹	塔	可以	
	tɑ⁵⁵	佛堂、祠堂	不详	
	iə¹³	烟草	不详	
	me⁵⁵	雌阴	语气助词	

11

字符	国际音标	直译	意译	串讲
	dɯ³¹	大	一	奉联（地名）一个做丧事的东巴，叫作哥簿（人名），他将本领传给晚辈。
	ku¹³	蛋	个	

续表

字符	国际音标	直译	意译	串讲
	zi^{31}	树立		
			奉联（地名）	
	dy^{31}	土地		
	tsu^{31}	水神		
			丧事	
	ts^hi^{31}	肩胛骨		
	$to^{33}ba^{33}$	东巴		奉联（地名）一个做丧事的东巴，叫作哥簿（人名），他将本领传给晚辈。
	$^{n}gə^{33}$	裂缝		
			哥簿（人名）	
	by^{31}	分		
	$tɕi^{33}$	羊毛剪		
	me^{55}	雌阴	向晚辈教授	
	fu^{31}	羽毛		

12	字符	国际音标	直译	意译	串讲
		$to^{33}ba^{33}$	东巴		
		i^{31}	右		东巴伊皂（人名）；
				伊皂（人名）	
		zo^{33}	缸		

13

字符	国际音标	直译	意译	串讲
	to^{33} ba^{33}	东巴		东巴巴继（人名）；
	pa^{33}	青蛙	巴继（人名）	
	tɕi^{33}	羊毛剪		

14

字符	国际音标	直译	意译	串讲
	to^{33} ba^{33}	东巴		东巴戈吉塔（人名）；
	gə^{55}	上	戈吉塔（人名）	
	ⁿtɕi^{31}	酒曲		
	tʰa^{31}	塔		

15

字符	国际音标	直译	意译	串讲
	to^{33} ba^{33}	东巴		东巴哈巴皂（人名）；
	xɑ^{33}	饭	哈巴皂（人名）	
	pa^{33}	青蛙		
	zo^{33}	土缸		

16	字符	国际音标	直译	意译	串讲
		to³³ ba³³		东巴	
		xo³¹	肋骨		
		mu³¹	天	和茂春（人名）	
		tsʰy³¹	铧		来的是东巴和茂春（人名）；
		tsʰi³¹	肩胛骨	来	
		ɣo³³	倾倒	是	
		me⁵⁵	雌阴	语气助词	

17	字符	国际音标	直译	意译	串讲
		to³³ ba³³		东巴	
		lɯ³³	牛虻		
		xo³¹	肋骨	李和舒（人名）	
		ʂu³³	菖蒲		来的是东巴李和舒（人名）；
		tsʰɯ³³	铧	不详	
		tsʰi³¹	肩胛骨	来	
		ɣo³¹	倾倒	是	

续表

字符	国际音标	直译	意译	串讲
豆	me⁵⁵	雌阴	语气助词	来的是东巴李和舒（人名）；

18

字符	国际音标	直译	意译	串讲
	to³³ ba³³	东巴		东巴阿蔡继（人名）。
	a³³	语气词	阿蔡继（人名）	
	tsʰe³³	盐巴		
	tɕi³³	羊毛剪		

19

字符	国际音标	直译	意译	串讲
	tʰe⁵⁵	红旗	文书	这张文书是和宇清（人名）、哈巴皂（人名）□□的。
	ɣɯ⁵⁵	吉祥		
	tʂʰɯ⁵⁵	吊	指示代词	
	pʰe¹³	麻布	张	
	xo³¹	肋骨	和宇清（人名）	
	y³¹	拿起		
	tsʰi³¹	肩胛骨		

续表

字符	国际音标	直译	意译	串讲
	xa³³	饭		
	pa³³	青蛙	哈巴皂（人名）	
	zo³³	土缸		
	ⁿtʂɚ⁵⁵	法力	不详	这张文书是和宇清（人名）、哈巴皂（人名）□□的。
	tɕi³³	羊毛剪	不详	
	ɣo³¹	倾倒	是	
	me⁵⁵	雌阴	语气助词	

【背面】

01

字符	国际音标	直译	意译	串讲
	kʰa³³	苦		
	ⁿga³³	胜利	可汗	
	mi³¹	火		民国二十二年属鸡，六月十二日，
	kue³¹	刨刮	民国	
	a³¹kʰu¹³	鸡、镰刀	鸡年	
	ni³³ tsɯ³¹	二十		

续表

字符	国际音标	直译	意译	串讲
川	ni³³	二		
	kʰu¹³	年		
川	tʂʰuɑ⁵⁵	六		
	me³³	雌性	月份	民国二十二年属鸡，六月十二日，
十	tsʰe³¹	十		
川	ni³³	二		
	ni³³	太阳	日、天	

02

字符	国际音标	直译	意译	串讲
	to³³ ba³³	东巴		
	dzu³³	坐		一些东巴商讨了事宜。
	ᵑgu³¹	粮仓	商量、讨论	
	se³¹	完	情态助词	

第三章 文献解讲 649

03	字符	国际音标	直译	意译	串讲
		to^{33}	木板	东巴	
		ba^{33}	甲状腺肿大		
		ŋu^{33}	银子		
		tʰə^{33}	桶	银桶哲宰[5]	
		tʂə^{31}	骨节		
		ze^{33}	飞鬼		
		gə^{55}	上面	是	
		nɯ^{31}	心脏	主语助词	需要一个好的东巴来为别人做一个银桶哲宰仪式，通过密桶尔赤仪式来求得长寿。
	[4]	ɕi^{33}	稻子	人	
		gə^{55}	上	是	
		mi^{55}	火		
		tʰə^{33}	桶	密桶尔赤[6]	
		ə^{13}	骨头		
		tʂʰɯ^{55}	吊		
		zɯ^{33}	草	长寿	

续表

字符	国际音标	直译	意译	串讲
	me⁵⁵	雌性	语气助词	需要一个好的东巴来为别人做一个银桶哲宰仪式，通过密桶尔赤仪式来求得长寿。

04

字符	国际音标	直译	意译	串讲
	niə³¹	眼睛	硬币	
	tsʰe³³	盐巴		
	uɑ³³	五		
	ly³³	矛	个	
	dɯ³¹	大	总共	并且在仪式之后，以聚集起来的总共五个硬币作为东巴的回馈。
	tʰə³³	桶		
	zu̥⁵⁵	增加	聚集	
	iə¹³	烟叶	回馈	
	tɑ⁵⁵	祠堂		
	se³¹	完	情态助词	
	me⁵⁵	雌性	语气助词	

05	字符	国际音标	直译	意译	串讲
		a^{33}	语气词		
				阿希（人名）	
		$ɕi^{31}$	稻谷		
		$nɯ^{31}$	心脏	主语助词	
		$tʰə^{33}$	桶	完成	阿希（人名）没有能力来主持这个仪式。
		$mə^{33}$	日暮	否定词	
		$ⁿtɕi^{31}$	酒曲	能力	
		ta^{55}	祠堂	不详	
		me^{55}	雌性的	语气助词	

06	字符	国际音标	直译	意译	串讲
		$tʰə^{33}$	桶	他	
		$mə^{33}$	日暮		
				请求	
		ka^{33}	好		他请求来主持这个仪式，但不能被通过。
		$ʂu^{33}$	斧子	行得通	
		$mə^{33}$	日暮	否定词	
		$tʰa^{31}$	塔	不详	

续表

字符	国际音标	直译	意译	串讲
	se^{31}	完	情态助词	他请求来主持这个仪式，但不能被通过。
	me^{55}	雌性的	语气助词	

07

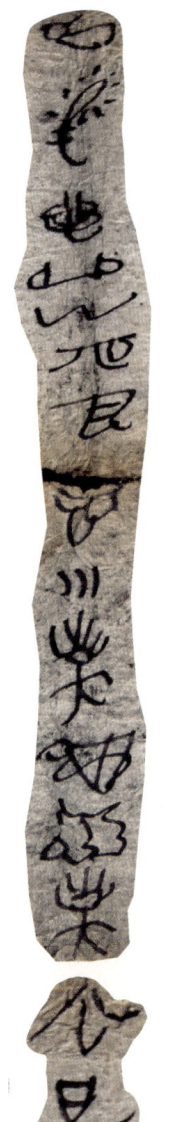

字符	国际音标	直译	意译	串讲
	a^{33}	语气词		
	ɕi^{31}	稻谷	阿希（人名）	
	nɯ^{31}	心脏	主语助词	
	tʰə^{33}	桶	完成	
	zu^{55}	路	不能	
	ka^{33}	好		阿希（人名）没有能力来完成，便用三圆银钱作为人情去请求东巴。
	ʂu^{33}	斧子	去请求	
	ŋu^{33}		银子	
	sɯ^{31}		三	
	be^{33}	战神	圆	
	tsʰi^{31}	肩胛骨		
	不详	羊毛团	人情	

第三章 文献解读 653

续表

字符	国际音标	直译	意译	串讲
(字符图)	be^{33}	战神	圆	
(字符图)	se^{31}	完	情态助词	阿希（人名）没有能力来完成，便用三圆银钱作为人情去请求东巴。
(字符图)	me^{55}	雌性	语气助词	

翻译全文

【正面】这张文书是从昆明（地名）寄来的文书。丽江（地名）玉龙县（地名）的和福锡（人名）来施法术。丽江（地名）的东巴们商量过了。是东巴叙塔（人名）的孙子一个人。一个人必须用两三圆银钱去换。和福锡（人名）先请天神（向自己施法），然后和福锡（人名）又写了这张文书。给吾木（地名）的毒及格吉塔（人名）施法。戈吉塔（人名）用文书给宝山（地名）六个乡镇施法术。（宝山六村）的人学习东巴文化。文书（学习）不可以停息。奉联（地名）一个做丧事的东巴，叫作哥簿（人名），他将本领传给晚辈。东巴伊皂（人名）；东巴巴继（人名）；东巴戈吉塔（人名）；东巴哈巴皂（人名）；来的是东巴和茂春（人名）；来的是东巴李和舒（人名）；东巴阿蔡继（人名）。这张文书是和宇清（人名）、哈巴皂（人名）□□的。

【背面】民国二十二年属鸡，六月十二日，一些东巴商讨了事宜。需要一个好的东巴来为别人做一个银桶哲宰仪式，通过密桶尔赤仪式来求得长寿。并且在仪式之后，以聚集起来的总共五个硬币作为东巴的回馈。阿希（人名）没有能力来主持这个仪式。他请求来主持这个仪式，但不能被通过。阿希（人名）没有能力来完成，便用三圆银钱作为人情去请求东巴。

---

[1] 和学耀在文书1-13（第404页）中，认为该字的直译是"羊毛团"。
[2] 和学耀怀疑文中字符书写错误，此处按其意见替换。
[3] 和学耀怀疑文中字符书写错误，此处按其意见替换。
[4] "稻"本读[φi^{31}]，假借表示"人"后音变为[φi^{33}]。
[5] 和学耀认为是纳西族古代某种宗教仪式，详细情况不明。
[6] 同注释[5]。

（四）人情往来记录

文书4-1

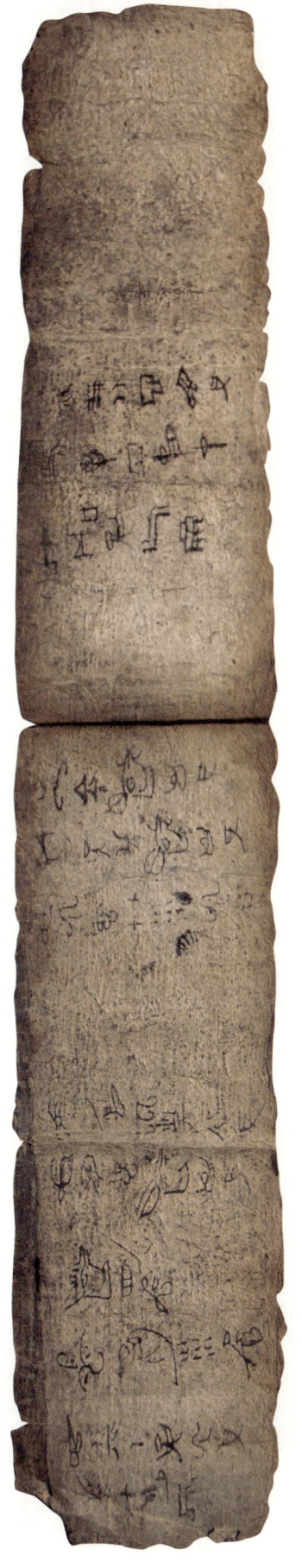

无题一 ① ｜ ②

第三章 文献解读

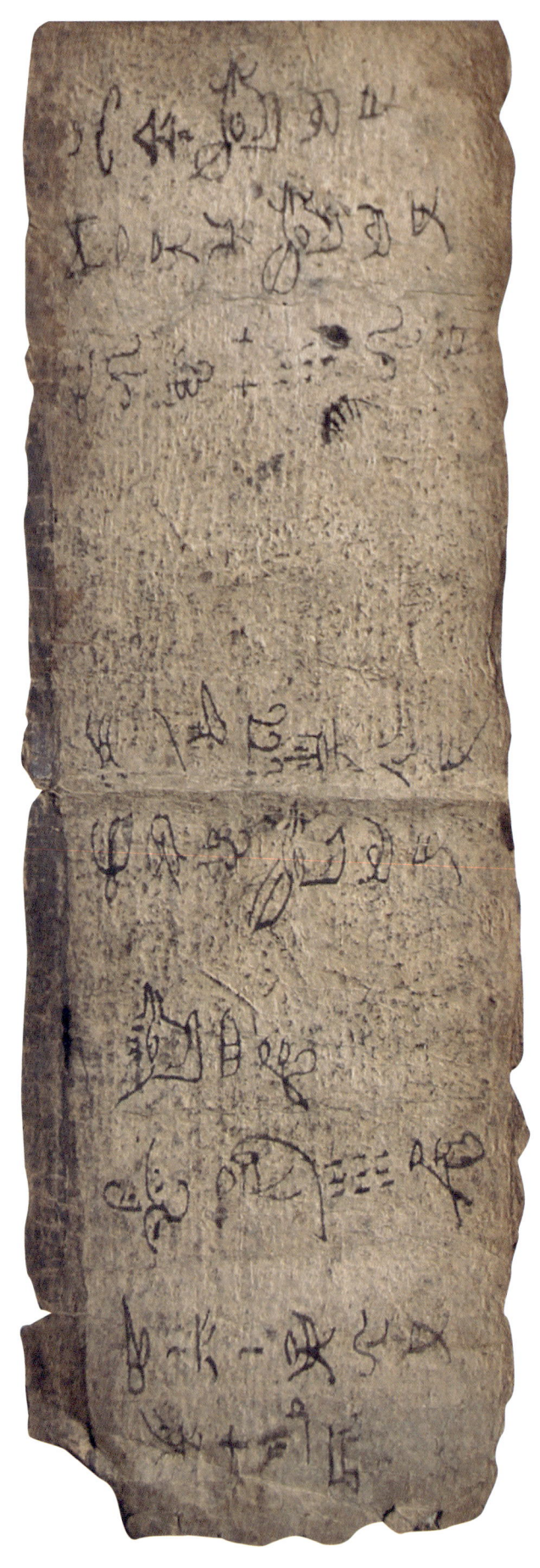

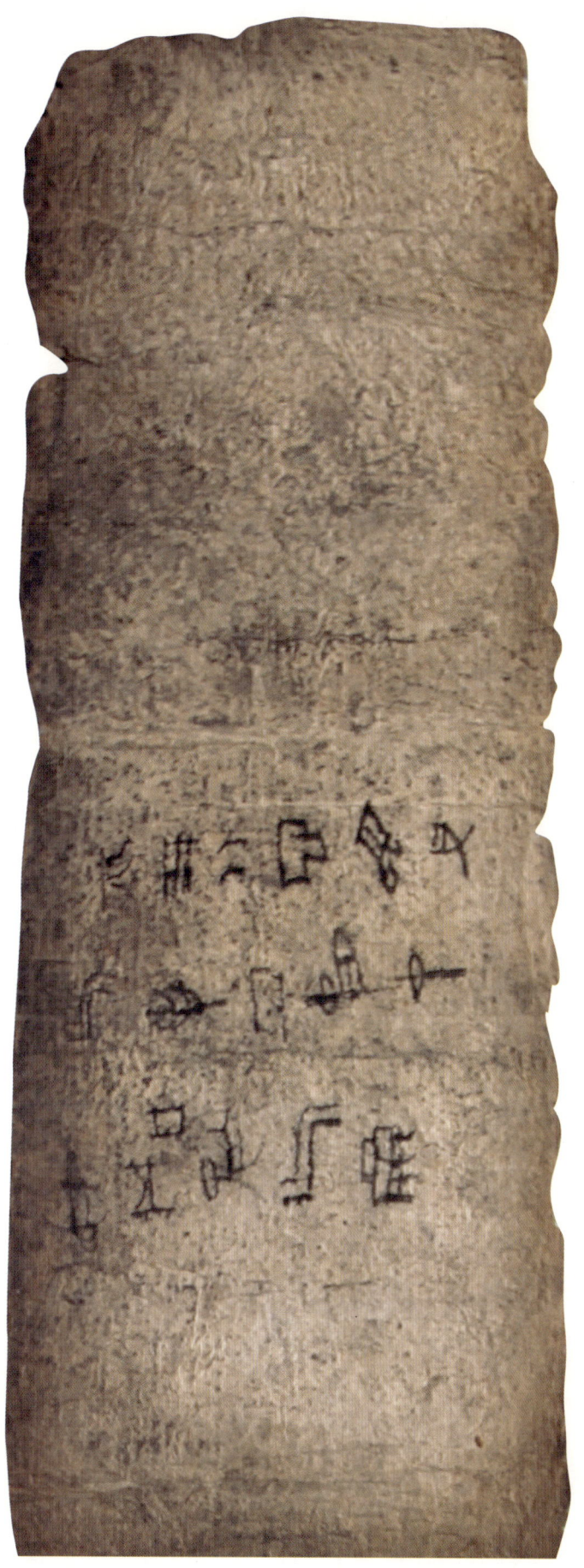

著录

编号	4-1
文书名	无题一
书写人	佚名
书写时间	未知
来源	云南省玉龙纳西族自治县宝山乡吾木村和茂芳
体例	竖行书写,从左向右换行,单面书写
材质	东巴纸
采集时间	2011年7月24日
采集地点	云南省玉龙纳西族自治县宝山乡吾木村
摄影	李学信
翻译者	和学耀,蒋波
整理者	蒋波
备注	

翻译

01

字符	国际音标	直译	意译	串讲
	$t^h\vartheta^{33}$	杯子	他	
	ts^he^{31}		十	
	$sɯ^{31}$		三	
	py^{33}	米斗	升	
	$gə^{55}$	上面	定语助词	
	$tʂ^hua^{55}$		大米	他拿了十三升的……是一挂一两的大米。
	$dɯ^{31}$		一	
	ka^{33}	好	挂	
	$dɯ^{31}$		一	
	lu^{55}	庹	两	
	$ɣo^{31}$	完	是	
	me^{55}	雌性的	语气助词	

02	字符	国际音标	直译	意译	串讲
		a^{33} $də^{31}$	龙爪菜		
		不详	荡	干	……干龙爪菜九斤。
		$^n gu^{33}$		九	
		$tɕi^{33}$	羊毛剪	斤	

03	字符	国际音标	直译	意译	串讲
		bu^{31}	猪	步里继（人名）	
		lu^{33}	土地		……步里继（人名）。
		$tɕi^{33}$	羊毛剪	斤	

04	字符	国际音标	直译	意译	串讲
		a^{33}	语气词	阿得（人名）	
		$^n də^{33}$	水塘		
		nu^{31}	心脏	主语助词	……阿得（人名）停止做这件事了。
		le^{55}	獐子		
		xe^{33}	月份	停止	
		me^{55}	雌性的	语气助词	

05

字符	国际音标	直译	意译	串讲
	ku³¹	大蒜		
	lo³¹	沟	来龙去脉	
	kʰɯ³³	脚	不详	
	zɿ³³	夏季	交代	……来龙去脉□已经交代完了。
	be³³	战神	做	
	yo³¹	完	情态助词	
	me⁵⁵	雌性的	语气助词	

06

字符	国际音标	直译	意译	串讲
	a³³	语气词		
	yo³¹	完	全部	
	nɯ³¹	心脏	主语助词	
	ni³³tsɯ³¹	二十		……全部总共是二十七。
	ʂə³³	七		
	xo³¹	肋骨	总共	
	yo³¹	完	是	

第三章　文献解读　　661

续表

字符	国际音标	直译	意译	串讲
图	me^{55}	雌性的	语气助词	……全部总共是二十七。

07

字符	国际音标	直译	意译	串讲
图	ue^{33}	村庄		
图	ku^{55}	蛋	上	
图	i^{31}	右		
图	zo^{33}	缸	伊皂（人名）	……住在村上部的伊皂（人名）停止做这事了。
图	le^{55}	獐子		
图	xe^{33}	月份	停止	
图	me^{55}	雌性	语气助词	

08

字符	国际音标	直译	意译	串讲
图	na^{31}	黑		
图	mu^{33}	天	纳穆塔（人名）	……纳穆塔（人名）停止做这事了。
图	tʰa^{31}	塔		
图	le^{55}	獐子	停止	

续表

字符	国际音标	直译	意译	串讲
	xe^{33}	月份	停止	……纳穆塔（人名）停止做这事了。
	me^{55}	雌性的	语气助词	

09

字符	国际音标	直译	意译	串讲
	$^nda^{13}$	砍		
	ue^{33}	村庄	达伟道（地名）	
	to^{33}	木板		……达伟道（地名）□□□。
	ua^{33}	左	不详	
[1]	$ʐu^{55}$	路	不详	
	fu^{55}	锯子	不详	

10

字符	国际音标	直译	意译	串讲
	$ʐu^{55}$	路		
	xo^{31}	肋骨		路上的和究伽皋（人名）。
	$dziə^{31}$	秤砣	和究伽皋（人名）	
	$^nga^{33}$	胜利		

第三章 文献解读 663

续表

字符	国际音标	直译	意译	串讲
中	ko³¹	针	和究伽皋（人名）	路上的和究伽皋（人名）。

11	字符	国际音标	直译	意译	串讲
		ka³³	好	不详	
		sa¹³	气	不详	
		ni³³		二	送了两件□□。
		tɕi³³[2]	衣服	件	
		tsʰi³¹	肩胛骨	送	
		me⁵⁵	雌性	语气助词	

翻译全文

他拿了十三升的……是一挂一两的大米……干龙爪菜九斤……步里继（人名）……阿得（人名）停止做这件事了……来龙去脉□已经交代完了……全部总共是二十七……住在村庄突出那块儿的伊皂（人名）停止做这事了……纳穆塔（人名）停止做这事了……达伟道（地名）□□□。路上的和究伽皋（人名）。送了两件□□。

---

[1] 和茂春在文书5-4（第802页）中认为该字的直译是"小寨子"。
[2] 和学耀在文书1-1（第171页）中认为该字的直译是"围腰"［ka³³ ta³³］。

文书4-2

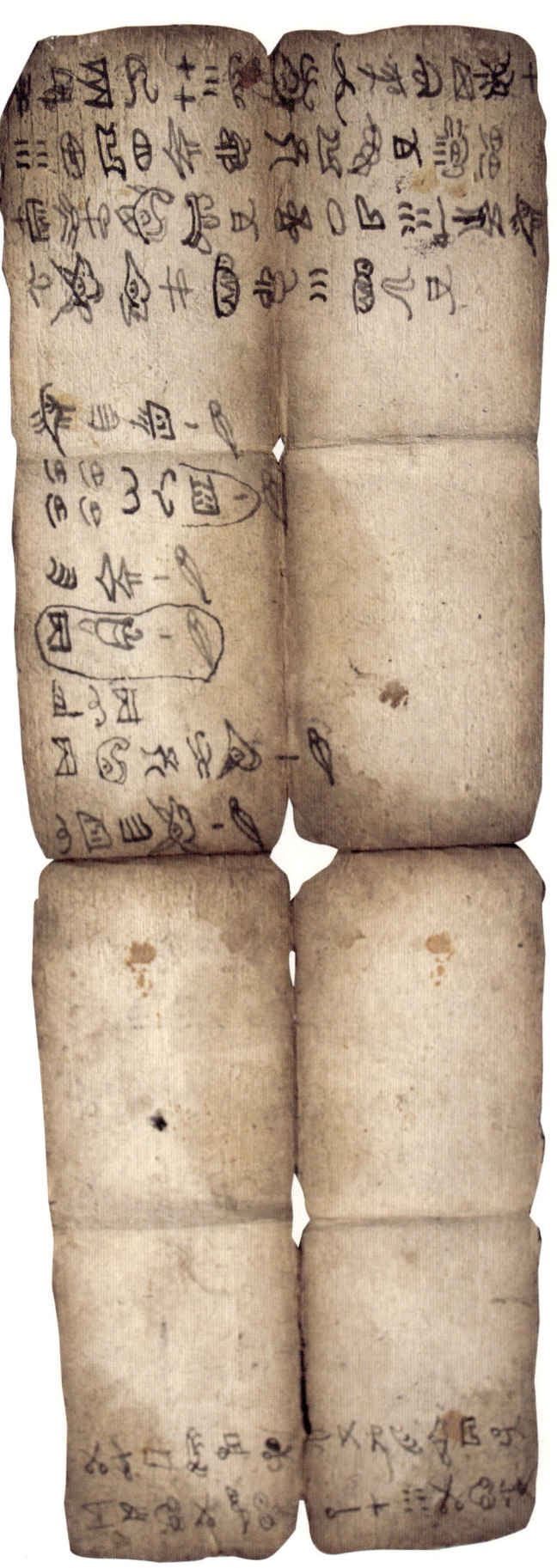

收彩礼名单
① ②

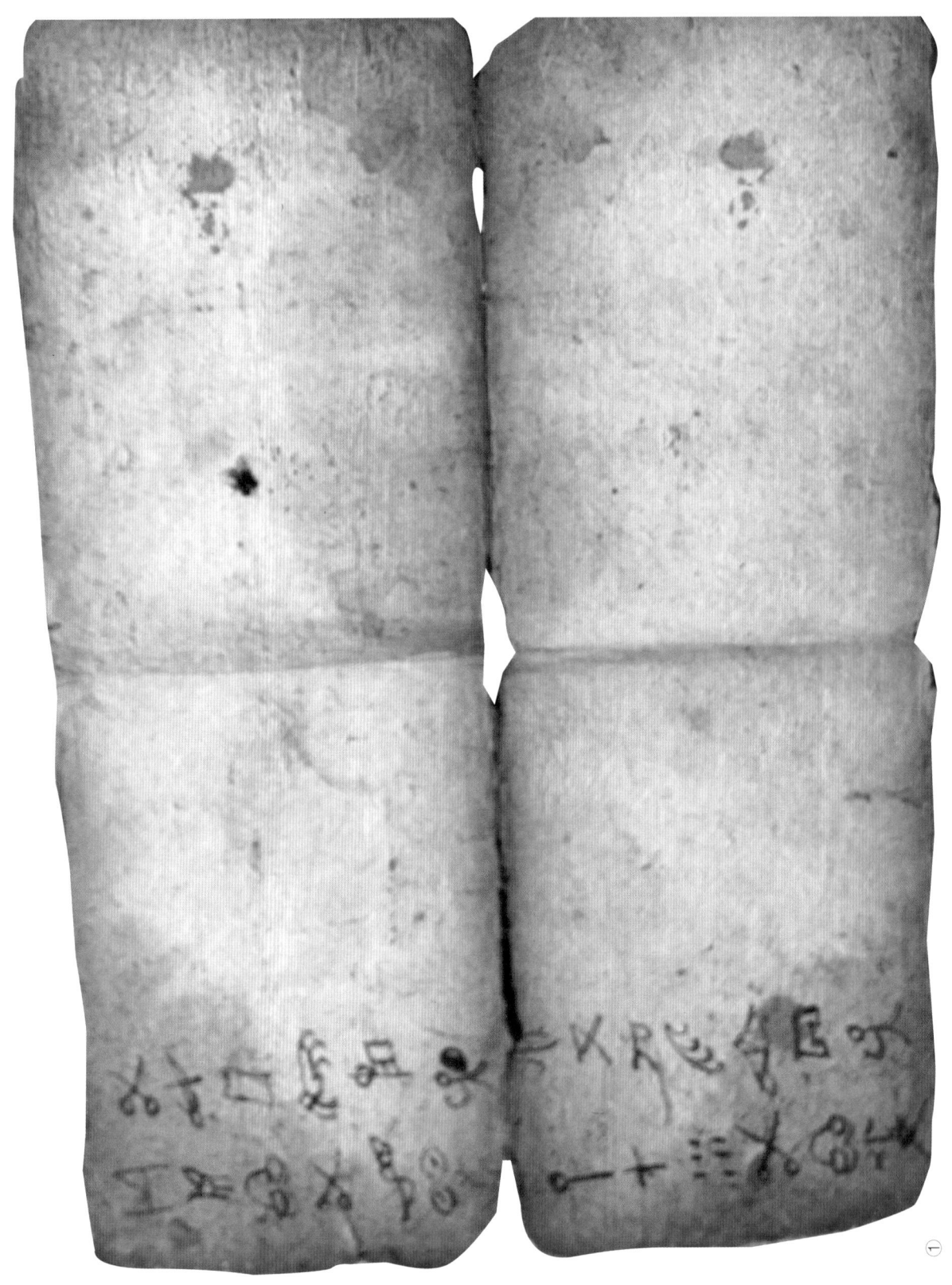

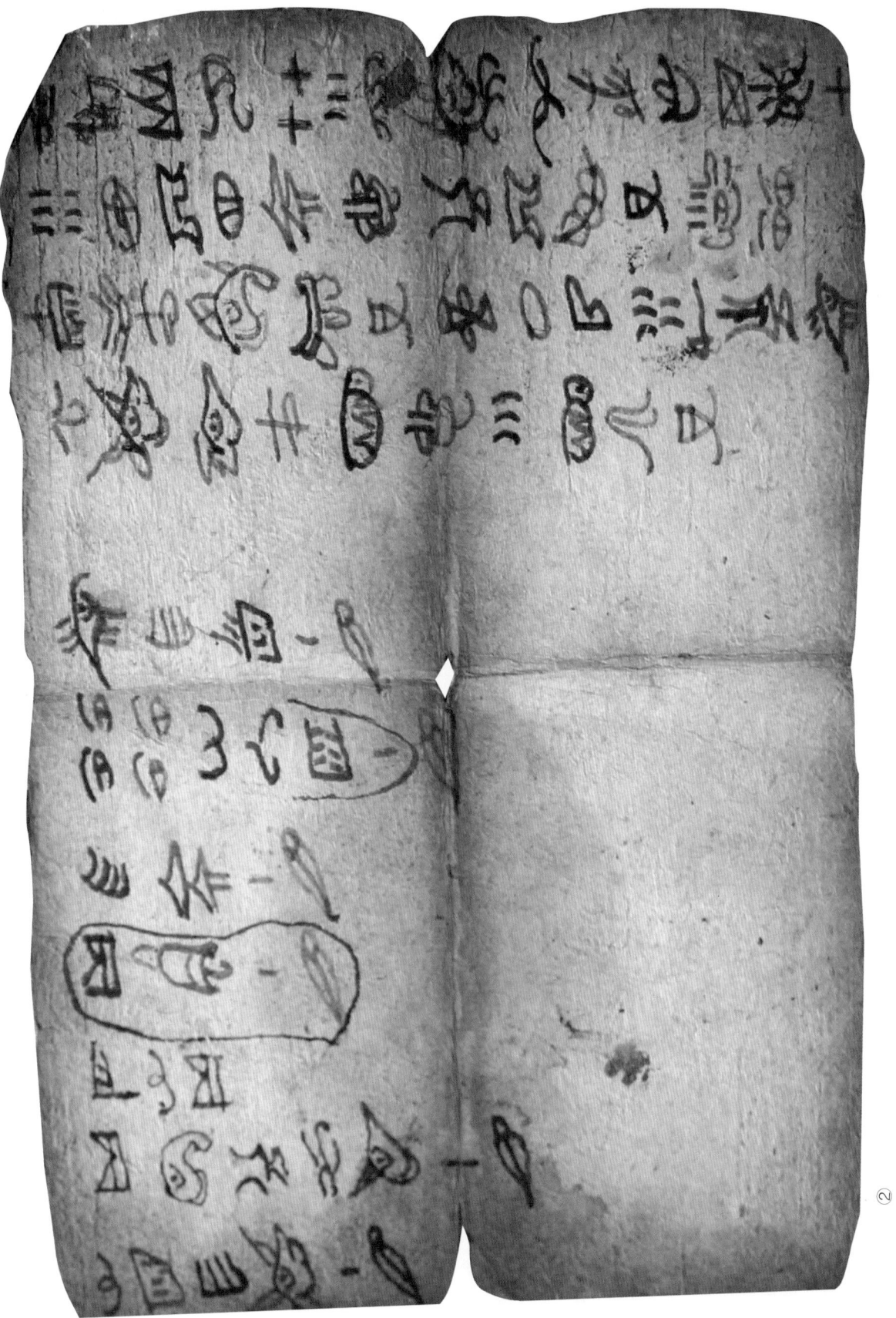

著录

编号	4-2
文书名	收彩礼名单
书写人	佚名
书写时间	民国二十三年（1934）
来源	云南省玉龙纳西族自治县宝山乡吾木村和茂芳
体例	竖行书写，左端从左向右换行，右端从右向左换行
材质	东巴纸，墨书
采集时间	2011年7月24日
采集地点	云南省玉龙纳西族自治县宝山乡吾木村
摄影	李学信
翻译者	和学耀，蒋波
整理者	蒋波，高渊
备注	文书两端为两部分，内容有联系

著录

翻译

【左端】

01

字符	国际音标	直译	意译	串讲
	ue^{33}	村庄		
	ku^{55}	大蒜	上部	
	pa^{33}	蛙头		
	tɕi^{33}	羊毛剪	巴继坎袅（人名）	
	kʰa^{33}	弹		住在村上部的巴继坎袅（人名）他家的十六斤已送达。
	niə^{31}	眼睛		
	tʰə^{33}	杯子	他	
	ko^{31}	针	家	
	tsʰe^{31}		十	
	tʂʰua^{55}		六	
	tɕi^{33}	羊毛剪	斤	
	pa^{33}	蛙头	到达	
	se^{31}	完	情态助词	
	me^{55}	雌性	语气助词	

02

字符	国际音标	直译	意译	串讲
	tɕi³³	羊毛剪	秤	
	ⁿdɑ¹³	砍	达道（地名）	
	to³³	木板		
	ku³¹	生姜	古伽（人名）	（用的是）达道（地名）古伽（人名）的秤。
	ⁿgɑ³³	胜利		
	uɑ³³ [1]	左	不详	
	ɣo³¹	倾倒	是	
	me⁵⁵	雌性的	语气助词	

03

字符	国际音标	直译	意译	串讲
	kɑ³³	好	秤砣	
	xo³¹	肋骨		
	tsʰi³¹	肩胛骨	和漆（人名）	（用的是）和漆（人名）的秤砣。
	gɔ⁵⁵	上面	定语助词	
	uɑ³³ [2]	左	不详	

【右端】

04

字符	国际音标	直译	意译	串讲
	k^ha^{33}	语气词	可汗	
	$^nga^{33}$	胜利		
	mi^{31}	火	民国	
	kue^{31}	刨子		
	$ni^{33}\ ts\mathrm{ɯ}^{31}$	二十		
	$s\mathrm{ɯ}^{31}$	三		
	k^hu^{13}	镰刀	年	民国二十三年属狗，正月十六那天。
	$k^h\mathrm{ɯ}^{33}\ k^hu^{13}$	狗、镰刀	属狗	
	$iə^{33}$	烟叶	正月	
	py^{31}	念经		
	xe^{33}	月亮	月份	
	ts^he^{33}	盐巴	初	
	do^{31}	看见		
	ts^he^{31}	十		
	$tʂ^hua^{55}$	六		

续表

字符	国际音标	直译	意译	串讲
	ni^{33}	太阳	日、天	民国二十三年属狗，正月十六那天。

05

字符	国际音标	直译	意译	串讲
	gə^{55}	上面		
	^{n}tɕi^{31}	酒曲	戈吉塔（人名）	
	tʰɑ^{31}	塔		
	nɯ^{31}	心脏	主语助词	
	zo^{33}	缸	儿子	
	gə^{55}	上面	定语助词	戈吉塔（人名）的儿子娶媳妇的时候，嫁妆是农具。
	tsʰu^{33}	墨玉	娶	
	me^{31}	雌性		
	bu^{31}	猪	媳妇	
	niə^{31}	眼睛	时候	
	pə^{33}	梳子		
[3]	tsʰɯ^{13}	细梳子	嫁妆	

续表

字符	国际音标	直译	意译	串讲
	tsʰo³³	大象		
	kuɑ³¹	灶	农具	戈吉塔（人名）的儿子娶媳妇的时候，嫁妆是农具。
	me⁵⁵	雌性	语气助词	

06

字符	国际音标	直译	意译	串讲
	dɯ³¹	大	一	
	ku¹³	蛋	个	
	tʂʰuɑ⁵⁵	鹿角	大米	
	uɑ³³		五	
	py³³	米斗	升	给了每个人五升大米作为酬劳，夏天用壶装的白米三升。
	tʰə³³	杯子	酬劳、回馈	
	lɯ³³	猎神		
	mu³³	天	夏天	
	ɣɯ⁵⁵	牛		

第三章 文献解读 673

字符	国际音标	直译	意译	串讲
	tshua⁵⁵	鹿		
	phə³¹	白	白米	
	py³³ [4]	壶子		
	nɯ³¹	心脏	主格助词	给了每个人五升大米作为酬劳，夏天用壶装的白米三升。
	sɯ³¹	三		
	ⁿtɕi³¹	酒曲	升	
	ɣo³¹	倾倒	是	
	me⁵⁵	雌性	语气助词	

07

字符	国际音标	直译	意译	串讲
	lɯ³³	猎神		
	xo³¹	肋骨	李和苏（人名）	
	ʂu³³	菖蒲		李和苏（人名）一家；
	dɯ³¹	一		
	dʑi³¹	水	家	

08

字符	国际音标	直译	意译	串讲
	$niə^{31}$	眼睛		
	$niə^{31}$	眼睛		
	na^{31}	黑	袅袅纳穆诃（人名）	
	mu^{33}	天		袅袅纳穆诃（人名）一家；
	$xɯ^{33}$	牙齿		
	$dɯ^{31}$	一		
	$dʑi^{31}$	水	家	

09

字符	国际音标	直译	意译	串讲
	xo^{31}	肋骨		
	t^ha^{31}	塔	和塔（人名）	和塔（人名）一家；
	$dɯ^{31}$	一		
	$dʑi^{31}$	水	家	

10	字符	国际音标	直译	意译	串讲
		ue³³	村庄		
		tsɯ⁵⁵ lə³¹	铃铛	伟兹勒（人名）	伟兹勒（人名）一家；
		dɯ³¹	一		
		dzi³¹	水	家	

11	字符	国际音标	直译	意译	串讲
		ʂuɑ³¹	高处		
		nɑ³¹	黑	苏明（地名）	
		ue³³	村庄		
		ue³³	村庄		苏明（地名）在村上□的阿华（人名）一家；
		gə⁵⁵	鹰	上	
		zo³³	杯子	不详	
		ɑ³³	语气词		
		xuɑ³³	白鹭	阿华（人名）	
		dɯ³¹	一		
		dzi³¹	水	家	

12

字符	国际音标	直译	意译	串讲
	na³¹	黑	纳究和宇（人名）	纳究和宇（人名）一家。
	dziə³¹	秤砣		
	xo³¹	肋骨		
	y³³	羊		
	dɯ³¹	—		
	dzi³¹	水	家	

翻译全文

【左端】住在村上部的巴继坎裒（人名）他家的十六斤已送达。（用的是）达道（地名）古伽（人名）家的秤。（用的是）和漆（人名）的秤砣。

【右端】民国二十三年属狗，正月十六那天。戈吉塔（人名）的儿子娶媳妇的时候，嫁妆是农具。给了每个人五升大米作为酬劳，夏天用壶装的白米三升。李和苏（人名）一家；裒裒纳穆诃（人名）一家；和塔（人名）一家；伟兹勒（人名）一家；苏明（地名）在村上□的阿华（人名）一家；纳究和宇（人名）一家。

---

［1］应为"左"，疑误写成"右"。
［2］应为"左"，疑误写成"右"。
［3］和学耀在文书1-10（第349页）中认为该字的直译为"官"［dzɯ³³］。
［4］与下文"酒曲"字形相似，疑解释有误。

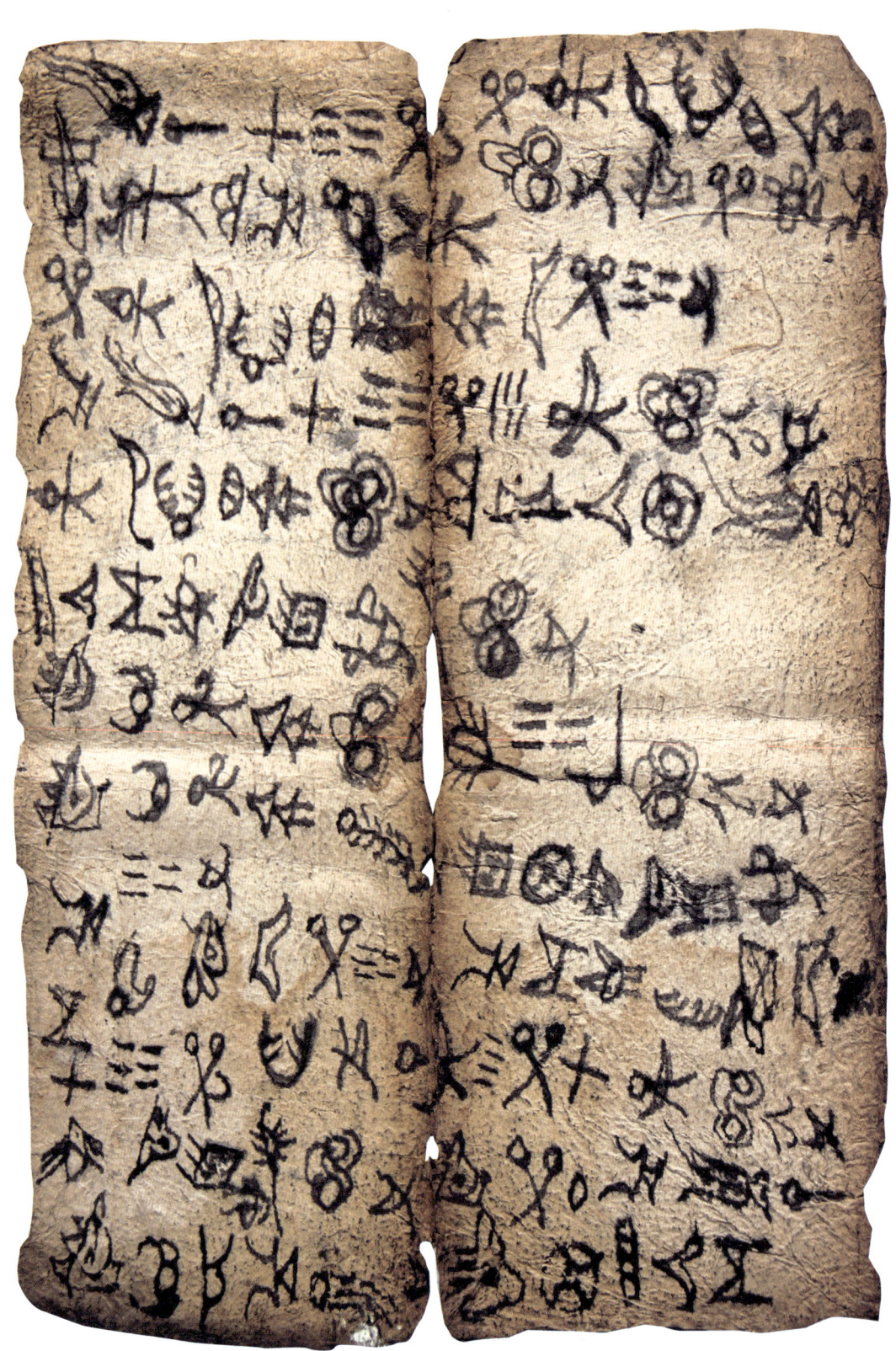

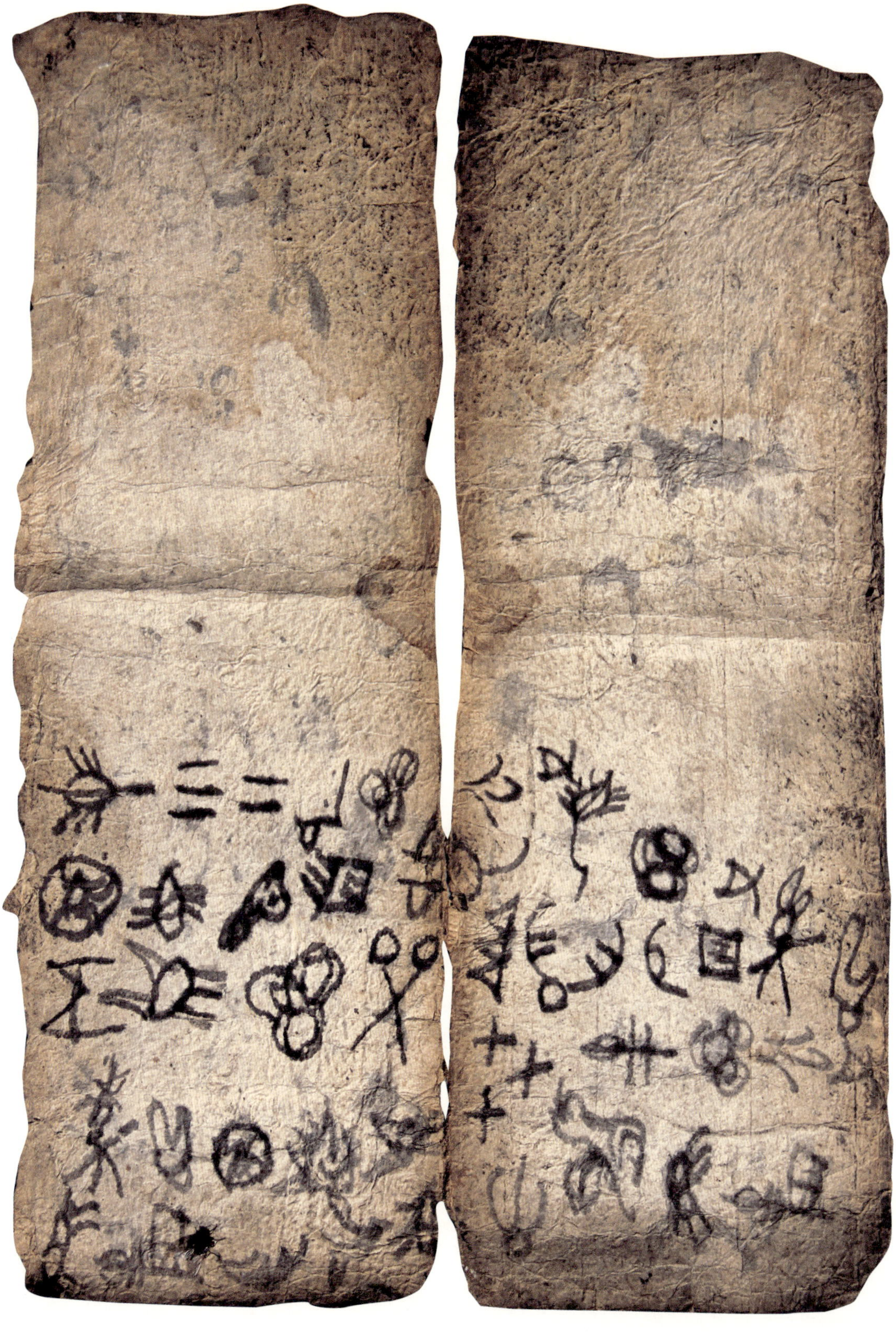

第三章 文献解读

著录

编号	4-3
文书名	人情债往来清单一
书写人	佚名
书写时间	不明
来源	云南省玉龙纳西族自治县宝山乡吾木村和茂芳
体例	竖行书写，从左向右换行，双面书写
材质	东巴纸，墨书
采集时间	2011年7月24日
采集地点	云南省玉龙纳西族自治县宝山乡吾木村
摄影	李学信
翻译者	蒋波，和学耀
整理者	蒋波
备注	

翻译

【正面】

01

字符	国际音标	直译	意译	串讲
	a³¹	鸡	岩可（地名）	
	kʰɚ³¹	犄角		
	kɑ³³	好	嘉皂	
	zo³³	缸		
	tʂʰu³³	死水	媳妇	
	me⁵⁵	雌性		
	ʂu³¹	菖蒲	娶	岩可（地名）的嘉皂（人名）结婚那天，吾木（地名）的李复苏（人名）送来稻子，一坛白酒净重十六斤，送来了四斤十两的粉丝。
	ni³³	太阳	天、日	
	tʂɯ⁵⁵	土地		
	tsʰɯ³³	铁铧	吾木（地名）	
	ue³³	村庄		
	lɯ³³	牛虱		
	fu⁵⁵	雉	李复苏（人名）	
	ʂu³³	菖蒲		

续表

字符	国际音标	直译	意译	串讲
	çi^{31}		稻子	
[1]	pa^{33}	青蛙	送达	
	me^{55}	雌性	语气助词	
	a^{33}	鸡		
	tçi^{33}	羊毛剪	白酒	
	gu^{31}	蛋	指示代词	
	zo^{33}		缸	岩可（地名）的嘉皂（人名）结婚那天，吾木（地名）的李复苏（人名）送来稻子，一坛白酒净重十六斤，送来了四斤十两的粉丝。
	zu^{55}	饮		
	ko^{31}	针	净重	
	tsʰe^{31}		十	
	tʂʰua^{55}		六	
	tçi^{33}	羊毛剪	净重	
	xɯ^{33}	牙齿		
	pʰɚ^{31}	白色	粉丝	
	lu^{55}	庹	不详	

续表

字符	国际音标	直译	意译	串讲
𐅃	lu³³	四		
✂	tɕi³³	羊毛剪	斤	
十	tsʰe³¹	十		岩可（地名）的嘉皂（人名）结婚那天，吾木（地名）的李复苏（人名）送来稻子，一坛白酒净重十六斤，送来了四斤十两的粉丝。
禾	lu³³	庹	两	
𐦂	pɑ³³	蛙头	到达	
几	se³¹	完	情态助词	
𐎠	me⁵⁵	雌性	语气助词	

02

字符	国际音标	直译	意译	串讲
M	ue³³	村		
𐎠	ʂɯ³³	肉	伟什莱（人名）	
𐦂	le³³	獐子		（用的）是伟什莱（人名）的秤。
𐎠	gə⁵⁵	上	定语助词	
✂	tɕi³³	剪刀	秤	
川	ɣo³¹	五	是	
𐎠	me⁵⁵	雌性	语气助词	

第三章 文献解读 ◆ 683

03	字符	国际音标	直译	意译	串讲
		zo^{33}	缸		
		ue^{33}	村子		
		ku^{55}	打算	上部	
		xo^{31}	肋骨		
		tsʰi^{31}	肩胛骨	和漆（人名）	缸（用的是）村上部的和漆（人名）的缸。
		gə^{55}	上	定语助词	
		zo^{33}	缸		
		yo^{31}	五	是	
		me^{55}	雌性	语气助词	

04	字符	国际音标	直译	意译	串讲
		a^{31}	鸡头	岩可（地名）	岩可（地名）的瓦塔（人名）娶媳妇那天，李复苏（人名）给岩可（地名）的瓦塔（人名）送来五升大麦，吾木（地名）的李复苏（人名）送来了稻子。
		kʰə^{31}	角		
		uɑ^{33}	左	瓦塔（人名）	
		tʰɑ^{31}	塔		
		tʂʰu^{33}	死水	媳妇	

续表

字符	国际音标	直译	意译	串讲
	me⁵⁵	雌性	媳妇	
	ʂu³¹	菖蒲	娶	
	ni³³	太阳	天、日	
	lɯ³³	牛虱		
	fu⁵⁵	雉	李复苏（人名）	
	ʂu³³	菖蒲		
	nɯ³¹	心脏	主语助词	岩可（地名）的瓦塔（人名）娶媳妇那天，李复苏（人名）给岩可（地名）的瓦塔（人名）送来五升大麦，吾木（地名）的李复苏（人名）送来了稻子。
	a³¹	鸡		
	kʰɚ³¹	犄角	岩可（地名）	
	uɑ³³	左	瓦塔（人名）	
	tʰɑ³¹	塔		
	pɑ³³	蛙	到达	
	me⁵⁵	雌性	语气助词	
	ze³³	大麦		
	uɑ³³	五		

第三章 文献解读　685

续表

字符	国际音标	直译	意译	串讲
	py³³	米斗	升	
	pɑ³³	蛙	到达	
	se³¹	完	情态助词	
	me⁵⁵	雌性	语气助词	
	tʂɯ⁵⁵	地		
	tsʰɯ³³	铧	吾木（地名）	
	ue³³	村		岩可（地名）的瓦塔（人名）娶媳妇那天，李复苏（人名）给岩可（地名）的瓦塔（人名）送来五升大麦，吾木（地名）的李复苏（人名）送来了稻子。
	lu³³	牛虻		
	fu⁵⁵	雉	李复苏（人名）	
	ʂu³³	菖蒲		
	nɯ³¹	心	主语助词	
	ɕi³¹		稻子	
	pɑ³³	蛙	到达	
	me⁵⁵	雌性	语气词	

05

字符	国际音标	直译	意译	串讲
	$^n\text{d}ə^{31}$	毒鬼		
	$\text{dz}ʅ^{33}$	叶子		
	$^n\text{g}ɯ^{55}$	咬	（继）[2]毒志格吉塔（人名）	
	$^n\text{tɕi}^{31}$	酒曲		
	t^ha^{31}	塔		
	pa^{33}	吉祥	不详	
	me^{33}	雌性	不详	（继）毒志格吉塔（人名）□□立石碑那天，送来一坛酒，净重十六斤六两。
	lə^{55}	石头		
	k^hu^{55}	门	碑	
	$\text{ts}^hə^{33}$	铧	树立	
	ni^{33}	太阳	日、天	
	$\text{z}ʅ^{55}$	酒		
	dɯ^{31}	大	一	
	zo^{33}	缸		

续表

字符	国际音标	直译	意译	串讲
	$z\underset{\sim}{u}^{55}$	酒		
			净重	
	ko^{31}	针		
	ts^he^{31}	十		
	$tʂ^hua^{55}$	六		
	$tɕi^{31}$	羊毛剪	斤	（继）毒志格吉塔（人名）□□立石碑那天，送来一坛酒，净重十六斤六两。
	$tʂ^hua^{55}$	六		
	lu^{55}	丈量	两	
	pa^{33}	蛙头	到达	
	$ɣo^{31}$	完	情态助词	
	me^{55}	雌性	语气助词	

06

字符	国际音标	直译	意译	串讲
	$tɕi^{55}$	羊毛剪		
	$^ndə^{31}$	毒鬼		
			继毒志格吉塔（人名）	（用的）是继毒志格吉塔（人名）的秤。
	$dz\underset{\sim}{u}^{33}$	叶子		
	$^ngɯ^{55}$	咬		

续表

字符	国际音标	直译	意译	串讲
	$^n tɕi^{31}$	酒曲	继毒志格吉塔（人名）	（用的）是继毒志格吉塔（人名）的秤。
	$tʰɑ^{31}$	塔		
	$gə^{55}$	上	定语助词	
	$tɕi^{33}$	羊毛剪	秤	
	$ɣo^{31}$	五	是	
	me^{55}	雌	语气助词	

07

字符	国际音标	直译	意译	串讲
	$^n dɑ^{13}$	砍	达博勒皂季仄（人名）	达博勒皂季仄（人名）已送来十六斤的白酒一坛。
	$^m bə^{55}$	普米族		
	$lə^{55}$	石头		
	zo^{33}	缸		
	$dʑi^{31}$	水		
	tse^{31}	仄鬼		
	$ʐɯ^{55}$	酒	净重	

第三章 文献解读 689

续表

字符	国际音标	直译	意译	串讲
	ko^{31}	针	净重	
	tsʰe^{31}		十	
	tʂʰuɑ^{55}		六	
	tɕi^{33}	羊毛剪	斤	
	pɑ^{33}	蛙	到达	达博勒皂季仄（人名）已送来十六斤的白酒一坛。
	me^{55}	雌性	语气助词	
	a^{55}	鸡		
			白酒	
	tɕi^{31}	羊毛剪		
	duɯ^{31}	大	一	
	zo^{55}		缸	

08

字符	国际音标	直译	意译	串讲
	tɕi^{55}	羊毛剪		
	ⁿdə^{31}	毒鬼	继毒志格吉塔（人名）	继毒志格吉塔（人名）。
	dzɯ^{33}	叶子		

续表

字符	国际音标	直译	意译	串讲
	^{n}gɯ^{55}	咬		
	^{n}tɕi^{31}	酒曲	继毒志格吉塔（人名）	继毒志格吉塔（人名）。
	tʰɑ^{31}	塔		

【背面】

01

字符	国际音标	直译	意译	串讲
	ku^{31}	生姜	古伽（人名）	古伽（人名）。和烟李（人名）。阿口（人名）。古伽（人名）去世的那天，姑妈送来了三十个。
	^{n}ɡɑ^{33}	胜利		
	xo^{31}	肋骨		
	iə^{55}	烟草	和烟李（人名）	
	lɯ^{33}	牛虱		
	ɑ^{55}	语气词		
	不详	不详	阿口（人名）	
	ku^{31}	生姜	古伽（人名）	
	^{n}ɡɑ^{33}	胜利		
	mu^{33}	死亡	去世	

续表

字符	国际音标	直译	意译	串讲
	ʂɯ³³	肉	去世	
	ni³³	太阳	天、日	
	a³³	鸡		
	gu³¹	大蒜	姑妈	古伽（人名）。和烟李（人名）。阿□（人名）。古伽（人名）去世的那天，姑妈送来了三十个。
	sɯ³¹ tsʰɯ³¹	三十		
	ly³³	矛	个	
	pɑ³³	蛙头	到达	
	se³¹	完	情态助词	
	me⁵⁵	雌性	语气助词	

02

字符	国际音标	直译	意译	串讲
	ue³³	村寨		
	ku⁵⁵	大蒜	上部	村上部的巴继密格暮究（人名）去世的那天，李复苏（人名）送来了大麦，送来的是五升大麦。
	pɑ³³	蛙头	巴继密格暮究（人名）	
	tɕi³³	羊毛剪		

续表

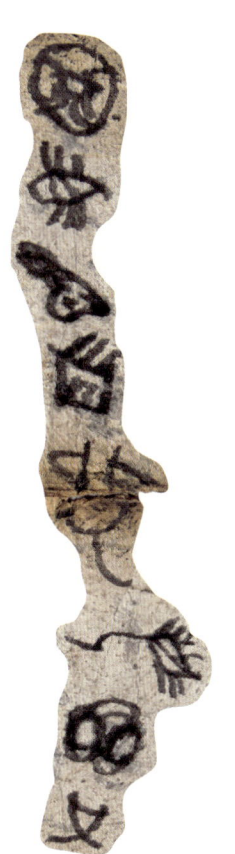

字符	国际音标	直译	意译	串讲
	mi^{55}	火	巴继密格暮究（人名）	
	$^ngu^{55}$	牙齿		
	$mə^{33}$	日暮		
	$dʑiə^{31}$	秤砣		
	mu^{31}	死亡	去世	
	$ʂɯ^{33}$	肉		
	ni^{33}	太阳	天、日	村上部的巴继密格暮究（人名）去世的那天，李复苏（人名）送来了大麦，送来的是五升大麦。
	$lɯ^{33}$	牛虱		
	fu^{55}	雉	李复苏（人名）	
	$ʂu^{33}$	骰子		
	$nɯ^{31}$	心脏	主语助词	
	ze^{33}	大麦		
	$pɑ^{33}$	蛙头	到达	
	me^{55}	雌性	语气助词	
	ze^{33}	大麦		

续表

字符	国际音标	直译	意译	串讲
	ua^{33}	五		
	py^{33}	米斗	升	
	pa^{33}	蛙头	到达	村上部的巴继密格暮究（人名）去世的那天，李复苏（人名）送来了大麦，送来的是五升大麦。
	se^{31}	完	情态助词	
	me^{55}	雌性	语气助词	

翻译全文

【正面】岩可（地名）的嘉皂（人名）结婚那天，吾木（地名）的李复苏（人名）送来稻子，一坛白酒净重十六斤，送来了四斤十两的粉丝。（用的）是伟什莱（人名）的秤。缸（用的是）村上部的和漆（人名）的缸。岩可（地名）的瓦塔（人名）娶媳妇那天，李复苏（人名）给岩可（地名）的瓦塔（人名）送来五升大麦，吾木（地名）的李复苏（人名）送来了稻子。（继）毒志格吉塔（人名）□□立石碑那天，送来一坛酒，净重十六斤六两。（用的）是继毒志格吉塔（人名）的秤。达博勒皂季仄（人名）已送来十六斤的白酒一坛。继毒志格吉塔（人名）。

【背面】古伽（人名）。和烟李（人名）。阿□（人名）。古伽（人名）去世的那天，姑妈送来了三十个。村上部的巴继密格暮究（人名）去世的那天，李复苏（人名）送来了大麦，送来的是五升大麦。

---

［1］和茂春在文书 4-5（第 719 页）中认为该字假借表示"借"。
［2］疑前缺一字［tɕi^{33}］，此处补明。

文书4-4

① ②
出钱 田 甫 名

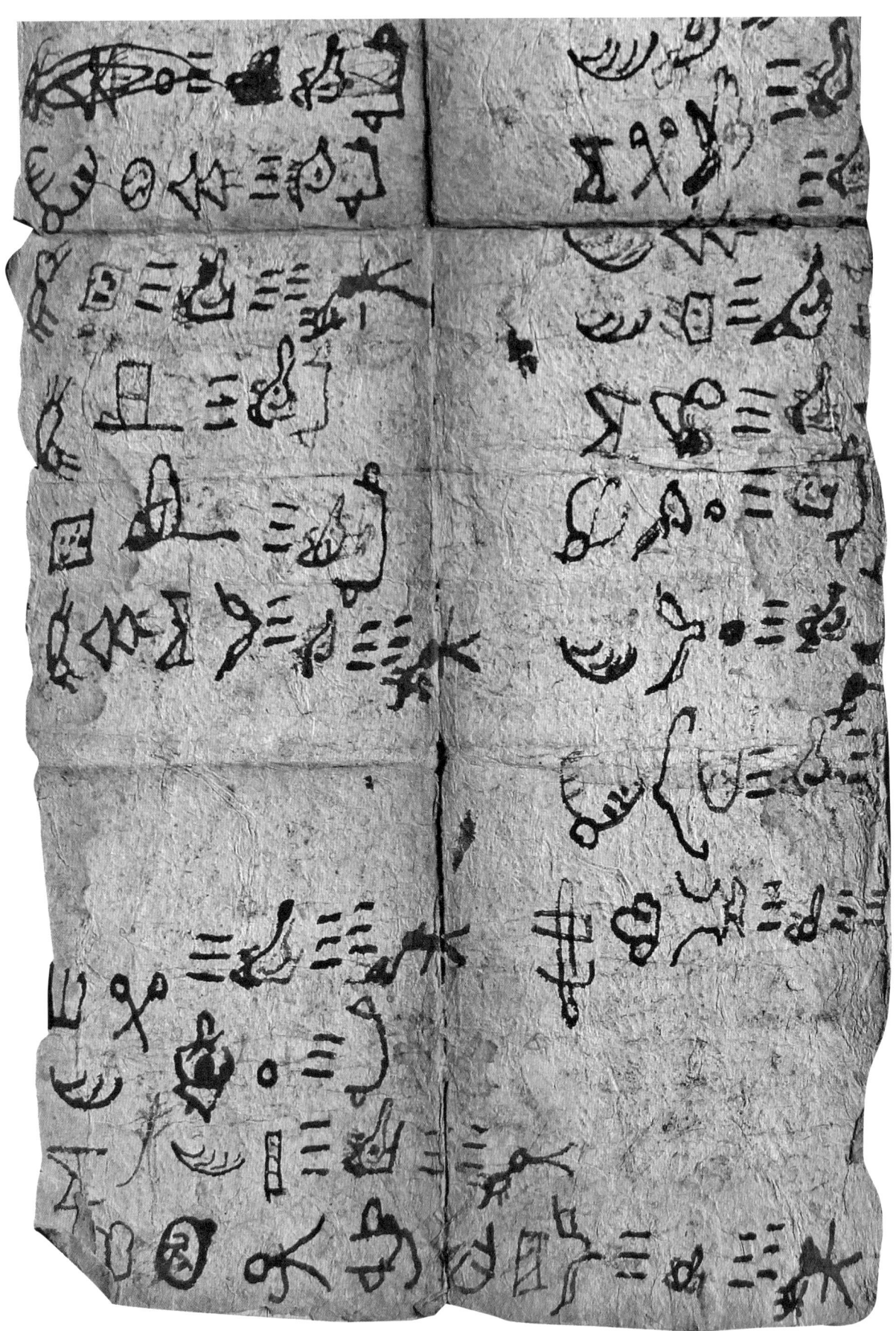

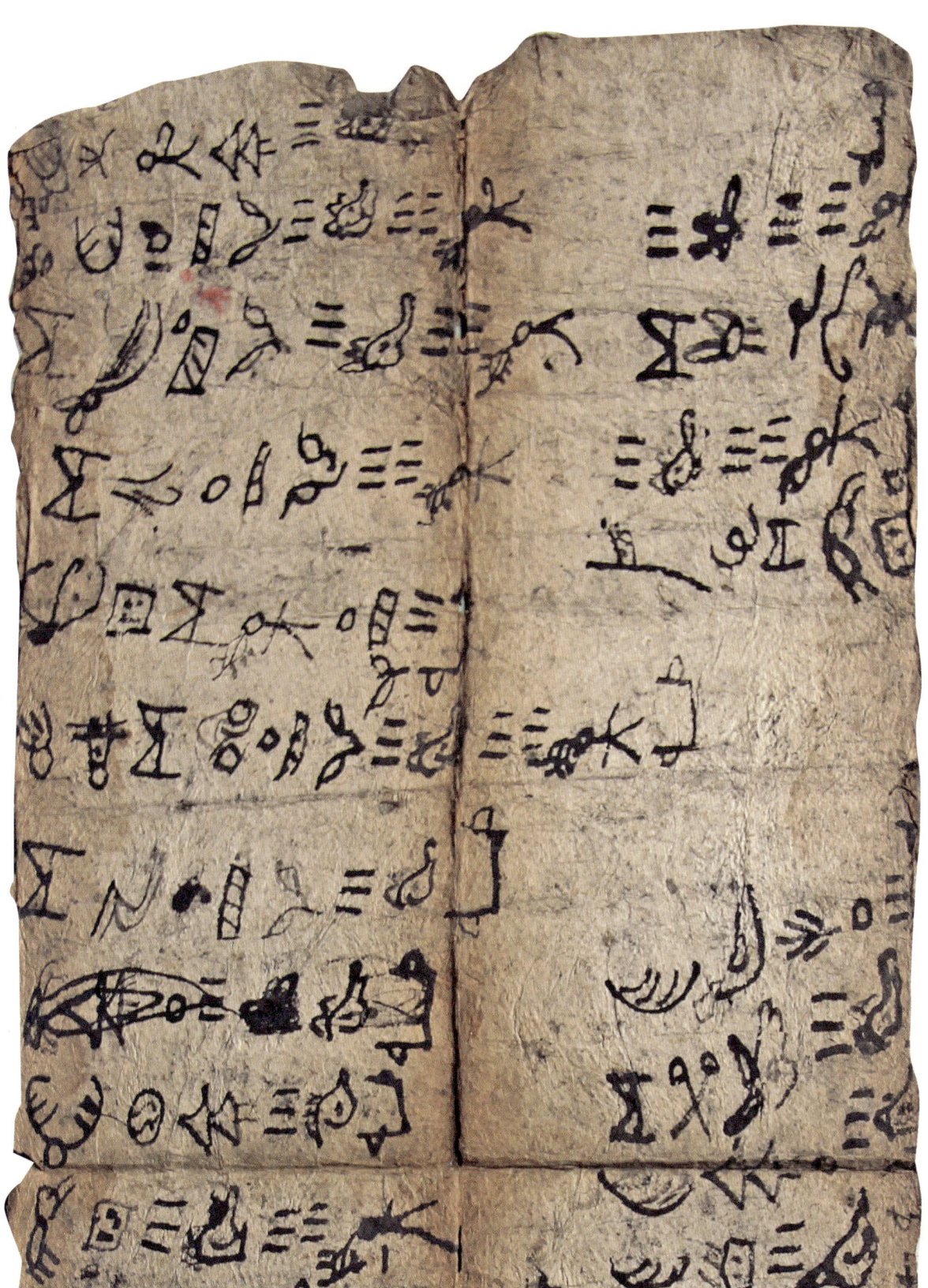

著录

编号	4-4
文书名	出钱名单
书写人	佚名
书写时间	不明
来源	云南省玉龙纳西族自治县宝山乡吾木村
体例	竖行书写,从左向右换行,单面书写
材质	东巴纸,墨书
采集时间	2011年7月24日
采集地点	云南省玉龙纳西族自治县宝山乡吾木村
摄影	李学信
翻译者	和茂春,和学耀
整理者	蒋波
备注	残损严重

翻译

01

字符	国际音标	直译	意译	串讲
	gu³¹	蛋		
	po³³	盒子		
	i³¹	右	固宝伊奴诃（人名）	
	nɯ³¹	心脏		
	xɯ³³	牙齿		
	tʂɯ⁵⁵	土地		固宝伊奴诃（人名）的田款三千六百；
	iə¹³	烟草	费用	
	sɯ³¹	三		
	a³¹	鸡	千	
	tʂʰuɑ⁵⁵	六		
	ɕi³³	人	百	

02

字符	国际音标	直译	意译	串讲
	ue³³	村寨		村尾的和知（人名）三千六百；
	ma³³	尾巴		

字符	国际音标	直译	意译	串讲
	xo^{31}	肋骨		
			和知（人名）	
	$tʂɯ^{55}$	田地		
	$sɯ^{31}$	三		村尾的和知（人名）三千六百；
	a^{31}	鸡	千	
	$tʂʰua^{55}$	六		
	$ɕi^{33}$	人	百	

03

字符	国际音标	直译	意译	串讲
	xo^{31}	肋骨		
			和茹（人名）	
	$zu̥^{31}$	猴子		
	gu^{31}	蛋	不详	和茹（人名）□出了三（千）；
	$sɯ^{31}$	三		
	$tʰə^{33}$	桶	出	

04

字符	国际音标	直译	意译	串讲
	sa¹³	空气	萨继（人名）	萨继（人名）三千六百；
	tɕi³³	羊毛剪		
	sɯ³¹	三		
	a³¹	鸡	千	
	tʂʰua⁵⁵	六		
	ɕi³³	人	百	

05

字符	国际音标	直译	意译	串讲
	ku³¹	生姜	古塔伟烟（人名）	古塔伟烟（人名）三千六百；
	tʰa³¹	塔		
	ue³³	村寨		
	iə³³	烟草		
	sɯ³¹	三		
	a³¹	鸡	千	
	tʂʰua⁵⁵	六		
	ɕi³³	人	百	

06

字符	国际音标	直译	意译	串讲
	$dzi\varepsilon^{31}$	秤砣	究伽（人名）	
	$^{n}ga^{33}$	胜利		
	su^{31}	三		究伽（人名）出了三千；
	a^{31}	鸡	千	
	$t^{h}\partial^{33}$	桶	出	

07

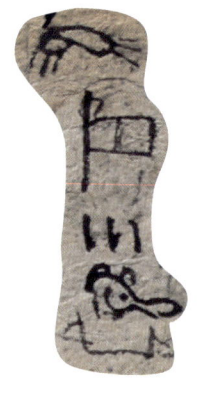

字符	国际音标	直译	意译	串讲
	ku^{31}	生姜	古伽（人名）	
	$^{n}ga^{33}$	胜利		
	su^{31}	三		古伽（人名）出了三千；
	a^{31}	鸡	千	
	$t^{h}\partial^{33}$	桶	出	

08

字符	国际音标	直译	意译	串讲
	ku^{33}	生姜	古究（人名）	
	$dzi\varepsilon^{31}$	秤砣		古究（人名）三千六百；
	su^{31}	三		

续表

字符	国际音标	直译	意译	串讲
	a^{31}	鸡	千	
	$tʂ^hua^{55}$		六	古究（人名）三千六百；
	$ɕi^{33}$	人	百	

09

字符	国际音标	直译	意译	串讲
	$^ngɯ^{55}$	咬		
	$^ntɕi^{31}$	酒曲	格吉塔（人名）	
	ta^{31}	塔		格吉塔（人名）出了三千；
	$sɯ^{31}$		三	
	a^{31}	鸡	千	
	$t^hə^{33}$	桶	出	

10

字符	国际音标	直译	意译	串讲
	ue^{33}	村寨		
	$zɯ^{55}$	道路	伟日（人名）	伟日（人名）□的田款出了三千；
	gu^{31}	蛋	不详	

第三章 文献解读　703

续表

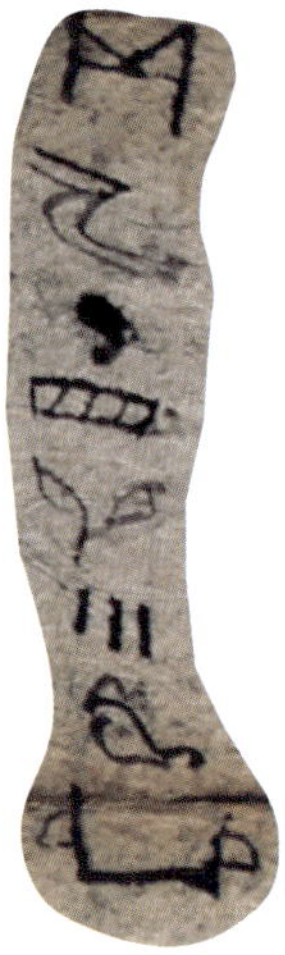

字符	国际音标	直译	意译	串讲
	tʂɯ³³	地		
	iə¹³	烟草	钱款	
	sɯ³¹	三		伟日（人名）□的田款出了三千；
	a³¹	鸡	千	
	tʰə³³	桶	出	

11

字符	国际音标	直译	意译	串讲
	la³¹	手		
	kʰa³³	苦		拉卡伟巴（人名）
	ue³³	村寨		
	pa³³	蛙		
	gu³¹	蛋	不详	拉卡伟巴（人名）□的田款出了三千六百；
	tʂɯ⁵⁵	地		
	iə¹³	烟草	钱款	
	sɯ³¹	三		

续表

字符	国际音标	直译	意译	串讲
	a^{31}	鸡	千	拉卡伟巴（人名）□的田款出了三千六百；
	$tʂ^hua^{55}$	六		
	$ɕi^{33}$	人	百	
	$t^hə^{33}$	桶	出	

12

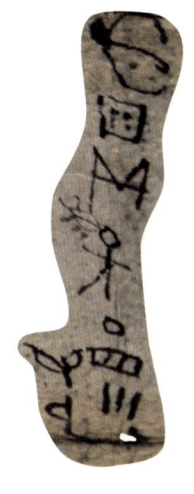

字符	国际音标	直译	意译	串讲
	a^{33}	语气词		
	$dʑiə^{31}$	秤砣	阿究伟（地名）	
	ue^{33}	村寨		
	$ɕi^{33}$	人		
	gu^{31}	蛋	不详	阿究伟（地名）□人出了田款三（千）；
	$tʂɯ^{55}$	土地		
	$iə^{13}$	烟草	费用	
	$sɯ^{31}$	三		
	$t^hə^{33}$	桶	出	

13	字符	国际音标	直译	意译	串讲
	ᴍ	ue^{33}	村寨		
					伟沃（人名）
		γo^{31}	泼		
		gu^{31}	蛋	不详	
		$tʂu^{55}$	土地		伟沃（人名）□田款六百；
		$iə^{13}$	烟草	费用	
	|||	$tʂ^hua^{55}$	六		
		$ɕi^{33}$	人	百	

14	字符	国际音标	直译	意译	串讲
	ᴍ	ue^{33}	村寨		
					伟坎（人名）
		k^ha^{33}	弹弓		
		gu^{31}	蛋	不详	
		$tʂu^{55}$	土地		伟坎（人名）□的田款三千六百；
		$iə^{13}$	烟草	钱款	
	|||	$suɯ^{31}$	三		
		a^{31}	鸡	千	

续表

字符	国际音标	直译	意译	串讲
	tʂʰuɑ⁵⁵	六		伟坎（人名）□的田款三千六百；
	ɕi³³	人	百	

15

字符	国际音标	直译	意译	串讲
	a³³	语气词		
	xɯ³³	牙齿	阿诃伽（人名）	
	ⁿgɑ³³	胜利		
	tʂɯ⁵⁵	土地		
	iə¹³	烟草	钱款	阿诃伽（人名）田款三千六百；
	sɯ³¹	三		
	a³¹	鸡	千	
	tʂʰuɑ⁵⁵	六		
	ɕi³³	人	百	

第三章 文献解读 707

16	字符	国际音标	直译	意译	串讲
		la³¹	手		
		zɯ³³	一线草	果乐（地名）	
		ua³³	左		果乐（地名）的瓦塔（人名）三千；
		tʰa³¹	塔	瓦塔（人名）	
		sɯ³¹	三		
		a³¹	鸡	千	

17	字符	国际音标	直译	意译	串讲
		ⁿda¹³	砍		
		lə⁵⁵	石头	达勒皂（人名）	
		zo³³	缸		达勒皂（人名）三千六（百）；
		sɯ³¹	三		
		a³¹	鸡	千	
		tʂʰua⁵⁵	六		

18

字符	国际音标	直译	意译	串讲
	^{n}gɯ^{55}	咬		
	mu^{33}	天	格穆诃（人名）	
	xɯ^{33}	牙齿		格穆诃（人名）三千三（百）；
	sɯ^{31}	三		
	a^{31}	鸡	千	
	sɯ^{31}	三		

19

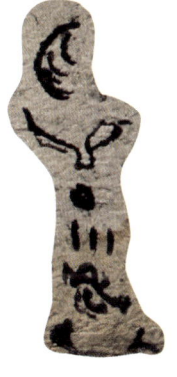

字符	国际音标	直译	意译	串讲
	xo^{31}	肋骨		
	iə^{13}	烟草	和烟（人名）	
	gɯ^{31}	蛋	不详	和烟（人名）□出了三千；
	sɯ^{31}	三		
	a^{31}	鸡	千	
	tʰə^{33}	桶	出	

20	字符	国际音标	直译	意译	串讲
		a^{33}	语气词		
				阿荷（人名）	
		$xɯ^{31}$	山鸡		
		gu^{31}	蛋	不详	
					阿荷（人名）□出了三千；
		$sɯ^{31}$	三		
		a^{31}	鸡	千	
		$tʰə^{33}$	桶	出	

21	字符	国际音标	直译	意译	串讲
		ue^{33}	村寨		
				伟皂（人名）	
		zo^{33}	缸		
		$sɯ^{31}$	三		伟皂（人名）出了三千；
		a^{31}	鸡	千	
		$tʰə^{33}$	桶	出	

22

字符	国际音标	直译	意译	串讲
	xo^{31}	肋骨	和舒（人名）	和舒（人名）三千；
	ʂu^{55}	菖蒲		
	sɯ^{31}	三		
	a^{31}	鸡	千	

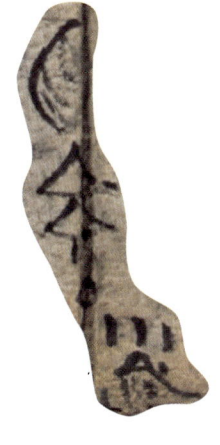

23

字符	国际音标	直译	意译	串讲
	xo^{31}	肋骨	和塔（人名）	和塔（人名）□三千；
	tʰɑ^{31}	塔		
	gu^{31}	蛋	不详	
	sɯ^{31}	三		
	a^{31}	鸡	千	

24

字符	国际音标	直译	意译	串讲
	ue^{33}	村寨		伟继宇（人名）三千；
	tɕi^{33}	羊毛剪	伟继宇（人名）	
	y^{33}	绵羊		
	sɯ^{31}	三		

第三章 文献解读　711

续表

字符	国际音标	直译	意译	串讲
	tɕi³³	鸡	千	伟继宇（人名）三千；

25

字符	国际音标	直译	意译	串讲
	xo³¹	肋骨		
	lo³¹	沟	和老四（人名）	
	sɯ³¹	柴草		和老四（人名）□三（千）；
	gu³¹	蛋	不详	
	sɯ³¹	三		

26

字符	国际音标	直译	意译	串讲
	ʂuɑ³¹	高		
	nɑ³¹	黑	苏明（地名）	
	ue³³	村寨		苏明（地名）的古究（人名）三千六百；
	ku³¹	生姜		
	dziə³¹	秤砣	古究（人名）	
	sɯ³¹	三		

续表

字符	国际音标	直译	意译	串讲
	a^{31}	鸡	千	
	$tʂʰua^{55}$	六		苏明（地名）的古究（人名）三千六百；
	$ɕi^{33}$	人	百	

27

字符	国际音标	直译	意译	串讲
	ue^{33}	村寨		
	ku^{55}	生姜	上部	
	na^{31}	黑		
	mu^{33}	天	纳穆皂（人名）	
	zo^{33}	缸		村上部的纳穆皂（人名）出了三千六百。
	$sɯ^{31}$	三		
	a^{31}	鸡	千	
	$tʂʰua^{55}$	六		
	$ɕi^{33}$	人	百	
	$tʰə^{33}$	桶	出	

第三章 文献解读　713

翻译全文

固宝伊奴诃（人名）的田款三千六百；村尾的和知（人名）三千六百；和茹（人名）□出了三（千）；萨继（人名）三千六百；古塔伟烟（人名）三千六百；究伽（人名）出了三千；古伽（人名）出了三千；古究（人名）三千六百；格吉塔（人名）出了三千；伟日（人名）□的田款出了三千；拉卡伟巴（人名）□的田款出了三千六百；阿究伟（地名）□人出了田款三（千）；伟沃（人名）□田款六百；伟坎（人名）□的田款三千六百；阿诃伽（人名）田款三千六百；果乐（地名）的瓦塔（人名）三千；达勒皂（人名）三千六（百）；格穆诃（人名）三千三（百）；和烟（人名）□出了三千；阿荷（人名）□出了三千；伟皂（人名）出了三千；和舒（人名）三千；和塔（人名）□三千；伟继宇（人名）三千；和老四（人名）□三（千）；苏明（地名）的古究（人名）三千六百；村上部的纳穆皂（人名）出了三千六百。

文书4-5

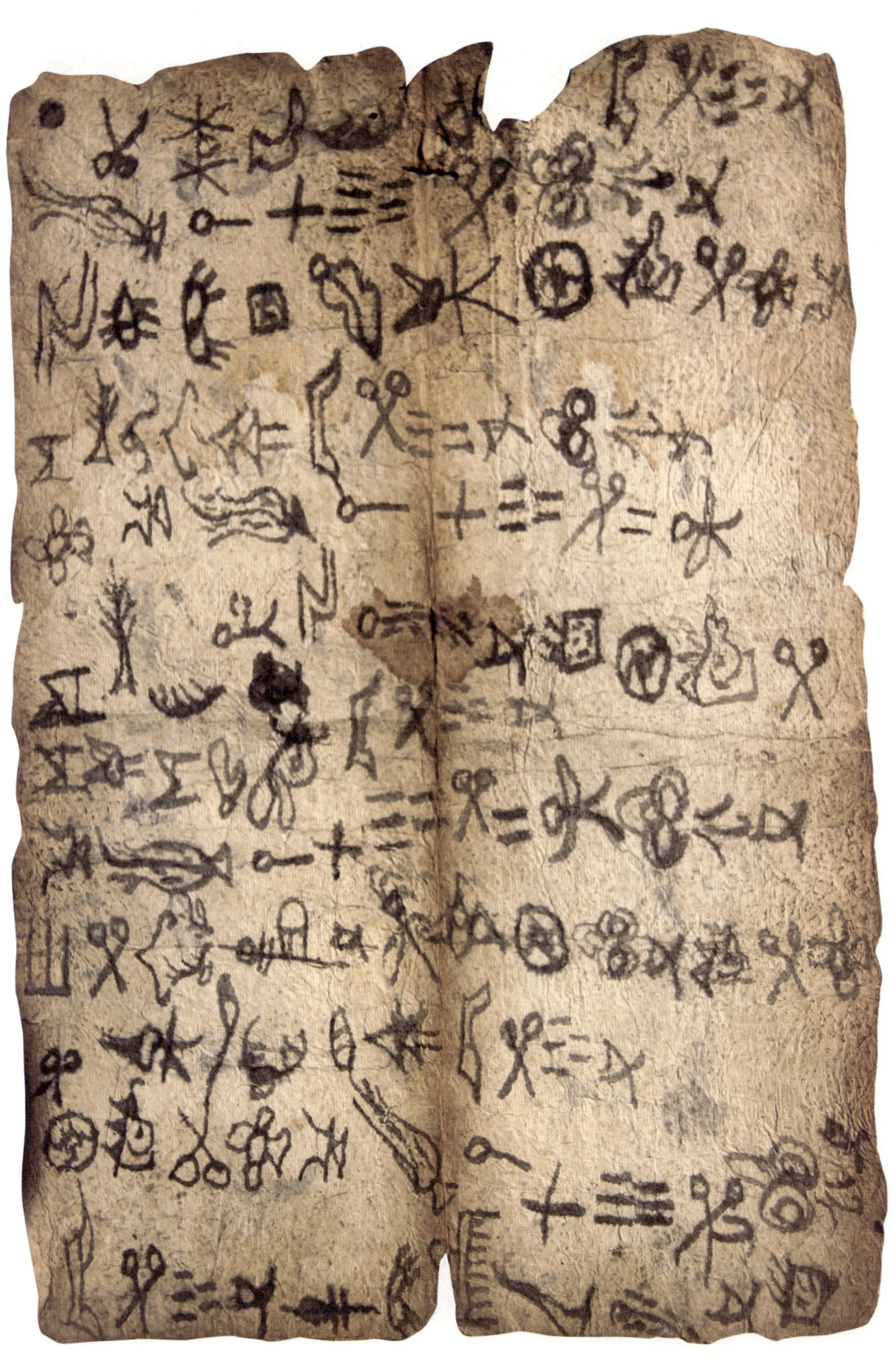

（囤正）二奇青来往侨人·情人

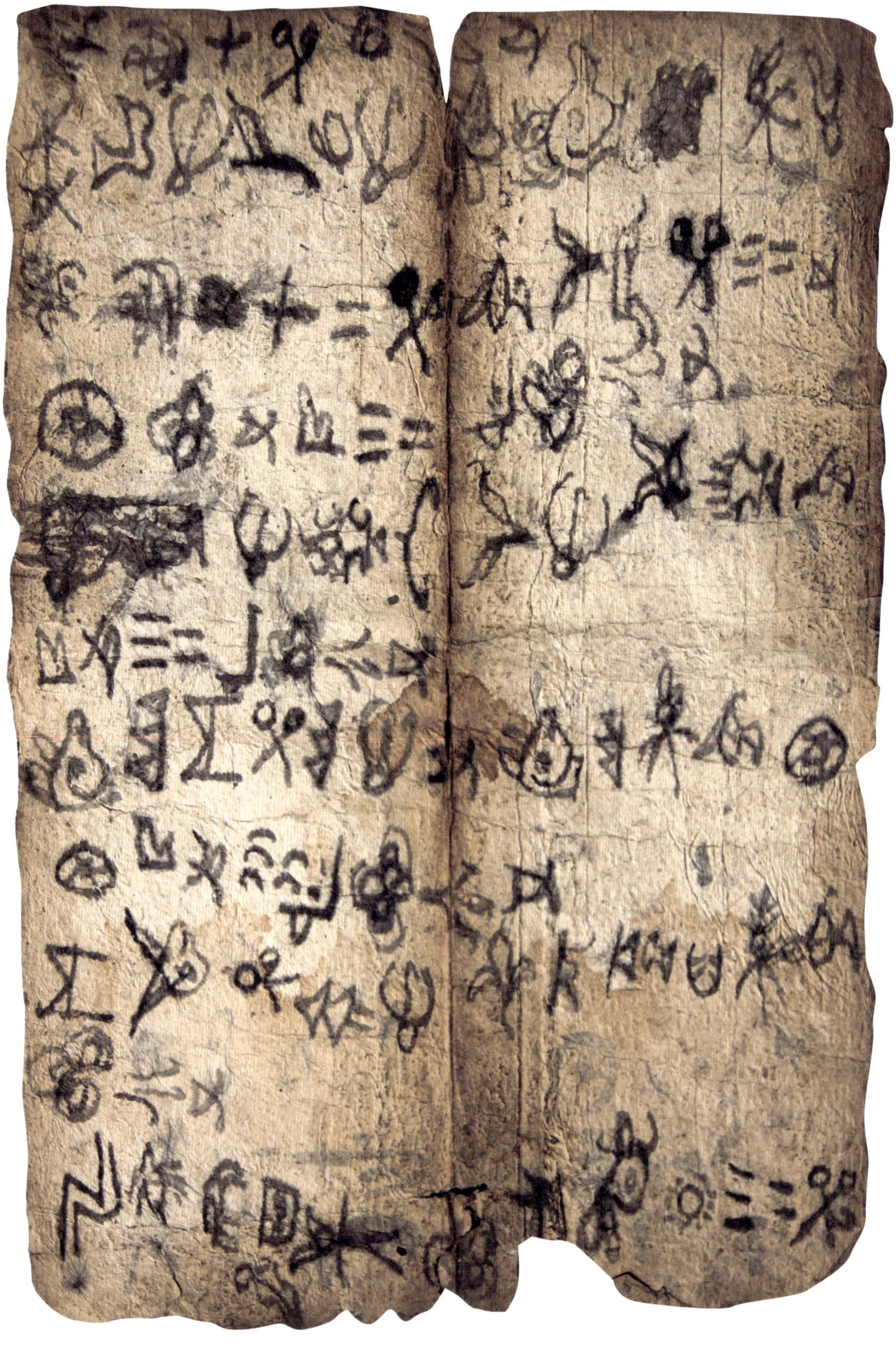

人情债往来清单二（背面）

著录

编号	4-5
文书名	人情债往来清单二
书写人	佚名
书写时间	不明
来源	云南省玉龙纳西族自治县宝山乡吾木村和茂芳
体例	竖行书写,从左向右换行,双面书写
材质	东巴纸,墨书
采集时间	2011年7月24日
采集地点	云南省玉龙纳西族自治县宝山乡吾木村
摄影	李学信
翻译者	和茂春,和学耀
整理者	蒋波,高渊
备注	

翻译

【正面】

01	字符	国际音标	直译	意译	串讲
		gə⁵⁵	上	指示代词	
		tɕi³³	羊毛剪	家	
		uɑ³³		五	
		me³³	雌性	月份	
		ly⁵⁵	矛		
				吕古（地名）	
		ku³¹	生姜		
		fu⁵⁵	锯子		吕古（地名）的福齐（人名）那家五月结婚那天，借了一坛白酒，净重十六斤，（用的）是（继）毒志格吉塔的秤；
				福齐（人名）	
		tɕʰi³³	刺		
		tʂʰu³³	死水		
				媳妇	
		me⁵⁵	雌性		
		ʂu³¹	菖蒲	娶	
		ni³³	太阳	日、天	
		a³³	鸡		
				白酒	
		tɕi³³	剪子		

续表

字符	国际音标	直译	意译	串讲
	dɯ³¹	大	一	
	zo³³		缸	
	zʐɯ⁵⁵	酒	净重	
	ko³¹	针		
	tsʰe³¹		十	
	tʂʰuɑ⁵⁵		六	
	tɕi³³	羊毛剪	斤	吕古（地名）的福齐（人名）那家五月结婚那天，借了一坛白酒，净重十六斤，（用的）是（继）毒志格吉塔的秤；
[1]	pɑ³³	蛙	借	
	ɣo³¹	泼	是	
	me⁵⁵	雌性	语气助词	
	tɕi³³	羊毛剪	秤	
	ⁿdə³¹	仄鬼		（继）毒志格吉塔（人名）
	dzɯ³³	叶子		
	xɯ³³	咬		
	ⁿtɕi³¹	酒曲		

续表

字符	国际音标	直译	意译	串讲
	t^ha^{31}	塔	（继）毒志格吉塔（人名）	
	$gə^{55}$	上	定语助词	吕古（地名）的福齐（人名）那家五月结婚那天，借了一坛白酒，净重十六斤，（用的）是（继）毒志格吉塔的秤；
	$tɕi^{33}$	羊毛剪	秤	
	γo^{31}	五	是	
	me^{55}	雌性的	语气助词	

02

字符	国际音标	直译	意译	串讲
	sa^{13}	气		
	$tɕi^{33}$	秤		
	mu^{33}	天	萨继穆裒伽（人名）	萨继穆裒伽（人名）母亲去世的那天借的，借了一坛白酒，净重十五斤二两，（用的）是村上部的伟什莱（人名）的秤；
	$niə^{31}$	眼睛		
	$^nga^{33}$	胜利		
	me^{31}	雌性	母亲	
	$ʂɯ^{33}$	死亡	去世	
	mu^{31}	牛蝇		

续表

字符	国际音标	直译	意译	串讲
	ni³³	太阳	天、日	
	pɑ³³	蛙	借	
	me⁵⁵	雌性	语气助词	
	a³³	鸡		
	tɕi³³	羊毛剪	白酒	
	dɯ³¹	大	一	
	zo³³		缸	
	zu⁵⁵	酒		萨继穆袤伽（人名）母亲去世的那天借的，借了一坛白酒，净重十五斤二两，（用的）是村上部的伟什莱（人名）的秤；
	ko³¹	针	净重	
	tsʰe³¹		十	
	uɑ³³		五	
	tɕi³³	羊毛剪	斤	
	ni³³		二	
	lu⁵⁵	庹	两	
	pɑ³³	蛙	借	

第三章 文献解读 721

续表

字符	国际音标	直译	意译	串讲
	γo^{31}	泼	是	
	me^{55}	雌性的	语气助词	
	ue^{33}		村庄	
	ku^{55}	大蒜	上部	
	ue^{33}	村庄		萨继穆裳伽（人名）母亲去世的那天借的，借了一坛白酒，净重十五斤二两，（用的）是村上部的伟什莱（人名）的秤；
	$ʂu^{33}$	肉	伟什莱（人名）	
	le^{33}	獐子		
	$gə^{55}$	上	定语助词	
	$tɕi^{33}$	羊毛剪	秤	
	γo^{31}	五	是	
	me^{55}	雌性的	语气助词	

03

字符	国际音标	直译	意译	串讲
	ue^{33}		村庄	村尾的和瓦察（人名）娶媳妇那天，（借了）一坛白酒，净重十五斤二两，借的是村尾的纳穆塔（人名）的秤；
	ma^{33}	尾巴		

续表

字符	国际音标	直译	意译	串讲
	xo^{31}	肋骨		
	ua^{33}	左	和瓦察（人名）	
[2]	tʂha^{31}	小寨子		
	tʂhu^{33}	死水	媳妇	
	me^{55}	雌性的		
	ʂu^{31}	菖蒲	娶	
	ni^{33}	太阳	日、天	村尾的和瓦察（人名）娶媳妇那天，（借了）一坛白酒，净重十五斤二两，借的是村尾的纳穆塔（人名）的秤；
	a^{33}	鸡		
	tɕi^{33}	剪子	白酒	
	dɯ^{31}	大	一	
	zo^{33}	缸		
	ʐɯ^{55}	饮	净重	
	ko^{31}	针		
	tshe^{31}	十		
	ua^{33}	五		

第三章 文献解读　723

续表

字符	国际音标	直译	意译	串讲
	tɕi³³	羊毛剪	斤	
	ni³³		二	
	lu⁵⁵	庹	两	
	ue³³		村庄	
	ma³³		尾部	
	na³¹		黑	
	mu³³	天	纳穆塔（人名）	村尾的和瓦察（人名）娶媳妇那天，（借了）一坛白酒，净重十五斤二两，借的是村尾的纳穆塔（人名）的秤；
	tʰa³¹		塔	
	gɚ⁵⁵	上面	定语助词	
	tɕi³³	羊毛剪	秤	
	uɑ³³	五	是	
	me⁵⁵	雌性	语气助词	
	pɑ³³	蛙	借	
	ɣo³¹	泼	是	
	me⁵⁵	雌性	语气助词	

04

字符	国际音标	直译	意译	串讲
	tʂʰa³¹	小寨子		
	lɯ³³	牛虻	察李裒宝（人名）	
	niə³¹	眼睛		
	po³³	宝盒		
	dʑi³¹	水	季载节[3]	察李裒宝（人名）在季载节那天借了一坛净重十七斤的白酒，用的是盖科（地名）和塔（人名）的秤。
	tse³¹	仄鬼		
	ni³³	太阳	天、日	
	a⁵⁵	鸡	白酒	
	tɕi³³	羊毛剪		
	dɯ³¹	大	一	
	zo³³		缸	
	ʐɯ⁵⁵	酒		
	ko³¹	针	净重	
	tsʰe³¹		十	
	sɚ³³		七	

续表

字符	国际音标	直译	意译	串讲
	tɕi³³	羊毛剪	斤	
	pɑ³³	蛙头	借	
	ɣo³¹	泼	是	
	me⁵⁵	雌性	语气助词	
	tɕi³³	羊毛剪	秤	
	ka³³	前面	盖科（地名）	察李裒宝（人名）在季载节那天借了一坛净重十七斤的白酒，用的是盖科（地名）和塔（人名）的秤。
	kʰɯ³¹	脚		
	xo³¹	肋骨	和塔（人名）	
[4]	tʰɑ³¹	塔		
	gə⁵⁵	上面	定语助词	
	tɕi³³	羊毛剪	秤	
	ɣo³¹	五	是	
	me⁵⁵	雌性的	语气助词	

【背面】

01

字符	国际音标	直译	意译	串讲
	tʂʰa³¹	小寨子		
	lɯ³³	牛虻	察李裊宝（人名）	
	niə³¹	眼睛		
	po³³	宝盒		
	dʑi³¹	水	季载节	
	tse³¹	仄鬼		
	pɑ³³	蛙头	不详	
	xɯ³¹	牙齿	不详	在季载节到察李裊宝（人名）家借了□□□五斤面粉；
	le³³	獐子	不详	
	by³¹		面粉	
	uɑ³³		五	
	tɕi³³	羊毛剪	斤	
	pɑ³³	蛙头	借	
	ɣo³¹	泼	是	
	me⁵⁵	雌性	语气助词	

第三章 文献解读 727

02

字符	国际音标	直译	意译	串讲
	ue³³	村庄		
	y³³	羊	伟宇瓦塔（人名）	
	ua³³	左		
	tʰa³¹	塔		
	a³¹	语气词		
	ba³³	花	父亲	
	ka³³	好		
	ty⁵⁵	打铁	嘉度河（人名）	伟宇瓦塔（人名）的父亲嘉度河（人名）去世的时候，借了五升白米；
	xɯ³³	牙齿		
	ʂɯ³³	死去	去世	
	mu³¹	牛蝇		
	ni³³	太阳	日、天	
	tʂʰua⁵⁵	鹿角	大米	
	pʰɚ³¹		白色	
	ua³³		五	

续表

字符	国际音标	直译	意译	串讲
	py³³	米斗	升	
	pɑ³³	蛙	借	伟宇瓦塔（人名）的父亲嘉度词（人名）去世的时候，借了五升白米；
	ɣo³¹	泼	是	
	me⁵⁵	雌性	语气助词	

03

字符	国际音标	直译	意译	串讲
	kʰɯ³³	狗		
	mi⁵⁵	火	克密伟继密（人名）	
	ue³³	村庄		
	tɕi³³	羊毛剪		克密伟继密（人名）的母亲克密（人名）去世的那天，借了五升白米；
	mi⁵⁵	火		
	a³³	语气词	母亲	
	me³¹	雌性		
	kʰɯ³³	狗	克密（人名）	
	mi⁵⁵	火		

第三章 文献解读 729

续表

字符	国际音标	直译	意译	串讲
	ʂɯ³³	死亡		
	mu³¹	牛蝇	去世	
	ni³³	太阳	日、天	
	tʂʰuɑ⁵⁵	鹿角	大米	
	pʰɚ³¹		白色	克密伟继密（人名）的母亲克密（人名）去世的那天，借了五升白米；
	uɑ³³		五	
	py³³		升	
	pɑ³³	蛙头	借	
	ɣo³¹	泼	是	
	me⁵⁵	雌性	语气助词	

04

字符	国际音标	直译	意译	串讲
	a³³	语气词		阿吾穆烟（人名）的父亲阿吾（人名）去世的那一天，借了五升大米；□□十二斤，借的就是姆烟（人名）的秤；
	u³¹	奴仆	阿吾穆烟（人名）	
	mu³³	天		

续表

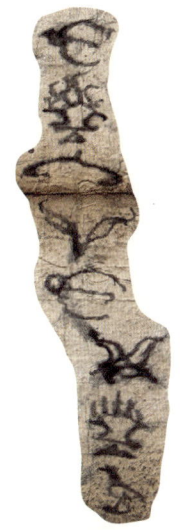

字符	国际音标	直译	意译	串讲
	iə¹³	烟草	阿吾穆烟（人名）	
	a³¹	语气词	父亲	
	ba³³	花		
	u³¹	奴仆	阿吾（人名）	
	mu³³	牛蝇	去世	
	ni³³	太阳	日、天	阿吾穆烟（人名）的父亲阿吾（人名）去世的那一天，借了五升大米；□□十二斤，借的就是姆烟（人名）的秤；
	pa³³	到	借	
	me⁵⁵	雌性	语气助词	
	tʂʰua⁵⁵	鹿角	大米	
	ua³³		五	
	py³³		升	
	pa³³	蛙	借	
	ɣo³¹	泼	是	
	me⁵⁵	雌性	语气助词	
[5]	zz̩³³	繁殖	不详	

续表

字符	国际音标	直译	意译	串讲
	不详	不详	不详	
	tsʰe³¹	十		
	ni³³	二		
	tɕi³³	羊毛剪	斤	
	mu³³	去世		阿吾穆烟（人名）的父亲阿吾（人名）去世的那一天，借了五升大米；□□十二斤，借的就是姆烟（人名）的秤；
	iə³¹	烟草	姆烟（人名）	
	gə⁵⁵	上面	定语助词	
	tɕi³³	羊毛剪	秤	
	yo³¹	五	是	
	me⁵⁵	雌性的	语气词	

05

字符	国际音标	直译	意译	串讲
	ka³³	前面的		
	kʰɯ³¹	脚	盖科（地名）	盖科（地名）的阿泰布（人名）阿□茹（人名）死的时候，借了十斤。
	a³³	语气词	阿泰布（人名）	

续表

字符	国际音标	直译	意译	串讲
	tʰe⁵⁵	旗帜	阿泰布（人名）	
	pu¹³	送		
	a³³	语气词		
	不详	不详	阿口茹（人名）	
	ʐu³³	猴子		
	mu³³	死	去世	盖科（地名）的阿泰布（人名）阿口茹（人名）死的时候，借了十斤。
	ʂɯ³³	肉		
	se³¹	完	情态助词	
	不详	不详	不详	
	tsʰe³¹		十	
	tɕi³³	羊毛剪	斤	
[6]	pɑ³³	蛙头	借	
	se³¹	完	情态助词	
	me⁵⁵	雌性的	语气助词	

翻译全文

【正面】吕古(地名)的福齐(人名)那家五月结婚那天,借了一坛白酒,净重十六斤,(用的)是(继)毒志格吉塔的秤;萨继穆裒伽(人名)母亲去世的那天借的,借了一坛白酒,净重十五斤二两,(用的)是村上部的伟什莱(人名)的秤;村尾的和瓦察(人名)娶媳妇那天,(借了)一坛白酒,净重十五斤二两,借的是村尾的纳穆塔(人名)的秤;察李裒宝(人名)在季载节那天借了一坛净重十七斤的白酒,用的是盖科(地名)和塔(人名)的秤。

【背面】在季载节到察李裒宝(人名)家借了□□□五斤面粉;伟宇瓦塔(人名)的父亲嘉度诃(人名)去世的时候,借了五升白米;克密伟继密(人名)的母亲克密(人名)去世的那天,借了五升白米;阿吾穆烟(人名)的父亲阿吾(人名)去世的那一天,借了五升大米;□□十二斤,借的就是姆烟(人名)的秤;盖科(地名)的阿泰布(人名)阿□茹(人名)死的时候,借了十斤。

---

[1] 和学耀在文书4-3(第682页)中认为该字假借为"送达"。
[2] 该字和学耀解读为"道路"[zɯ⁵⁵]。
[3] 季载节,农历腊月十四日。
[4] 此处为纳西东巴文"塔",原件残损,字符仅余一半。
[5] 和学耀在文书4-1(第660页)中认为该字的直译是"龙爪菜"[a³³ dɚ³¹]。
[6] 此处为纳西东巴文"蛙头",原件残损,字符仅余一半。

五 清单

文书5-1

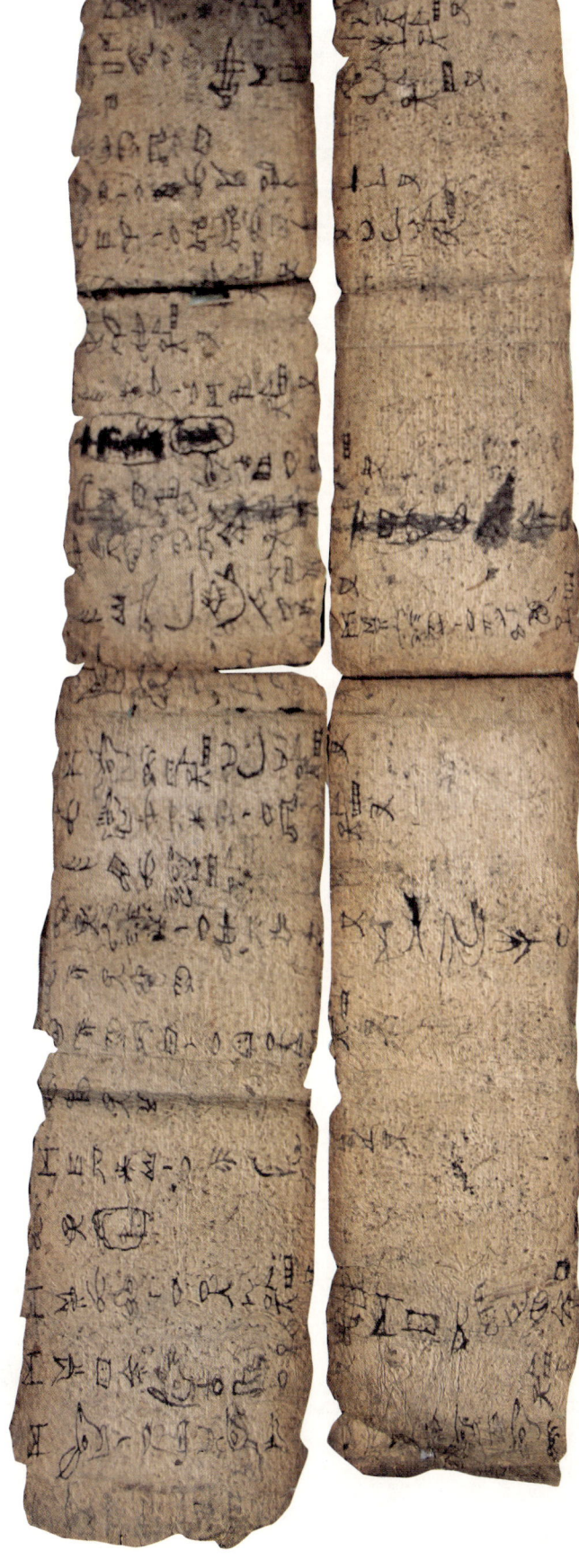

宅基地清单

①｜②

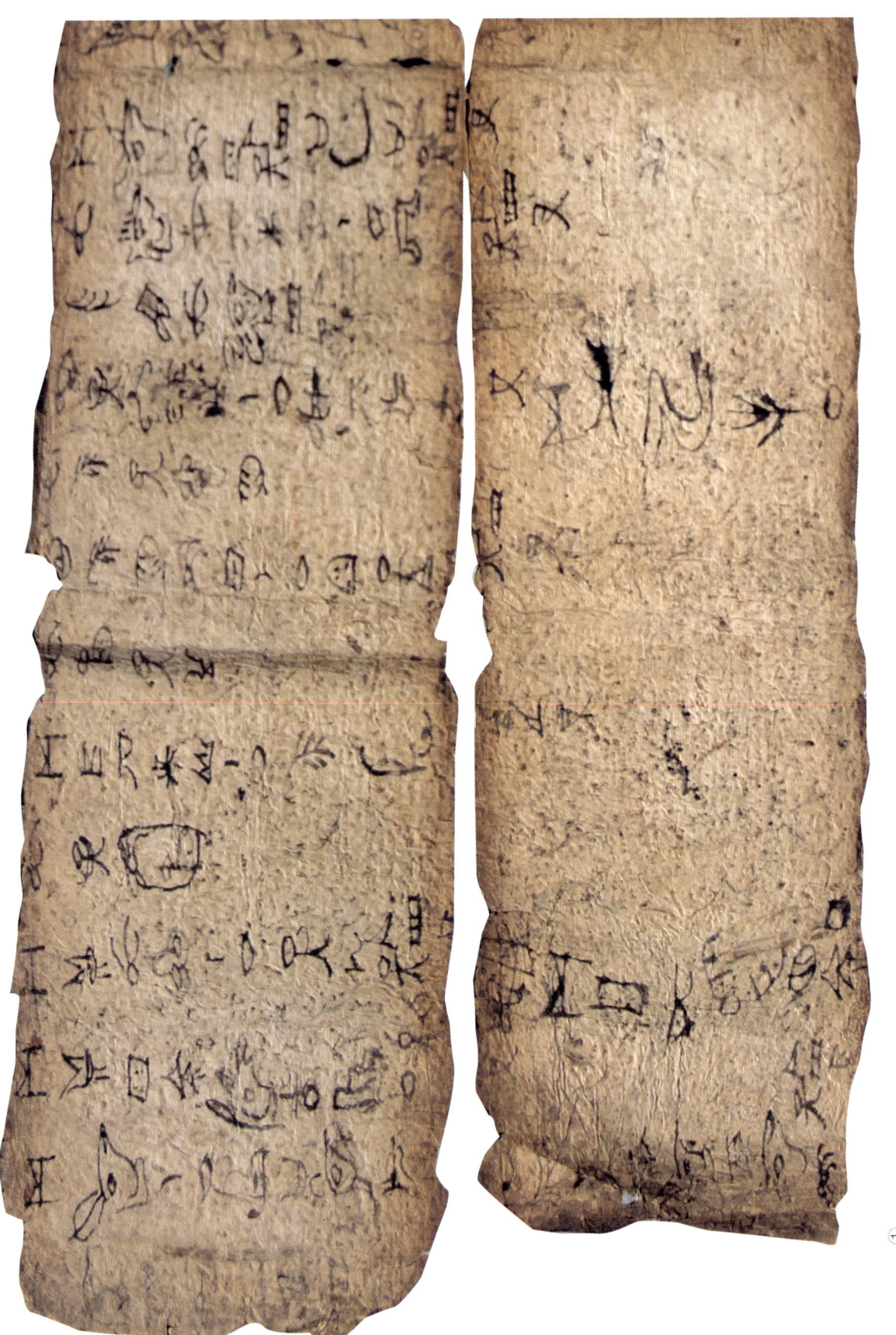

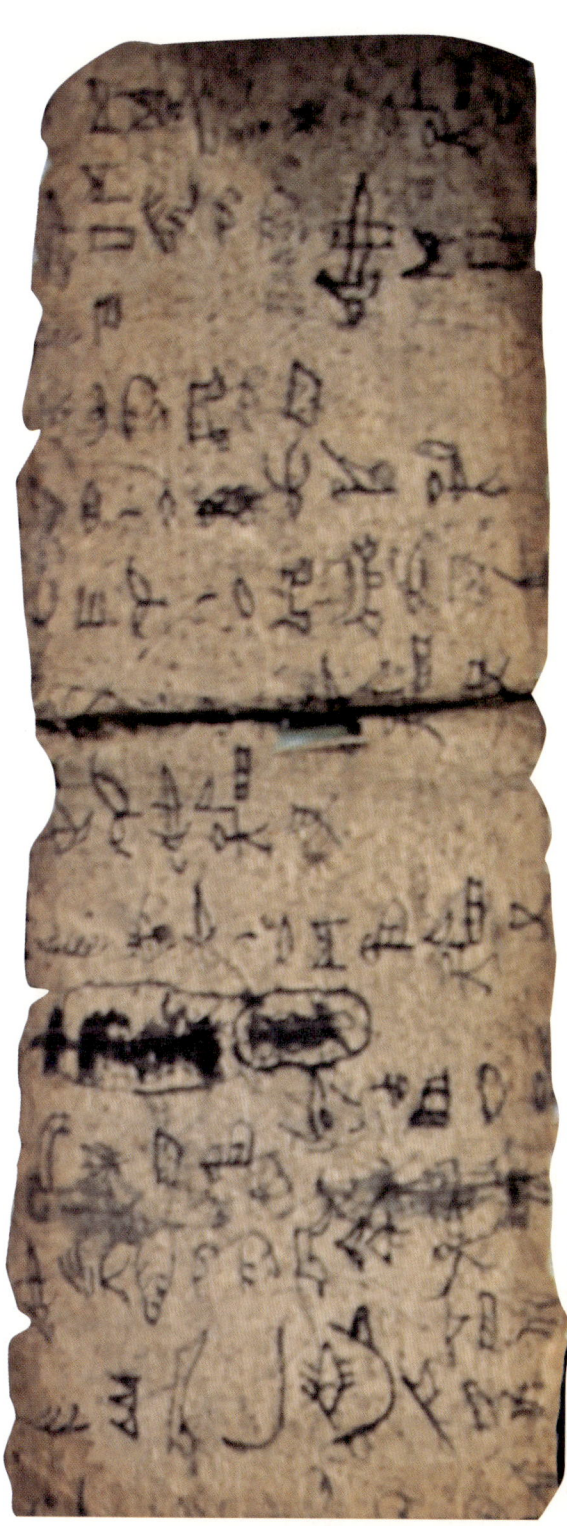
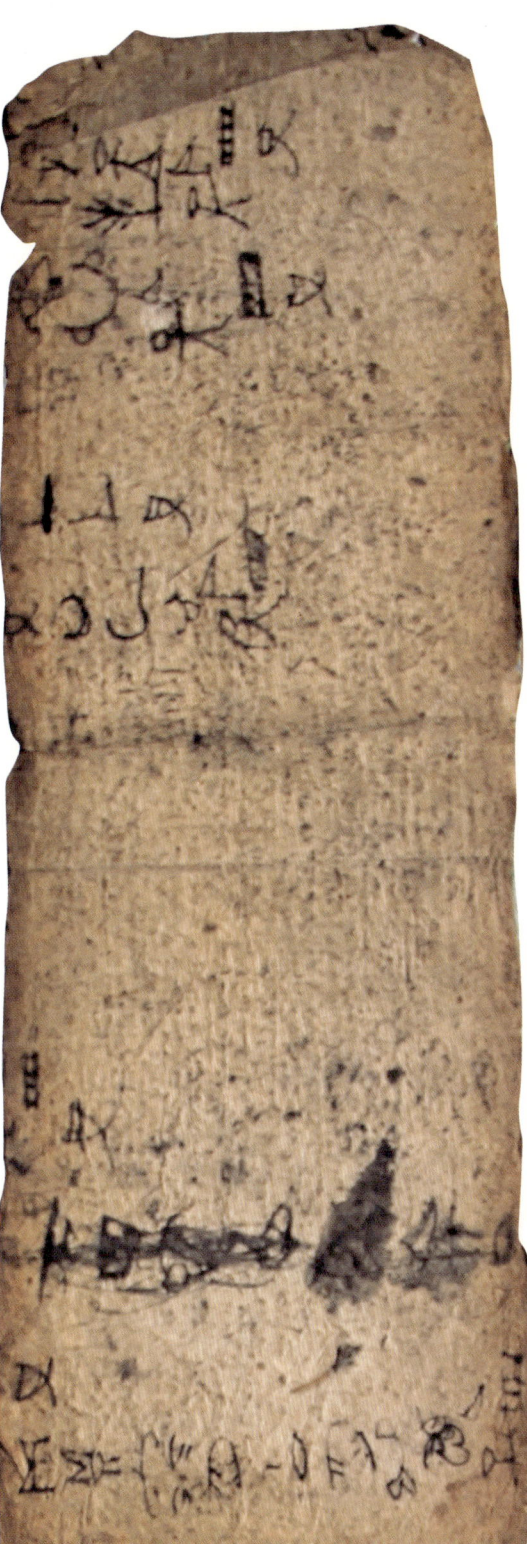

第三章 文献解读 737

著录

编号	5-1
文书名	宅基地清单
书写人	佚名
书写时间	未知
来源	云南省玉龙纳西族自治县宝山乡吾木村和茂芳
体例	竖行书写，从左向右换行，单面书写
材质	东巴纸，墨书
采集时间	2011年7月24日
采集地点	云南省玉龙纳西族自治县宝山乡吾木村
摄影	李学信
翻译者	和学耀
整理者	蒋波
备注	

翻译

01

字符	国际音标	直译	意译	串讲
	ue³³	村庄	伟莱（人名）	
	le³³	獐子		
	dɯ³¹	一		
	ku¹³	蛋	个	
	kʰɯ³¹	脚	不详	
	不详	不详	不详	伟莱（人名）把□□□□□在鄂古（地名）的姆依苏（人名）的宅基地上。
	ko³³	鹤	不详	
	kʰɯ³¹	脚	底下	
	不详	不详	不详	
	gə⁵⁵ [1]	上	定语助词	
	mu³¹	牛蝇		
	i⁵⁵	野山羊	姆依苏（人名）	
	ʂu³³	斧子		

续表

字符	国际音标	直译	意译	串讲
	ɣɯ³³	牛		
	ku³¹	生姜	鄂古（地名）	伟莱（人名）把□□□□□在鄂古（地名）的姆依苏（人名）的宅基地上。
	ⁿda³¹	宅基地		
	me⁵⁵	雌性	语气助词	

02

字符	国际音标	直译	意译	串讲
	ue³³	村庄		
	ku⁵⁵	大蒜	上部	
	ʂu³³	骰子		
	tʰɑ³¹	塔	舒塔克赤（人名）	村子上部的舒塔克赤（人名）家（以前）是达伟道（地名）的裒河吉塔（人名）的宅基地。
	kʰɯ³³	狗		
	tʂʰɯ⁵⁵	吊		
	zɯ³³	村寨	人家	
	zɯ³³	掌握		
	ⁿda¹³	砍	达伟道（地名）	

续表

字符	国际音标	直译	意译	串讲
	ue^{33}	村	达伟道（地名）	村子上部的舒塔克赤（人名）家（以前）是达伟道（地名）的袅诃吉塔（人名）的宅基地。
	to^{33}	板子		
	$niə^{31}$	眼睛	袅诃吉塔（人名）	
	$xɯ^{33}$	牙齿		
	$^ntɕi^{31}$	酒曲		
	$tʰa^{31}$	塔		
	ko^{31}	针	里	

03

字符	国际音标	直译	意译	串讲
	ue^{33}	村庄		村庄上部的阿巴（人名）的一个□□宅基地。
	ku^{55}	大蒜	上部	
	a^{33}	语气词		
	pa^{33}	蛙头	阿巴（人名）	
	$dɯ^{31}$	一		
	ku^{13}	蛋	个	

续表

字符	国际音标	直译	意译	串讲
	ua^{33}	左	不详	
	bə^{31}	绳子	不详	村庄上部的阿巴（人名）的一个□□宅基地。
	ⁿda^{31}	宅基地		

04

字符	国际音标	直译	意译	串讲
	a^{33}	语气词		
	lu^{55}	庹	阿鲁伽（人名）	
	ⁿga^{33}	胜利		
	ue^{33}	村庄		
	sa^{13}	气体		阿鲁伽（人名）。伟萨嘉德密（人名）一个对象都没有。
	ka^{33}	好	伟萨嘉德密（人名）	
	tə^{31}	千		
	mi^{55}	火		
	dɯ^{31}	一		
	ku^{13}	蛋	个	

续表

字符	国际音标	直译	意译	串讲
	pu^{55}	艾	没有对象	阿鲁伽（人名）。伟萨嘉德密（人名）一个对象都没有。
	i^{33}	溢		
	zo^{33}	缸	男人	
	tɕʰi^{33}	刺	不详	
	me^{55}	雌性	语气助词	

05

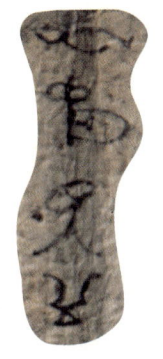

字符	国际音标	直译	意译	串讲
	a^{33}	语气词	阿伽伊皂（人名）	阿伽伊皂（人名）。
	ŋɑ^{33}	胜利		
	i^{33}	右边		
	zo^{33}	缸		

06

字符	国际音标	直译	意译	串讲
	a^{33}	语气词	祖母	诃古柏（人名）奶奶在奥咨（地名）宅基地上堆成一堆。
	pu^{55}	燕麦		
	xɯ^{33}	牙齿	诃古柏（人名）	

第三章 文献解读 743

续表

字符	国际音标	直译	意译	串讲
	ku³¹	生姜	诃古柏（人名）	
	pe³³	门闩		
	du³¹	—		诃古柏（人名）奶奶在奥咨（地名）宅基地上堆成一堆。
	ku¹³	蛋	块	
	yo³¹	粮食堆	奥咨（地名）	
	dzɯ³³	堆放		
	ⁿda³¹	宅基地		
	me⁵⁵	雌性	语气助词	

07

字符	国际音标	直译	意译	串讲
	a³³	语气词	祖母	祖母伊奴诃（人名）。
	pu⁵⁵	燕麦		
	i³³	右	伊奴诃（人名）	
	nɯ³¹	心脏		
	xɯ³³	牙齿		

08

字符	国际音标	直译	意译	串讲
	a³³	语气词		
	lu⁵⁵	丈量		
	mu³³	天	阿鲁穆奴皂（人名）	
	nɯ³¹	心脏		
	zo³³	杯子		
	dɯ³¹	一		阿鲁穆奴皂（人名）一个人去了达嘉（地名）。
	ku¹³	蛋	个	
	ⁿdɑ³¹	砍	达嘉（地名）	
	kɑ³³	好		
	kʰɯ³³	脚	去了	
	tʂʰɯ³³ [2]	吊		

09

字符	国际音标	直译	意译	串讲
	me³¹	雌性		
	ue³³	村庄	村尾	村尾日滋固（人名）。
	ma³³	尾巴		

续表

字符	国际音标	直译	意译	串讲
	zɯ⁵⁵	路		
	ⁿtsɯ³³	树	日滋固（人名）	村尾日滋固（人名）。
	gu³¹	蛋		

10

字符	国际音标	直译	意译	串讲
	xo³¹	肋骨	和漆（人名）	
	tsʰi³¹	肩胛骨		
	a³³	语气词		和漆（人名）在阿热里（地名）的宅基地。
	zə³³	豹子	阿热里（地名）	
	lɯ³³	土地		
	ⁿda³¹	宅基地		

11

字符	国际音标	直译	意译	串讲
	a³³	语气词	哥哥	哥哥在李嘉德□（地名）的一块宅基地。
	bu³¹	猪		
	lɯ³³	牛虻	李嘉德□（地名）	

续表

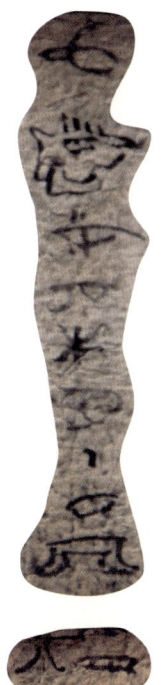

字符	国际音标	直译	意译	串讲
	ka^{33}	好		
	tə^{31}	千	李嘉德□（地名）	
	不详	不详		
	du^{31}	一	指示代词	哥哥在李嘉德□（地名）的一块宅基地。
	ku^{13}	蛋	块	
	gə^{55}	上	定语助词	
	ⁿda^{31}		宅基地	
	me^{55}	雌性	语气助词	

12

字符	国际音标	直译	意译	串讲
	ue^{33}	村庄	伟克（人名）	
	kʰu^{33}	狗		伟克（人名）在古舒（地名）的宅基地，在黑劳角（地名）的宅基地。
	ku^{31}	生姜		
	ʂu^{55}	骰子	古舒（地名）	
	ⁿda^{31}		宅基地	

续表

字符	国际音标	直译	意译	串讲
	xe³³	月		
	lo³¹	沟	黑劳角（地名）	
	kʰɚ³¹	角		伟克（人名）在古舒（地名）的宅基地，在黑劳角（地名）的宅基地。
	ⁿda³¹	宅基地		
	me⁵⁵	雌性	语气助词	

13

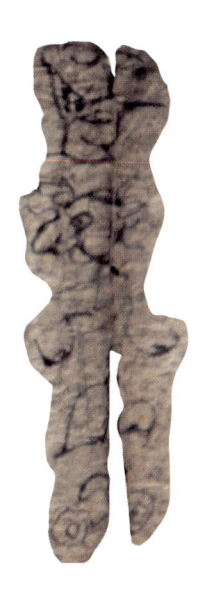

字符	国际音标	直译	意译	串讲
	a³³	语气词		
	fu⁵⁵	野鸭		
	lo³¹	麂子		
	tsʰo³³	跳	阿凫崂曹埗巴（地名）	阿凫崂曹埗巴（地名）。
	ᵐbu³¹	山坡		
	pɑ³³	蛙头		

14

字符	国际音标	直译	意译	串讲
	xo³¹	肋骨	和密（人名）	
	mi⁵⁵	火		
	gə⁵⁵	上面	戈劳（地名）	
	lo³¹	沟		
	lɯ³³	牛虱	猎神	
	pʰu³³	雄性	请	和密（人名）在戈劳（地名）请猎神占卜，村上部的穆袅诃（人名）在诃普洮（地名）的一块宅基地。
	ʂu³³	斧子	占卜	
	to³³	木板		
	ue³³		村	
	ku⁵⁵	大蒜	上部	
	mu³³	天		
	niə³¹	眼睛	穆袅诃（人名）	
	xɯ³³	牙齿		
	dɯ³¹	一		
	ku¹³	蛋	块	

续表

字符	国际音标	直译	意译	串讲
	$xɯ^{33}$	牙齿		
	p^hu^{33}	雄性	诃普洮（地名）	和密（人名）在戈劳（地名）请猎神占卜，村上部的穆裒诃（人名）在诃普洮（地名）的一块宅基地。
	t^ho^{13}	奶渣		
	$^nda^{31}$		宅基地	
	me^{55}	雌性	语气助词	

15

字符	国际音标	直译	意译	串讲
	$^nda^{31}$	砍		
	$^mbə^{55}$	普米族	山阴	
	$^ngɯ^{55}$	咬		
	$mə^{33}$	日暮	格暮诃（人名）	格暮诃（人名）在山阴的戈塔（地名）有一块宅基地。
	$xɯ^{33}$	牙齿		
	$gə^{55}$	上面		
	t^ha^{31}	塔	戈塔（地名）	
	$^nda^{31}$	宅基地		

16

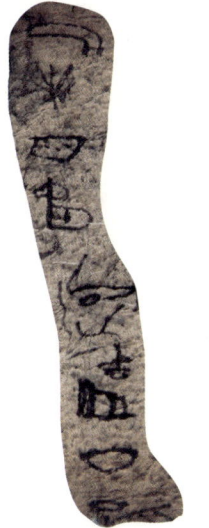

字符	国际音标	直译	意译	串讲
	ʐɯ⁵⁵	路		
	tʰo⁵⁵	松	日淘舒（人名）	
	ʂu⁵⁵	骰子		
	ⁿgɑ³³	胜利		日淘舒（人名）在伽克希里（地名）的一块宅基地。
	kʰɯ³³	狗	伽克希里（地名）	
	ɕi³¹ lɯ³³	稻田		
	ku¹³	蛋	块	
	ⁿda³¹	宅基地		
	me⁵⁵	雌性	语气助词	

17

字符	国际音标	直译	意译	串讲
	xo³¹	肋骨		
	lɯ³³	猎神	和丽钟（人名）	
	tʂu¹³	起子		和丽钟（人名）在伟嘉（地名）的一块宅基地。
	dɯ³¹	一		
	ku¹³	蛋	块	

第三章 文献解读　　751

续表

字符	国际音标	直译	意译	串讲
	ue^{33}	村庄		
	^{n}ga^{33}	胜利	伟嘉（地名）	和丽钟（人名）在伟嘉（地名）的一块宅基地。
	^{n}da^{31}	宅基地		
	me^{55}	雌性	语气助词	

18

字符	国际音标	直译	意译	串讲
	mu^{31}	牛蝇		
	iə^{31}	烟叶	姆烟达（地名）	姆烟达（地名）的宅基地。
	^{n}dɑ^{13}	砍		
	^{n}da^{31}	宅基地		
	me^{55}	雌性	语气助词	

19

字符	国际音标	直译	意译	串讲
[3]	ts^{h}ɯ^{33}	鬼		
	k^{h}u^{55}	门	孜库桶（人名）	孜库桶（人名）在莱溢达（地名）的宅基地。
	t^{h}ɔ^{33}	桶		

续表

字符	国际音标	直译	意译	串讲
	le³³	獐子		
	i³³	溢	莱溢达（地名）	
	ⁿdɑ¹³	砍		孜库桶（人名）在莱溢达（地名）的宅基地。
	ⁿdɑ³¹		宅基地	
	me⁵⁵	雌性的	语气助词	

20

字符	国际音标	直译	意译	串讲
	a³³	语气词		
	sɑ¹³	气息	阿萨烟（人名）	
	iə¹³	烟叶		
	dɯ³¹	一		阿萨烟（人名）把一块在戈瓜（地名）的（宅基地）卖给了阿舒（人名）。
	ku¹³	蛋	块	
	gə³¹	上面		
	kuɑ³³	灶	戈瓜（地名）	
	a³³	语气词	阿舒（人名）	

字符	国际音标	直译	意译	串讲
	ʂu⁵⁵	骰子	阿舒（人名）	
	tɕʰi³³	刺	卖	阿萨烟（人名）把一块在戈瓜（地名）的（宅基地）卖给了阿舒（人名）。
	me⁵⁵	雌性	语气助词	

21

字符	国际音标	直译	意译	串讲
	kʰɚ³¹	角		
	lo³¹	水沟	角劳皂（地名）	角劳皂（地名）的宅基地。
	zo³³	缸		
	ⁿda³¹		宅基地	

22

字符	国际音标	直译	意译	串讲
	la³¹	手		
	ⁿtɕi³¹	酒曲	拉吉（人名）	拉吉（人名）一块。
	du³¹		一	
	ku¹³	蛋	块	

23

字符	国际音标	直译	意译	串讲
	a³³	语气词		
	tʰe⁵⁵	旗帜	阿泰布（人名）	
	pu¹³	送		阿泰布（人名）讨论了。
	lo⁵⁵	水沟	讨论	
	lo⁵⁵	水沟		
	me⁵⁵	雌性	语气助词	

24

字符	国际音标	直译	意译	串讲
	ka³³	好		
	mə³³	日暮	嘉暮河（人名）	
	xɯ³³	牙齿		
	gə⁵⁵	上面	不详	嘉暮河（人名）不高兴。
	mə³³	日暮	不	
	ʂu⁵⁵	骰子	高兴	

25	字符	国际音标	直译	意译	串讲
		xo^{31}	肋骨	和苏（人名）	和苏（人名）。
		$ʂu^{33}$	斧子		

26	字符	国际音标	直译	意译	串讲
		$^nda^{31}$	砍		
		ue^{33}	村庄	达伟道（地名）	
		to^{33}	木板		
		$^ngɯ^{55}$	咬		
		$mə^{33}$	日暮	格暮河（人名）	
		$xɯ^{33}$	牙齿		达伟道（地名）的格暮河（人名）在达伟道（地名）李桶（地名）的宅基地。
		$^nda^{13}$	砍		
		ue^{33}	村庄	达伟道（地名）	
		to^{33}	木板		
		$lɯ^{33}$	牛蝇	李桶（地名）	
		$tʰə^{33}$	桶		
		$^nda^{31}$	宅基地		

续表

字符	国际音标	直译	意译	串讲
ༀ	me⁵⁵	雌性	语气助词	达伟道（地名）的格暮诃（人名）在达伟道（地名）李桶（地名）的宅基地。

27

字符	国际音标	直译	意译	串讲
ൕ	ue³³	村庄		
൞	ku⁵⁵	大蒜	上部	
ൠ	mu³³	天		
ൢ	niə³¹	眼睛	穆袅皂（人名）	村上部的穆袅皂（人名）的一块宅基地。
൧	zo³³	杯子		
ൃ	dɯ³¹	一		
ൄ	ku¹³	蛋	块	
൅	ⁿda³¹	宅基地		
ༀ	me⁵⁵	雌性	语气助词	

28	字符	国际音标	直译	意译	串讲
		du³¹	一		
		dzi³¹	水	家	
		tʰo³³	靠	背后	一家背后的宅基地。
		ⁿda³¹		宅基地	
		me⁵⁵	雌性	语气助词	

翻译全文

  伟莱（人名）把□□□□□在鄂古（地名）的姆依苏（人名）的宅基地上。村子上部的舒塔克赤（人名）家（以前）是达伟道（地名）的袅诃吉塔（人名）的宅基地。村庄上部的阿巴（人名）的一个□□宅基地。阿鲁伽（人名）。伟萨嘉德密（人名）一个对象都没有。阿伽伊皂（人名）。诃古柏（人名）奶奶在奥咨（地名）宅基地上堆成一堆。祖母伊奴诃（人名）。阿鲁穆奴皂（人名）一个人去了达嘉（地名）。村尾日滋固（人名）。和漆（人名）在阿热里（地名）的宅基地。哥哥在李嘉德□（地名）的一块宅基地。伟克（人名）在古舒（地名）的宅基地，在黑劳角（地名）的宅基地。阿凫崂曹埒巴（地名）。和密（人名）在戈劳（地名）请猎神占卜，村上部的穆袅诃（人名）在诃普洮（地名）的宅基地。格暮诃（人名）在山阴的戈塔（地名）有一块宅基地。日淘舒（人名）在伽克希里（地名）的一块宅基地。和丽钟（人名）在伟嘉（地名）的一块宅基地。姆烟达（地名）的宅基地。孜库桶（人名）在莱溢达（地名）的宅基地。阿萨烟（人名）把一块在戈瓜（地名）的（宅基地）卖给了阿舒（人名）。角劳皂（地名）的宅基地。拉吉（人名）一块。阿泰布（人名）讨论了。嘉暮诃（人名）不高兴。和苏（人名）。达伟道（地名）的格暮诃（人名）在达伟道（地名）李桶（地名）的宅基地。村上部的穆袅皂（人名）的一块宅基地。一家背后的宅基地。

---

[1] 此字及以下三字为补残。
[2] 补残。
[3] 此字及以下五字为补缺。

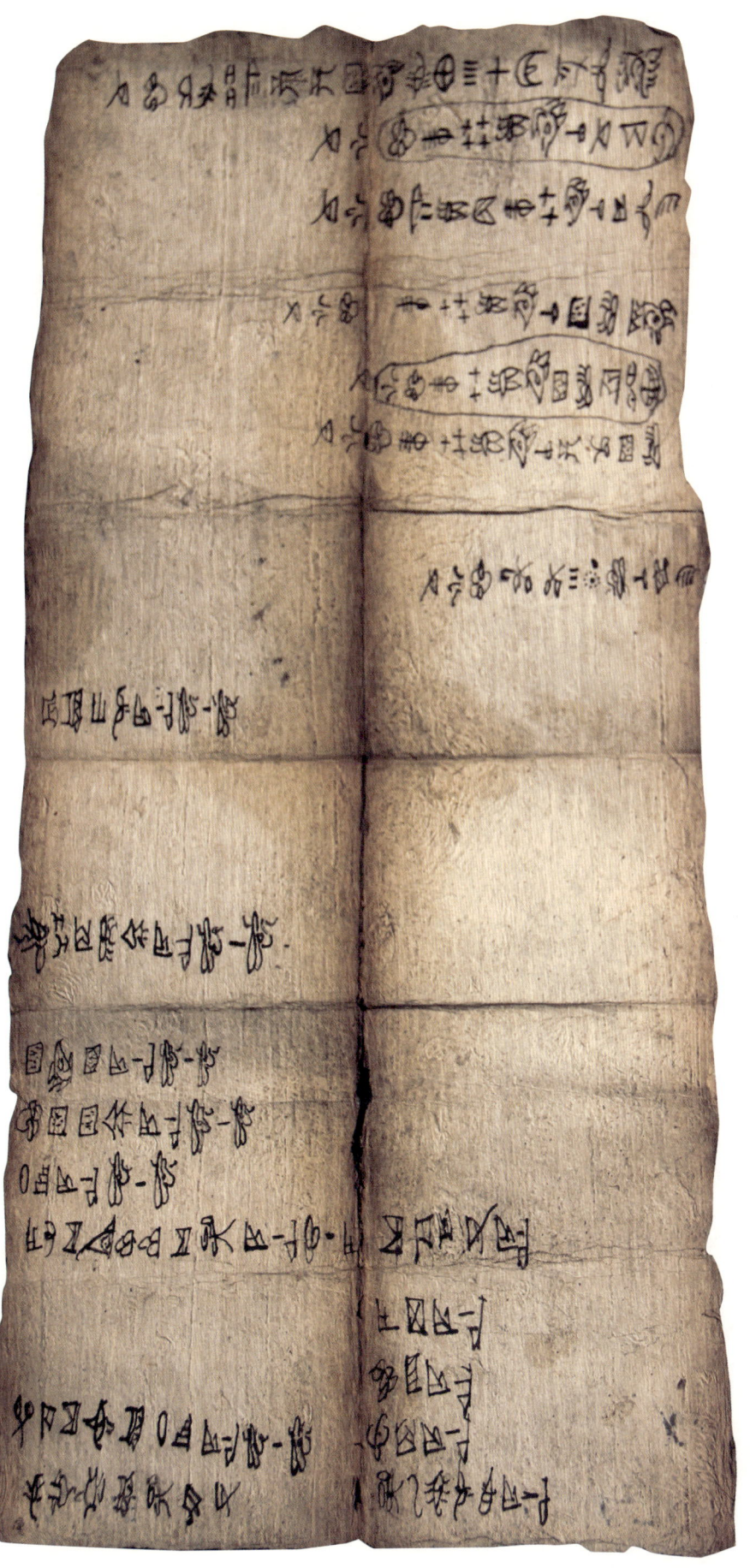

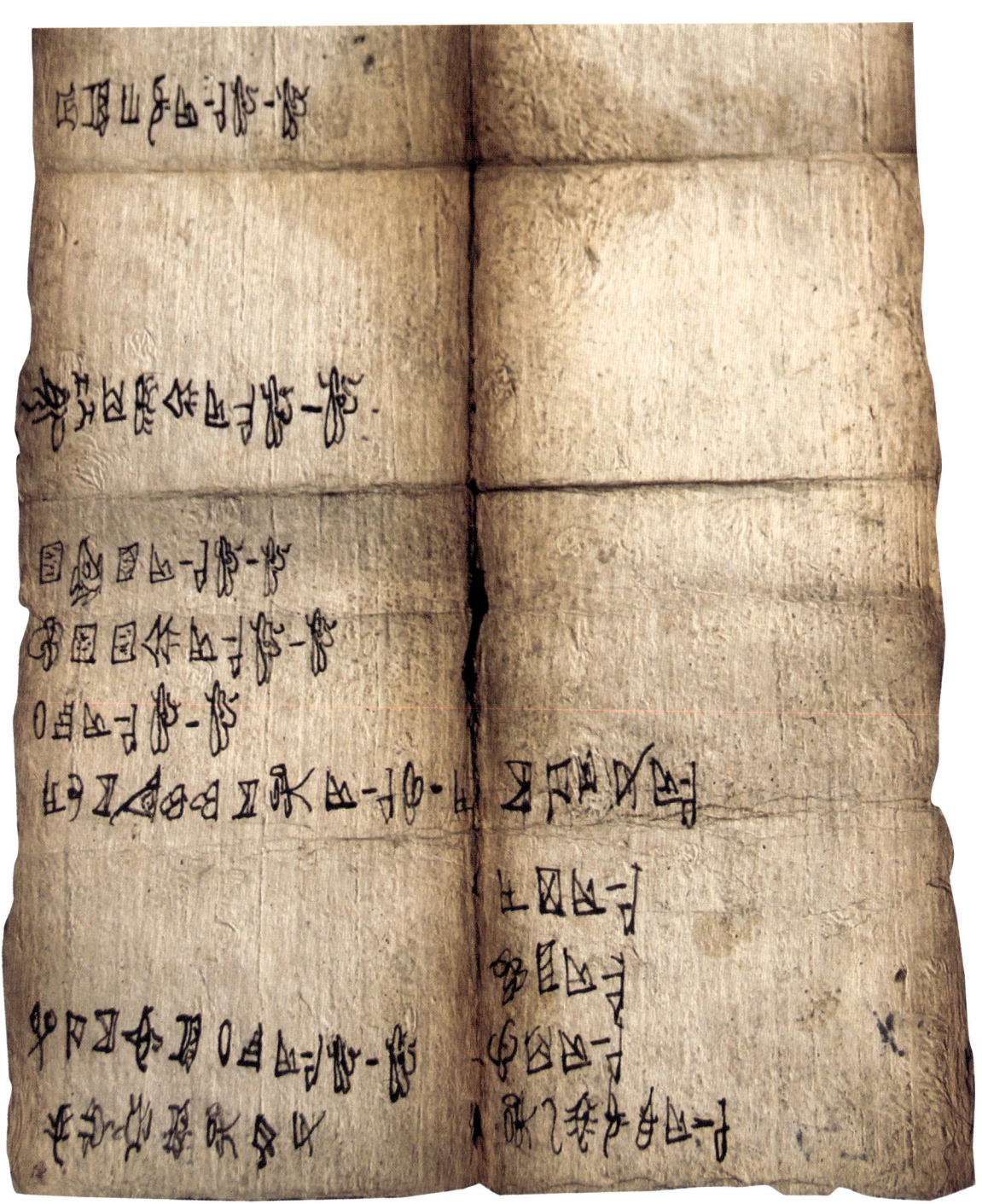

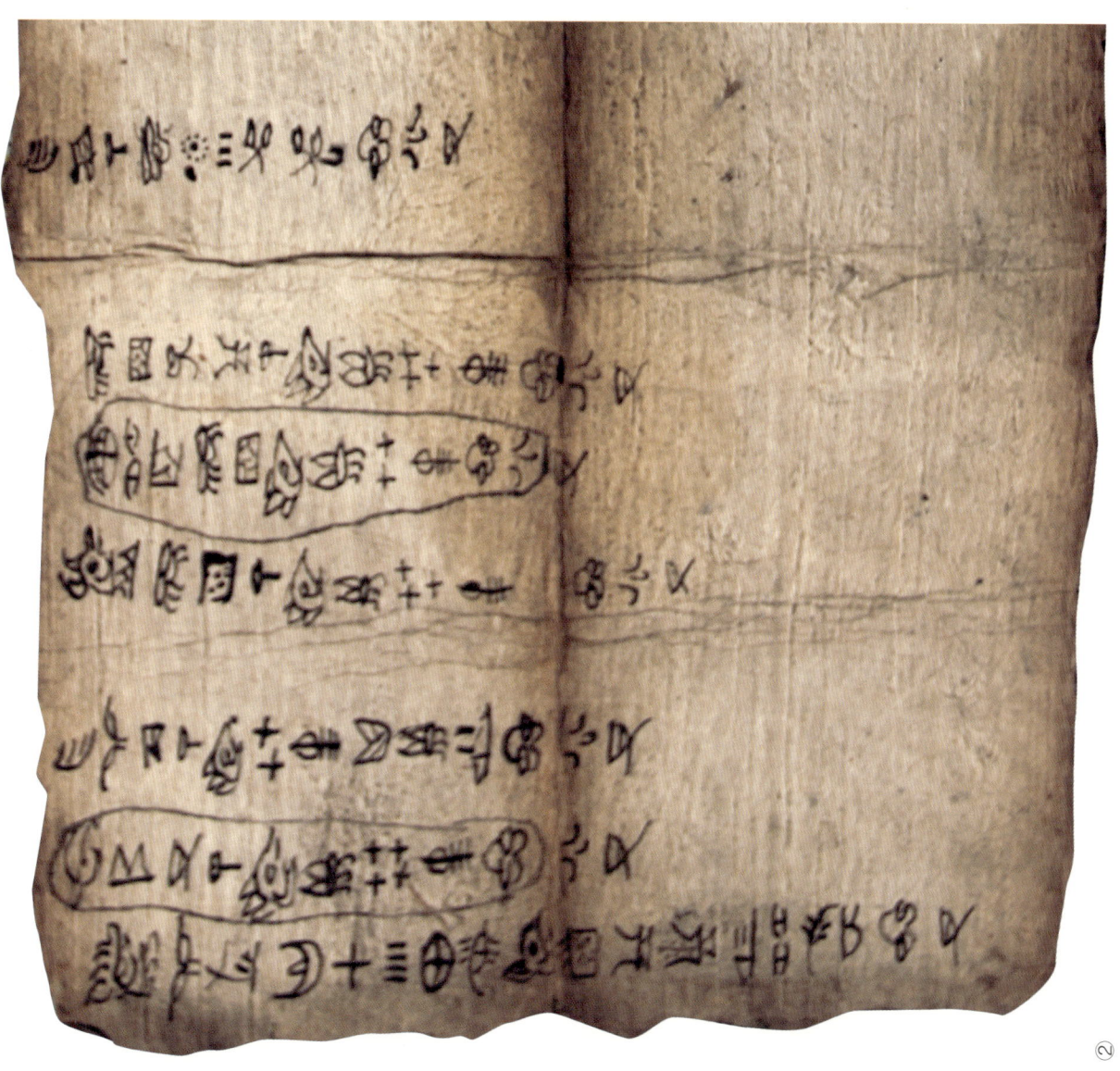

著 录

编号	5-2
文书名	祭祀贡献者名单一
书写人	佚名
书写时间	不明
来源	云南省玉龙纳西族自治县宝山乡吾木村和茂芳
体例	竖行书写，从左向右换行，单面书写
材质	东巴纸，墨书
采集时间	2011年7月24日
采集地点	云南省玉龙纳西族自治县宝山乡吾木村
摄影	李学信
翻译者	和学耀，蒋波
整理者	蒋波，高渊
备注	文书两端为两部分，内容有联系

翻译

【左部】

01

字符	国际音标	直译	意译	串讲
	ɕi³³	稻谷	人	
	nɯ³¹	心脏	主语助词	
	xɑ³³	饭		
	kʰuɑ³¹	碗		
	lə³¹	托着		
	tsʰi³¹	肩胛骨	送	
	me⁵⁵	雌性	语气助词	人托着饭碗送肉，继苏伟（地名）的村官固梓（人名）一份大腿肉，一块肥肉；
	tɕi³³	羊毛剪		
	ʂu³³	斧子	继苏伟（地名）	
	ue³³	村庄		
	mu³¹	牛蝇	村官	
	kʰuɑ³¹	碗		
	gɯ³¹	蛋	固梓（人名）	
	zɯ³³	村寨		

续表

字符	国际音标	直译	意译	串讲
	tʂʰuɑ^{55}	鹿角	大腿肉	
	dɯ^{31}	—		
	py^{33}	米斗	份	人托着饭碗送肉，继苏伟（地名）的村官固梓（人名）一份大腿肉，一块肥肉；
	le^{33}	獐子	肥肉	
	dɯ^{31}	—		
	le^{33}	獐子	块	

02

字符	国际音标	直译	意译	串讲
	ʂuɑ^{31}	高		
	nɑ^{31}	黑色	苏明（地名）	
	ue^{33}	村庄		
	a^{31}	悬崖		苏明（地名）安勒勒（地名）的伟布（人名）一份大腿肉、一□瘦肉；
	lə^{55}	石头	安勒勒（地名）	
	lə^{55}	石头		
	ue^{33}	村庄		
			伟布（人名）	
	pu^{13}	送		

续表

字符	国际音标	直译	意译	串讲
	tʂʰuɑ⁵⁵	鹿角	大腿肉	
	dɯ³¹	一		
	py³³	米斗	份	苏明（地名）安勒勒（地名）的伟布（人名）一份大腿肉、一□瘦肉；
	ʂɯ³³		瘦肉	
	dɯ³¹	一		
	ʂuɑ³¹	高	不详	

03

字符	国际音标	直译	意译	串讲
	gu³¹	蛋	固梓（人名）	
	zɯ³³	村寨		
	tʂʰuɑ⁵⁵		大腿肉	固梓（人名）一份大腿肉、一块肥肉；
	dɯ³¹	一		
	py³³	米斗	份	
	le³³	獐子	肥肉	
	dɯ³¹	一		
	le³³	獐子	块	

第三章　文献解读　　765

04	字符	国际音标	直译	意译	串讲
		pɑ³³	蛙头		
		ʂu³³	骰子	巴舒舒塔（人名）	
		ʂu³³	骰子		
		tʰɑ³¹	塔		
		tʂʰuɑ⁵⁵	鹿角	大腿肉	巴舒舒塔（人名）一份大腿肉、一块肥肉；
		dɯ³¹	一		
		py³³	米斗	份	
		le³³	獐子	肥肉	
		dɯ³¹	一		
		le³³	獐子	块	

05	字符	国际音标	直译	意译	串讲
		ʂu³³	骰子		
		ɑ³¹	鸡	舒隘宝（人名）	舒隘宝（人名）一份大腿肉、一块肥肉；
		po³³	宝盒		
		tʂʰuɑ⁵⁵	鹿角	大腿肉	

续表

字符	国际音标	直译	意译	串讲
	du³¹	一		舒隘宝（人名）一份大腿肉、一块肥肉；
	pɣ³³	米斗	份	
	le³³	獐子	肥肉	
	du³¹	一		
	le³³	獐子	块	

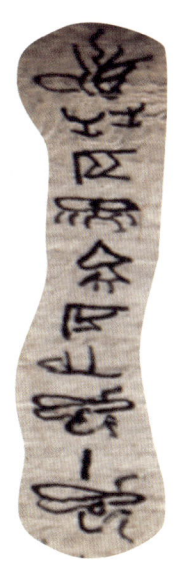

06

字符	国际音标	直译	意译	串讲
	lɑ³¹	手		
	niə³¹	眼睛		
	xɯ³³	牙齿	拉裒诃古塔（人名）	
	ku³¹	生姜		拉裒诃古塔（人名）一份大腿肉、一块肥肉；
	tʰɑ³¹	塔		
	tʂʰuɑ⁵⁵	鹿角	大腿肉	
	du³¹	一		
	pɣ³³	米斗	份	

续表

字符	国际音标	直译	意译	串讲
	le³³	獐子	肥肉	
	dɯ³¹	—		拉裹诃古塔（人名）一份大腿肉、一块肥肉；
	le³³	獐子	块	

07	字符	国际音标	直译	意译	串讲
		gə³¹	上面		
		kʰua³¹	碗	戈夸萨烟（人名）	
		sa¹³	气		
		iə³³	烟叶		
		tʂʰua⁵⁵	鹿角	大腿肉	戈夸萨烟（人名）一份大腿肉、一块肥肉；
		dɯ³¹	—		
		py³³	米斗	份	
		le³³	獐子	肥肉	
		dɯ³¹	—		
		le³³	獐子	块	

08

字符	国际音标	直译	意译	串讲
	pu^{13}	送		
	lo^{31}	沟	布劳（地名）	
	$lɯ^{33}$	猎神		
	$iə^{33}$	烟叶	李烟竹（人名）	布劳（地名）的李烟竹（人名）一份大腿肉；
	$tʂu^{31}$	起子		
	$tʂʰuɑ^{55}$	鹿角	大腿肉	
	$dɯ^{31}$	一		
	py^{33}	米斗	份	

09

字符	国际音标	直译	意译	串讲
	a^{33}	语气词	阿诃（人名）	
	$xɯ^{33}$	牙		
	$tʂʰuɑ^{55}$	鹿角	大腿肉	阿诃（人名）一份大腿肉；
	$dɯ^{31}$	一		
	py^{33}	米斗	份	

第三章　文献解读　769

10	字符	国际音标	直译	意译	串讲
		tsʰu³³	墨玉		
		dy³¹	土地	楚地（人名）	
		tʂʰuɑ⁵⁵	鹿角	大腿肉	楚地（人名）一份大腿肉；
		dɯ³¹	一		
		py³³	米斗	份	

11	字符	国际音标	直译	意译	串讲
		ʂuɑ³¹	高		
		tsʰe³³	盐巴	刷蔡（人名）	
		tʂʰuɑ⁵⁵	鹿角	大腿肉	刷蔡（人名）一份大腿肉；
		dɯ³¹	一		
		py³³	米斗	份	

12	字符	国际音标	直译	意译	串讲
		ue³³	村庄		
		ty⁵⁵	打	伟度麦（人名）	伟度麦（人名）一份大腿肉。
		me³¹	雌性		

续表

字符	国际音标	直译	意译	串讲
	tʂʰuɑ⁵⁵	鹿角	大腿肉	
	duɯ³¹	—		伟度麦（人名）一份大腿肉。
	py³³	米斗	份	

【右部】

01

字符	国际音标	直译	意译	串讲
	a³¹ kʰu¹³	鸡、镰刀	鸡年	
	iə³³	烟叶	正月	
	py³¹	念经		
	xe³³	月亮	月份	
	tsʰe³¹		十	
	lu³³		四	鸡年正月十四日这天，李复苏（人名）已送来两升酒的供品；
	ni³³	太阳	日、天	
	lɯ³³	牛虱		
	fu⁵⁵	雉	李复苏（人名）	
	ʂu³³	菖蒲		

第三章 文献解读　771

续表

字符	国际音标	直译	意译	串讲
	zo³³	坛子		
	z̩u⁵⁵	酒水	酒	
	ni³³		两	
	py³³		升	
	niə³¹	眼睛		鸡年正月十四日这天，李复苏（人名）已送来两升酒的供品；
	çi³¹	稻谷	供品	
	kɑ³³	好		
	pɑ³³	蛙头	到达	
	me⁵⁵	雌性	语气助词	

02

字符	国际音标	直译	意译	串讲
	不详	不详	□埗（人名）	
	ᵐbu³¹	坡		□埗（人名）的母亲已送来四十个鸡蛋；
	me³¹	雌性	母亲	
	ko³¹	针		

续表

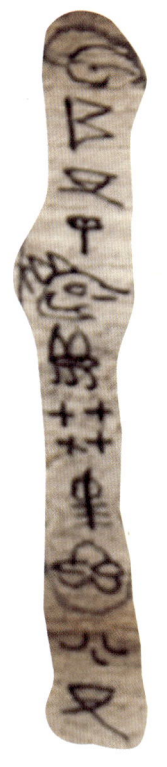

字符	国际音标	直译	意译	串讲
	a³¹	鸡		
	ku³¹	大蒜	蛋	
	lu³³ tsʰe³¹	四十		
	ly³³	长矛	个	□埗（人名）的母亲已送来四十个鸡蛋；
	pɑ³³	蛙头	到达	
	se³¹	完	情态助词	
	me⁵⁵	雌性	语气助词	

03

字符	国际音标	直译	意译	串讲
	xo³¹	肋骨		
	iə³³	烟叶	和烟苏（人名）	
	ʂu³³	斧子		和烟苏（人名）家已送来二十个鸡（蛋）、两篮茨菰；
	ko³¹	针	家	
	a³¹	鸡		
	ni³³ tsɯ³¹	二十		

字符	国际音标	直译	意译	串讲
	ly^{33}	矛	个	
	kʰə^{13}		篮子	
	ku^{55}	大蒜	茨菰	
	ni^{33}		二	和烟苏（人名）家已送来二十个鸡（蛋）、两篮茨菰；
	py^{33}	米斗	份	
	pɑ^{33}	蛙头	到达	
	ɣo^{31}	完	情态助词	
	me^{55}	雌性	语气助词	

04	字符	国际音标	直译	意译	串讲
		kʰɯ^{33}	狗		
		mi^{55}	火		克密古究（人名）家已送来三十个鸡蛋；
		ku^{31}	生姜	克密古究（人名）	
		dziə^{31}	秤砣		
		ko^{31}	针	家	

续表

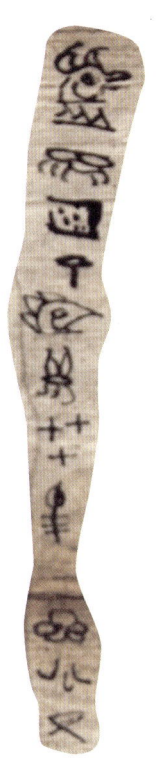

字符	国际音标	直译	意译	串讲
	a^{31}		鸡	
	ku^{31}	大蒜	蛋	
	$sɯ^{31}\ tsʰɯ^{31}$	三十		
	ly^{33}	长矛	个	克密古究（人名）家已送来三十个鸡蛋；
	$pɑ^{33}$	蛙头	到达	
	se^{31}	完	情态助词	
	me^{55}	雌性的	语气助词	

05

字符	国际音标	直译	意译	串讲
	mu^{31}	簸箕		
	$niə^{31}$	眼睛		
	$xɯ^{33}$	牙齿	穆裒诃古宝（人名）	穆裒诃古宝（人名）已送来二十个鸡蛋；
	ku^{31}	生姜		
	po^{33}	宝盒		
	a^{31}		鸡	

第三章 文献解读　775

续表

字符	国际音标	直译	意译	串讲
	ku^{31}	大蒜	蛋	穆裟诃古宝（人名）已送来二十个鸡蛋；
	ni^{33} tsɯ^{31}	二十		
	ly^{33}	长矛	个	
	pɑ^{33}	蛙头	到达	
	se^{31}	完	情态助词	
	me^{55}	雌性的	语气助词	

06

字符	国际音标	直译	意译	串讲
	ku^{31}	生姜	古宝伊皂（人名）	古宝伊皂（人名）家已送来三十个鸡蛋；
	po^{33}	宝盒		
	i^{31}	右		
	zo^{33}	缸		
	ko^{31}	针	家	
	a^{31}		鸡	
	ku^{31}	大蒜	蛋	

续表

字符	国际音标	直译	意译	串讲
	sɯ³¹ tsʰɯ³¹	三十		古宝伊皂（人名）家已送来三十个鸡蛋；
	ly³³	长矛	个	
	pɑ³³	蛙头	到达	
	se³¹	完	情态助词	
	me⁵⁵	雌性	语气助词	

07

字符	国际音标	直译	意译	串讲
	xo³¹	肋骨	和漆（人名）	和漆（人名）已驮来三斤萝卜。
	tsʰi³¹	肩胛骨		
	ko³¹	针	家	
	le³³	獐子		
	by³¹	面粉	萝卜	
	sɯ³¹	三		
	tɕi³³	羊毛剪	斤	
[1]	tɕi³³	驮		

第三章 文献解读 777

续表

字符	国际音标	直译	意译	串讲
	pa³³	蛙头	到达	
	se³¹	完	情态助词	和漆（人名）已驮来三斤萝卜。
	me⁵⁵	雌性的	语气助词	

翻译全文

【左部】人托着饭碗送肉，继苏伟（地名）的村官固梓（人名）一份大腿肉，一块肥肉；苏明（地名）安勒勒（地名）的伟布（人名）一份大腿肉、一□瘦肉；固梓（人名）一份大腿肉、一块肥肉；巴舒舒塔（人名）一份大腿肉、一块肥肉；舒隘宝（人名）一份大腿肉、一块肥肉；拉袅河古塔（人名）一份大腿肉、一块肥肉；戈夸萨烟（人名）一份大腿肉、一块肥肉；布劳（地名）的李烟竹（人名）一份大腿肉；阿诃（人名）一份大腿肉；楚地（人名）一份大腿肉；刷蔡（人名）一份大腿肉；伟度麦（人名）一份大腿肉。

【右部】鸡年正月十四日这天，李复苏（人名）已送来两升酒的供品；□埗（人名）的母亲已送来四十个鸡蛋；和烟苏（人名）家已送来二十个鸡（蛋）、两篮茨菰；克密古究（人名）家已送来三十个鸡蛋；穆裒河古宝（人名）（家）已送来二十个鸡蛋；古宝伊皂（人名）家已送来三十个鸡蛋；和漆（人名）已驮来三斤萝卜。

---

[1] 和茂春认为该字直译是"驮"，和学耀认为该字直译是"羊毛剪"。

文书5-3

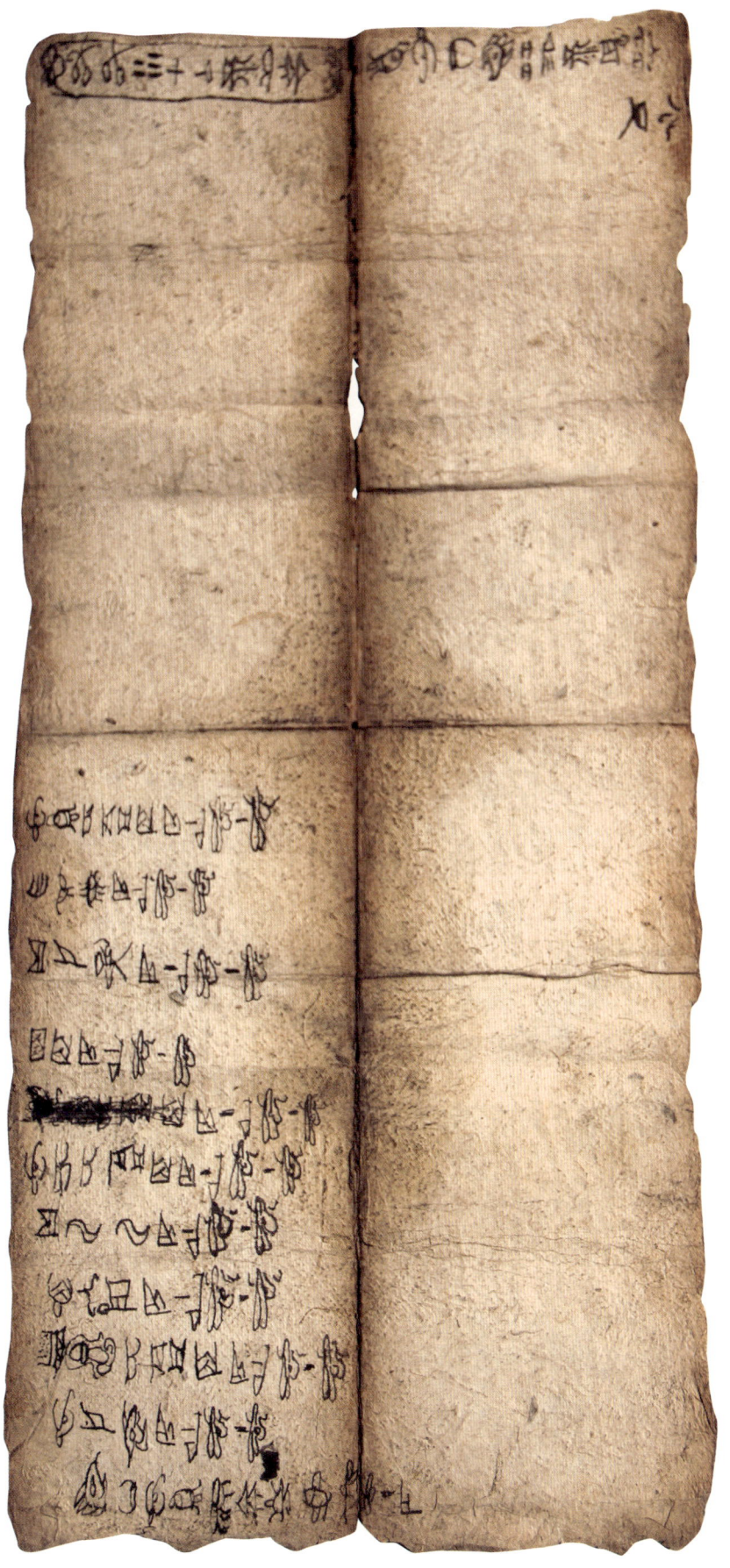

祭祀贡献者名单二

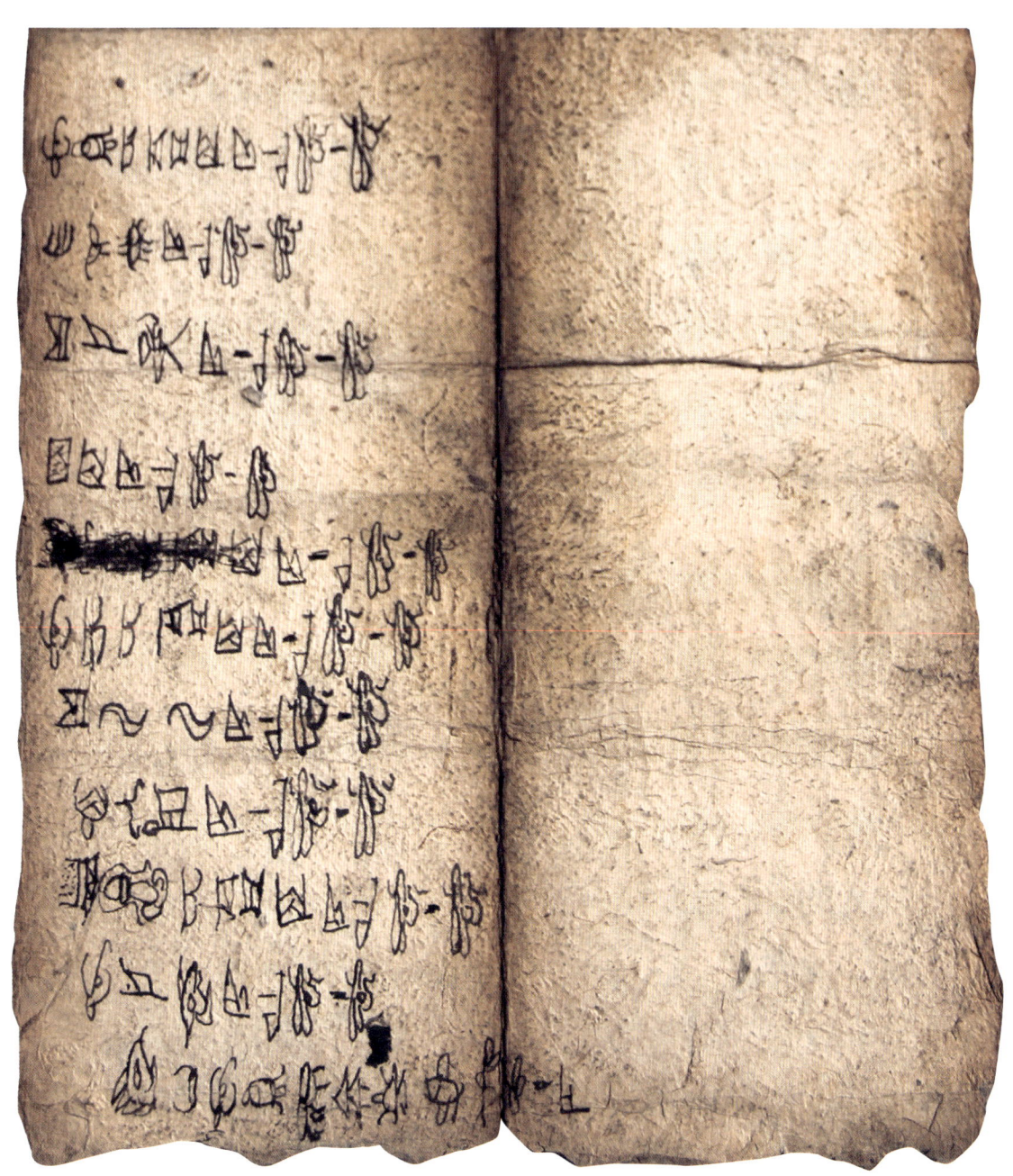

著录

编号	5-3
文书名	祭祀贡献者名单二
书写人	佚名
书写时间	不明
来源	云南省玉龙纳西族自治县宝山乡吾木村和茂芳
体例	竖行书写，从左向右换行，单面书写
材质	东巴纸，墨书
采集时间	2011年7月24日
采集地点	云南省玉龙纳西族自治县宝山乡吾木村
摄影	李学信
翻译者	和学耀
整理者	蒋波，苏裴
备注	文书分左右两部分，内容有联系

翻译

【左部】

01

字符	国际音标	直译	意译	串讲
	a^{31}	鸡	岩可（地名）	
	$kʰɚ^{31}$	角		
	a^{31}	语气词		岩可（地名）的分饭人阿兹勒古塔（人名）分一口瘦肉；
	$tsɯ^{33}\ lɚ^{33}$	铃铛	阿兹勒古塔（人名）	
	ku^{31}	生姜		
	$tʰa^{31}$	塔		
	xa^{33}	饭	分饭的人	
	$dɯ^{31}$	大		
	$kʰa^{33}$	弹弓	分	
	$ʂɯ^{33}$	瘦肉		
	$dɯ^{31}$	一		
	$ʂua^{31}$	高	不详	

02	字符	国际音标	直译	意译	串讲
		ɑ³³	语气词		
		kʰu⁵⁵	门	阿库克（人名）	
		kʰɯ³³	狗		
		tʂʰuɑ⁵⁵	鹿角	大腿肉	
		dɯ³¹	—		阿库克（人名）一份大腿肉、一块肥肉；
		py³³	米斗	份	
		le³³	獐子	肥肉	
		dɯ³¹	—		
		le³³	獐子	块	

03	字符	国际音标	直译	意译	串讲
		kʰuɑ³¹	碗		
		不详	不详		夸□嘉度诃（人名）一份大腿肉，一块肥肉；
		kɑ³³	好	夸□嘉度诃（人名）	
		ty⁵⁵	打		
		xɯ³³	牙齿		

续表

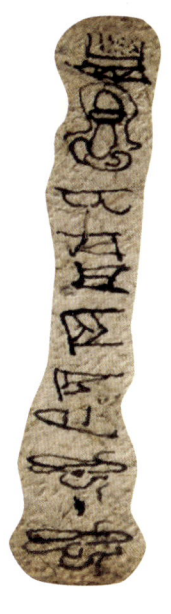

字符	国际音标	直译	意译	串讲
	tʂʰuɑ⁵⁵	鹿角	大腿肉	
	dɯ³¹	一		
	py³³	米斗	份	夸□嘉度诃（人名）一份大腿肉，一块肥肉；
	le³³	獐子	肥肉	
	dɯ³¹	一		
	le³³	獐子	块	

04

字符	国际音标	直译	意译	串讲
	ⁿgɯ⁵⁵	咬		
	mu³³	天	格穆伽（人名）	
	ⁿgɑ³³	胜利		
	tʂʰuɑ⁵⁵	鹿角	大腿肉	格穆伽（人名）一份大腿肉、一块肥肉；
	dɯ³¹	一		
	py³³	米斗	份	
	le³³	獐子	肥肉	

续表

字符	国际音标	直译	意译	串讲
	duɯ³¹	—		格穆伽（人名）一份大腿肉、一块肥肉；
	le³³	獐子	块	

05	字符	国际音标	直译	意译	串讲
		ue³³	村		
		ʂa³³	血	伟沙沙（人名）	
		ʂa³³	血		
		tʂʰuɑ⁵⁵	鹿角	大腿肉	
		duɯ³¹	—		伟沙沙（人名）一份大腿肉、一块肥肉；
		py³³	米斗	份	
		le³³	獐子	肥肉	
		duɯ³¹	—		
		le³³	獐子	块	

06

字符	国际音标	直译	意译	串讲
	a^{33}	语气词		
	不详	不详		
	ka^{33}	好	阿口嘉度诃（人名）	
	ty^{55}	打		
	$xɯ^{33}$	牙齿		
	$tʂʰua^{55}$	鹿角	大腿肉	阿口嘉度诃（人名）一份大腿肉、一块肥肉；
	$dɯ^{31}$		一	
	py^{33}	米斗	份	
	le^{33}	獐子	肥肉	
	$dɯ^{31}$		一	
	le^{33}	獐子	块	

07

字符	国际音标	直译	意译	串讲
	$dziə^{31}$	秤砣	究诃（人名）	究诃（人名）一份大腿肉、一块肥肉；
	$xɯ^{33}$	牙齿		
	$tʂʰua^{55}$	鹿角	大腿肉	

字符	国际音标	直译	意译	串讲
	duɯ³¹	一		
	py³³	米斗	份	
	le³³	獐子	肥肉	究诃（人名）一份大腿肉、一块肥肉；
	duɯ³¹	一		
	le³³	獐子	块	

08

字符	国际音标	直译	意译	串讲
	ue³³	村		
	tʰe⁵⁵	旗帜	伟泰布（人名）	
	pu¹³	送		
	tʂʰuɑ⁵⁵	鹿角	大腿肉	
	duɯ³¹	一		伟泰布（人名）一份大腿肉，一块肥肉；
	py³³	米斗	份	
	le³³	獐子	肥肉	
	duɯ³¹	一		
	le³³	獐子	块	

09

字符	国际音标	直译	意译	串讲
	xo³¹	肋骨		
	iə¹³	烟叶	和烟李（人名）	
	lɯ³³	猎神		
	tʂʰuɑ⁵⁵	鹿角	大腿肉	
	dɯ³¹	—		和烟李（人名）一份大腿肉，一块肥肉；
	py³³	米斗	份	
	le³³	獐子	肥肉	
	dɯ³¹	—		
	le³³	獐子	块	

10

字符	国际音标	直译	意译	串讲
	a³³	语气词		
	tsɯ³³ lə³³	铃铛		
	kɑ³³	好	阿兹勒嘉度诃（人名）	阿兹勒嘉度诃（人名）一份大腿肉、一块肥肉。
	ty⁵⁵	打		
	xɯ³³	牙齿		

第三章 文献解读　789

续表

字符	国际音标	直译	意译	串讲
	tʂhuɑ⁵⁵	鹿角	大腿肉	
	dɯ³¹	一		
	py³³	米斗	份	阿兹勒嘉度诃（人名）一份大腿肉、一块肥肉。
	le³³	獐子	肥肉	
	dɯ³¹	一		
	le³³	獐子	块	

【右部】

01	字符	国际音标	直译	意译	串讲
		mu³³	天		
		niə³¹	眼睛	穆裹伽（人名）	
		ⁿgɑ³³	胜利		
		thɯ⁵⁵	杯	他	穆裹伽（人名）他已给了岩可（地名）的阿兹勒（人名）二斗。
		ni³³		二	
		py³³	米斗	斗	
		niə³¹	眼睛	朝、向	

续表

字符	国际音标	直译	意译	串讲
	a^{31}	鸡	岩可（地名）	穆裒伽（人名）他已给了岩可（地名）的阿兹勒（人名）二斗。
	k^{h}ə^{31}	角		
	a^{31}	语气词	阿兹勒（人名）	
	tsɯ^{33} lə^{33}	铃铛		
	se^{31}	完	情态助词	
	me^{55}	雌性	语气助词	

02

字符	国际音标	直译	意译	串讲
	ku^{31}	生姜		古塔嘉（人名）他家的十五斤已经驮到了。
	t^{h}ɑ^{31}	塔	古塔嘉（人名）	
	kɑ^{33}	好		
	t^{h}ɯ^{55}	杯子	他	
	ko^{31}	针	家	
	ts^{h}e^{31}	十		
	uɑ^{33}	五		

续表

字符	国际音标	直译	意译	串讲
	tɕi33	羊毛剪	斤	
	tɕi33		驮	
	pɑ33	蛙头	到	古塔嘉（人名）他家的十五斤已经驮到了。
[1]	se31	完	情态助词	
[2]	me55	雌性	语气助词	

翻译全文

【左部】岩可的分饭人阿兹勒古塔（人名）分一□瘦肉；阿库克（人名）一份大腿肉、一块肥肉；夸□嘉度诃（人名）一份大腿肉，一块肥肉；格穆伽（人名）一份大腿肉、一块肥肉；伟沙沙（人名）一份大腿肉、一块肥肉；阿□嘉度诃（人名）一份大腿、一块肥肉；究诃（人名）一份大腿肉、一块肥肉；伟泰布（人名）一份大腿肉，一块肥肉；和烟李（人名）一份大腿肉，一块肥肉；阿兹勒嘉度诃（人名）一份大腿肉、一块肥肉。

【右部】穆袤伽（人名）他已给了岩可（地名）的阿兹勒（人名）二斗。古塔嘉（人名）他家的十五斤已经驮到了。

---

[1] 原文遗漏，此处补明。
[2] 原文遗漏，此处补明。

文书5-4

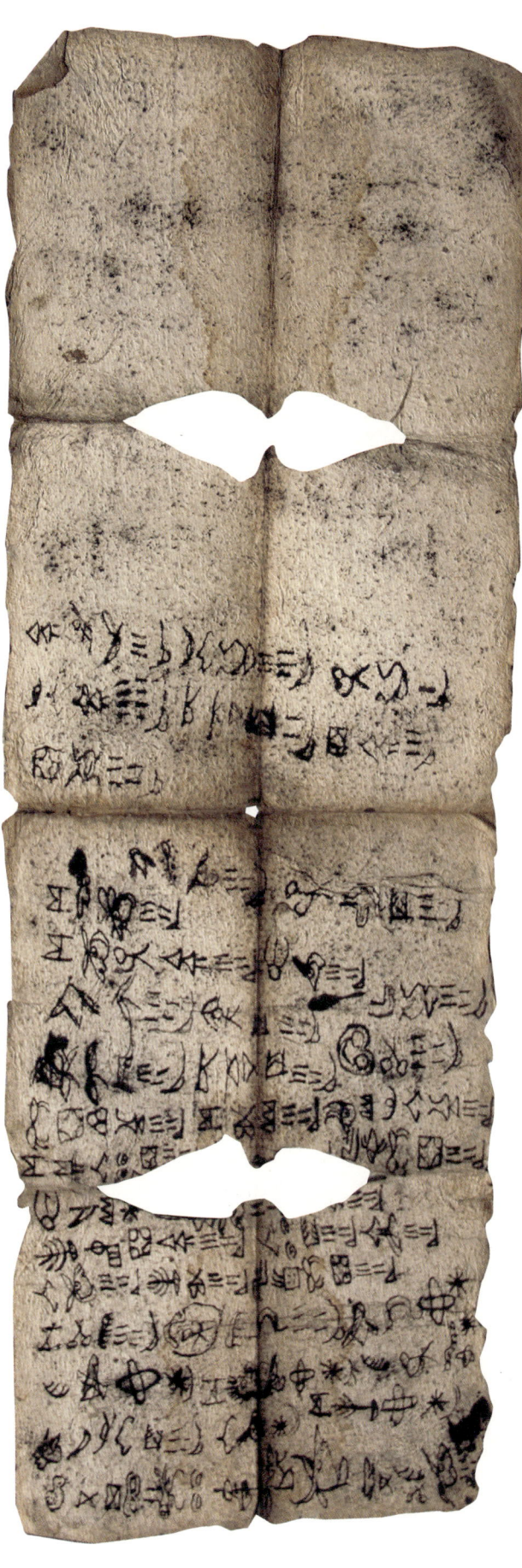

分物清单
① ②

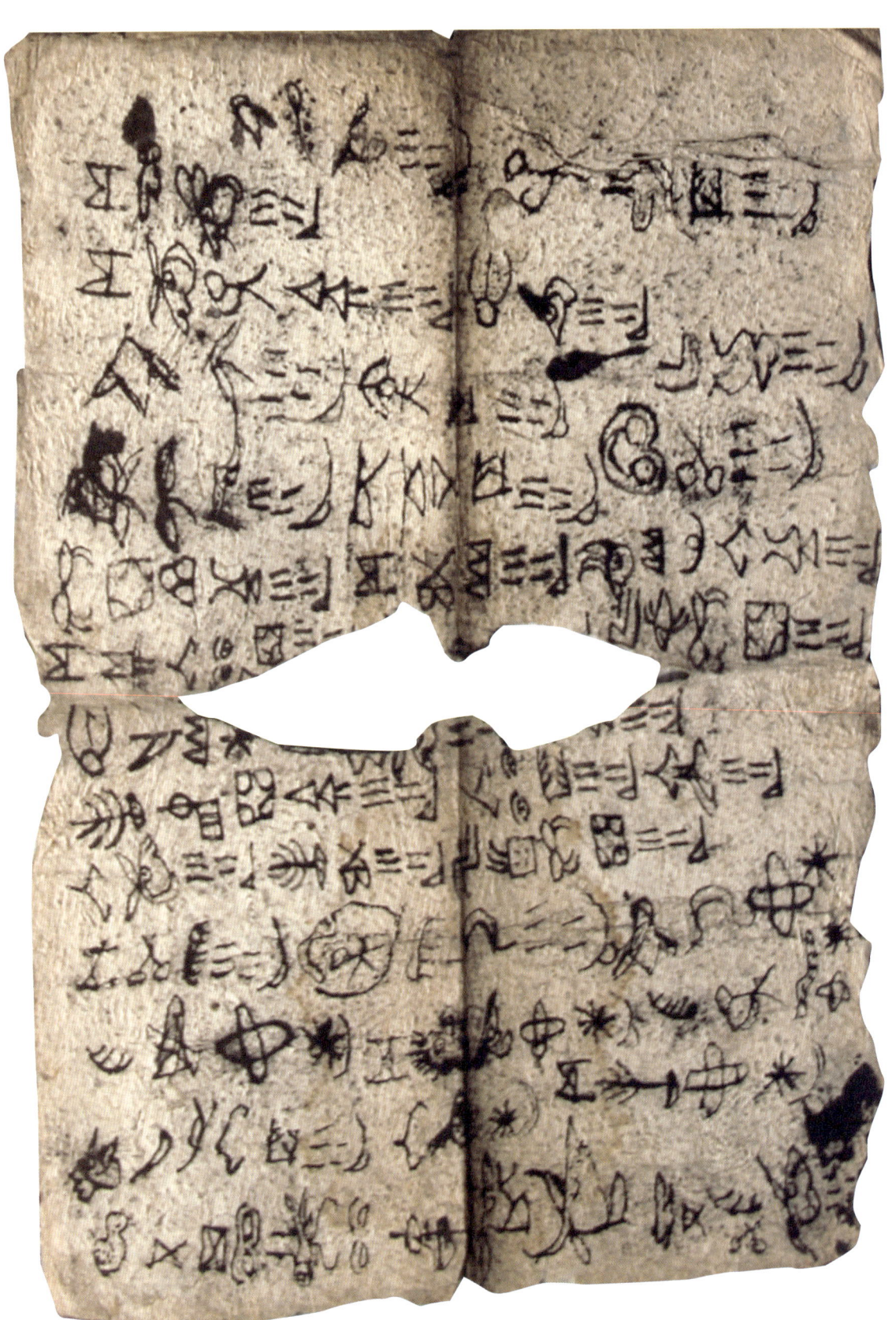

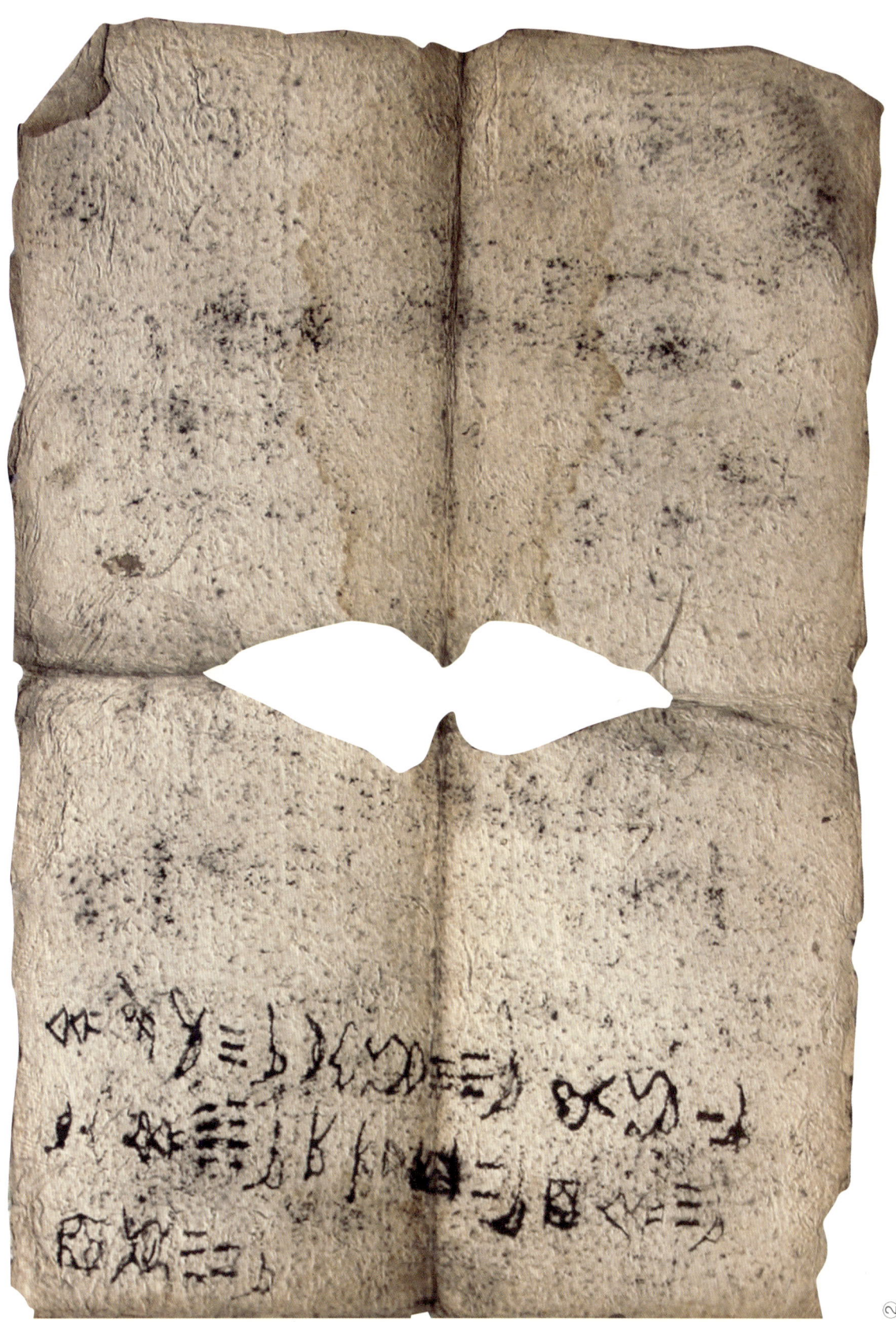

著录

文书名	分物清单
编号	5-4
书写人	佚名
书写时间	未知
来源	云南省玉龙纳西族自治县宝山乡吾木村
体例	竖行书写，从左向右换行，单面书写
材质	东巴纸，墨书
采集时间	2011年7月24日
采集地点	云南省玉龙纳西族自治县宝山乡吾木村
摄影	李学信
翻译者	和茂春
整理者	蒋波
备注	

翻译

01

字符	国际音标	直译	意译	串讲
	$^n d\partial^{33}$	水塘	不详	
	me^{31}	雌性	不详	
	ts^he^{33}	盐巴	不详	
	不详	不详	不详	
	$tşu^{31}$	爪子	不详	
	mu^{33}	天	不详	□□□□□□□
	$^ng\partial^{33}$	瞎	不详	耕牛死了。
	ly^{33}	矛	不详	
	le^{33}	獐子	耕田	
	$\gamma ɯ^{33}$	牛		
	$ʂu^{33}$	肉	死	
	me^{55}	雌性	语气助词	

第三章 文献解读　797

02	字符	国际音标	直译	意译	串讲
		xo^{31}	肋骨		
		$tɕi^{33}$	羊毛剪	和继宇（人名）	和继宇（人名）五（升）；
		y^{33}	绵羊		
		$uɑ^{33}$	五		

03	字符	国际音标	直译	意译	串讲
		a^{31}	鸡	奶奶	
		$tsʰe^{55}$	树叶		
		$nɑ^{31}$	黑		
		mu^{33}	天	纳穆诃（人名）	纳穆诃（人名）奶奶五升；
		$xɯ^{33}$	牙齿		
		$uɑ^{33}$	五		
		py^{33}	升		

04

字符	国际音标	直译	意译	串讲
⌒	mu³³	天	穆□德伟思海（人名）	穆□德伟思海（人名）一千升；
	不详	不详		
✳	tə³¹	千		
⋂	ue³³	村寨		
⍦	sɯ³¹	柴草		
✥	xa³¹	路		
✳	tə³¹	千		
⌒	py³³	升		

05

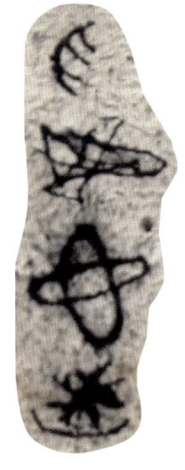

字符	国际音标	直译	意译	串讲
	xo³¹	肋骨	和漆海（人名）	和漆海（人名）一千升；
	tsʰi³¹	肩胛骨		
	xa³¹	路		
✳	tə³¹	千		
⌣	py³³	升		

06	字符	国际音标	直译	意译	串讲
		ue^{33}	村寨		
		zu^{31}	猴子	伟茹华海（人名）	
		xua^{33}	白鹭		伟茹华海（人名）一千升；
		xa^{31}	路		
		$tə^{31}$	千		
		py^{33}	升		

07	字符	国际音标	直译	意译	串讲
		xo^{31}	肋骨		
		不详	不详	和□库海（人名）	
		k^hu^{13}	镰刀		和□库海（人名）一千（升）；
		xa^{31}	路		
		$tə^{31}$	千		

08

字符	国际音标	直译	意译	串讲
	ue³³	村寨		
	tɕi³³	羊毛剪	伟继波（人名）	伟继波（人名）六升；
	pə⁵⁵	篦子		
	tʂhuɑ⁵⁵		六	
	py³³		升	

09

字符	国际音标	直译	意译	串讲
	不详	不详		
	pə⁵⁵	篦子	□波卦（人名）	□波卦（人名）五升；
	kuɑ³¹	刨子		
	uɑ³³		五	
	py³³		升	

10

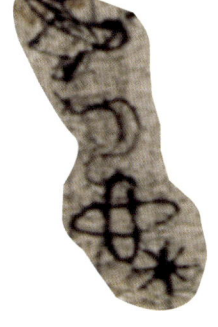

字符	国际音标	直译	意译	串讲
	tshi³¹	肩胛骨		
	kuɑ³¹	刨子	漆卦海（人名）	漆卦海（人名）一千（升）；
	xa³¹	路		

续表

字符	国际音标	直译	意译	串讲
✳	tɚ³¹	千		漆卦海（人名）一千（升）；

11

字符	国际音标	直译	意译	串讲
	mu³³	天	穆宇（人名）	穆宇（人名）五升；
	y³³	绵羊		
	uɑ³³	五		
	py³³	升		

12

字符	国际音标	直译	意译	串讲
	sɯ³¹	柴草	思继（人名）	思继（人名）五升；
	tɕi³³	羊毛剪		
	uɑ³³	五		
	py³³	升		

13

字符	国际音标	直译	意译	串讲
[1]	tʂʰa³¹	小寨子	察舒古究（人名）	察舒古究（人名）五升；
	ʂu⁵⁵	菖蒲		

续表

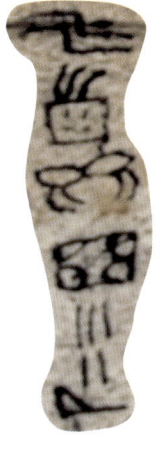

字符	国际音标	直译	意译	串讲
	ku³¹	生姜	察舒古究（人名）	察舒古究（人名）五升；
	dʑiə³¹	秤砣		
	uɑ³³	五		
	pγ³³	升		

14

字符	国际音标	直译	意译	串讲
	sɯ³¹	柴草	思伽究塔（人名）	思伽究塔（人名）五升；
	ⁿgɑ³³	胜利		
	dʑiə³¹	秤砣		
	tʰɑ³¹	塔		
	uɑ³³	五		
	pγ³³	升		

15

字符	国际音标	直译	意译	串讲
	mu³³	天	穆袅诃（人名）	穆袅诃（人名）五升；
	niə³¹	眼睛		
	xɯ³³	牙齿		

第三章 文献解读　803

续表

	字符	国际音标	直译	意译	串讲
	川	ua^{33}	五		穆袅诃（人名）五升；
	ᴗ	py^{33}	升		

	字符	国际音标	直译	意译	串讲
16	人	mu^{33}	天	穆至（人名）	
		tʂɯ^{31}	爪子		穆至（人名）五升；
	川	ua^{33}	五		
	ᴗ	py^{33}	升		

	字符	国际音标	直译	意译	串讲
17		a^{33}	语气词		
		tsʰy^{31}	小米	阿卒密（人名）	阿卒密（人名）一千（升）；
		mi^{55}	火		
		tə^{31}	千		

18

字符	国际音标	直译	意译	串讲
	uɑ³³	五		
	py³³	升		……[2] 五升；

19

字符	国际音标	直译	意译	串讲
	ue³³	村寨		
	ku⁵⁵	大蒜	上部	
	mu³³	天		村子上面的穆袠究（人名）五（升）；
	niə³¹	眼睛	穆袠究（人名）	
	dziə³¹	秤砣		
	uɑ³³	五		

20

字符	国际音标	直译	意译	串讲
	tʂʰa³¹	小寨子		
	lɯ³³	牛虱	察李古究（人名）	察李古究（人名）五升；
	ku³¹	生姜		
	dziə³¹	秤砣		
	uɑ³³	五		

续表

	字符	国际音标	直译	意译	串讲
		py^{33}	升		察李古究（人名）五升；

	字符	国际音标	直译	意译	串讲
21		ku^{31}	生姜		
		$dzi\partial^{31}$	秤砣	古究勒皂（人名）	
		$l\partial^{55}$	石头		古究勒皂（人名）五升；
		zo^{33}	缸		
		ua^{33}	五		
		py^{33}	升		

	字符	国际音标	直译	意译	串讲
22 		ue^{33}	村寨		
		$tɕi^{33}$	羊毛剪	伟继密（人名）	
		mi^{55}	火		伟继密（人名）五升；
		ua^{33}	五		
		py^{33}	升		

23

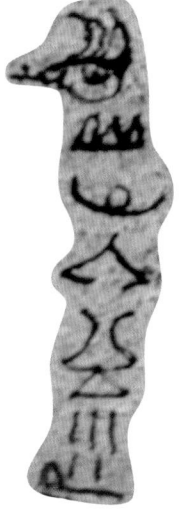

字符	国际音标	直译	意译	串讲
	$k^h ɯ^{33}$	狗	克密纳穆皂（人名）	克密纳穆皂（人名）五升；
	mi^{55}	火		
	$nɑ^{31}$	黑		
	mu^{33}	天		
	zo^{33}	缸		
	$uɑ^{33}$	五		
	py^{33}	升		

24

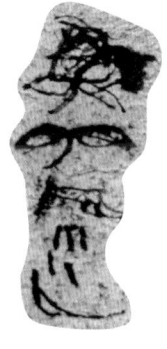

字符	国际音标	直译	意译	串讲
	不详	不详	□烟格（人名）	□烟格（人名）五升；
	$iə^{33}$	烟草		
	$gə^{55}$	上		
	$uɑ^{33}$	五		
	py^{33}	升		

25	字符	国际音标	直译	意译	串讲
		kɑ³³	好		
		ty⁵⁵	打	嘉度河（人名）	
		xɯ³³	牙齿		嘉度河（人名）五升；
		uɑ³³	五		
		py³³	升		

26	字符	国际音标	直译	意译	串讲
		pɑ³³	蛙	巴继（人名）	
		tɕi³³	羊毛剪		巴继（人名）五升；
		uɑ³³	五		
		py³³	升		

27	字符	国际音标	直译	意译	串讲
		mu³¹	牛蝇	姆烟（人名）	
		iə³³	烟草		姆烟（人名）五升；
		uɑ³³	五		
		py³³	升		

28	字符	国际音标	直译	意译	串讲
		不详	不详	□诃（人名）	□诃（人名）五升；
		xɯ³³	牙齿		
		uɑ³³	五		
		py³³	升		

29	字符	国际音标	直译	意译	串讲
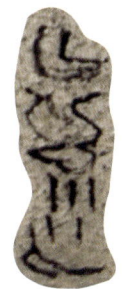		kʰɯ³¹	脚	科皂（人名）	科皂（人名）五升；
		zo³³	缸		
		uɑ³³	五		
		py³³	升		

30	字符	国际音标	直译	意译	串讲
		ue³³	村寨	伟宇伊塔（人名）	伟宇伊塔（人名）五升；
		y³³	绵羊		
		i³¹	右		
		tʰɑ³¹	塔		
		uɑ³³	五		

续表

字符	国际音标	直译	意译	串讲
◿	py³³	升		伟宇伊塔（人名）五升；

31	字符	国际音标	直译	意译	串讲
	⊂⊃	a³³	语气词		
	🕊	xua³³	白鹭	阿华（人名）	阿华（人名）五升；
	|||	ua³³	五		
	◿	py³³	升		

32	字符	国际音标	直译	意译	串讲
	ᙏ	ue³³	村寨		
	⬡	ʂɯ³³	肉	伟什莱（人名）	
	🦌	le³³	獐子		伟什莱（人名）五升；
	|||	ua³³	五		
	◿	py³³	升		

33

字符	国际音标	直译	意译	串讲
	mu³¹	牛蝇	姆初华（人名）	姆初华（人名）五升；
	tʂʰu³¹	死水		
	xuɑ³¹	白鹭		
	uɑ³³	五		
	py³³	升		

34

字符	国际音标	直译	意译	串讲
	i³¹	右	伊奴诃（人名）	伊奴诃（人名）五升；
	nɯ³¹	心脏		
	xɯ³³	牙齿		
	uɑ³³	五		
	py³³	升		

35

字符	国际音标	直译	意译	串讲
	dziə³¹	秤砣	究皂（人名）	究皂（人名）五升；
	zo³³	缸		
	uɑ³³	五		

续表

字符	国际音标	直译	意译	串讲
	py³³	升		究皂（人名）五升；

36

字符	国际音标	直译	意译	串讲
	na³¹	黑		
	mu³³	天	纳穆塔（人名）	
	tʰa³¹	塔		纳穆塔（人名）八升；
	xo⁵⁵	八		
	py³³	升		

37

字符	国际音标	直译	意译	串讲
	ka³³	好		
	ka³³	好	嘉嘉□诃（人名）	
	不详	不详		嘉嘉□诃（人名）两升；
	xɯ³³	牙齿		
	ni³³	二		
	py³³	升		

38

字符	国际音标	直译	意译	串讲
	dziə³¹	秤砣	究塔（人名）	究塔（人名）三升；
	tʰɑ³¹	塔		
	su³¹	三		
	py³³	升		

39

字符	国际音标	直译	意译	串讲
	tʰɑ³³	塔	塔□烟（人名）	塔□烟（人名）三升；
	不详	不详		
	iə³³	烟草		
	su³¹	三		
	py³³	升		

40

字符	国际音标	直译	意译	串讲
	nɑ³¹	黑	纳穆皂（人名）	纳穆皂（人名）六升；
	mu³³	天		
	zo³³	缸		
	tʂʰuɑ⁵⁵	六		

续表

字符	国际音标	直译	意译	串讲
	py³³	升		纳穆皂（人名）六升；

41	字符	国际音标	直译	意译	串讲
		i³¹	右	伊皂（人名）	伊皂（人名）一升。
		zo³³	缸		
		dɯ³¹	一		
		py³³	升		

翻译全文

□□□□□□□耕牛死了。和继宇（人名）五（升）；纳穆诃（人名）奶奶五升；穆□德伟思海（人名）一千升；和漆海（人名）一千升；伟茹华海（人名）一千升；和□库海（人名）一千（升）；伟继波（人名）六升；□波卦（人名）五升；漆卦海（人名）一千（升）；穆宇（人名）五升；思继（人名）五升；察舒古究（人名）五升；思伽究塔（人名）五升；穆袤诃（人名）五升；穆至（人名）五升；阿卒密（人名）一千（升）；……五升；村子上面的穆袤究（人名）五（升）；察李古究（人名）五升；古究勒皂（人名）五升；伟继密（人名）五升；克密纳穆皂（人名）五升；□烟格（人名）五升；嘉度诃（人名）五升；巴继（人名）五升；姆烟（人名）五升；□诃（人名）五升；科皂（人名）五升；伟宇伊塔（人名）五升；阿华（人名）五升；伟什莱（人名）五升；姆初华（人名）五升；伊奴诃（人名）五升；究皂（人名）五升；纳穆塔（人名）八升；嘉嘉□诃（人名）两升；究塔（人名）三升；塔□烟（人名）三升；纳穆皂（人名）六升；伊皂（人名）一升。

---

[1] 和学耀在文书4-1（第663页）中认为该字的直译是"路"。
[2] 前有残缺，不明。

文书5-5

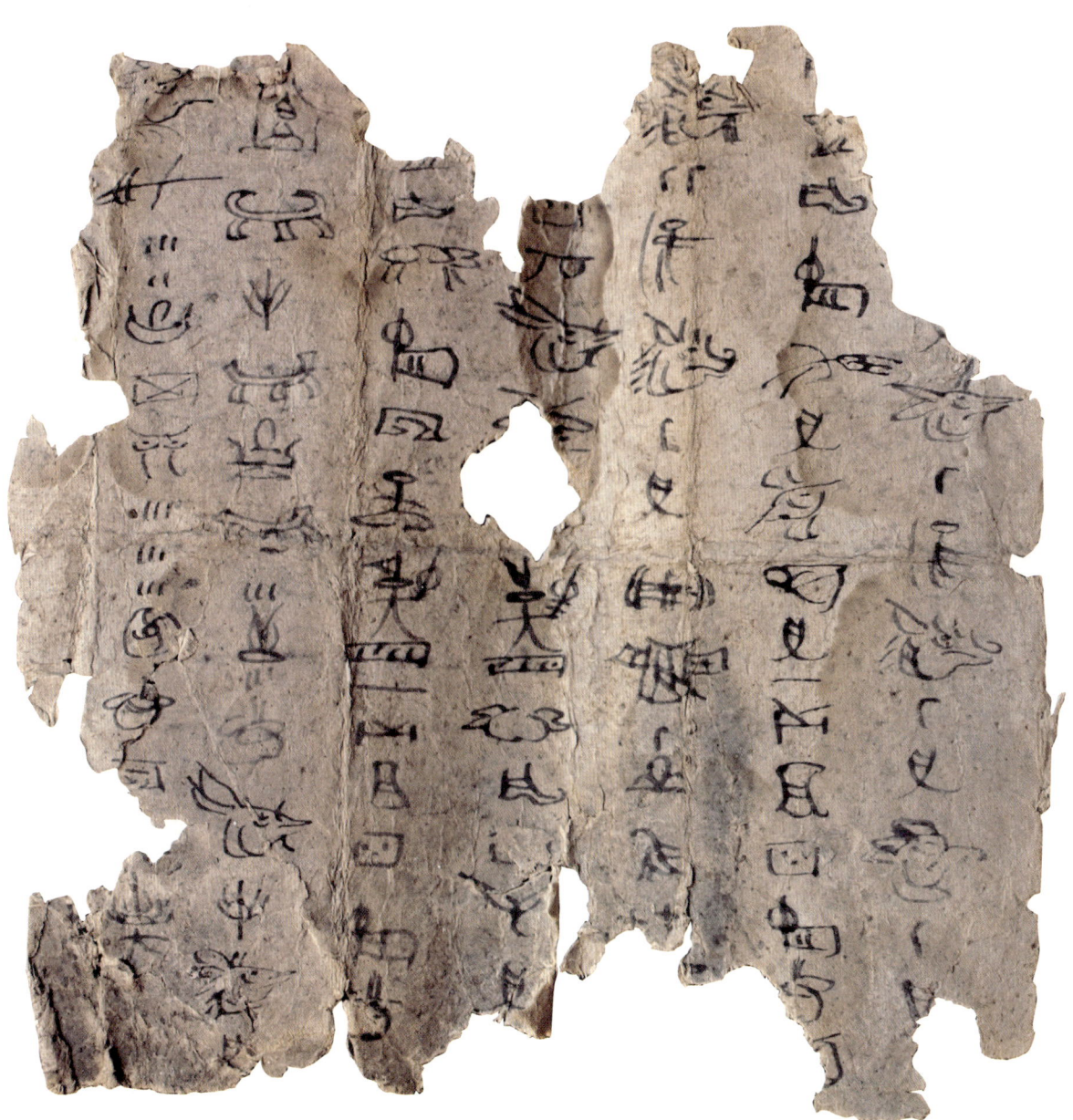

基瓜等人宅基地费用清单

著录

编号	5-5
文书名	基瓜等人宅基地费用清单
书写人	佚名
书写时间	不明
来源	云南省玉龙纳西族自治县宝山乡吾木村
体例	竖行书写，从左向右换行，单面书写
材质	东巴纸，墨书
采集时间	2011年7月24日
采集地点	云南省玉龙纳西族自治县宝山乡吾木村
摄影	李学信
翻译者	和学耀
整理者	蒋波
备注	

翻译

01

字符	国际音标	直译	意译	串讲
	$\gamma\mathrm{u}^{33}\ \mathrm{k^h u}^{13}$	牛、镰刀	牛年	
	$^{\mathrm{n}}\mathrm{da}^{31}$	砍	腊月	
	ua^{33}	五		
	xe^{33}	月亮	月份	
	$\mathrm{ts^h e}^{33}$	盐巴		牛年腊月初九这一天□□□……
	do^{31}	看	初	
	$^{\mathrm{n}}\mathrm{gu}^{33}$		九	
	ni^{33}	太阳	日、天	
	nuu^{31}	心脏	不详	
	$\mathrm{g\mathschwa}^{55}$	上	不详	
	be^{33}	战神	不详	

02	字符	国际音标	直译	意译	串讲
	图	ⁿtɕi³¹	庙宇		
				基瓜（人名）	
	图	kuɑ³¹	灶台		
	图	sɯ³¹	柴草		
				思瓜（人名）	
	图	kuɑ³¹	灶台		
	图	xɑ³³	饭		
				哈瓜（人名）	
	图	kuɑ³¹	灶台		
	图	sɯ³¹	三		基瓜（人名）、思瓜（人名）、哈瓜（人名）三个人□□了。
	图	ku¹³	大蒜	个	
	图	nɯ³¹	心脏	主语助词	
	图	le⁵⁵	獐子	不详	
	图	ze³¹	麦子	不详	
	图	se³¹	岩羊	情态助词	
	图	me⁵⁵	雌性	语气助词	

03

字符	国际音标	直译	意译	串讲
[1]	$xɯ^{33}$	牙齿	诃科古伽（人名）	诃科古伽（人名）坐在宅基地上……
	$k^hɯ^{31}$	脚		
	ku^{31}	生姜		
	$^nga^{33}$	胜利		
	$gə^{55}$	上	主语助词	
	$dzɯ^{33}$	坐		
	$^nda^{31}$	宅基地		

04

字符	国际音标	直译	意译	串讲
	ue^{33}	村寨	伟道究伽（人名）	伟道究伽（人名）……□□□□……宅基地的费用已经给了。
	to^{33}	板子		
	$dʑiə^{31}$	秤砣		
	$^nga^{33}$	胜利		
[2]	$nɯ^{31}$	心脏	主语助词	
[3]	$dʑiə^{31}$	秤砣	不详	
	ka^{33}	好	不详	

续表

字符	国际音标	直译	意译	串讲
	le^{33}	獐子	不详	
[4]	xa^{31}	黄金	不详	
	^{n}da^{31}		宅基地	
	p^{h}u^{55}	雄性	费用	伟道究伽（人名）……□□□……宅基地的费用已经给了。
	k^{h}ɯ^{31}	脚	不详	
	iə^{13}	烟草	给予	
	me^{55}	雌性	语气助词	

05

字符	国际音标	直译	意译	串讲
	zuɑ^{33}		马	
	ni^{33}		二	
	p^{h}u^{13}	旁边	头	两匹马、一头猪、一件麻布衣服、二十……稻谷。
	bu^{31}		猪	
	dɯ^{31}		一	
	me^{55}	雌性	语气助词	

续表

字符	国际音标	直译	意译	串讲
	pʰe¹³	麻布		
	ba³³ la³¹	衣服		
	dɯ³¹	一		两匹马、一头猪、一件麻布衣服、二十……稻谷。
	lə⁵⁵	石头	件	
	ɕi³¹	稻谷		
	ni³³ tsɯ³¹	二十		

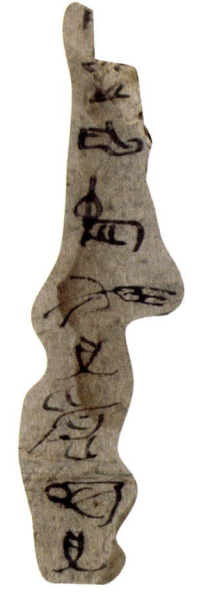

06

字符	国际音标	直译	意译	串讲
[5]	ue³³	村寨		
	xɯ³³	牙齿	伟诃科伽（人名）	
	kʰɯ³¹	脚		
	ⁿga³³	胜利		伟诃科伽（人名）去世（的时候）送来，伟道究伽（人名）……
	ʂɯ³³	死		
	me⁵⁵	雌性	语气助词	
	mu³¹	牛蝇	去世	

第三章 文献解读　　821

续表

字符	国际音标	直译	意译	串讲
	tsʰi³¹	肩胛骨	来	
	me⁵⁵	雌性	语气助词	
	ue³³	村寨		
	to³³	板子	伟道究伽（人名）	伟诃科伽（人名）去世（的时候）送来，伟道究伽（人名）……
	dziə³¹	秤砣		
	ⁿgɑ³³	胜利		
[6]	nɯ³¹	心脏	主语助词	
[7]	xɯ³³	牙齿	不详	

07

字符	国际音标	直译	意译	串讲
	ɣɯ³³	牛		
	dɯ³¹	一		
	pʰu¹³	旁边	头	一头牛、一头猪、一只鸡……
	bu³¹	猪		
	dɯ³¹	一		
	me⁵⁵	雌性	语气助词	

续表

字符	国际音标	直译	意译	串讲
	a³¹	鸡		
	dɯ³¹	—		一头牛、一头猪、一只鸡……
	me⁵⁵	雌性	语气助词	

翻译全文

牛年腊月初九这一天□□□……基瓜（人名）、思瓜（人名）、哈瓜（人名）三个人□□了。诃科古伽（人名）坐在宅基地上……伟道究伽（人名）……□□□□……宅基地的费用已经给了。两匹马、一头猪、一件麻布衣服、二十……稻谷。伟诃科伽（人名）去世（的时候）送来，伟道究伽（人名）……一头牛、一头猪、一只鸡……

---

[1] 残缺，疑为"牙齿"。
[2] 残缺，疑为"心脏"。
[3] 残缺，疑为"秤砣"。
[4] 残缺，疑为"黄金"。
[5] 残缺，疑为"村寨"。
[6] 残缺，疑为"心脏"。
[7] 残缺，疑为"牙齿"。

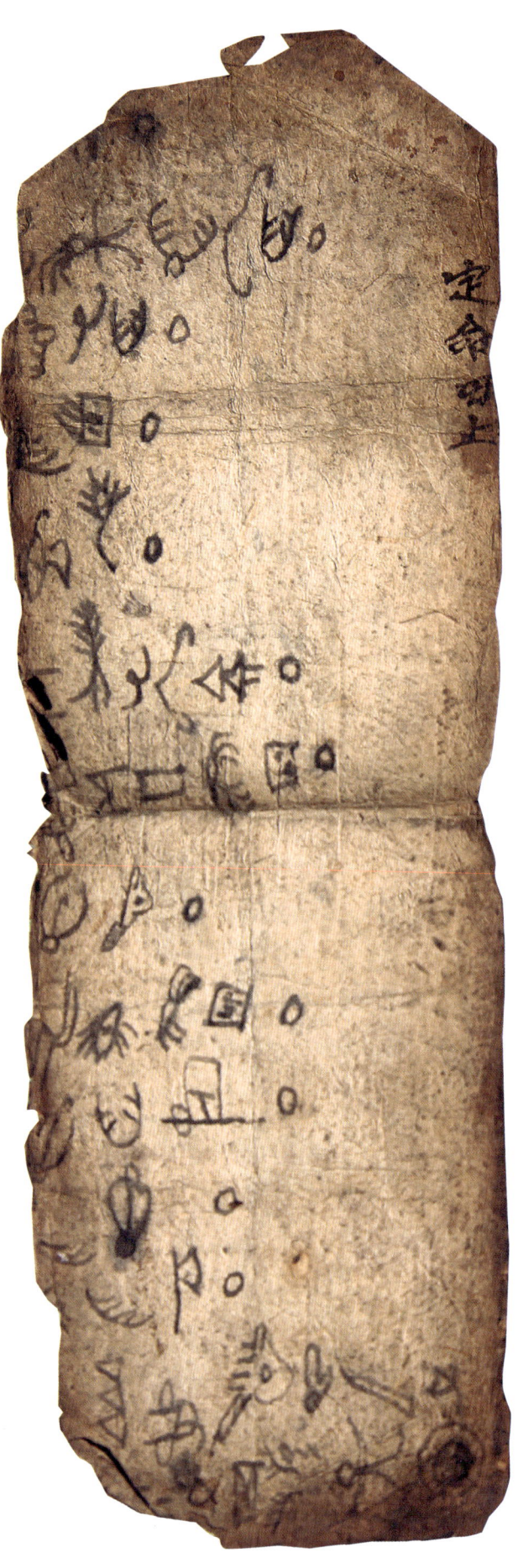

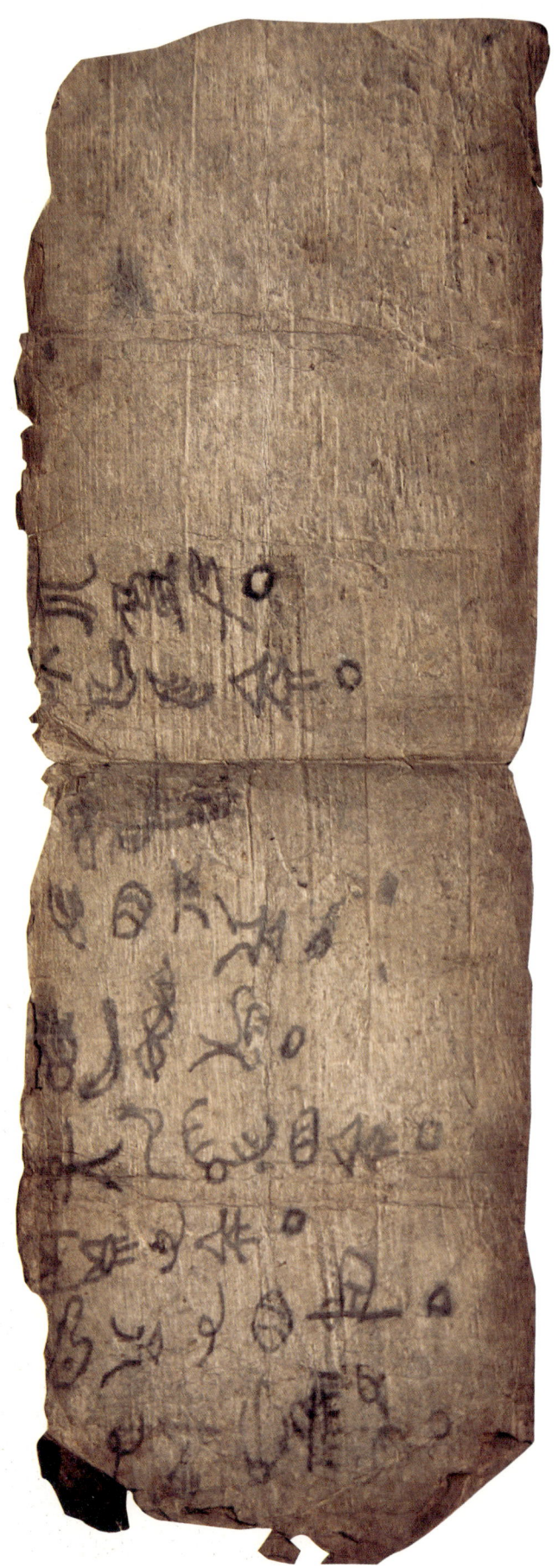

(图肆)黄書去召衾

第三章 文献解读 825

著录

编号	5-6
文书名	卖岩羊清单
书写人	佚名
书写时间	不明
来源	云南省玉龙纳西族自治县宝山乡吾木村和茂芳
体例	竖行书写，从左向右换行，双面书写
材质	东巴纸，墨书
采集时间	2011年7月24日
采集地点	云南省玉龙纳西族自治县宝山乡吾木村
摄影	李学信
翻译者	蒋波
整理者	蒋波
主要内容	不明
备注	文书上半部分完全丢失，残损严重

翻译

【正面】

01

字符	国际音标	直译	意译	串讲
[1]	uɑ³³	五	不详	
	me³¹	雌性	不详	
	tsʰe³³	盐巴	不详	□□□□□□。
	niə³¹	眼睛	不详	
	lu⁵⁵	庹	不详	
	不详	不详	不详	

02

字符	国际音标	直译	意译	串讲
	mi⁵⁵	火	米（人名）	
	nɯ³¹	心脏	主语助词	
	se³¹	岩羊		……米（人名）把岩羊肉卖了。
	ʂɯ³³	肉		
	tɕʰi³³	刺	卖	
	me⁵⁵	雌性	语气助词	

03	字符	国际音标	直译	意译	串讲
		xo³¹	肋骨	和苏（人名）	
		ʂu³³	斧子		和苏（人名）、和琵（人名）、
		xo³¹	肋骨	和琵（人名）	
		pʰi⁵⁵	腿骨		

04	字符	国际音标	直译	意译	串讲
		a³³	语气词		
		xɯ³³	牙齿	阿诃伽（人名）	阿诃伽（人名）、
		ⁿgɑ³³	胜利		

05	字符	国际音标	直译	意译	串讲
		ʐɯ⁵⁵	路		
		lɯ³³	牛虱	日李古究（人名）	日李古究（人名）、
		ku³¹	生姜		
		dziə³¹	秤砣		

06

字符	国际音标	直译	意译	串讲
	a³³	语气词	阿华（人名）	阿华（人名）、
	xua³³	白鹭		

07

字符	国际音标	直译	意译	串讲
	a³³	语气词		
	ue³³	村寨		
	to³³	板子	阿伟道古究（人名）	阿伟道古究（人名）、
	ku³¹	生姜		
	dziə³¹	秤砣		

08

字符	国际音标	直译	意译	串讲
	ue³³	村寨		
	ma³³	尾巴		
	na³¹	黑		村尾的纳穆塔（人名）、
	mu³³	天	纳穆塔（人名）	
	tʰa³¹	塔		

第三章 文献解读　829

09	字符	国际音标	直译	意译	串讲
		mu^{31}	牛蝇	姆载（人名）	姆载（人名）、和舒（人名）、
		ze^{33}	麦子		
		xo^{31}	肋骨	和舒（人名）	
		$ʂu^{55}$	菖蒲		

10	字符	国际音标	直译	意译	串讲
		$kh\gamma^{31}$	犄角		角纳诃（人名）、
		na^{31}	黑	角纳诃（人名）	
		$xɯ^{33}$	牙齿		

11	字符	国际音标	直译	意译	串讲
		不详	不详		
		$^ngɯ^{55}$	咬	□格穆诃	……□格穆诃。
		mu^{33}	天		
		$xɯ^{33}$	牙齿		

【背面】

01

字符	国际音标	直译	意译	串讲
	nɑ^{31}	黑	苏明[2]（地名）	苏明（地名）的阿福□（人名）、
	ue^{33}	村寨		
	a^{33}	语气词		
	fu^{55}	锯子	阿福□（人名）	
	不详	不详		

02

字符	国际音标	直译	意译	串讲
	a^{13}	鸭		阿皂纳吉伽（人名）、
	zo^{33}	缸		
	nɑ^{31}	黑	阿皂纳吉伽（人名）	
	^{n}tɕi^{31}	酒曲		
	^{n}gɑ^{33}	胜利		

03

字符	国际音标	直译	意译	串讲
	ue^{33}	村寨		村上部的纳塔（人名）、
	ku^{55}	大蒜	上部	

续表

	字符	国际音标	直译	意译	串讲
		na³¹	黑	纳塔（人名）	村上部的纳塔（人名）、
		tʰa³¹	塔		

	字符	国际音标	直译	意译	串讲
04		ⁿdɚ³¹	毒鬼		
		dzɿ³³	叶子		
		ⁿguɯ⁵⁵	咬	毒志格吉塔（人名）	毒志格吉塔（人名）、
		ⁿtɕi³¹	酒曲		
		tʰa³¹	塔		

	字符	国际音标	直译	意译	串讲
05		la³¹	手		
		不详	不详	拉□楚至	拉□楚至（人名）、
		tsʰu³³	墨玉		
		tʂɯ³¹	爪子		

06

字符	国际音标	直译	意译	串讲
	la^{31}	手	拉吉嘉皂（人名）	拉吉嘉皂（人名）、
	^{n}tɕi^{31}	酒曲		
	ka^{33}	好		
	zo^{33}	缸		

07

字符	国际音标	直译	意译	串讲
	不详	不详	□科和塔（人名）	□科和塔（人名）、
	kʰɯ^{31}	脚		
	xo^{31}	肋骨		
	tʰa^{31}	塔		

08

字符	国际音标	直译	意译	串讲
	ɣo^{31}	泼	不详	□□□。
	ty^{55}	打铁	不详	
	不详	不详	不详	

第三章 文献解读　833

翻译全文

【正面】□□□□□□,……米(人名)把岩羊肉卖了。和苏(人名)、和琶(人名)、阿诃伽(人名)、日李古究(人名)、阿华(人名)、阿伟道古究(人名)、村尾的纳穆塔(人名)、姆载(人名)、和舒(人名)、角纳诃(人名)……□格穆诃(人名)。

【背面】苏明(地名)的阿福□(人名)、阿皂纳吉伽(人名)、村上部的纳塔(人名)、毒志格吉塔(人名)、拉□楚至(人名)、拉吉嘉皂(人名)、□科和塔(人名)、□□□。

[1]残缺,疑为"五"。
[2]前有残缺,疑似苏明村。

六 对联

文书6-1

对联

著录

编号	6-1
文书名	对联
书写人	和茂春
书写时间	20世纪50年代
来源	云南省玉龙纳西族自治县宝山乡吾木村和茂春
体例	竖行书写，从右向左换行，单面书写
材质	信纸
采集时间	2011年7月24日
采集地点	云南省玉龙纳西族自治县宝山乡吾木村
摄影	胡张拓
翻译者	和茂春
整理者	蒋波
备注	

翻译

01

字符	国际音标	直译	意译	串讲
	dy^{31}	土地		
	lo^{31}	麂子	上边	
	a^{31}	岩石	悬崖	
	$^{n}ga^{33}$	胜利	危险	
	xa^{31}	黄金	通道	世上再危险的地方，都可以把马牵出来。
	$nɯ^{31}$	心脏	主语助词	
	$ʐua^{33}$	马		
	$ʂə^{33}$	七	牵	
	$t^{h}ə^{33}$	桶	出	

02	字符	国际音标	直译	意译	串讲
		$ʂə^{33}$	七		
				很多	
		$tsʰɯ^{31}$	十		
		$z̩u^{33}$		敌人	
		ue^{33}	村庄	大量	
		$z̩ɯ^{55}$	酒水		再多的敌人，只要有酒，都可战胜。
		$nɯ^{31}$	心脏	主语助词	
		$pʰu^{31}$	吐	去	
		la^{31}	老虎	语气助词	
		$^nga^{33}$		胜利	

翻译全文

世上无难事，

人间无久敌。

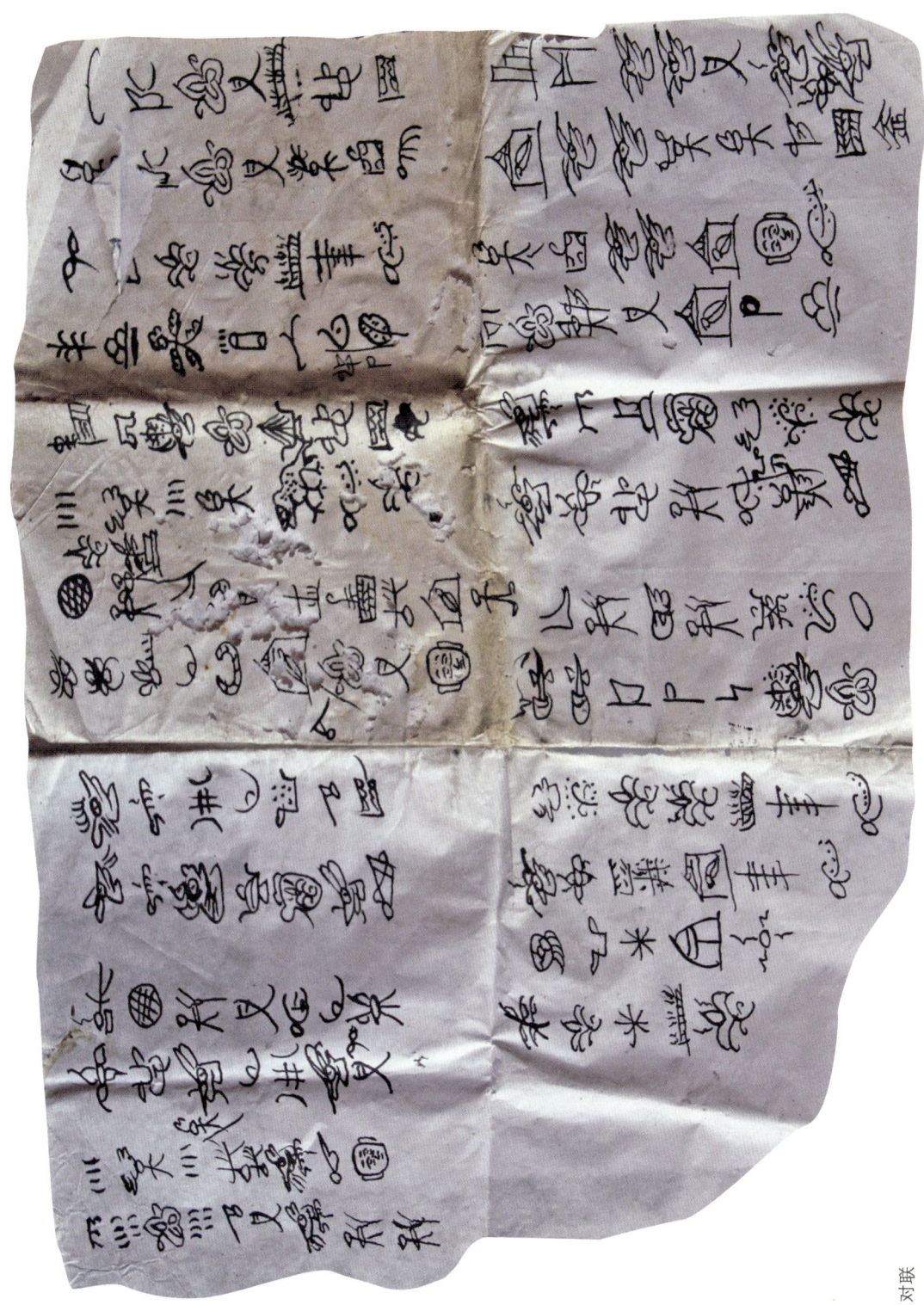

文书6-2

对联

著录

编号	6-2
文书名	对联
书写人	和茂春
书写时间	20世纪50年代
来源	云南省玉龙纳西族自治县宝山乡吾木村和茂春
体例	竖行书写，从右向左换行，单面书写
材质	信纸
采集时间	2011年7月24日
采集地点	云南省玉龙纳西族自治县宝山乡吾木村
摄影	胡张拓
翻译者	和茂春
整理者	蒋波
备注	共13副对联

翻译

【对联1】

01

字符	国际音标	直译	意译	串讲
⌒	mu³³	天		
☒	kʰu⁵⁵	门		
✿	ɣɯ⁵⁵	美好		
见	me⁵⁵	雌性	语气助词	风调雨顺，大地安定。
⌢	dy³¹	大地		
屯	nɯ³¹	心脏		
▭	xɯ³³	牙齿	安定	

02	字符	国际音标	直译	意译	串讲
		ka^{31}	王族	中央政府	
		k^hu^{55}		门	
		γuu^{55}		美好	
		me^{55}	雌性	语气助词	君主英明，百姓安居。
		ci^{33}		人	
		$dzi\vartheta^{31}$	秤砣		
		bu^{31}	匍匐	安居乐业	

【对联2】

03

字符	国际音标	直译	意译	串讲
	iə³³	烟叶	正月	正月百花齐放，大地姹紫嫣红。
	py³¹	吐		
	bɑ³³	花		
	i⁵⁵	鲜艳美丽		
	dy³¹	大地		
	zɯ³³	草木		
	za̠³¹	笑		

第三章 文献解读 843

04	字符	国际音标	直译	意译	串讲
		suɯ³¹	柴草		
		lə⁵⁵	石头		各种东巴活动
		tɕiə³³	麻风病		
		zɚ³³	响		
		mu³³	天		东巴手舞足蹈，上天祥和欢乐。
		gɯ³¹	胆		
		ne³³	苋菜	高兴	
	[1]	nɯ³¹	心脏		
		ʂu³³	斧子		

【对联3】

05

字符	国际音标	直译	意译	串讲
	$^nga^{33}$	胜利	宝贵	
	$gə^{55}$	上	定语助词	
	$ɣo^{33}$		财富	
	$ɣɯ^{55}$		美好	家财万贯，内心踏实。
	su^{13}	生命神	人	
	$nɯ^{31}$	心脏	主语助词	
	$xɯ^{33}$	牙齿	踏实	

06

字符	国际音标	直译	意译	串讲
	lu^{33}	四		
	bu^{33}	锅	孙子	
	lu^{33}	四		
	me^{31}	女儿	孙女	子孙满堂，家神欢笑。
	tso^{31}	壁虎	家神	
	$za̠^{31}$		笑	
	ba^{33}		花	

【对联4】

07	字符	国际音标	直译	意译	串讲
	●	mu³¹	竹扁		
		ta³³	扯拉	牡丹	
	[2]	bɑ³³	花		
		bɑ³³	花		
		kʰɯ³¹	脚跟	根	
		dʐy³¹	手镯	有	牡丹有根独发诗书门第。
		me⁵⁵	雌性	语气助词	
		py³³	祭祀		
		lɯ³³	经书	书籍、知识	
		so³³		学习	
		dʑi³¹		家庭	
		xy¹³	站立	长	

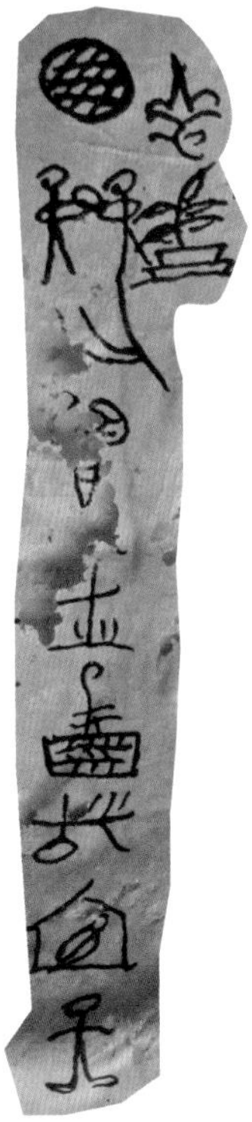

846 　宝山纳西东巴文应用文献调查、整理与研究

08

字符	国际音标	直译	意译	串讲
	ŋu³³	银		
	xa³¹	黄金		
	lɚ³³	种子		
	mə³³	日暮	否定副词	
	dzy³¹	手镯	有	
	dʑi³¹		家庭	黄金无种偏生勤俭人家。
	be³³	锄头	勤俭	
	ɣɯ⁵⁵		吉祥	
	me³³	雌性	语气助词	
	pʰa³³		脸面	

【对联5】

09	字符	国际音标	直译	意译	串讲
		zɯ³³	村庄		
		ue³³	村庄		
		y³¹	羊		
		y³¹	羊	和谐幸福的样子	
		me⁵⁵	雌性	语气助词	村庄团结，农民生活幸福。
		nɯ³¹	牲畜	快乐	
		yo³³	玉石	财富	
		se³¹	岩羊	情态助词	

10

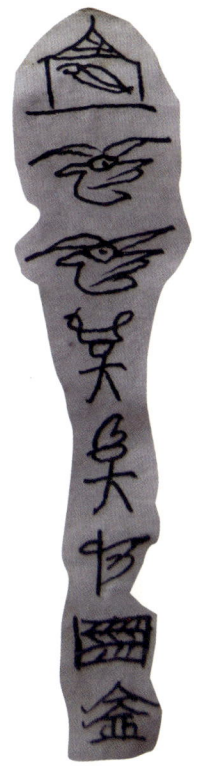

字符	国际音标	直译	意译	串讲
	dzi³¹		家庭	
	y³³	羊	和谐幸福的样子	
	y³³	羊		
	zo³³	儿子	子女	家庭和睦，子女成绩优秀。
	mi³¹	女儿		
	tʰe³³	旗子	书籍	
	ɣɯ³³	经书		
	tʰa³¹	塔	好	

【对联6】

11

字符	国际音标	直译	意译	串讲
	ᵐbi³³	女人	家庭主妇	妻子贤惠，家庭光荣。
	dzɿə³¹	秤砣		
	y³¹	羊	和谐幸福的样子	
	y³¹	羊		
	dʑi³¹	家庭		
	pʰɑ³³	面孔	有面子	
	zɿ³¹	笑		

12

字符	国际音标	直译	意译	串讲
	$tʂuɑ^{31}$	床		
	$ɣɯ^{55}$	美好	当家的男人	
	$^nda^{31}$	勇士	能干	丈夫勤快，家庭殷实。
	me^{55}	雌性	语气助词	
	$dʑi^{31}$	家庭		
	ko^{31}	针	里面	
	$lə^{55}$	石头	富裕	

【对联7】

13	字符	国际音标	直译	意译	串讲
		k^hu^{13}	年		
		ka^{33}	好、吉祥		
		k^hu^{55}	形势		
		$lɯ^{31}$	漂亮		好年好运桃花开。
		pu^{33}	锅		
		$zʮ^{55}$	发展	桃子	
		ba^{33}	花		

14

字符	国际音标	直译	意译	串讲
	nɯ³¹	家畜	财富	
	a³³	玉石		
	nɯ³¹		心脏	
	bi³³	搓	健康	
	a³³	语气词		金钱健康自然来。
	ze³¹	飞鬼	慢慢地	
	tʰə³³ [3]	桶		
	yo³¹	完		
	tsʰɯ³¹	扇骨	来到	

【对联8】

15

字符	国际音标	直译	意译	串讲
	$k^hɯ^{31}$	脚		
	bi^{31}	搓	健康	
	la^{31}	手		
	bi^{31}	搓	健康	身体健康，是千金之财。
	xa^{31}	黄金		
	p^hu^{55}	价值		
	gu^{31}	好		

16

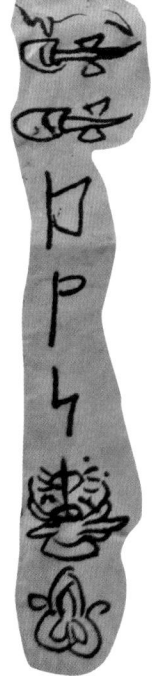

字符	国际音标	直译	意译	串讲
	$tɕ^hy^{33}$	穿、戳		
	$tɕ^hy^{33}$	穿、戳	事事	
	k^hu^{55}	门		
	ko^{31}	针	里	万事如意，乃全家之福。
	$tʂ^hɚ^{55}$	辈分	不详	
	$ɣo^{33}$	粮食、牲畜	财富	
	$ɣɯ^{55}$	美好		

【对联9】

17

字符	国际音标	直译	意译	串讲
	bu³¹	猪		
	kʰu¹³	年		
	ŋu³³	断开	离别	
	mə³³	不		猪年依依不舍地离去。
	zua³¹	斗	舍得	
	be³³	锄头	做	
	xɯ³³	牙齿	离去	

18

字符	国际音标	直译	意译	串讲
	fu⁵⁵	鼠		
	kʰu¹³	年		
	lɑ³¹	虎		
	xɑ³³	饭	更加	鼠年更加漂亮地到来。
	lɯ³³	漂亮		
	le⁵⁵	獐子	状语助词	
	tsʰi³¹	肩胛骨	来到	

第三章 文献解读　855

【对联10】

19	字符	国际音标	直译	意译	串讲
		i^{33}		睡觉	
		mu^{31}	竹匾	梦	
		bi^{33}	搓	美丽	
		me^{55}	雌性	语气助词	美梦说不完。
		$ʂə^{13}$		说话	
		$mə^{33}$		否定副词	
		ku^{31}	大蒜	情态动词	

20

字符	国际音标	直译	意译	串讲
	xa³³	玉	绿	
	nɯ³³	心脏	主语助词	
	le⁵⁵	獐子	来	
	mə³³		否定词	鲜货用不尽。
	ŋu³³		断开	
	se³¹	獐子	情态助词	
	me⁵⁵	雌性	语气助词	
[4]	iə¹³	烟叶		

【对联11】

21	字符	国际音标	直译	意译	串讲
		lu³³	四		
		bu³³	锅	孙子	
		lu³³	四		
		me³¹	女儿	孙女	
		so³³	学习		孩子学习好，过年面增光。
		so³³	学习		
		kʰu¹³	年		
		ʂɯ³³	肉	新	
		pʰɑ³¹	脸面		

22

字符	国际音标	直译	意译	串讲
	ka³³	好		
	ʂə³³	七	事情	
	ɣɯ⁵⁵	美好		
	ʂə³³	七	事情	
	be³³	锄头	做	好事经常做，新年乐开怀。
	me⁵⁵	雌性	语气助词	
	kʰu¹³	年		
	bi³³	搓	平安快乐	
	bi³³	搓		

【对联12】

23	字符	国际音标	直译	意译	串讲
		bu^{33}	锅		
				桃子	
		zu^{31}	发展		
		ba^{33}	花		
		zi^{31}	鲜艳美丽		桃花开，真美丽，大地欣欣向荣。
		dy^{31}	土地		
		zu^{33}	草木		
		za^{31}	笑		

24	字符	国际音标	直译	意译	串讲
		$nɯ^{31}$	牲口		
				财富	
		$ɣo^{33}$	玉石		
		$xɯ^{33}$	牙齿		
				富裕	
		za^{31}	粮满仓		牲口肥，粮满仓，家庭兴旺发达。
		dzi^{31}	家庭		
		zu^{33}	草木		
				闪光	
		za^{31}	笑		

【对联13】

25

字符	国际音标	直译	意译	串讲
	bi^{33}	太阳		
	$t^h ə^{33}$	桶	出	
	$tə^{31}$	千、万		太阳出来，千山发光。
	$^n tʂu^{31}$	山		
	pu^{33}	发光		

26

字符	国际音标	直译	意译	串讲
	$^n tsɯ^{33}$	树		
	$bɑ^{33}$	花		
	$tə^{31}$	千、万	种植	种树栽花，大地鲜艳。
	dy^{31}	大地		
	zi^{33}	鲜艳		

翻译全文

【对联1】风调雨顺，大地安定；
君主英明，百姓安居。

【对联2】正月百花齐放，大地姹紫嫣红；
东巴手舞足蹈，上天祥和欢乐。

【对联3】家财万贯，内心踏实；
子孙满堂，家神欢笑。

【对联4】牡丹有根独发诗书门第；
黄金无种偏生勤俭人家。

【对联5】村庄团结，农民生活幸福；
家庭和睦，子女成绩优秀。

【对联6】妻子贤惠，家庭光荣；
丈夫勤快，家庭殷实。

【对联7】好年好运桃花开；
金钱健康自然来。

【对联8】身体健康，是千金之财；
万事如意，乃全家之福。

【对联9】猪年依依不舍地离去；
鼠年更加漂亮地到来。

【对联10】美梦说不完；
鲜货用不尽。

【对联11】孩子学习好，过年面增光；
好事经常做，新年乐开怀。

【对联12】桃花开，真美丽，大地欣欣向荣；
　　　　　牲口肥，粮满仓，家庭兴旺发达。

【对联13】太阳出来，千山发光；
　　　　　种树栽花，大地鲜艳。

---

［1］老东巴创作对联时用字的两种选择，可以相互替换，下同。
［2］老东巴创作对联时用字的两种选择，可以相互替换，下同。
［3］老东巴创作对联时用字的两种选择，可以相互替换，下同。
［4］老东巴创作对联时用字的两种选择，可以相互替换。

七 民歌民谚

文书7-1

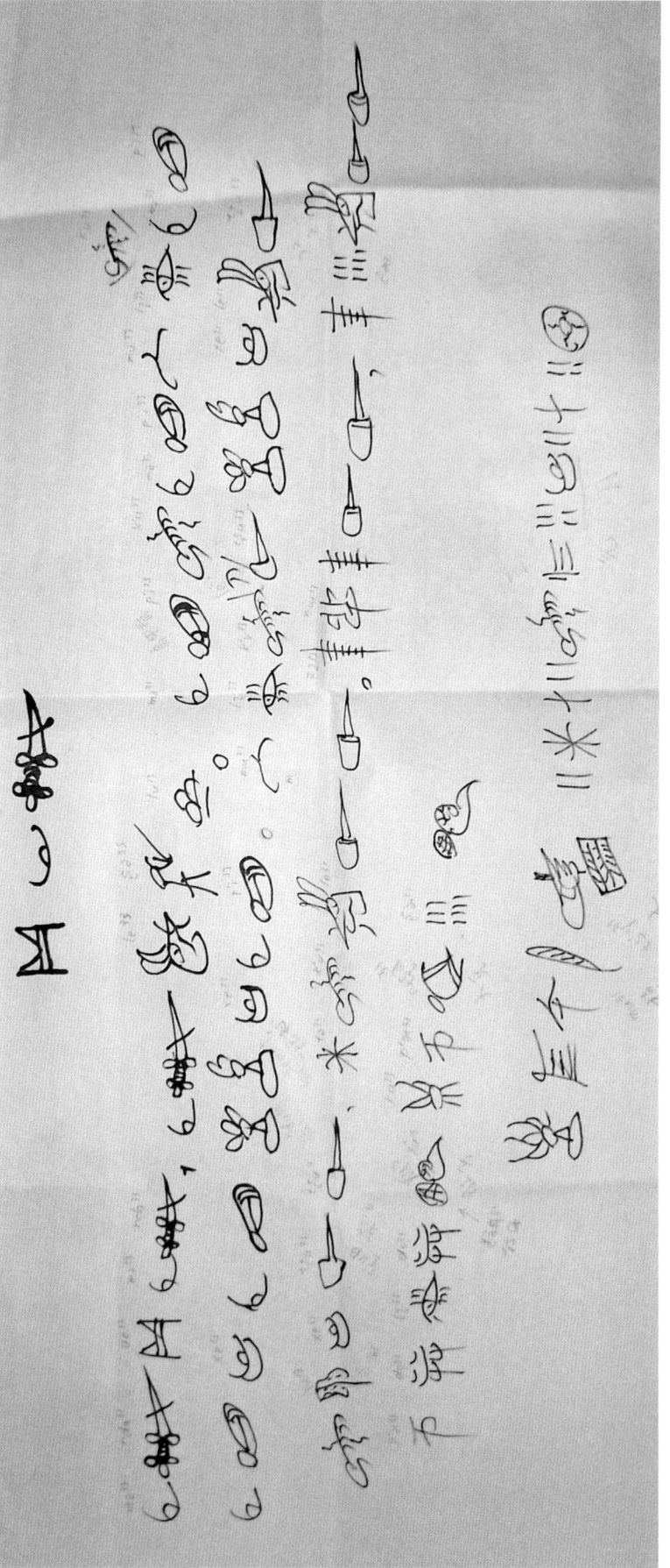

著录

编号	7-1
文书名	伟末达
书写人	和茂春
书写时间	2012年
来源	和茂春
体例	横行书写，单面书写
材质	宣纸，墨书
采集时间	2012年4月
采集地点	清华大学
摄影	蒋波
翻译者	和茂春
整理者	蒋波
备注	《伟末达》为吾木地方民歌，此歌是在逢年过节及办喜事时所唱

翻译

| 标题 | | | | |

字符	国际音标	直译	意译	串讲
	ue^{33}	村寨	叹词	
	$mə^{33}$	日暮	叹词	伟末达
	$^nda^{13}$	砍	叹词	

01

字符	国际音标	直译	意译	串讲
	$mə^{33}$	日暮	叹词	
	$^nda^{13}$	砍	叹词	
	ue^{33}	村寨	叹词	
	$mə^{33}$	日暮	叹词	末达伟末达，末达又来唱。
	$^nda^{13}$	砍	叹词	
	$mə^{33}$	日暮	叹词	
	$^nda^{13}$	砍	叹词	

续表

字符	国际音标	直译	意译	串讲
	le⁵⁵	獐子	助词	
	ʂə¹³	说	唱	末达伟末达，末达又来唱。
	lə⁵⁵	石头	叹词	

02

字符	国际音标	直译	意译	串讲
	mə³³	日暮	否定词	
	pʰi⁵⁵	腿	断	
	kʰu¹³	镰刀	年	
	mə³³	日暮	否定词	
	pʰi⁵⁵	腿	断	年年不断，诗礼永存。
	mu³³	天		
	lɯ³³	牛虻	规矩、习俗	
	kʰu¹³	镰刀	年	
	mə³³	日暮	否定词	

第三章 文献解读　867

续表

字符	国际音标	直译	意译	串讲
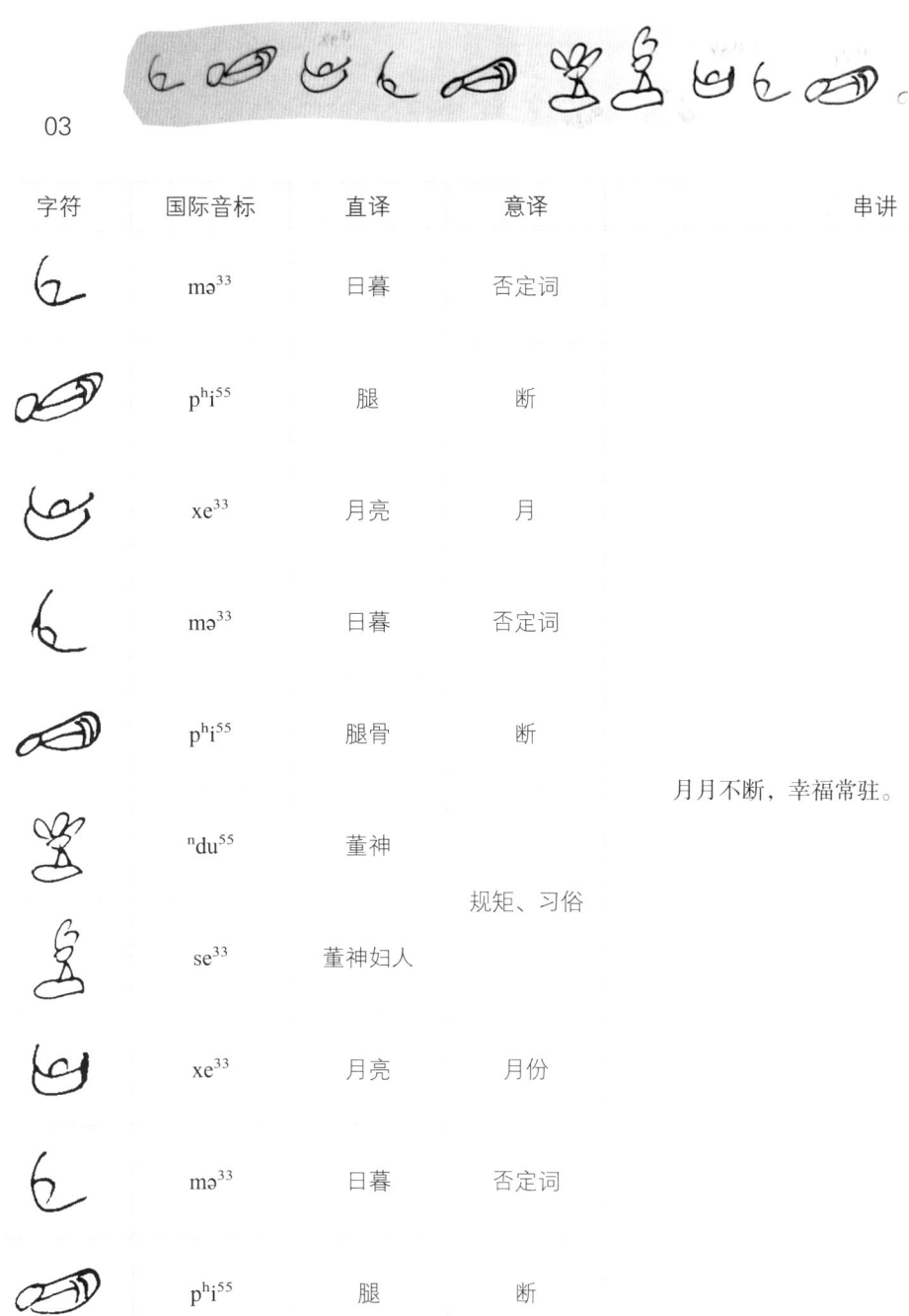	p^hi^{55}	腿	断	年年不断，诗礼永存。

03

字符	国际音标	直译	意译	串讲
	$mə^{33}$	日暮	否定词	
	p^hi^{55}	腿	断	
	xe^{33}	月亮	月	
	$mə^{33}$	日暮	否定词	
	p^hi^{55}	腿骨	断	月月不断，幸福常驻。
	$^ndu^{55}$	董神	规矩、习俗	
	se^{33}	董神妇人		
	xe^{33}	月亮	月份	
	$mə^{33}$	日暮	否定词	
	p^hi^{55}	腿	断	

04

字符	国际音标	直译	意译	串讲
	mu³³	天		
	lɯ³³	牛虻	规矩、习俗	
	kʰu¹³	镰刀	年	
	le⁵⁵	獐子（简写）	助词	
	tʂu³³	锥子	传承、延续	诗礼传家，幸福长在。
	ⁿdu⁵⁵	董神		
	se³³	董神夫人	规矩、习俗	
	xe³³	月亮	月份	
	le⁵⁵	獐子	助词	
	tʂu³³	锥子	延续	

第三章 文献解读　869

05

字符	国际音标	直译	意译	串讲
	kʰu¹³	镰刀	年	
	ne¹³	苋菜	和	
	xe³³	月亮	月份	
	tʂu³³	锥子	延续、传承	
	tʂu³³	锥子	延续、传承	
	tə³¹		千	年年月月，千载长存。
	kʰu¹³	镰刀	年	
	le⁵⁵	獐子	助词	
	tʂu³³	锥子	延续、传承	
	tʂu³³	锥子	延续、传承	

06

字符	国际音标	直译	意译	串讲
	zɯ³³	草	祖祖辈辈	
	nɯ³¹	心脏	主语助词	
	zɯ³³	草	祖祖辈辈	
	tʂu³³	锥子	延续、传承	
	tʂu³³	锥子	延续、传承	世世代代，健康长寿。
	zɯ³³	草	健康长寿	
	sɚ³³	七		
	le⁵⁵	獐子	助词	
	tʂu³³	锥子	传承、延续	
	tʂu³³	锥子	传承、延续	

07

字符	国际音标	直译	意译	串讲
	pʰə³¹	白色	白发（老人）	
	do³¹		看见	
	lɯ⁵⁵	牛虻	子孙	
	do³¹		看见	
	xu¹³	胃	祝愿	子孙满堂，寿比南山。
	ku⁵⁵	大蒜	头发	
	pʰə³¹	白色		
	ⁿtʂa³¹		犬牙	
	sə³³	七	长	
	xu¹³	胃	祝愿	

08

字符	国际音标	直译	意译	串讲
	to^{33} ba^{33}		东巴	
	xo^{31}	肋骨		
	mu^{31}	橘子	和茂春（人名）	
	tsʰy^{31}	小米		
	pʰə^{55}		书写	
	ni^{33}		二	
	tə^{31}		千	东巴和茂春写于2012年3月24日。
	tsʰe^{31}		十	
	ni^{33}		二	
	kʰu^{13}	镰刀	年	
	sɑ^{33}	空气	三	
	uɑ^{33}		五	
			月份	
	xe^{33}	月亮		

续表

字符	国际音标	直译	意译	串讲
𠄎	ni³³	二		
 十	tsɯ³¹	十		东巴和茂春写于2012年3月24日。
𠄏	lu³³	四		
 🜚	ni³³	太阳	日、天	

翻译全文

伟末达

末达伟末达，末达又来唱。年年不断，诗礼永存。月月不断，幸福常驻。诗礼传家，幸福长在。年年月月，千载长存。世世代代，健康长寿。子孙满堂，寿比南山。

东巴和茂春写于2012年3月24日。

文书7-2

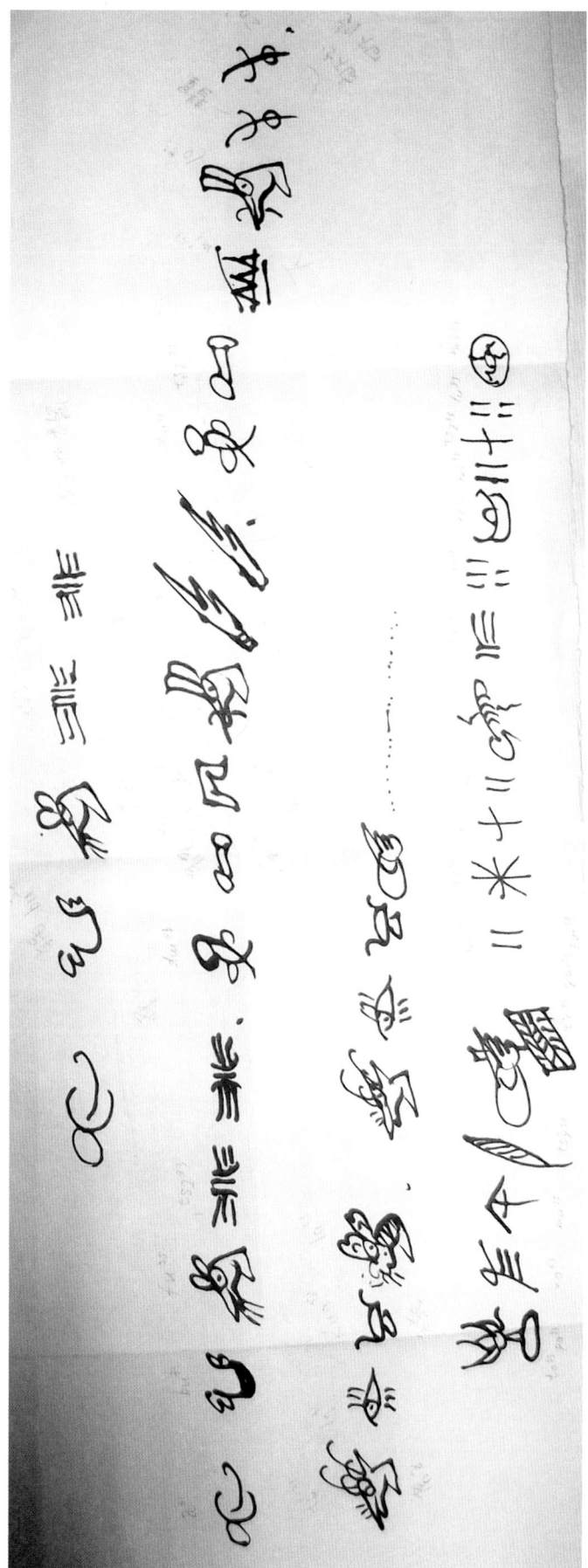

我家捉老鼠

著录

编号	7-2
文书名	我家捉老鼠
书写人	和茂春
书写时间	2012年
来源	和茂春
体例	横行书写，单面书写
材质	宣纸，墨书
采集时间	2012年4月
采集地点	清华大学
摄影	蒋波
翻译者	和茂春
整理者	蒋波
备注	这是一首顺口溜，小孩子一边唱，一边用手捏住另一只手上的皮肤上下晃动，比喻这也想做，那也想做，最终一事无成

翻译

标题

字符	国际音标	直译	意译	串讲
	a³³	语气词	我家	
	bu³¹	锅		
	fu⁵⁵		老鼠	我家捉老鼠
	tsɯ³³	捆绑	捕捉	
	tsɯ³³	捆绑		

01

字符	国际音标	直译	意译	串讲
	a³¹	语气词	我家	
	bu³¹	锅		
	fu⁵⁵		老鼠	我家捉老鼠，一会儿爬上去，一会儿跳下来。
	tsɯ³³	追赶	捕捉	
	tsɯ³³	追赶		

续表

字符	国际音标	直译	意译	串讲
	dɯ³¹	大	一	
	tʂəʴ³¹	骨节	段、节	
	gə⁵⁵		上	
	le⁵⁵	獐子	助词	
	tʂʰuɑ⁵⁵	鹿角		
	tʂʰuɑ⁵⁵	鹿角	爬上	我家捉老鼠，一会儿爬上去，一会儿跳下来。
	dɯ³¹	大	一	
	tʂəʴ³¹	骨节	段、节	
	mi⁵⁵		下	
	le⁵⁵	獐子	助词	
	zɑ³¹	彗星		
	zɑ³¹	彗星	跳下	

02

字符	国际音标	直译	意译	串讲
	tɕi³³	麂子	拟声词	
	lɯ³³	牛虱	拟声词	
	kʰuɑ³¹	碗	拟声词	
	lɑ³¹	老虎	拟声词	唧哩哗啦，唧哩哗啦……
	tɕi³³	麂子	拟声词	
	lɯ³³	牛虱	拟声词	
	kʰuɑ³¹	碗	拟声词	
	lɑ³¹	手	拟声词	

03

字符	国际音标	直译	意译	串讲
	to³³ pa³³		东巴	
	xo³¹	肋骨		
	mu³¹	蘑菇	和茂春	
	tsʰy³¹	小米		
	pə⁵⁵	书写		
	ni³³	二		
	tə³¹	千		东巴和茂春书写于2012年3月24日。
	tsʰe³¹	十		
	ni³³	二		
	kʰu¹³	镰刀	年	
	sa³³	空气	三	
	ua³³	五		
			月份	
	xe³³	月亮		

续表

字符	国际音标	直译	意译	串讲
 〡〡	ni^{33}	二		
十	$tsɯ^{31}$	十		东巴和茂春书写于2012年3月24日。
〢〡	lu^{33}	四		
 ⊙	ni^{33}	太阳	天、日	

翻译全文

我家捉老鼠

我家捉老鼠，一会儿爬上去，一会儿跳下来。唧哩哗啦，唧哩哗啦……

东巴和茂春书写于2012年3月24日。

文书7-3

著录

编号	7-3
文书名	可怜调
书写人	和茂春
书写时间	2012年
来源	和茂春
体例	横行书写,单面书写
材质	宣纸,墨书
采集时间	2012年4月
采集地点	清华大学
摄影	蒋波
翻译者	和茂春
整理者	蒋波
备注	

翻译

标题				
字符	国际音标	直译	意译	串讲
	$mə^{33}$	日暮		
	$^{n}dɑ^{31}$	砍	唱可怜	可怜调
	$^{n}tsɯ^{33}$	唱		

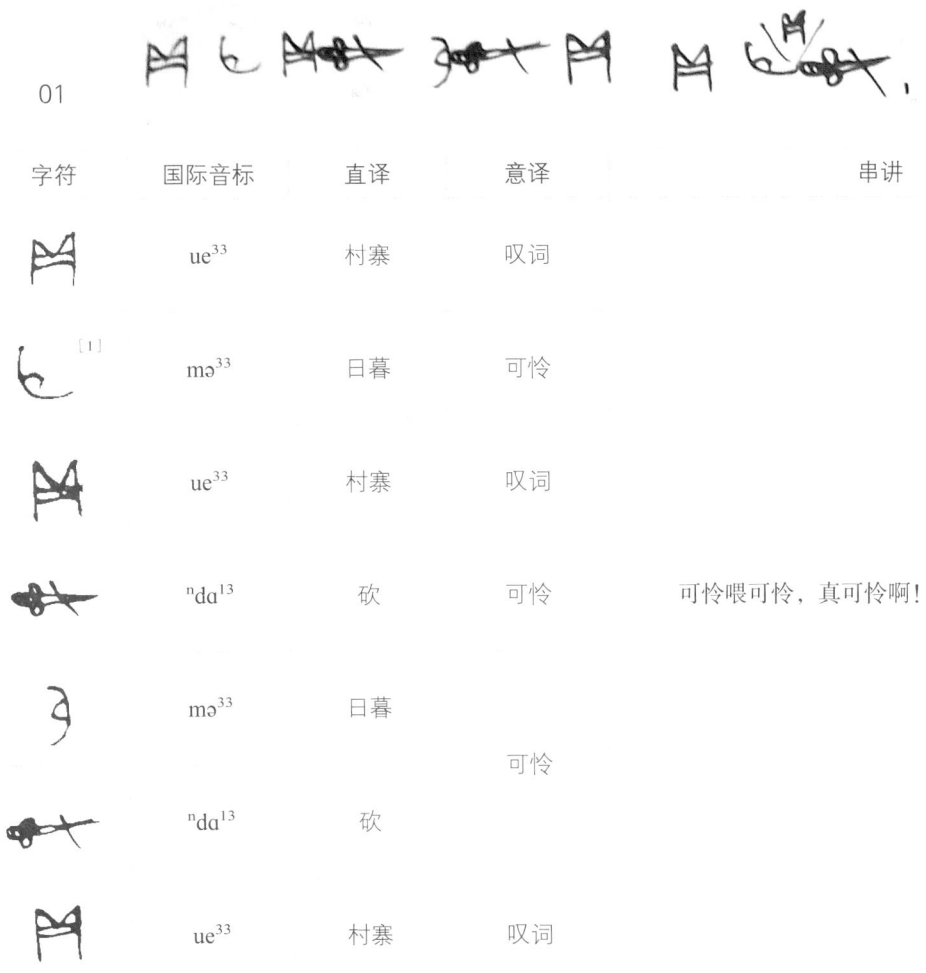

01

字符	国际音标	直译	意译	串讲
	ue^{33}	村寨	叹词	
[1]	$mə^{33}$	日暮	可怜	
	ue^{33}	村寨	叹词	
	$^{n}dɑ^{13}$	砍	可怜	可怜喂可怜，真可怜啊！
	$mə^{33}$	日暮	可怜	
	$^{n}dɑ^{13}$	砍		
	ue^{33}	村寨	叹词	

字符	国际音标	直译	意译	串讲
ᛘ	ue^{33}	村寨	叹词	
ᛒ	mə^{33}	日暮	可怜	
ᛘ	ue^{33}	村寨	叹词	可怜喂可怜,真可怜啊!
ᛞ	^{n}dɑ^{13}	砍	可怜	

02

字符	国际音标	直译	意译	串讲
ᛘ	ue^{33}	村寨	鹰	
ᛰ	nɯ^{31}	心脏	主语助词	
ᛒ	mə^{33}	日暮	可怜	
ᛞ	^{n}dɑ^{13}	砍		
ᚠ	gə^{55}	上	语气助词	老鹰的可怜之处有三点:
ᛒ	mə^{33}	日暮	可怜	
ᛞ	^{n}dɑ^{13}	砍		
ⅲ	sɯ^{31}	三		

续表

字符	国际音标	直译	意译	串讲
	tʰə³³	桶	点	
	dzy³¹	手镯	有	老鹰的可怜之处有三点：

03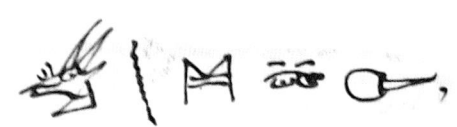

字符	国际音标	直译	意译	串讲
	ue³³	村寨		
	tsʰe³³	盐巴	首先	
	me⁵⁵	雌性	语气助词	首先这一点，
	tʰɯ⁵⁵	饮	指示代词	
	tʰə³³	桶	点	

04

字符	国际音标	直译	意译	串讲
	se³¹	岩羊		
	kʰɯ³¹	线	丝	（老鹰的）眼睛被丝线缝着，
	ue³³	村寨	鹰	

字符	国际音标	直译	意译	串讲
	niə³¹	眼睛		（老鹰的）眼睛被丝线缝着，
	tʂu³¹	锥子	缝补	

05

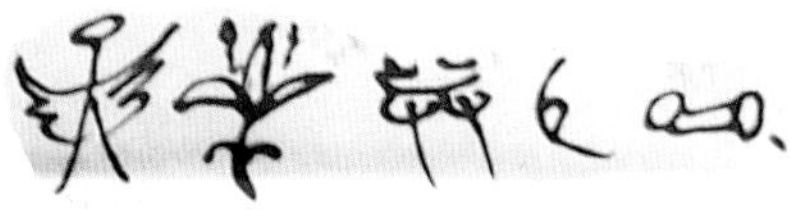

字符	国际音标	直译	意译	串讲
	ze³¹	飞鬼	程度副词	
	zi³¹	好看、美丽		
	ly³¹	看见		多美丽的（景色）都不让看，
	mə³³	日暮	否定词	
	tʂə˧¹	骨节	让、允许	

06

字符	国际音标	直译	意译	串讲
	tʰɯ⁵⁵	饮（酒）	指示代词	
	tʰə³³	桶	点	这一点老鹰很可怜；
	ue³³	村寨	鹰	

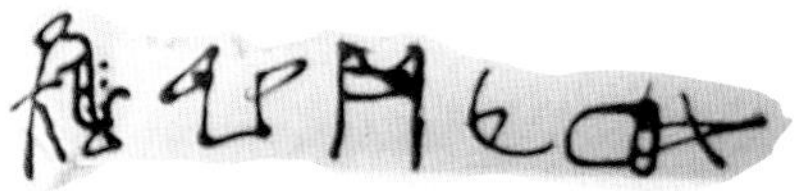

续表

字符	国际音标	直译	意译	串讲
	mə³³	日暮		
			可怜	这一点老鹰很可怜;
	ⁿdɑ¹³	砍		

07

字符	国际音标	直译	意译	串讲
	tʰɯ⁵⁵	饮		
			然后	
	ⁿgu³¹	粮仓		
	me⁵⁵	雌性	语气助词	其次这一点,
	tʰɯ⁵⁵	饮	指示代词	
	tʰə³³	桶	点	

08

字符	国际音标	直译	意译	串讲
	ue³³	村寨	鹰	
				老鹰的脖子被项圈套着,
	tɕʰi³¹		脖子	

续表

字符	国际音标	直译	意译	串讲
ᛞ	tɕʰi³¹	脖子		
ᛡ	kuɑ¹³	刨子	圈子	老鹰的脖子被项圈套着，
ᛟ	kʰɯ³³	狗	套、圈	

09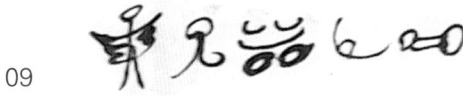

字符	国际音标	直译	意译	串讲
ᛉ	ze³¹	飞鬼	程度副词	
ᛝ	i³³	漫溢	好吃、味美	
ᛥ	ŋə³³		吞咽	多么美味的（食物）都不让吃，
ᛒ	mə³³	日暮	否定词	
ᛤ	tʂə³¹	骨节	让、允许	

10

字符	国际音标	直译	意译	串讲
‖	ni³³		二	第二点老鹰很可怜；

字符	国际音标	直译	意译	串讲
	$t^h\diagup^{33}$	桶	点	
	ue^{33}	村寨	鹰	第二点老鹰很可怜；
	$m\diagup^{33}$	日暮		
	$^nd\alpha^{13}$	砍	可怜	

11

字符	国际音标	直译	意译	串讲
	$t^hɯ^{55}$	饮（酒）	然后	
	$^ngu^{31}$	粮仓		
	me^{55}	雌性	语气助词	然后这一点，
	$t^hɯ^{55}$	饮（酒）	指示代词	
	$t^h\diagup^{33}$	桶	点	

12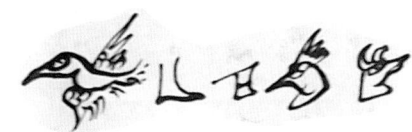

字符	国际音标	直译	意译	串讲
	ue³³		鹰	
	kʰɯ³³		脚	
	ʂu³³	斧子	铁	老鹰的爪子被铁链拴着，
	a³¹	鸡	链子	
	kʰɯ¹³	狗	设置、放置	

13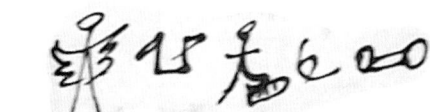

字符	国际音标	直译	意译	串讲
	ze³¹	飞鬼	程度副词	
	tʰə³³	桶	点	
	ⁿtɕi⁵⁵		走	任哪儿都不让走，
	mə³³	日暮	否定词	
	tʂɚ³¹	骨节	让、允许	

14

字符	国际音标	直译	意译	串讲
⦀	sɯ³¹		三	
	tʰə³³	桶	点	
	ue³³	老鹰		第三点老鹰很可怜；
	mə³³	日暮		
			可怜	
	ⁿdɑ¹³	砍		

15

字符	国际音标	直译	意译	串讲
	mə³³	日暮		
			可怜	
	ⁿdɑ¹³	砍		
	dzy³¹	手镯	有	即使（这么）可怜了，（其他）可怜（之处仍然）有很多。
	ⁿdu⁵⁵	董神		
			规矩	
	iə³¹	烟草		

续表

字符	国际音标	直译	意译	串讲
	mə³³	日暮		
	ⁿdɑ³¹	砍	可怜	
	dzy³¹	镯子	有	即使（这么）可怜了，（其他）可怜（之处仍然）有很多。
	bu³¹	锅		
	lɑ³¹	老虎	即使	

16

字符	国际音标	直译	意译	串讲
	mu³³	天	时间	
	niə³¹	眼睛		
	ni³³	太阳	日子、时间	时间太漫长，（大家）一起（唱歌）来消磨。
	me³³	雌性		
	sə³³	七	长	
	ni³³	太阳	日子、时间	
	pu⁵⁵	种子	消磨	

第三章 文献解读　893

字符	国际音标	直译	意译	串讲
	ne³³	苋菜	助词	
	lə⁵⁵	石头		时间太漫长，（大家）一起（唱歌）来消磨。
	lɑ³¹	手	过来	

17

字符	国际音标	直译	意译	串讲
	xo³¹	肋骨		
	mu³¹	蘑菇	和茂春	
	tsʰy³¹	小米		
	nɯ³¹	心脏	主语助词	
	pə⁵⁵		书写	和茂春书写于2012年3月24日。
	ni³³	二		
	tə³¹	千		
	tsʰe³¹	十		
	ni³³	二		

续表

字符	国际音标	直译	意译	串讲
	k^hu^{13}	镰刀	年	
	sa^{33}	空气	三	
	ua^{33}	五	月份	
	xe^{33}	月亮		和茂春书写于2012年3月24日。
	ni^{33}		二	
	$tsɯ^{31}$		十	
	lu^{33}		四	
	ni^{33}	太阳	天、日	

翻译全文

可怜调

可怜喂可怜，真可怜啊！老鹰的可怜之处有三点：首先这一点，（老鹰的）眼睛被丝线缝着，多美丽的（景色）都不让看，这一点老鹰很可怜；其次这一点，老鹰的脖子被项圈套着，多么美味的（食物）都不让吃，第二点老鹰很可怜；然后这一点，老鹰的爪子被铁链拴着，任哪儿都不让走，第三点老鹰很可怜。即使（这么）可怜了，（其他）可怜（之处仍然）有很多。

时间太漫长，（大家）一起（唱歌）来消磨。

和茂春书写于2012年3月24日。

---

[1] ［$mə^{33}$］及下［$^nda^{31}$］二字为"可怜"义，中间插入感叹词。下同。

文书7-4

啊舍喂舍米米

著录

编号	7-4
文书名	啊舍喂舍来来
书写人	和茂春
书写时间	2012年
来源	和茂春
体例	横行书写，单面书写
材质	宣纸，墨书
采集时间	2012年4月
采集地点	清华大学
摄影	蒋波
翻译者	和茂春
整理者	蒋波
备注	苏明童谣

翻译

标题

字符	国际音标	直译	意译	串讲
	a³³	语气词	叹词	
	ʂə¹³	说	叹词	
	ue³³	村寨	叹词	
	ʂə¹³	说	叹词	
	le³³	獐子	叹词	
	le³³	獐子	叹词	
	ue³³	村寨	叹词	啊舍喂舍来来，喂舍啊舍来来呖呖……
	ʂə¹³	说	叹词	
	a³³	语气词	叹词	
	ʂə¹³	汉字"上"	叹词	
	le³³	獐子	叹词	
	le³³	獐子	叹词	
	lɯ³³	牛虱	叹词	

续表

字符	国际音标	直译	意译	串讲
	luɯ³³	牛虻	叹词	
	luɯ³³	牛虻	叹词	啊舍喂舍来来，喂舍啊舍来来呖呖呖……

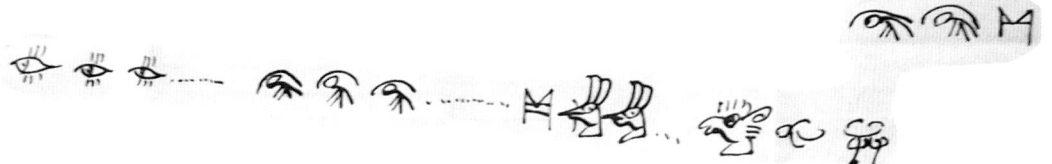

01

字符	国际音标	直译	意译	串讲
	na³¹	躲藏	叹词	
	na³¹	躲藏	叹词	
	ue³³	村寨	叹词	
	luɯ³³	牛虻	叹词	
	luɯ³³	牛虻	叹词	哪哪喂呖呖呖……哪哪哪……喂来来……猪可看见？
	luɯ³³	牛虻	叹词	
	na³¹	躲藏	叹词	
	na³¹	躲藏	叹词	
	na³¹	躲藏	叹词	
	ue³³	村寨	叹词	

字符	国际音标	直译	意译	串讲
	le³³	獐子	叹词	
	le³³	獐子	叹词	
	bu³¹	猪		哪哪喂呖呖呖……哪哪哪……喂来来……猪可看见？
	a³³	语气词	疑问助词	
	do³¹		看见	

02

字符	国际音标	直译	意译	串讲
	xo³¹	肋骨		
	mu³¹	蘑菇	和茂春	
	tsʰy³¹	小米		和茂春书写。
	nɯ³¹	心脏	主语助词	
	pə⁵⁵		书写	

翻译全文

啊舍喂舍来来

喂舍啊舍来来呖呖呖……哪哪喂呖呖呖……哪哪哪……喂来来……猪可看见？

和茂春书写。

文书7-5

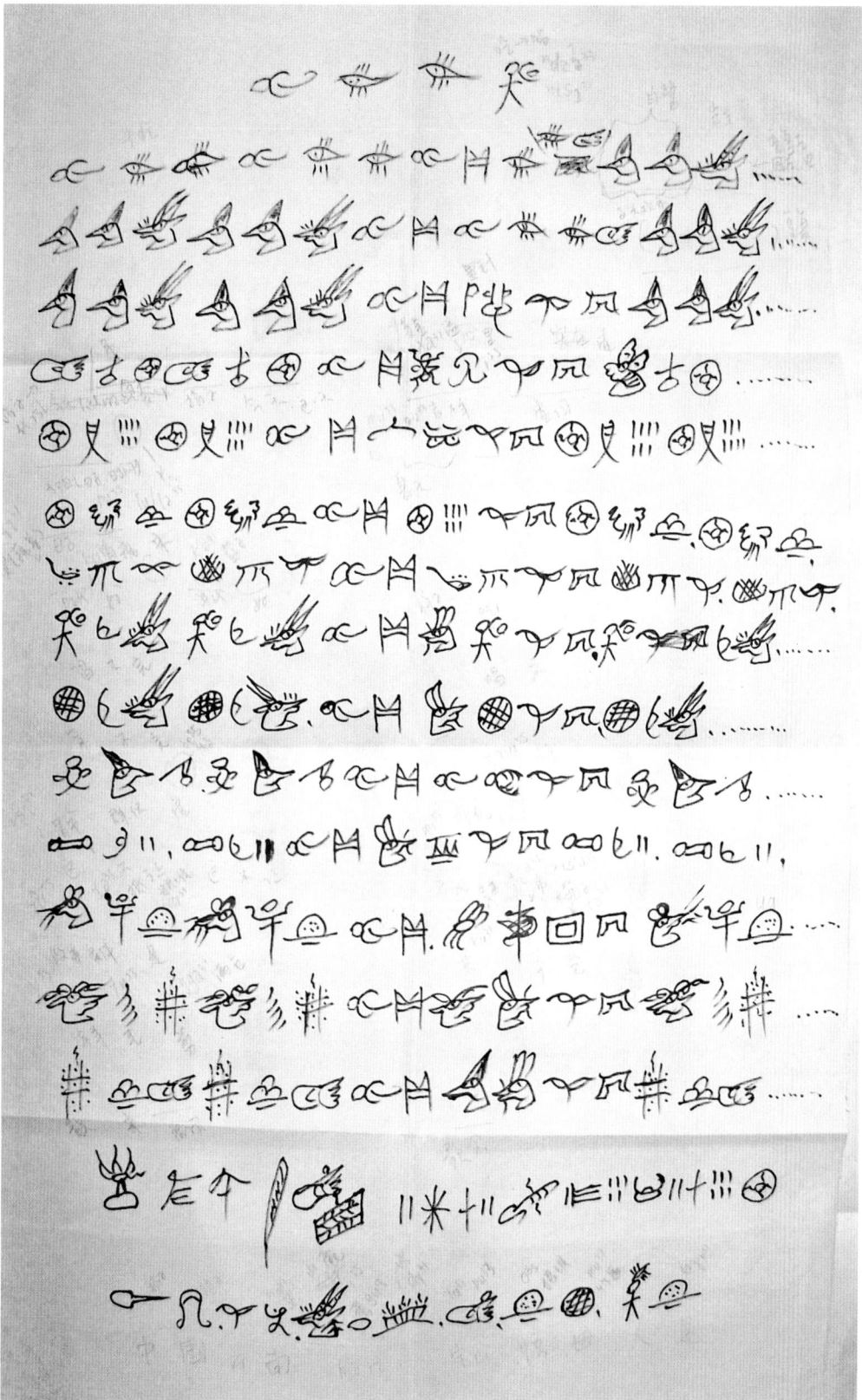

阿里里调

著录

文书名	阿里里调
编号	7-5
书写人	和茂春
书写时间	2012年
来源	和茂春
体例	横行书写，单面书写
材质	宣纸，墨书
采集时间	2012年4月
采集地点	清华大学
摄影	蒋波
翻译者	和茂春
整理者	蒋波
备注	

著录

翻译

标题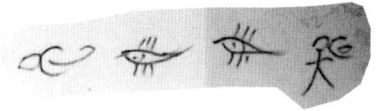

字符	国际音标	直译	意译	串讲
	a^{33}	语气词	叹词	
	$lɯ^{33}$	牛虱	叹词	阿里里调
	$lɯ^{33}$	牛虱	叹词	
	$^{n}tsɯ^{33}$	说	唱	

01

字符	国际音标	直译	意译	串讲
	a^{33}	语气词	叹词	
	$lɯ^{33}$	牛虱	叹词	
	$lɯ^{33}$	牛虱	叹词	阿里里，阿里里，阿喂，阿里里来真欢乐，（真欢乐）；
	a^{33}	语气词	叹词	
	$lɯ^{33}$	牛虱	叹词	
	$lɯ^{33}$	牛虱	叹词	

续表

字符	国际音标	直译	意译	串讲
	a^{33}	语气词	叹词	
	ue^{33}	村寨	叹词	
[1]	a^{33}	语气词	叹词	
	$lɯ^{33}$	牛虱	叹词	
	$lɯ^{33}$	牛虱	叹词	阿里里，阿里里，阿喂，阿里里来真欢乐，（真欢乐）；
	$lɑ^{31}$	手	叹词	
	$xuɑ^{33}$	白鹭		
			高兴、欢乐	
	$xuɑ^{33}$	白鹭		
	se^{31}	岩羊	情态助词	

02

字符	国际音标	直译	意译	串讲
	$xuɑ^{33}$	白鹭		
			高兴、欢乐	真欢乐，真欢乐，阿喂，阿里里来真欢乐，（真欢乐）；
	$xuɑ^{33}$	白鹭		

续表

字符	国际音标	直译	意译	串讲
	se^{31}	岩羊	情态助词	
	xua^{33}	白鹭	高兴、欢乐	
	xua^{33}	白鹭	
	se^{31}	岩羊	情态助词	
	a^{33}	语气词	叹词	
	ue^{33}	村寨	叹词	
	a^{33}	语气词	叹词	真欢乐，真欢乐，阿喂，阿里里来真欢乐，（真欢乐）；
	lɯ^{33}	牛虱	叹词	
	lɯ^{33}	牛虱	叹词	
	la^{31}	手	叹词	
	xua^{33}	白鹭	高兴、欢乐	
	xua^{33}	白鹭	
	se^{31}	岩羊	情态助词	

03

字符	国际音标	直译	意译	串讲
	xua³³	白鹭	高兴、欢乐	
	xua³³	白鹭		
	se³¹	岩羊	情态助词	
	xua³³	白鹭	高兴、欢乐	
	xua³³	白鹭		
	se³¹	岩羊	情态助词	
	a³³	语气词	叹词	真欢乐，真欢乐，阿喂，心里面呀真欢乐，（真欢乐）；
	ue³³	村寨	叹词	
	ko³¹	针	里	
	nɯ³¹		心脏	
	iə³³	烟草	实在	
	gə⁵⁵	上	助词	
	xua³³	白鹭	高兴、欢乐	

续表

字符	国际音标	直译	意译	串讲
	xua³³	白鹭	高兴、欢乐	真欢乐，真欢乐，阿喂，心里面呀真欢乐，（真欢乐）；
	se³¹	岩羊	情态助词	

04

字符	国际音标	直译	意译	串讲
	lɑ³¹	手	指示代词	
	tʂʰɯ⁵⁵	吊	今天	这一天，这一天，阿喂，今天是个好日子，（好日子）；
	ni³³	太阳		
	lɑ³¹	手	指示代词	
	tʂʰɯ⁵⁵	吊	今天	
	ni³³	太阳		
	a³³	语气词	叹词	
	ue³³	村寨	叹词	
	xa³¹	黄金	吉祥如意	
	i³³	漫溢		

字符	国际音标	直译	意译	串讲
 (烟草图)	iə³³	烟草	实在	
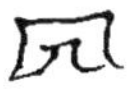 (上图)	gə⁵⁵	上	助词	
 (老虎图)	lɑ³¹	老虎	指示代词	这一天，这一天，阿喂，今天是个好日子，（好日子）；
(吊图)	tʂʰɯ⁵⁵	吊		
(太阳图)	ni³³	太阳	今天	

05

字符	国际音标	直译	意译	串讲
 (太阳图)	ni³³	太阳	太阳、光阴	
(雌性图)	me³³	雌性		
(七图)	sə³³	七	长	
 (太阳图)	ni³³	太阳	太阳、光阴	时间长，时间长，阿喂，夏天时间实在长，实在长；
(雌性图)	me³³	雌性		
(七图)	sə³³	七	长	
 (语气词图)	a³³	语气词	叹词	

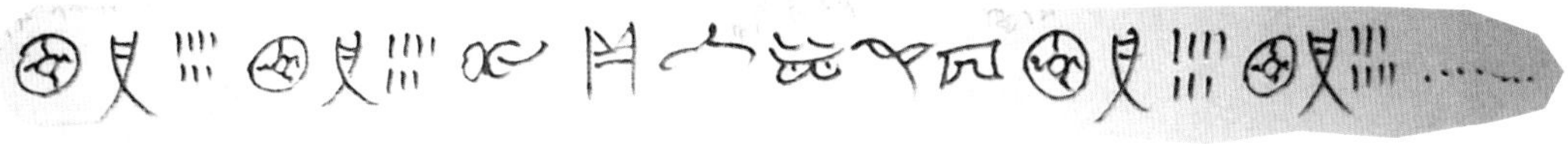

字符	国际音标	直译	意译	串讲
ᛗ	ue³³	村寨	叹词	
⌒	mu³³	天	时间	
𐎀	niə³¹	眼睛		
ᚠ	iə³³	烟草	实在	
ᛉ	gə⁵⁵	上	助词	
⊚	ni³³	太阳	太阳、光阴	时间长，时间长，阿喂，夏天时间实在长，实在长；
貝	me³³	雌性		
‖‖	sə³³	七	长	
⊚	ni³³	太阳	太阳、光阴	
貝	me³³	雌性		
‖‖	sə³³	七	长	

06

字符	国际音标	直译	意译	串讲
⊚	ni³³	太阳	时间、日子	来打发，来打发，阿喂，时间太长来打发，来打发；

续表

字符	国际音标	直译	意译	串讲
	pu^{33}	种子	消磨、打发	
	lə^{55}	石头	助词	
	ni^{33}	太阳	时间、日子	
	pu^{33}	种子	消磨、打发	
	lə^{55}	石头	助词	
	a^{33}	语气词	叹词	
	ue^{33}	村寨	叹词	
	ni^{33}	太阳	时间、日子	来打发，来打发，阿喂，时间太长来打发，来打发；
	sə^{33}	七	长	
	iə^{33}	烟草	实在	
	gə^{55}	上	助词	
	ni^{33}	太阳	时间、日子	
	pu^{33}	种子	消磨、打发	
	lə^{55}	石头	助词	
	ni^{33}	太阳	时间、日子	

续表

字符	国际音标	直译	意译	串讲
	pu^{33}	种子	消磨、打发	来打发，来打发，阿喂，时间太长来打发，来打发；
	lə^{55}	石头	助词	

07

字符	国际音标	直译	意译	串讲
	zɿɯ^{31}	烫（菜）	时代	
	ka^{33}		好	
	iə^{33}	烟草	叹词	
	khə^{13}	篮子	年代	
	ka^{33}		好	好时代，好年代，阿喂，好时代呀好年代，好年代；
	iə^{33}	烟草	叹词	
	a^{33}	语气词	叹词	
	ue^{33}	村寨	叹词	
	zɿɯ^{31}	烫（菜）	时代	
	ka^{33}		好	

第三章 文献解读 911

字符	国际音标	直译	意译	串讲
	iɛ³³	烟草	实在	
	gə⁵⁵	上	助词	
	kʰə¹³	篮子	年代	
	kɑ³³		好	
	iɛ³³	烟草	叹词	好时代，好年代，阿喂，好时代呀好年代，好年代；
	kʰə¹³	篮子	年代	
	kɑ³³		好	
	iɛ³³	烟草	叹词	

08

字符	国际音标	直译	意译	串讲
	ⁿtsɯ³³		吃	
	mə³³	日暮	否定词	吃不尽，吃不尽，阿喂，实在吃也吃不尽，（吃不尽）；
	se³¹	岩羊	情态助词	
	ⁿtsɯ³³		吃	

续表

字符	国际音标	直译	意译	串讲
	mə³³	日暮	否定词	
	se³¹	岩羊	情态助词	
	a³³	语气词	叹词	
	ue³³	烟草	叹词	
	le⁵⁵	獐子	助词	
	ⁿtsu³³	吃		吃不尽，吃不尽，阿喂，实在吃也吃不尽，（吃不尽）；
	iə¹³	烟草	实在	
	gə⁵⁵	上	助词	
	ⁿtsu³³	吃		
	mə³³	日暮	否定词	
	se³¹	岩羊	情态助词	

09

字符	国际音标	直译	意译	串讲
	mu³¹	竹匾	穿	
	mə³³	日暮	否定词	
	se³¹	岩羊	情态助词	
	mu³¹	竹匾	穿	
	mə³³	日暮	否定词	
	se³¹	岩羊	情态助词	
	a³³	语气词	叹词	穿不完，穿不完，阿喂，实在穿也穿不完，（穿不完）；
	ue³³	村寨	叹词	
	le⁵⁵	獐子	助词	
	mu³¹	竹匾	穿	
	iə¹³	烟草	实在	
	gə⁵⁵	上	助词	
	mu³¹	竹匾	穿	

续表

字符	国际音标	直译	意译	串讲
	mə^{33}	日暮	否定词	穿不完，穿不完，阿喂，实在穿也穿不完，（穿不完）；
	se^{31}	岩羊	情态助词	

10

字符	国际音标	直译	意译	串讲
	dɯ^{31}	大	—	
	xuɑ^{33}	白鹭	群、伙	
	be^{33}	做	状语助词	
	dɯ^{31}	大	—	
	xuɑ^{33}	白鹭	群、伙	在一起，在一起，阿喂，我们大家在一起，（在一起）；
	be^{33}	做	状语助词	
	a^{33}	语气词	叹词	
	ue^{33}	村寨	叹词	
	a^{33}	语气词	我们	
	^{n}gɯ^{55}	咬		

续表

字符	国际音标	直译	意译	串讲
	iə¹³	烟草	实在	
	gə⁵⁵	上	助词	
	dɯ³¹	大	—	在一起，在一起，阿喂，我们大家在一起，（在一起）；
	xuɑ³³	白鹭	伙、群	
	be³³	做	状语助词	

11

字符	国际音标	直译	意译	串讲
	tʂə³¹	骨节	指示代词	
	mə³³	日暮	否定词	
	ni³³	二	让、允许	
	tʂə³¹	骨节	指示代词	勿相忘，勿相忘，阿喂，无论如何勿相忘，勿相忘；
	mə³³	日暮	否定词	
	ni³³	二	让、允许	
	a³³	语气词	叹词	

续表

字符	国际音标	直译	意译	串讲
	ue³³	村寨	叹词	
	le⁵⁵	獐子	助词	
	mi⁵⁵	下	忘记	
	iə¹³	烟草	实在	
	gə⁵⁵	上	助词	
	tʂɚ³¹	骨节	指示代词	勿相忘，勿相忘，阿喂，无论如何勿相忘，勿相忘；
	mə³³	日暮	否定词	
	ni³³	二	让、允许	
	tʂɚ³¹	骨节	指示代词	
	mə³³	日暮	否定词	
	ni³³	二	让、允许	

第三章 文献解读　917

12

字符	国际音标	直译	意译	串讲
	fu⁵⁵	老鼠		
	tə³³	抵	形势、政策	
	ɣo³¹	谷堆	是	
	fu⁵⁵	老鼠		
	tə³³	抵	形势、政策	
	ɣo³¹	谷堆	是	政策好，政策好，阿喂，共产党的政策好，（政策好）；
	a³³	语气词	叹词	
	ue³³	村寨	叹词	
	ku³¹	生姜		
	tsʰa³³	串	共产党	
	tɑ³¹	木箱		
	gə⁵⁵	上	助词	

续表

字符	国际音标	直译	意译	串讲
	fu⁵⁵	老鼠		
	tə³³	抵	形势、政策	政策好，政策好，阿喂，共产党的政策好，（政策好）；
	ɣo³¹	谷堆	是	

13

字符	国际音标	直译	意译	串讲
	y³³	绵羊		
	fu⁵⁵	毛		
	ⁿga³¹	满仓	剪	
	y³³	绵羊		
	fu⁵⁵	毛		剪羊毛，剪羊毛，阿喂，剪羊毛哟剪羊毛，（剪羊毛）；
	ⁿga³¹	满仓	剪	
	a³³	语气词	叹词	
	ue³³	村寨	叹词	
	y³³	绵羊		

字符	国际音标	直译	意译	串讲
	le⁵⁵	獐子	助词	
	iə¹³	烟草	实在	
	gə⁵⁵	上	助词	剪羊毛，剪羊毛，阿喂，剪羊毛哟剪羊毛，（剪羊毛）；
	y³³		绵羊	
	fu⁵⁵		毛	
	ⁿga³¹	满仓	剪	

14

字符	国际音标	直译	意译	串讲
	ⁿga³¹	满仓	散开	
	lə⁵⁵	石头	助词	
	lɑ³¹	手	语气助词	散场啦，散场啦，阿喂，歌会到此散场啦，（散场啦）。
	ⁿga³¹	满仓	散场	
	lə⁵⁵	石头	助词	
	lɑ³¹	手	语气助词	

续表

字符	国际音标	直译	意译	串讲
	a^{33}	语气词	叹词	
	ue^{33}	村寨	叹词	
	xua^{33}	白鹭	歌会	
	le^{55}	獐子	助词	
	$iə^{13}$	烟草	实在	散场啦,散场啦,阿喂,歌会到此散场啦,(散场啦)。
	$gə^{55}$	上	助词	
	$^{n}ga^{31}$	满仓	散开	
	$lə^{55}$	石头	助词	
	la^{31}	手	语气助词	

15

字符	国际音标	直译	意译	串讲
	$to^{33}ba^{33}$		东巴	
	xo^{31}	肋骨	和茂春	东巴和茂春写于2012年3月26日。
	mu^{31}	蘑菇		

续表

字符	国际音标	直译	意译	串讲
	tsʰy³¹	小米		
	pə⁵⁵		书写	
	ni³³	二		
	tə³¹	千		
	tsʰe³¹	十		
	ni³³	二		
	kʰu¹³	镰刀	年	东巴和茂春写于2012年3月26日。
	sɑ³³	空气	三	
	uɑ³³	五	月份	
	xe³³	月亮		
	ni³³	二		
	tsɯ³¹	十		
	tʂʰuɑ⁵⁵	六		
	ni³³	太阳	日、天	

16

字符	国际音标	直译	意译	串讲
	tʂu³³	锥子	中国	
	kue¹³	刨子		
	iə¹³	烟草	云南	
	nɑ³¹	黑		
	i⁵⁵	野山羊		
	gu³¹	蛋	丽江	中国云南丽江宝山吾木人氏。
	dy³¹	地		
	lɑ³¹ pu³³	手	宝山	
	ɣo³¹	谷堆		
	mu³¹	竹匾	吾木	
	çi³³	人		
	ɣo³¹	谷堆	是	

翻译全文

阿里里调

阿里里,阿里里,阿喂,阿里里来真欢乐,(真欢乐);
真欢乐,真欢乐,阿喂,阿里里来真欢乐,(真欢乐);
真欢乐,真欢乐,阿喂,心里面呀真欢乐,(真欢乐);
这一天,这一天,阿喂,今天是个好日子,(好日子);
时间长,时间长,阿喂,夏天时间实在长,实在长;
来打发,来打发,阿喂,时间太长来打发,来打发;
好时代,好年代,阿喂,好时代呀好年代,好年代;
吃不尽,吃不尽,阿喂,实在吃也吃不尽,(吃不尽);
穿不完,穿不完,阿喂,实在穿也穿不完,(穿不完);
在一起,在一起,阿喂,我们大家在一起,(在一起);
勿相忘,勿相忘,阿喂,无论如何勿相忘,勿相忘;
政策好,政策好,阿喂,共产党的政策好,(政策好);
剪羊毛,剪羊毛,阿喂,剪羊毛哟剪羊毛,(剪羊毛);
散场啦,散场啦,阿喂,歌会到此散场啦,(散场啦)。
东巴和茂春写于2012年3月26日。
中国云南丽江宝山吾木人氏。

翻译者:和茂春、和学耀、和继先、和学湛

整理者:蒋波、高渊、苏裴、安娜

文献拍摄者:李学信、蒋波、胡张拓

---

[1] 原文遗漏,此处补明。

第四章

基本字符表

说明：

1. 本统计字表是对本书所收的43份（计56篇）宝山文书用字进行穷尽性统计而成。

2. 制表过程中首先统计43份文书中的单字字频（包括异体字），而后整合统计数据，合并单字字频，增补异体字，汇总成为本字表。

3. 在统计过程中遵循实事求是的原则，尊重每位东巴的不同解读。

4. 此统计字表旨在反映43份文书的总体用字情况和用字规律，用375个东巴字符记录了43份文书中的7488个音节/词。

5. 本字表可用于快速查询宝山文书中单字意义，为进一步的研究提供科学依据。

序号	国际音标	字符	字频	直译	假借义
1	a^{31}		44	鸡	1.千　2.链子　3.白酒　4.表示人名、地名，如隘顾（地名）
			8		
			3		
2	a^{31}		3	悬崖	表示人名、地名，如安劳（地名）
			1		
3	a^{31}		2	鸭子	
			1		
4	$a^{31}\ kh^{u13}$		4	鸡、镰刀	1.属鸡　2.鸡年
5	a^{33}		118	语气词	1.叹词　2.语气词　3.疑问助词　4.甜荞　5.谁　6.父亲　7.爷爷　8.祖父　9.奶奶　10.慢慢地　11.阿姨　12.哥哥　13.姑姑　14.以前　15.表示人名、地名，如阿蔡继（人名）、阿化拉地（地名）
			1		
6	$a^{33}\ dɚ^{31}$		2	龙爪菜	

第四章　基本字符表　　927

续表

序号	国际音标	字符	字频	直译	假借义
7	ba³¹ la³³		1	衣服	
8	ba³³		18	花	1.爸 2.耕地
			8		
			2		
			2		
			2		
			1		
			2		
			1		
9	ba³³		2	大脖子病	东巴
			1		
10	bə³¹/a³¹		14	绳子	表示人名、地名，如艾兹勒宇日固艾（地名）、艾继滋科（地名）
			5		

序号	国际音标	字符	字频	直译	假借义
11	be³³		36	战神、法冠	1.做　2.都是　3.村子　4.状语助词　5.见证　6.约定
			6		
			1		
12	be³³		3	锄头	1.勤俭　2.做
13	bi³¹		13	搓	1.要求　2.健康　3.美丽　4.情态动词　5.兄弟
14	bu³¹		1	牦牛	表示人名、地名，如卜古顶（地名）
15	bu³¹		20	猪	1.份　2.底下　3.偿还　4.媳妇　5.表示人名、地名，如阿步塔（人名）
			4		
16	bu³¹		1	匍匐	
17	bu³¹ kʰu¹³		1	猪、镰刀	1.猪年　2.属猪
18	bu³¹/pʰu³³		16	锅/雄性	1.钱款　2.孙子　3.单位名词，丘　4.我家　5.即使　6.桃子
			3		
19	by³¹		2	孵卵	1.全部、统统　2.孙子

序号	国际音标	字符	字频	直译	假借义
20	by³¹		1 1	面粉	
21	by³¹		1	分	表示人名、地名，如革簿（人名）
22	ɕi³¹		8	稻谷、稻子	人
23	ɕi³¹ luɯ³³		9	稻田	
24	ɕi³³		44 5 2 2	人	百
25	ɕi³³		2	知道	西
26	ɕiə¹³		4	汉字"下"	1.告诉　2.乡
27	ɕy¹³		1	柏树	表示人名、地名，如叙塔（人名）
28	də³¹		3	泡沫	表示人名、地名，如克密得热塔（人名）、得哲伽（人名）

续表

序号	国际音标	字符	字频	直译	假借义
29	dɯ³¹		70	一	
			49		
			17		
			2		
30	dɯ³¹		99	大	1.一 2.大 3.总共 4.大祭风（宗教祭祀仪式） 5.表示人名、地名，如季都劳（地名）
			15		
			2		
			2		
			1		
			1		
31	dɯ³³ sɯ³³		1	完成的	
32	do³¹		14	看见	1.见证 2.今后 3.生老病死
			2		
			1		
33	du⁵⁵		4	董神	1.事情 2.规矩、习俗

第四章 基本字符表 931

续表

序号	国际音标	字符	字频	直译	假借义
34	dzi³¹		15	水	1.家　2.脚　3.嫁妆　4.季载节　5.表示人名、地名，如季都劳（地名）、阿季（人名）
			13		
			1		
35	dzi³¹		4	房子	
36	dziə³¹		4	上	
37	dziə³¹		40	秤砣	1.安居乐业　2.家庭主妇　3.表示人名、地名，如究河（人名）
			29		
			15		
			2		
			1		
38	dzɯ³³		2	水	表示人名、地名，如拉兹劳（地名）
39	dzɯ³³		3	官	表示人名、地名，如兹日孤（地名）
			1		
40	dzɯ³³		5	坐	1.堆放　2.商议、讨论　3.宅基地　4.表示人名、地名，如角则劳角（地名）
			1		

续表

序号	国际音标	字符	字频	直译	假借义
41	dzɯ³³		4	叶子	表示人名、地名，如继毒志格吉塔（人名）
			1		
42	dzu³³		1	聚集	增加
43	dzy³¹		11	手镯	1.全部　2.有
			3		
44	ɚ¹³		27	骨头	家族
45	fu⁵⁵		13	羽毛	
			2		
46	fu⁵⁵		6	锯子	1.咸丰　2.表示人名、地名，如福齐（人名）
47	fu⁵⁵		7	鼠	形势、政策
			2		
48	fu⁵⁵		16	雉	1.表示人名、地名，如李复苏（人名） 2.酬劳
49	fu⁵⁵ ku¹³		2	鼠、镰刀	1.年　2.鼠年
50	gə⁵⁵		89	上	1.定语助词，相当于"的"　2.因为　3.表示人名、地名，如派戈（人名）、果洛（地名）
			3		

第四章　基本字符表　933

续表

序号	国际音标	字符	字频	直译	假借义
51	gɯ³¹		1	胆	高兴
52	ɣɯ³³		1	皮	
53	ɣɯ³³		2	经书	
54	ɣɯ³³		9	牛	1.夏天　2.表示人名、地名，如鄂密（人名）
55	ɣɯ³³ kʰu¹³		2	牛、镰刀	属牛、牛年
56	ɣɯ⁵⁵		9	吉祥如意	1.美好　2.文书　3.侄子　4.女婿　5.解药　6.当家的男人
			9		
			43		
57	ɣo³¹		28	倾倒、泼	1.完，尽　2.是　3.属于　4.吾木（地名）
			5		
58	ɣo³¹		1	翻越	表示人名、地名，如密沃草（地名）
59	ɣo³¹		5	谷堆	是
			2		
60	ɣo³¹/xa³³		1	玉	1.绿　2.表示人名、地名，如安劳（地名）
			1		

续表

序号	国际音标	字符	字频	直译	假借义
61	ɣo³³		2	粮食	
62	ɣo³³		4	财富	
			1		
63	gu³¹		4	熊、熊猫	1.道路　2. 表示人名、地名，如谷伽里（地名）
			1		
64	gu³¹		57	蛋	1.好　2.中间　3.藏族　4.姑姑　5.表示人名、地名，如艾兹勒宇日固艾（地名）
65	i³¹		19	右	1.南方　2.表示人名、地名，如伊皂（人名）、伊得诃（人名）
			2		
66	i³¹tʂʰɯ³³mi³³		5	南方	
			1		
			1		
			1		
67	i³³		2	溢出	1.表示人名、地名，如丽江（地名）、昆明（地名）　2.好吃、美味　3.吉祥如意
			1		
			3		

第四章　基本字符表　935

序号	国际音标	字符	字频	直译	假借义
68	i³³		1	睡觉	
69	i⁵⁵		7	野山羊、山鹿	1.嫁妆　2.表示人名、地名，如伊密□（人名）、昆明（地名）
			1		
70	iə¹³		145	烟草、烟叶	1.给予　2.里　3.价钱　4.实在　5.规矩　6.正月　7.雍正　8.表示人名、地名，如李烟资（人名）、云南
71	iə¹³	又	1	汉字"又"	给
72	ka³¹		6	前面	坎肩
73	kɑ³¹		1	王族	中央政府
74	kɑ³³		1	秋千	前
			47		
			21		
75	kɑ³³		11	好（藏文借字）	1.叔叔　2.单位名词，坛　3.主格助词　4.光绪　5.咸丰　6.表示人名、地名，如哈巴伽嘉德诃（人名）、嘉达伽（人名）
			2		
			1		
76	kɑ³³ lɯ³³		2	田地	表示人名、地名，如伟嘉里（地名）

续表

序号	国际音标	字符	字频	直译	假借义
77	ka³³ ta³³		1	围腰	
78	kə¹³		12	鹰	1.干旱　2.上部　3.假借表示人名、地名，如克古皂伟革（人名）
			10		
			5		
			2		
79	kɚ³³		2	祭粮	解药
80	kʰa³³		17	弹弓	1.分　2.沟渠　3.交换　4.白土质　5.大门　6.表示人名、地名，如坎渚崂（地名）、戈坎坎孤（地名）
			2		
			1		
			1		
81	kʰa³³		12	苦	1.皇朝　2.表示人名、地名，如拉卡伟巴（人名）
			3		
			4		
82	kʰə¹³		5	篮子	1.免责仪式　2.年代

序号	国际音标	字符	字频	直译	假借义
83	$k^h\mathrm{ə}^{31}$		14 4	犄角	1.喂　2.背地里　3.分家　4.表示人名、地名，如岩可（地名）
84	$k^h\mathrm{ɯ}^{31}$		3	线	丝
85	$k^h\mathrm{ɯ}^{31}$		29 10 2	脚	1.去　2.根　3.表示人名、地名，如舒皂科古塔（人名）、科古（人名）
86	$k^h\mathrm{ɯ}^{33}$		2	踩压	大朵肯
87	$k^h\mathrm{ɯ}^{33}$		20 6 5	狗	1.寄　2.开垦　3.套、圈　4.表示人名、地名，如克古皂伟革（人名）、玉龙县（地名）
88	$k^h\mathrm{ɯ}^{33}\ k^h u^{13}$		3	狗、镰刀	狗年
89	$k^h o^{33}\ lo^{31}$		1	一种宝物	
90	$k^h o^{33}\ t^h o^{33}$		23 7 5	松树；靠	1.背后、随后　2.税　3.表示人名、地名，如海淘（地名）

续表

序号	国际音标	字符	字频	直译	假借义
91	kʰu¹³		1	杀	
			1		
92	kʰu¹³		50	镰刀	1.年　2.属（年）
			13		
			5		
			3		
			1		
93	kʰu⁵⁵		11	门	1.说　2.碑　3.旁边　4.大门　5.表示人名、地名，如劳库里（地名）
			4		
94	kʰu⁵⁵		2	口弦	请
			1		
95	kʰu⁵⁵		1	形势	
96	kʰuɑ³¹		4	坏	
			1		

续表

序号	国际音标	字符	字频	直译	假借义
97	kʰuɑ³¹		4	碗	1.拟声词　2.玉米　3.表示人名、地名，如夸□嘉度诃（人名）
			2		
			2		
			1		
98	ko³¹		2	家	家里
99	ko³³		8	鹤	表示人名、地名，如高坯（地名）、拉地高高（地名）
			2		
			20		
100	ko³³		23	针	1.浇水　2.家　3.里　4.底下　5.净重
101	ku³¹		43	生姜	1.共产党　2.表示人名、地名，如烟哲古然究（人名）、卜古顶（地名）
			17		
			4		
102	ku³¹		42	大蒜	1.上　2.头发　3.情态动词　4.单位名词，个　5.寻找的地方　6.表示人名、地名，如隘顾（地名）
			7		
103	kuɑ³¹		21	灶、盆	1.光绪　2.祭品　3.农具　4.告状　5.表示人名、地名，如戈瓜（地名）、基瓜（人名）

续表

序号	国际音标	字符	字频	直译	假借义
104	kue³¹		12	刨刮、刨子	1.手镯　2.圈子　3.道光　4.民国　5.坎肩 6.中国　7.表示人名、地名，如漆卦海（人名）
			4		
			2		
105	la³¹		32	手	1.税　2.都　3.也　4.助词　5.过来 6.画押　7.酬劳　8.拟声词
			7		
			6		
			1		
106	la³¹		11	虎	1.拟声词　2.即使　3.更加　4.表示人名、地名，如阿化拉地（地名）、拉地高高（人名）
			7		
107	la³¹		4	打架	
108	la³¹ kʰu¹³		2	虎、镰刀	1. 属虎　2. 虎年
			1		
109	lə¹³		53	石头	1.量词，颗　2.量词，件　3.量词，饼 4.富裕　5.银元　6.过来　7.表示人名、地名，如阿勒（人名）
			25		
110	lə³¹		2	托着	

续表

序号	国际音标	字符	字频	直译	假借义
111	lə³¹		1	牛轭	就
112	le³³		62	獐子	1.结构助词　2.状语助词　3.立（字）4.茶叶　5.肥肉　6.税　7.调解　8.租金　9.数　10.表示人名、地名，如莱滋科（地名）
			15		
			12		
			2		
			2		
			1		
			1		
113	lə³³		2	男阴	1.种子　2.表示人名、地名，如乐端古（地名）
			1		
114	lɯ³³		4	漂亮	
115	lɯ³³		2	经书	书籍、知识
116	lɯ³³		46	牛虱	1.田地　2.来　3.要　4.只要　5.子孙　6.拟声词　7.零碎　8.秧苗　9.规矩、习俗　10.如果　11.单位名词，厘　12.假借表示人名、地名，如李帕（人名）、李复苏（人名）
			34		
			3		

续表

序号	国际音标	字符	字频	直译	假借义
117	lɯ³³/dy³¹		47	田地	1.梯田　2.表示人名、地名，如谷伽里（地名）、拉地高高（人名）
			11		
			4		
			3		
118	lɯ³³/kʰo³³		13	船	1.亲戚　2.秧苗　3.田　4.占　5.表示人名、地名，如普麦理滋（人名）、龙茹考（地名）
119	lo¹³		2	玉	
120	lo³¹		12	水沟	1.上　2.也　3.北方　4.爷爷　5.讨论　6.表示人名、地名，如季都劳（地名）
			4		
			4		
			2		
			2		
			1		
			1		
			1		

第四章　基本字符表　　943

续表

序号	国际音标	字符	字频	直译	假借义
121	lo³¹		1 1	黑麂子	1.上　2.表示人名、地名，如果洛（地名）、坎渚崂（地名）
122	lo³³		1	木盆	表示人名、地名，如伟劳（地名）
123	lu³³		16 3	四	1.孙子　2.孙女
124	lu³³ tsʰɯ³³		3 2	四十	
125	lu⁵⁵		13 6 2	庹	1.两　2.祖父
126	lu⁵⁵		2 1	龙	表示人名、地名，如龙茹考（地名）
127	lu⁵⁵ kʰu¹³		2	龙、镰刀	龙年
128	ly³¹ ɕi³³		5	见证人	

续表

序号	国际音标	字符	字频	直译	假借义
129	ly³³	(字符)	13	矛	1.单位名词，个　2.中间　3.表示人名、地名，如吕谷（地名）、玉龙县（地名）
		(字符)	2		
130	ma³³	(字符)	20	尾巴	1.以后、往后　2.无法控制　3.表示人名、地名，如海姿迈高高（地名）
		(字符)	1		
131	ᵐba³¹	(字符)	2	铲子	表示人名、地名，如伟耙纳穆皂（人名）
132	ᵐbe³¹	(字符)	43	雪花	1.村　2.表示人名、地名，如鸣音（地名）
133	ᵐbə⁵⁵	(字符)	7	普米族	1.母亲　2.山阴
134	ᵐbi³³	(字符)	1	女人	家庭主妇
135	ᵐbu³¹	(字符)	5	山坡	1.五行　2.大门　3.表示人名、地名，如高埠（地名）、伟埠诃（人名）
		(字符)	2		
		(字符)	1		
		(字符)	1		
		(字符)	1		
		(字符)	1		

续表

序号	国际音标	字符	字频	直译	假借义
136	ᵐbu³¹		2	扛	约定、决定
137	me³¹		4	女儿	孙女
138	me³¹		204	雌性	1.时候　2.语气助词　3.母亲　4.月份　5.交易　6.有　7.抵押　8.媳妇　9.表示人名、地名，如勒麦高（地名）
			42		
139	mə³³		48	日暮	1.否定词　2.叹词　3.可怜　4.绝不能　5.表示人名、地名，如格暮诃（人名）、格暮塔（人名）
			14		
			6		
			4		
			1		
140	mi⁵⁵		28	火	1.下　2.收下　3.女儿　4.忘记　5.民国　6.免责仪式　7.表示人名、地名如密劳（地名）
			4		
			3		
141	mi⁵⁵		20	土地	表示人名、地名，如达蒲明伟（地名）
142	mu³¹		5	士兵	宴会

续表

序号	国际音标	字符	字频	直译	假借义
143	mu³¹		7	蘑菇	1.是　2.情态助词　3.和茂春
			4		
			4		
			3		
144	mu³¹		15	牛蝇	1.下　2.去世　3.单位名词，场　4.见证
145	mu³¹		13	竹匾、簸箕	1.穿（衣）　2.梦　3.贡品　4.村官　5.牡丹
146	mu³¹		1	橘子	表示人名、地名，如和茂春（人名）
147	mu³³		69	天	1.是　2.笔墨钱　3.语气助词　4.时间　5.南方　6.规矩、习俗　7.如果　8.酬劳　9.女婿　10.田地　11.见证　12.墨　13.燕麦　14.表示人名、地名，如穆裒伽（人名）、穆斯裒（人名）
			14		
148	mu³³ nɑ³¹		1	天黑	墨
149	nɑ³¹		5	躲藏	叹词
150	nɑ³¹		27	黑	1.墨　2.南　3.碱性　4.大朵肯　5.表示人名、地名，如云南、纳究（人名）
			10		
			3		
			2		

续表

序号	国际音标	字符	字频	直译	假借义
151	$^n da^{13}$		26	砍	1.叹词　2.腊月　3.主妇　4.可怜　5.表示人名、地名，如达蒲（地名）、嘉达伽（人名）
			15		
152	$^n da^{31}$		23	勇士	1.能够　2.宅基地　3.表示人名、地名，如拉达角里（地名）
			4		
153	$^n dɚ^{31}$		2	农家肥	1.量词　2.因为　3.表示人名、地名，如伊得诃（人名）
			1		
154	$^n dɚ^{31}$		10	毒鬼	1.肥　2.表示人名、地名，如毒道李（地名）
155	$^n dɚ^{31}$		4	水塘、池塘	表示人名、地名，如阿得（人名）
			1		
156	$^n dɚ^{55}$		1	翅膀	都
157	$^n du^{13}$		1	蕨菜	表示人名、地名，如帝劳（地名）
158	$^n do^{33}$		4	笨	表示人名、地名，如伟多（地名）、拉吉多（地名）
159	$^n dy^{31}$		2	赶	要

序号	国际音标	字符	字频	直译	假借义
160	nə³¹		6	黄豆	
			2		
			1		
161	ne⁵⁵		6	苋菜	1.和 2.因为 3.高兴 4.表示人名、地名，如奈李（地名）
			1		
			1		
162	nə⁵⁵		1	黑豆	表示人名、地名，如讷纳李（地名）
163	ⁿga³¹		9	满仓	1.剪 2.散场
164	ⁿga⁵⁵		62	胜利	1.危险 2.皇朝 3.表示人名、地名，如谷伽里（地名）、哈巴伽（人名）
			11		
			1		
165	ⁿgə³³		1	裂缝	表示人名、地名，如哥簿（人名）
166	ⁿgɯ⁵⁵		29	啃、咬	1.半 2.我们 3.甜荞 4.表示人名、地名，如格暮诃（人名）
			3		
167	ⁿgu³¹		10	粮仓	1.病 2.商议、讨论 3.生老病死 4.粮仓 5.然后 6.表示人名、地名，如丽江

续表

序号	国际音标	字符	字频	直译	假借义
168	ⁿgu³³		1	槽	九
169	ⁿgu³³		8	九	
170	ni³³		63	太阳	1.日、天　2.时间　3.今天
			19		
			44		
171	ni³³		11	二	让、允许
			5		
172	ni³³		8	春天	1.阿姨　2.表示人名、地名，如究尼（人名）
173	ni³³ɕi³³		1	二百	
174	ni³³ tsɯ³¹		17	二十	

续表

序号	国际音标	字符	字频	直译	假借义
175	niə³¹		21	眼睛	1.硬币　2.时间　3.贡品　4.从今往后 5.表示人名、地名，如穆裳伽（人名）、穆斯裳（人名）
			5		
			4		
			3		
			2		
			2		
			2		
			1		
			1		
176	nɯ³¹		2	六畜	快乐
			5		
			1		

第四章　基本字符表　951

序号	国际音标	字符	字频	直译	假借义
177	nɯ³¹		62	心脏	1.结构助词，标记主语　2.因为　3.表示人名、地名，如伊奴诃（人名）
			41		
			16		
			5		
			4		
			3		
			3		
			2		
			1		
178	ⁿtɕi³¹/piə³³		24	酒曲	1.水桶　2.表示人名、地名，如格吉纳穆究（人名）
179	ⁿtɕi³³		15	家庭	
180	ⁿtɕi³³		1	庙宇	表示人名、地名，如基瓜（人名）
181	ⁿtɕi⁵⁵		2	走	
182	ⁿtɕy³¹		5	蔓菁	有
			2		

续表

序号	国际音标	字符	字频	直译	假借义
183	ⁿtʂa³¹		1	犬牙	
184	ⁿtʂɚ⁵⁵		4	法力、法术	
185	ⁿtsɯ³³		2	犏牛	表示人名、地名，如阿泽（人名）
186	ⁿtsɯ³³		10	树	1.知道　2.坎肩　3.表示人名、地名，如莱滋科（地名）、普麦理滋（人名）
			3		
			2		
			1		
187	ⁿtsɯ⁵⁵		4	吃	
188	ⁿtʂu³¹		4	山	表示人名、地名，如坎渚崂（地名）
189	ŋɚ³³		1	吞咽	
190	ŋu³³		27	银	1.银元　2.祭祀
			3		
			1		
191	ŋu³³		2	断开	离别

续表

序号	国际音标	字符	字频	直译	假借义
192	pɑ³³		31	蛙	1.送达 2.表示人名、地名，如哈巴伽（人名）、阿巴（人名）
			19		
			3		
193	pe¹³		1	诵	北
194	pɚ³³ si³³		1	细	
195	pɚ⁵⁵		10	箩子	1.写 2.嫁妆 3.表示人名、地名，如波角（地名）
			1		
			1		
196	pɚ⁵⁵		24	书写	
197	pɚ⁵⁵ ɕi³³		4	书写人	
			1		
198	pʰɑ¹³		1	豺狼	表示人名、地名，如派戈（人名）
199	pʰɑ³¹		3	脸面	表示人名、地名，如李帕（人名）
			1		

续表

序号	国际音标	字符	字频	直译	假借义
200	pʰe¹³		19	麻布	1.单位名词，块　2.单位名词，张
			15		
			14		
			6		
			1		
201	pʰe¹³ zi³³		11	花、麻布	细麻布
202	pʰɚ³¹		10	白色	1.办法　2.白发老人　3.粉丝　4.债务　5.豆
203	pʰi⁵⁵		16	腿骨	断
204	pʰo³³		1	眼睛	表示人名、地名，如穆婆伽（人名）
205	pʰu¹³		1	半	
206	pʰu¹³		3	拿	1.量词，头　2.语气助词
			2		
			2		
207	pʰu³¹		3	吐	1.去　2.价值

第四章　基本字符表　955

序号	国际音标	字符	字频	直译	假借义
208	pʰu³³		52 7	雄性	1.费用　2.请　3.单位名词，丘　4.酬劳　5.梯田　6.耕地　7.解药　8.表示人名、地名，如普麦理滋
209	pʰu⁵⁵		1 1	逃	表示人名、地名，如达蒲明伟（地名）
210	po³³		8	盒子	表示人名、地名，如宝诃（人名）
211	pu¹³		5 3	带、送	1.嫁妆　2.背阴面　3.表示人名、地名，如阿泰布（人名）
212	pu³¹		2	蒸笼	镇
213	pu³³		1	发光	
214	pu³³		9	种子	消磨
215	pu⁵⁵		2	艾草	祖母
216	py³³		3	吐	1.正月　2.表示人名、地名，如诃古柏（人名）
217	py³³		7 3	祭祀、念经	1.正月　2.遍指代词　3.书籍、知识

续表

序号	国际音标	字符	字频	直译	假借义
218	py³³		1	份	
219	py³³		1	壶子	
220	py³³		4	升、斗	
			2		
221	py⁵⁵/tɯ³³		42	斛/鸡胗/浸泡	1.得到　2.用　3.升　4.止
			29		
			8		
			3		
			2		
222	sɑ¹³		18	气	1.租金　2.因为　3.表示人名、地名，如黑巴革伟萨（人名）等
223	sɑ³³		6	血	表示人名、地名，如伟沙里滋（地名）、伟沙沙（人名）
			4		
			2		

第四章　基本字符表　957

续表

序号	国际音标	字符	字频	直译	假借义
224	ṣa⁵⁵	(川/川)	12	七	1.事情　2.长　3.牵　4.表示人名、地名，如塔舍（地名）
		(丷/丷)	9		
		(川/川)	5		
		(三一)	2		
225	ṣə¹³	上	25	说（汉字"上"）	1.沙　2.价钱　3.争执　4.叹词　5.祝寿　6.如果　7.表示人名、地名，如阿上（人名）、上上里（地名）
		上	1		
226	ṣə¹³	(图)	10	说	1.种子　2.唱　3.表示人名、地名，如伟诃阿资上（人名）
		(图)	5		
227	ṣə¹³	(图)	1	坐着商量	
228	ṣə¹³ ṣə¹³	(图)	2	说	解决

续表

序号	国际音标	字符	字频	直译	假借义
229	se³¹		43	岩羊	1.情态助词　2.按照　3.丝
			15		
			9		
			5		
			1		
230	ʂɚ³¹		1	满	以前
			1		
231	se³³		2	董神妇	1.规矩　2.习俗
232	ʂə³³		1	商量	
233	suɯ³¹		40	三	
			4		
234	suɯ³¹ tsʰuɯ³³		2	三十	
			2		
235	suɯ³³		6	肝	1.四　2.父亲　3.表示人名、地名，如穆斯裊（人名）
			1		

第四章　基本字符表　959

序号	国际音标	字符	字频	直译	假借义
236	ʂɯ³³		5	死亡	
237	ʂɯ³³		14	肉	1.去世　2.新　3.遍指代词　4.生老病死　5.假借表示人名、地名，如知识伟（地名）、格暮什（人名）
			3		
			1		
238	so³³		3	学习	
			1		
239	su¹³		3	生命神	1.三　2.人
240	ʂu³³		2	斧子	1.找　2.寻找的地方
241	ʂu³³		17	铁	1.纯　2.要　3.占卜　4.表示人名、地名，如李复苏（人名）、苏里（人名）
			2		
			2		
242	ʂu⁵⁵		23	骰子	1.寻找　2.表示人名、地名，如伟舒（地名）、舒塔（人名）
243	ʂu⁵⁵		6	菖蒲	1.找　2.娶　3.无法控制　4.假借表示人名、地名，如李和苏（人名）
			2		

序号	国际音标	字符	字频	直译	假借义
244	ʂua³¹		12	高	1.山羊　2.表示人名、地名，如苏明（地名）
245	sy³¹		9	羊毛团	1.一样　2.记仇　3.官　4.光绪　5.表示人名、地名，如和福锡（人名）
			1		
			1		
246	ta³¹		1	柜子	按照
247	ta³³		1	扯拉	牡丹
248	ta⁵⁵		4	佛堂、祠堂	1.独自　2.回馈　3.共产党
249	tɕɤ³¹/tsa³¹/bu³¹/tɕi³¹		42	钩子/挖	1.到　2.底下　3.告状　4.表示人名、地名，如戈坎坎孤（地名）
			3		
250	tɕʰi³³		23	刺	1.卖　2.喂　3.嘉庆　4.表示人名、地名如福齐（人名）
			10		
			2		
251	tɕʰiə¹³		8	麻风病	1.好　2.嘉庆　3.锅碗瓢盆　4.无法控制　5.祭品　6.麻风
252	tɕʰiə³³		2	脖子	

续表

序号	国际音标	字符	字频	直译	假借义
253	tɕʰy³³		6	穿、戳	事事
254	tɕi³¹		1	杯子	表示人名、地名，如伟泽机（地名）
255	tɕi³¹		4	麂子	拟声词
256	tɕi³³		2	衣服	件
257	tɕi³³		52 26 9 4 1	剪刀、羊毛剪	1.斤　2.秤　3.驮　4.次子　5.白酒　6.水酒　7.婶婶　8.祭祀　9.记仇　10.表示人名、地名，如继继密（人名）、知识伟（地名）
258	tɕi³³		6 1	骨节	1.结构助词　2.段、节　3.情态助词　4.银桶哲宰（宗教仪式）　5.让、允许　6.表示人名、地名，如烟哲古然究（人名）
259	tɕi³³		1	脾	表示人名、地名，如毒及格吉塔（人名）
260	tɕiə¹³		3	煮	

序号	国际音标	字符	字频	直译	假借义
261	tə¹³		2	顶	1.形势、政策　2.表示人名、地名，如卜古顶（地名）
			2		
			1		
			1		
262	tə³¹		42	千	表示人名、地名，如古塔嘉德诃（人名）、哈巴伽嘉德诃（人名）
263	tə³³		3	端鬼	1.表示人名、地名，如乐端古（地名） 2.压厌鬼
264	tʰɑ³¹		48	塔	1.好　2.表示人名、地名，如舒塔（人名）、克密得热塔（人名）
			30		
			4		
			2		
265	tʰə³³		44	桶	1.出（钱）　2.点　3.指示代词，相当于"那里"　4.东方　5.税　6.情态助词　7.总共　8.说好，说定
			26		

序号	国际音标	字符	字频	直译	假借义
			5		
266	t^he^{55}		3	旗帜	1.文书　2.表示人名、地名，如阿泰布（人名）
			1		
			1		
267	t^he^{55} $ɣɯ^{55}$			文书	
			1		
268	t^hi^{31}		1	抬	表示人名、地名，如和铁优（人名）
269	$t^hɯ^{55}$		9	杯子	1.他　2.家神　3.然后　4.酬劳、回馈
270	t^ho^{13}		1	奶渣	表示人名、地名，如诃普洮（地名）
271	t^ho^{33}		2	木	表示人名、地名，如日淘舒（人名）
272	t^ho^{33} le^{31} k^hu^{31}		2	兔、镰刀	1. 兔年　2. 属兔
273	to^{31} $k^hɯ^{31}$		1	朵肯（宗教仪式）	压厌鬼

续表

序号	国际音标	字符	字频	直译	假借义
274	to³³		38	板子	1.东 2.东巴 3.盒子 4.缴纳 5.结构助词 6.占卜 7.大朵肯（一种宗教仪式） 8.道光 9.这样 10.表示人名、地名，如道塔（法名）、伟族道（地名）
			22		
			10		
			1		
			1		
275	to³³ ba³³		1	东巴	
276	tʂə³¹		4	一线草	
277	tse³³		10	仄鬼	1.镇 2.用 3.多度副词，多么 4.耗费、花费 5.季载节 6.表示人名、地名，如达博勒皂季仄（人名）
278	tʂə⁵⁵		4	代、辈分	1.决定 2.解药
			3		
279	tsʰɑ³¹		9	挖	
280	tsʰɑ³³		1	串	共产党
281	tsʰe³¹		30	十	
282	tʂʰɚ³¹		1	肥肉	

序号	国际音标	字符	字频	直译	假借义
283	tsʰe³³		21	盐巴	1.初 2.硬币 3.税 4.首先 5.假借表示人名、地名，如蔡（人名）、阿蔡继（人名）
284	tsʰi³³		20	肩胛骨	1.来 2.送 3.丧事 4.酬劳 5.表示人名、地名，如究皂坎漆（人名）
285	tʂʰɯ³¹		2	一块	
286	tsʰɯ³³		11	羊	山羊
287	tsʰɯ³³		11	铧	1.树立 2.表示人名、地名，如阿族（人名）、族科劳（地名）
288	tʂʰɯ³³		15	吊	1.南方 2.全部 3.今天 4.指示代词，相当于"这里" 5.表示人名、地名，如昆明（地名）
289	tsʰo³³		2	跳	化赊
			19		
			5		
290	tsʰo³³		2	大象	1.化赊 2.农具 3.宴会 4.家族 5.表示人名、地名，如密沃草
			1		
			1		
291	tsʰo³³		3	舞蹈	表示人名、地名，如曹戈库（人名）
292	tsʰu³³		1	鬼	

序号	国际音标	字符	字频	直译	假借义
293	tsʰu³³		2	墨玉	1.娶 2.表示人名、地名，如楚地
			1		
294	tʂʰu³³		3	死水、水神	1.生育神 2.种族 3.媳妇 4.丧事 5.表示人名、地名，如姆初华（人名）
			1		
295	tʂʰuɑ⁵⁵		31	鹿角	1.大米 2.上爬 3.祭粮 4.火腿、大腿肉
			10		
			3		
296	tʂʰuɑ⁵⁵		26	六	
			6		
			1		
297	tʂʰuɑ⁵⁵		2	鹿	大米
			1		
298	tʂʰuɑ⁵⁵ tsʰɯ³³		1	六十	
			1		

序号	国际音标	字符	字频	直译	假借义
			8		
299	tsʰy³¹		1	小米	表示人名、地名，如卒伟（地名）
			1		
			16		
300	tʂɯ³¹		4	爪子	1.至　2.阻挡、阻碍　3.表示人名、地名，如穆至（人名）
			1		
301	tsɯ³³		9	捆绑	1.据说　2.追赶　3.捕捉　4.雍正　5.零碎　6.祝寿　7.要　8.如果　9.表示人名、地名，如李烟资（人名）、伟诃阿资上（人名）
			6		
302	tsɯ³³		1	龟板	数
303	tʂɯ³³ zɯ³³		2	属木	
304	tʂɯ⁵⁵		1	吾木（地名）	
305	tsɯ⁵⁵ lə³¹		6	铃铛	表示人名、地名，如阿兹勒（地名）、艾兹勒宇日固艾（地名）
			1		
306	tso³¹			壁虎	家神
			1		

序号	国际音标	字符	字频	直译	假借义
307	tʂu³¹		19	绳子	债务
308	tʂu³¹		15	锥子	1.缝补　2.部分　3.传承、延续　4.小麦　5.表示人名、地名，如和丽钟（人名）、中国
			2		
309	tʂu³³		1	不详	字
310	tʂuɑ³¹		1	床	当家的男人
311	ty⁵⁵		7	打铁	表示人名、地名，如嘉度词（人名）
312	u³¹		48	奴仆	1.单位量词，块　2.各自、分别　3.表示人名、地名，如伟吾纳穆皂（人名）
			9		
			1		
313	u³¹		1	汉字"五"	表示人名、地名，如老五（人名）
314	uɑ³³		10	左	表示人名、地名，如瓦塔（人名）
315	uɑ³³		57	五	1.是　2.月份　3.腊月
316	uɑ³³ tsʰɯ³³		2	五十	
			1		

序号	国际音标	字符	字频	直译	假借义
317	ue³³		55	村寨	1.叹词　2.鹰　3.大量　4.首先　5.表示人名、地名，如伟宇伽（人名）、苏明（地名）
			35		
			16		
			4		
318	xa³¹		14	黄金	1.黄　2.买　3.蓝色　4.通道　5.吉祥如意　6.表示专有名词，如海淘（地名）
			9		
			3		
			1		
319	xa³³		2	风	1.小祭风（宗教祭祀仪式）　2.大祭风（宗教祭祀仪式）
320	xa³³		4	路	
321	xɑ³³		16	饭	1.更加　2.表示人名、地名，如哈巴伽（人名）
			3		
322	xe³³		28	月亮	1.停止　2.月份　3.二月　4.表示专有名词，如黑巴革伟萨（人名）
323	xe³³ ⁿtɕi³³		1	神、脚、走	二月

序号	国际音标	字符	字频	直译	假借义
324	xɯ³³		64	牙齿	1.钱 2.牙齿 3.离去 4.粉丝 5.表示人名、地名，如古塔嘉德诃（人名）、格暮诃（人名）
			12		
			8		
			4		
			3		
			2		
325	xo³¹		46	肋骨	1.北方 2.货币单位，合 3.调解 4.说好、说定 5.表示人名、地名，如和烟李（人名）
			6		
			2		
326	xo³¹ gu³¹ lo³¹		4	北方	
			2		
327	xo³³		13	八	
			1		
328	xu¹³		2	肚子	祝愿

序号	国际音标	字符	字频	直译	假借义
329	xua³³		17	白鹭	1.群、伙　2.高兴、欢乐　3.画押　4.表示人名、地名，如阿华（人名）
			9		
330	xy¹³		1	站立	长
331	y³¹		1	不详	语气助词
332	y³¹		1	拿起	表示人名、地名，如和宇清（人名）
333	y³³		13	绵羊	1.便宜　2.和谐幸福的样子　3.表示人名、地名，如伟宇伽（人名）、艾兹勒宇日固艾（地名）
			2		
334	y³³ kʰu¹³		4	羊、镰刀	羊年
335	za³¹		2	彗星	跳下
336	za³³		5	笑	表示人名、地名，如烟哲古然究（人名）
			1		
337	ze³¹		7	飞鬼	1. 多么　2. 慢慢地　3. 表示人名、地名，如宰戈（人名）
			2		
			1		
338	zə³¹		1	粗	

序号	国际音标	字符	字频	直译	假借义
339	ze³³		10	麦子	1.见证　2.燕麦　3.小麦　4.平整　5.侄子　6.玉米　7.表示人名、地名，如姆载
			8		
			5		
340	zɿ³³		3	豹子	表示人名、地名，如热伽（地名）
			1		
341	zɿ³³		6	刀	1.杀　2.表示人名、地名，如克密得热塔（人名）、得哲伽（人名）
342	zɿ³³		1	响	
343	ze³¹/zɯ³³		2	一线草	兄弟
			2		
344	zi³¹		1	美丽	
345	zi³³		5	树立	1.奶奶　2.表示人名、地名，如阿则梓（人名）
346	zɯ¹³		1	掌握	属
347	zɯ³¹		2	踩压	压厌鬼
348	zɯ³¹		2	烫（菜）	时代

序号	国际音标	字符	字频	直译	假借义
349	zɯ³³		1	蝙蝠	因为
350	zɯ³³		31	草、木	1.四 2.闪光 3.长寿 4.兄弟 5.年代、时代 6.祖祖辈辈 7.因为 8.健康长寿 9.假借表示人名、地名，如伟思（人名）、宝山（地名）
			10		
			3		
			2		
351	zɯ³³		4	拿	甲辰年
352	zɯ³³		11	村寨、木瓦	1.建造 2.指示代词，这 3.有 4.藏族 5.祖母 6.因为 7.人家 8.表示人名、地名，如表示专有名词，如阿则梓（人名）
353	zɯ³³		1	掌握	
354	ʐɯ³³		1	对、双	债务
355	ʐɯ⁵⁵		13	蛇	1.线 2.道路 3.水酒 4.表示人名、地名，如兹日孤（地名）、日克密派（地名）
356	ʐɯ⁵⁵		11	饮酒	1.水酒 2.净重
357	ʐɯ⁵⁵		30	道路、小寨子	表示人名、地名，如日李（人名）
358	zo¹³		1	饮	表示人名、地名，如艾兹勒宇日固艾（地名）
359	zo̞³¹		5	山	

续表

序号	国际音标	字符	字频	直译	假借义
360	zo³³		31	土罐、缸	1.儿子 2.小 3.男子 4.小祭风（宗教祭祀仪式） 5.表示人名、地名，如伊皂（人名）
361	zo³³		1	草料	
362	zo³³		6	儿子	
363	zụ¹³		2	柳叶	1.副词 2.酬劳
364	zụ³¹		21	猴子	和茹（人名）
365	zụ³³		16	夏	1.收 2.债务 3.绝不能 4.约定
			4		
			1		
366	zụ³³		1	仇敌	记仇
			1		
			1		
367	zụ³³		2	敌人	约定
368	zụ⁵⁵		5	繁衍、发展、增长	1.桃子 2.表示人名、地名，如伟茹诃（人名）、龙茹考（地名）
			4		

第四章 基本字符表　975

续表

序号	国际音标	字符	字频	直译	假借义
369	ʐuɑ³¹		1	斗	舍得
370	ʐuɑ³³		4	马	
			1		
371	ʐuɑ³³ kʰu¹³		3	马、镰刀	属马、马年
372	不详		1	荡	干（不湿润）
373	不详		1	不详	不详
374	不详		1	不详	不详
375	不详		1	不详	不详

本字表整理者：高渊

第五章

口述史

一 吾木村东巴文化传承的领头人——李学信

访谈时间：2012年3月27日

访谈地点：清华大学紫荆公寓18号楼

访谈对象：李学信

访谈者：高渊，苏裴

整理者：高渊，苏裴

李学信，云南省丽江市玉龙纳西族自治县宝山乡吾木村党总支书记，玉龙纳西族自治县吾木纳西东巴文化传习院院长。他为吾木村的东巴文化保护和传习工作做出了重大贡献，一直在为本村的东巴文化宣传以及东巴文化走向全国、全世界不断努力。

2012年3月，李学信来到清华大学，我们趁此机会对其进行了访谈，对其个人经历、吾木村东巴文化的传承情况、东巴传习院的建立始末以及吾木村保留的各种东巴祭祀仪式等相关问题进行了深入细致的采访。

吾木村党总支书记

苏裴（以下简称苏）：李书记，请您先谈一谈您的个人经历吧。

李学信书记（以下简称李）：我出生于1980年8月8日，吾木村。小学便在吾木村当地的小学就读，中学在宝山中学，之后去了丽江县职高。

我在高中毕业后曾经到广东地区打工，1996年丽江地震，我便回到了丽江。1998—1999年，我在古城做皮鞋生意，个人收入还不错。后来，在老党员、老干部的关心、鼓励下，我又回到吾木家中。当时的吾木还没有通电，村民们的生活比较简单。为了丰富村民们的娱乐生活，我在村子里找了个房子给百姓们放录像，用发电机发电，村民们都很高兴。

后来我参加了中央广播电视大学自考，读园林专业，2006年毕业，2007年拿到毕业证。在吾木村，我2000年10月当选为村委会副主任，2004年4月当选村党支部书记。2007年4月至2010年4月当选为村支部书记兼村委会主任。2010年4月至今，当选为吾木村党总支书记，下辖苏明村支部、明伟村支部、吾木村支部，同时担任玉龙纳西族自治县吾木纳西东巴文化传习院院长。

图 5.1.1 李学信（苏裴 2011 年 7 月 25 日摄于吾木村）

纳西东巴的祭祀、文字、习俗在吾木都有很好的保留

高渊（以下简称高）：那李书记，我们知道吾木村主要的祭祀活动随着东巴文化传习院的建设已经不同程度地得以恢复了。那能不能请您谈一下具体有哪些祭祀的仪式得以恢复？还有，这些祭祀的仪式中有哪些特殊的内容呢？

李：对，你谈到的这个的确是我们吾木发展的一个重点。吾木村在大力发展地区经济、大力提高人民生活水平的同时还注意到了我们吾木自身的独特性，那就是纳西文化保存的完整性，类似祭天、祭署、祭风等祭祀内容以及东巴文字、东巴习俗都有很好的保留。你们支队来我们吾木所要调查的东巴文书、东巴经书其实就是我们东巴文化传习院所要抢救和恢复的最为重要的一部分文化精髓了。

具体的细节我从祭天开始讲起吧。首先，祭天的活动和很多其他祭祀活动有相同的地方，祭祀主要是根据各个家族来祭祀的。吾木的主要家族包括术、和、尤、梅四个，吾木的祭天活动很多时候是家族自己分开举办的。祭祀的时间一般是在春节，吾木村属"铺笃"祭天群，每年春节大年初三举行"考斤"仪式，初四举行"开古"仪式，初五举行"大祭天"仪式。吾木、苏明两村及明伟村"累不"家族恢复祭天已有十年。每年农历二月初八按家庭为单位祭"三朵"，另外也有部分家庭在二月中属羊、兔、猪的日子中举行。

除了祭天以外，还有祭风的仪式。这种仪式不是年年都做，往往遵循有求则行的方式，即只有村子风水不好、收成有影响、事情不顺利的时候才会举行祭风仪式。风水在吾木是十分重要的因素，不论是房屋建筑的朝向，还是人民安排生活的规律，乃至给孩子起名，都会用上五行风水的观念。五行的观念在我们的建筑中也可以体现出来，比如我们主要木质结构的房屋侧面屋檐上都会有鱼形的标记。这个不是汉族文化中的"年年有鱼"，而是我们纳西民族五行观念里的五行相生相克的内容。吾木的房屋主要是木质结构的，虽然通路之类的事情让我们的砖混房逐渐多了起来，但是村里还是严格控制砖混房的建设，保留下来的老屋子比较多，这些木质结构的房屋最害怕的就是干旱和火灾，鱼则代表了五行中的水，从而以水克火，这便成为了我们风水观念的一个印证。

其次，我们还有祭署的仪式。农历二月第二个属蛇或龙的日子全村举行祭署仪式；逢干旱的年份，还要在五月份进行一次。这个已经成为一个惯例。云南地区还是较为干旱的，而且我们吾木地区因为土质以及山体走向与硬件原因，储水是比较困难的一件事。同时吾木主要是种水田，这种农业类型又比较浪费水资源，从而干旱还是会出现的，那么每当这个时候就会进行祭署求雨的活动，为了保证收成，同时保佑风调雨顺。

高：李书记，刚才您提到了祭天、祭风、祭署这些活动，主要是祭祀自然力量的，那咱们有没有其他什么形式的祭祀活动是更关注于生产劳动的呢？

李：除了以上的祭祀活动，还需要提及的是，我们吾木有很强的安土重迁意识，尤其是当地的老人，因为对家乡、对土地有种特殊的情结，所以会一直在这片土地上生产生活，那么土地便成为了我们吾木人民精神上的一块领域，祭祀也就需要有祭祀山神的内容。大概每年农历三月份第一个属鸡的日子举行祭山神"拉咱初"［la^{31} tsa^{31} tsʰu^{55}］的仪式，"拉咱初"按各家族进行祭祀。祭祀山神除了表达我们吾木当地人对土地的特殊崇敬外，还因为我们养猪养羊会需要山神的保佑。比如，我们有人家的牲口在山上放养时间过久，夜不归圈很多天，山上也找不到。遇到这种情况，家里主人就会到山上去祭祀山神，祈求山神保佑牲口平安，指给主人早日找到所失牲口之路。这种仪式的名字叫作"试日书"。祭祀期间，家里的主人会备占卜具和祭供山神的膳食香火，在山上野炊占卜，以方便祭祀，同时也表达对山神的敬意。

除此之外，三月份的时候，我们还需要对白塔进行祭祀，三月十五日左右，仪式会根据不同的家族习惯，以家族为单位进行。每年各个时节都有祭祀活动，自己组织和自己有关系的。吾木传习院把好多可以做的祭祀活动和传统节日在村里恢复了。

你们到吾木探访可以知道，我们吾木的生产方式主要由种植业和畜牧业共同组成，所以与它们相关的祭祀内容还普遍存在。其实原先纳西族人很重要的一个食物来源与生产活动便是打猎，那么祭祀猎神也就成为了吾木当地很重要的一个祭祀仪式，这种习俗一直延续了下来，在今天还一直存在。吾木周边丰富的山林生态资源养育了大量的野生动物，其中包括獐子、麂子、黑熊、野猪、野兔等动物。猎户经常上山打猎，采用的主要方式有放绳套、安铁猫、置猎圈、狗撵等，获猎者吹牛角号，回村路上遇人须分肉给别人，获猎物时必须祭十二神山的猎神。如遇多天狩猎而不获时，猎人又相约举行向山神求猎物的"毛妹"仪式。这就是祭猎神的一些内容。

还需要提及的是，我们吾木有种植业的传统，同时也因为多种原因，对自产的粮食有很大的依赖性，所以谷神在吾木的生活中也扮演了很重要的角色。吾木村传统上每逢收麦、收谷都举行祭谷神的仪式，有的在田边举行，主人备酒茶向打谷的石上敬酒茶、念诵经，预祝粮食丰收、主人平安吉祥。傍晚驮粮的路上要举行招谷魂的仪式，粮驮进门则要喊谷魂进仓。

最后要说一下，每年农历六月初一、十一月初一举行以家庭为单位的祭祖仪式。在我们特色的火把节上还有祭牧神的仪式。

通过以上的介绍，你也可以看出吾木的祭祀是有多么的普遍和重要。

高：李书记，听您说了这么多有关咱们东巴文化传承的内容，那您觉得咱们吾木还有哪些纳西特色的内容可以给我们介绍一下？

李：那就首先提一下我们村内的古建筑吧。因为吾木这些年通电、通路等多方面有了质的改善，我们的经济也随之得以发展，我们人民的生活水平也显著地提高了。一个很明显的地方就是我们新建了很多的房屋，并且以砖混房为主，还有很多家庭安上了防盗门，这些事情其实都受到了我们当地政府的限制。主要的原因是，我们并不是不希望大家生活得更好、更安心，只是为了保护当地的原有风貌，我们这个村落就是一个文化村，如果这些老建筑不断被新建筑取代，当地风貌的延续就无从谈起了。

除此之外，还有我们吾木自身的田园文化特色。这一方面表现在我们对土地的利用方式上，吾木的土地多为梯田，这种土地需要得到更好的保护。吾木的土地承包经营权依据国家政策三十年一调整。每家每户对自己承包的土地有义务进行保护，即便有灾害或其他问题，这块土地都是由你耕种由你负责的，这便使人与土地很好地结合在了一起。和耕地相近的，我们吾木附近有很多的原始森林，我们对这里面的树有很多保护规约。原始森林为禁林，开采罚款。同时我们还有水规，因为水资源紧缺，用水按人家按时间取得。这样的管理方式，会有助于整体村落的和谐氛围，从规则实施以来没有出现过因为水产生纠纷的情况。水管员和山林管理员都有补偿，但各家需要摊派务工，如此的工作方式会让工作者的积极性得到提高。

高：李书记，咱们吾木最古老的房屋可以追溯到什么时候呢？

李：吾木村的古建筑最古老的可以追溯到两百多年前，那时候是清朝，这些房屋到现在都已经破损不堪了，所以村内也在不断找人，有机会就进行一定的修缮。

除了古建筑，我还想谈谈我们村内其他的一些有文化意义的内容。首先便是文化活动点，这个活动点的设置可以很好地带动对当地文化的了解。同时我们还有很多的墓碑，因为记录了文字而成为了有价值的文化载体。除此之外，还存有光绪年间曾因为要落成重要机关或做某些活动而立的三通碑，这三通碑都历史悠久，字数最多的一通将近1000字，所以当地人民感觉真的好神奇。

除此之外，我还要给你介绍一下我们吾木的三朵庙（即五峰山神庙），这个你来吾木没有见到。因为我们将它保留在了学校里面，以保证三朵庙能得到更好的保护。吾木的三朵庙前还有石狮子立在那里，相传这个石狮子还对我们吾木的风水有过很大帮助。原先吾木这块山腰对面有一个山垛，这个山垛直接对着吾木村，这就使得我们村内很多牲畜都生了流行病，也就是我们所说的瘟疫，对畜牧业的发展很不利。后来我们将石狮子立在了那个山垛上，相当于镇住了那里影响吾木的邪气，自从那之后村内的牲畜就再没生过瘟疫。除此之外还有一个传说，原先吾木这一块经常有土匪和盗贼出没，但自从石狮子立上后土匪看见吾木的风水就躲避这个村庄，因为他们认为这个村庄风水太好了，而且有镇村之狮，盗窃很不利，所以这也相当于保护了我们的村庄的和平发展。

高：那咱们现在的文献保存情况怎么样呢？

李：你是知道的，在我们丽江地区，我们吾木的文献是保留得最好的，某种程度上也是仅有的。所以，原先有些有钱的文化人曾来我们这里让当地人民通过变卖换钱的方式取得我们的文献，除此之外，东巴宗教仪式的道具也让他们提起了兴趣，他们出高价求购，但是我们因为保护文化的良知，没有卖出去。

有必要把吾木的东巴文化传承下去

苏：下面来谈一谈吾木村东巴文化传承与恢复的核心——东巴传习院吧。当时为什么会有建立纳西东巴文化传习院的想法呢？

李：当时村子里的东巴们也经常参加丽江城中的文化活动，比较典型的是丽江的东巴文化艺术节。在艺术节上，会有东巴演出、东巴服饰展示、各种舞蹈歌曲等。在参与了东巴文化艺术节之后，我们觉得非常有必要整理一下村子里的东巴文化，对这种古老的文化进行抢救与恢复。

另外，当时的丽江市文化局局长、如今的丽江市副市长杨一奔女士，在2000年上半年也曾多次到吾木进行调研，肯定了吾木村现存的东巴文化，觉得有必要把吾木的东巴文化传承下去。后来，我们在村里开会的时候也多次提起这件事，经过多次讨论，建立吾木东巴文化传习院的想法就初具雏形了。

苏：当时参与讨论决定成立纳西东巴文化传习院的老前辈都有谁呢？

李：有和茂春、李占魁、和学湛、李学信、和茂芳、和文君、木灿东、和继泉、和志泉（已故）、和那恒、和福洋、和学新、和德新、和志达、和兆龙等人。

苏：那么吾木村的纳西东巴文化传习院是如何建立起来的呢？

李：2000年的时候村里两委干部换届选举，村里的老干部建议我去竞选村委会副主任，荣誉当选。在我当选后不久，当时的老支部书记和学湛，我的父亲李占魁，也就是传习院的老院长，还有当时的老东巴，大家开会决定建立纳西东巴文化传习院。紧接着便向乡党委书记请示。当时的乡党委书记是王卫东。乡里同意了村子建立纳西东巴文化传习院的提议。尽管当时村子里的经费很困难，但村委会干部们还是决定每人出一部分钱，制作了"宝山乡吾木村东巴文化传习院"的牌子。2000年农历九月九日，正逢黄道吉日，我们举行了一个仪式，东巴文化传习院正式挂牌成立。当时我们村干部以及老东巴们都希望传习院好好发展下去，将失传了多年的东巴文化恢复并完善，将这一文化瑰宝重新展示给世人。

挂牌之后，我们开会确定了传习院章程，使传习院的管理制度化。总的来说，传习院实行会员

图 5.1.2 修葺前的东巴传习院（李学信 2008 年 8 月 6 日摄于吾木村）

图 5.1.3 修缮一新的东巴传习院（苏裴 2011 年 7 月 25 日摄于吾木村）

制，村民们自愿入会，到现在为止传习院已经有63位会员了。农历每月初五的时候，传习院会员都会聚集起来，以茶话会的形式交流一个月以来的工作成果，反映村子里的各种情况，并给传习院和村委会提出建设性的意见。同时，老东巴和年轻的东巴也会利用这个机会，针对东巴文字、舞蹈、歌曲等进行深入学习交流。

东巴文化传习院自建立之后，对村子的东巴文化传承起到了积极有效的促进作用。在村委会成员以及各个东巴的努力下，先后恢复了祭天、祭署、祭风等祭祀活动。2003年底，传习院的会员们普遍认为，东巴文化传承应该以年轻人为主，因此决定将东巴文化传承重点放在青年、少年身上。后来，在跟吾木村的五峰完小老师商量过后，决定每周四轮流请和茂春、和学湛、和学耀、和继先四位东巴为小学生义务教授东巴的象形文字和东巴舞蹈，其他对东巴文化感兴趣的青年人、中年人也可以去听。这项工作从2003年底一直坚持到了现在。

苏：传习院的存在确实为吾木村东巴文化的传承做出了巨大贡献。它就像一条纽带，将全村人以东巴文化为核心联系在了一起。那么，东巴文化传习院成立十二年来，都有哪些值得铭记的重要事件呢？

李：这个还是有很多的。比如2006年的时候，我们传习院多年来的努力得到了丽江市文广局的肯定，被命名为"丽江纳西东巴文化传承点"。此外，在2005年和2006年，我们还参加过第五届、第六届丽江市纳西乐舞大奖赛，分别获得第三名、第一名的好成绩。2007年春节期间，中央电视台CCTV"一年又一年"春晚节目组来到吾木村，记录并报道了我们吾木村委会的祭天实况。同时2007年春节期间，北京教授书法的专门组织——"陈翔四力法"义教组也来到吾木东巴文化传习院，在吾木开了书法课程，并免费提供笔墨纸砚，用了半年的时间，和村民们同吃同住，带领许多村民领略了我国书法艺术的博大精深。他们的义教活动也在香港凤凰卫视进行了转播。

苏：在东巴文化传习院成立以来的这些年中，您印象最深刻的事情是什么呢？

李：我印象深刻的事情很多啊，传习院成立以来，支持吾木、给吾木帮忙的组织机构很多，像丽江市东巴文化研究院、丽江市博物馆、丽江市史志办、市县文广局都给了传习院大力支持。尤其是丽江市东巴文化研究院。2006年的时候，由于传习院经费紧张，组织东巴跳舞的服饰都不能够统一，丽江市东巴文化研究院知道之后，主动给村里的老东巴每人赠送了六套东巴服装，还有配套的道具、图书，并鼓励我们将东巴舞蹈跳好，使我们增强了信心。

还有村里的老东巴也让我很感动。尤其是和茂春老师，虽然年纪大了，身体状况大不如从前，肠胃经常出现问题，但是在村子需要的时候和老师还是会随叫随到。记得去年（2011）祭天的时候，和老师已经病倒在床上一年多了，平日很少出门，但是当祭天需要老东巴出场时，和老师还是主动要求主持仪式。后来仪式顺利开展下来，但是和老师因为肠胃问题，饭都不能吃，只吃了一些素菜，喝了一些水。这件事让我非常感动。

高：请您再详细介绍一下村子里小学教育的东巴文化普及吧，这应该是咱们吾木东巴文化传承的特色之一，成效也非常明显。

李：是这样的，吾木村委会还是比较关心东巴文化的传承工作的，因为丽江这一片除了吾木这里这些文化保存得较为完好之外，其它地方很难再见到如此全面的内容了。所以传承工作其实很早就被我们提上了日程，这也是为什么我们会一直坚持小学教育的东巴文化普及。五峰完小目前保留着完全小学建制，建有一栋由香港郑裕彤先生资助的教学楼，教师和学生宿舍仍为传统土木结构房，三朵庙当学生食堂，全校6个年级6个班，有10位任课教师，148名学生，开设有语文、数学、品德、科学、乡土知识等课程。

其中的乡土知识课程就包括了东巴课，每周四学校都会邀请一些东巴前去讲学，邀请过老东巴和茂春老师、和学湛、和学耀以及和继先授课，主要讲一些东巴文字的认读书写、东巴舞曲的传唱，我们试图用这种方法传承东巴文化。除了给小学生普及之外，我们还无偿地为其他想学习、有研究积极性的人提供学习机会。比如，我们每年办东巴文化传承班，一年一到两班。这个传承班就在传习院办，主要面向的人群就是青中老年，这样的工作已经有序地开展了起来，也有望不断扩大参与的人数。

高：那李书记，咱们吾木以后在东巴文化这块还有什么打算呢？

李：我们以后的重点规划主要分为以下5个部分：

一是，需要进一步扩大东巴传习院的活动范围。我们计划开展东巴文化展览、东巴语言文字教学及本地手工艺挖掘等工作，并整理相关文件，收存展览物品，这也为以后前来进行文化调研和观摩的个人和组织改善了环境，也可以更好地保存这些内容。

二是，我们计划专门整理吾木的传统习俗，努力将吾木的祭祀仪式、节日等习俗整理成书，并将其编辑为教材，供给学校用于教育教学。做好这一工作有助于学校学生的东巴文化普及。除了学生，我们还考虑这些教材可以面向村子与全乡，尽可能免费义务地传授东巴知识。

三是，三朵庙也要逐步恢复。东巴文化活动点，包括各种祭祀地点，都还有遗址，恢复遗址内容便成为了我们这些干部需要考虑的问题。争取多方面的资金是修缮工作的前提，我会为此付出自己的努力。

四是，我们要在吾木古建筑保护、文化活动点保护的同时，从村头到村尾将村内绿化工作做好，改善环境卫生，建设古村落消防设施。同时，为了保证村内景观的统一、宣传的明晰化，我们需要做好标语宣传，要进行双语宣传，并做好古色古香的粉刷设计，用一种美学思想感染村民和来访者。

五是，我们要大力宣传我们的田园文化，并且在传统的田园文化基础上改进村规民约，同时要对这些东西进行整理，融入平时工作，因地制宜地利用，使其发挥作用。鼓励有条件的农户开办农家乐、客栈。传习院牵头开展文艺活动、各种手工艺展示，为我村开发旅游接待工作打好基础，让更多人了解吾木村。

二 吾木村祭天大东巴——和茂春

访谈时间：2012年3月27日
访谈地点：清华大学紫荆公寓18号楼
访谈对象：和茂春
访谈者：高渊，苏裴
整理者：高渊，苏裴

和茂春，乳名和育林，法名"都日"[ⁿdɯ³³ dʑi³¹]。1936年生，和光前之子，自幼随父学习东巴文化知识，16岁开始主持仪式，能主持多种东巴祭仪，还会建房、冶铁、制革、裁缝等多种传统手工技艺。1999年，他组织民间东巴创建吾木东巴文化传习院，担任首任院长，发动村民恢复传统祭天等东巴仪式活动，2000年到五峰完小任东巴文化课义教老师，自2000年至今担任吾木村的祭天东巴。

2012年3月，和老师来到清华大学，我们趁此机会对其进行了访谈，就和老师的个人情况以及吾木村东巴丧葬习俗、婚俗、神话传说、东巴文化传承方式等问题进行了深入细致的采访。

东巴世家

苏裴（以下简称苏）： 和老师您好，先简单介绍一下您的个人经历吧。

和茂春（李学信翻译，以下简称和）：好的。我的汉文名字叫和茂春，我有过三个干爹，他们每人都另给我起了一个名字，分别是"和育林"[xo³¹ iə⁵⁵ li³¹]、"哈巴皂"[xɑ³³ pɑ³³ zo³³]、"都日"[ⁿdɯ³³ dʑi³¹]。其中第三个是干爹和凤书给起的名字，他是丽江有名的大东巴。我父亲叫和光前，纳西名字叫"究伽"[dʑiə³¹ kɑ³³]，祖父叫"伊皂"[i³³ zo³³]，曾祖父叫"格暮究"[gə⁵⁵ mə³³ dʑiə³¹]或者"格暮蔑"[gə⁵⁵ mə³³ miə³¹]。

我现在没有兄弟姐妹了，母亲生的其他孩子都不幸早夭。我有子女三个，一个儿子两个女儿，他们都很孝顺。

我爷爷和父亲都是东巴，我这身东巴的本事就是从他们那里学来的。但是他们也没有特别教我。从小我就跟随爷爷去参加祭祀仪式，潜移默化之中记下了许多相关祭祀仪式的主持方法和经书内容。爷爷去世后就跟随父亲参加祭祀仪式，耳濡目染下学会了很多东西。在过去啊，会东巴这套东西的人特别多，几乎家家都有东巴。"文化大革命"中毁掉了许多文书、经书，大家也都不敢学习了，包括我也不敢再提起东巴的东西。可是父亲去世后没有人为他主持仪式。为了让父亲的灵魂安息，我迫不得已才重新学习东巴。后来村子越来越重视东巴文化，我除了自己继续学习外，还收

图 5.2.1 和茂春（李学信 2010 年 2 月 18 日摄于吾木村）

了几个徒弟，希望能为村子东巴文化的传承做出自己的贡献吧。

苏： 那么您一共收了几个徒弟呢？他们如何跟您学习？东巴知识程度如何？村子里还有其他东巴收徒弟吗？

和： 我收了有十个左右的徒弟，他们都是自愿要求跟我学习的。徒弟的年龄分布较广泛，三十岁左右的比较多，四十岁左右的也有。他们只有在不农忙、有空闲的时候才能跟我学习。我会教授他们东巴文字、祭祀仪式的主持和注意事项等。我们也没有教材，学习的时候就是我来口述，他们心记。他们的学习程度也不大相同，现在有四五个徒弟可以单独主持仪式了，剩下的还不行。村子里正式收徒弟的东巴只有我一个。

苏：爷爷，给我们讲一下那个丽江的大东巴——和凤书老师的事情吧。

和：我对他的事情也不是那么了解。他新中国成立前就去世了，我也不知道他多大年龄。在我还没出生的时候，应该是1935年吧，和凤书就给了我"都日"［^{n}dɯ^{33} dzi^{31}］这个名字，我出生后他还送给了我一件长衫。和凤书并不是我们吾木村的人，他是丽江古城的人，不过时不时地会被邀请来给村里的人主持祭祀仪式，做宗教活动。有些仪式是本村人做不来、只有他能做的，比如说通灵——和去世的人说话的仪式。他能让去世了的人的灵魂附到自己身上，通过自己让死去的人和亲人做最后的话别。这种仪式村里的人一直不会。现在和凤书教会的徒弟还有，但是我不知道他们住在哪里了。当时我年纪太小了。

吾木东巴丧葬习俗

高渊（以下简称高）：爷爷，您看能不能给我们讲一下有关咱们吾木地区纳西族红白事的具体流程，以及咱们东巴在这些仪式中的作用。

和：吾木的丧礼程序比较多，内容也很丰富，这都体现了吾木地区对人的重视。丧事的仪式一般需要进行四天。首先，在老人临死之前，众亲人要守气，孝子不能离开。断气时放口含，交待祖辈名号，然后孝子持香到水井处买水，洗尸，鸣枪报丧，为死者举行点灯引路仪式，由东巴诵经为逝世者超度。然后，入棺则较为严苛，需要对入棺的时间进行严格的限制，同时对在场的亲人或朋友的生肖都有要求，要避免忌讳与冲突。入棺一般由家族内的人交待各种寄往阴间的礼物和事项，随后邀请东巴念经，为了祭告在天之灵，需要表示对他的尊重，只有子女亲戚该来的都来了，老人的遗愿实现后才可以让孝子持斧盖棺，完成仪式。之后便是杀牲，由东巴念经，孝子持刀杀牲，悬白发孝，门口竖青松杆悬挂白棉纸制做的挽幡（此仪式是道教的习俗，由道士进行三献仪式）。这种挽幡一则表示对老人家的保佑，二则可以体现老人家的岁数，年龄每十年做一层，所以当外人前去吊唁的时候，看到门口的挽幡就知道死去的人有多大年纪了。同时，在人死去后还要请东巴跳舞进行超度。

我们和汉族相似，都有披麻戴孝的传统，同时，孝分为大孝和小孝，都是发给晚辈的，依据不同的亲疏关系进行发放，辈分小的亲属还有跪拜的仪式。

写灵位、守灵以及迎送灵位在整个仪式中也有很强烈的意义。宗亲们与东巴跳舞领众孝子前往发大孝的亲人家接祭，夜晚点灯，众村民通宵唱挽歌、守灵。守灵需要每晚都有人守候，并且不管天气怎样，都不能让灵火熄灭。在死后第四天，后半夜四点孝女催灵，九点东巴念经铺神路图，有时天还不亮，带锄头去挖坟，并带着鸡送灵上坟。村民都要为死去的人家帮忙，这是一种义务，因为在这期间孝男孝女是不能进别人家门的，否则很不吉利，所以就需要人们主动前去帮忙。在坟地众亲依据亲疏关系结队路祭招待送葬人群，下葬，上坟，先祭山神再祭祖先，在家祭祖后进行"五七""百日""年斋"等仪式。这其中的恭送仪式，往往需要唱一个晚上，孝男孝女都要大哭一场。大东巴和非正常死亡之人进行火葬，有与常人不同的火化点。

关于白事的时间问题，需要强调的是"大看"和"小看"。这两天最为重要，"大看"那一天需要准备祭祀的祭品，晚上还有燃灯仪式，孝男孝女都各自点灯。"大看"那一天晚上举行篝火晚会，一直需要唱"沃门达"到很晚。吾木对死去人的祭拜会数七，到第"五七"的时候也就是第三十五天需要请客，同时在百天、三年时都要进行较为隆重的祭拜仪式。

吾木纳西婚姻习俗

高：那爷爷，咱们说完了白事，能给我们也介绍一下与之相对的吾木红事的内容吗？

和：现在吾木的婚姻形式与过去的包办婚姻、舅倒优先、姑倒优先、表亲优先婚的形态已有很大的转变，自由婚姻已经成为了主要的倾向。男女青年经过自由恋爱或经人介绍处对象，待双方协商谈婚论嫁之后，男方请媒人拜访女方家，如女方长辈同意则共同商定订婚日子，在订婚日子中双方决定结婚日子。

红事的前期准备和仪式过程中的一些内容与白事是相反的，必须要邀请别人来帮你操办，没有接到邀请的一个都不能主动来，但是接受邀请的也不能收取什么报酬。整个仪式需要邀请一位东巴作为主持人。

在迎娶的那天早晨要赶早去迎接新娘，而且去迎娶的人数一定要是单数的，这样回来的人才是双数，保证婚姻一开始就有一个吉利的征兆。结婚仪式需要男方女方各自出一个伴郎或伴娘。接过来的新娘要在男方家里的火坛前磕头，说吉利话，因为家里的火坛是神圣的代表。

聚餐的过程中，男女双方要分坐两边，而且各自的家人要坐在自家人相同的那一边，两个主位坐两家的老人。这样的座次习惯，需要由主持来具体安排，主要就是为了体现我们纳西民族的那种尊老爱幼的传统美德。在桌上，长辈吃饭时需要说一些吉利话。

结婚之日主客的全部事宜都要听从主持的安排，由家族中最大的男性长辈先向祖先灵位和灶神祭酒，宾客不能随意入座，只能听从主持安排。吃饭时遵循远先近后、亲前疏继、男左女右的原则，在双方长辈未说吉利话之前，宾客不能随意动筷子。说吉利话时，双方长辈各持自方立场或是相互赞美，或是明争暗斗、唇枪舌剑。饭后或饭中众长辈要给新人一些钱币作为特别的礼物，俗称"老是有"，来表示对他们婚姻的祝贺。吃完饭，众人要到主家举行篝火晚会，跳民族舞蹈。

结婚以后要回门。结婚时候新娘的父母不来做客，回门才可以把女方父母接过来。在回门那天出门要带上喜糖之类的物品，用盘子端着，给路遇的行人喜糖或水果。那么相对的，行人需要送上份子钱，表示对夫妻的感谢。

吾木东巴神话传说

高：那么，和老师您是否还记得咱们吾木有什么神话传说吗？

和：传说故事是很多的，而且过去的故事现在还有很多流传。我们最熟知的就是纳西族的创世纪的传说了，相传是一场洪水改变了世界，随后人类慢慢地得以出现，繁衍。除此之外，华佗药王的故事也有很多流传。

吾木东巴文化传承方式

高：那爷爷，我还有一个地方比较好奇，您作为一位老东巴是如何学习东巴的这些知识的？咱们东巴的传承是以一种什么样的模式，您又是怎么样收徒弟的？能不能给我们介绍一下？

和：我们吾木的东巴现在已经不是很多了，有能力举行仪式有水平的主要是我、和继泉、和学湛、和学耀、和继先、和占光几位，我们组织活动的主要参与的人，也就是在组织参与东巴舞蹈或祭祀方面积极性比较高的还有和茂芳、和学新、和德祥、和学坚、木灿东、木春华等人。

像我这样的东巴的学习其实就是一种祖传的形式，我的父亲是一位很好的东巴，那么我从小就和他学习，看他做事，从小就受到了熏陶和感染。因为我的父亲是一位好东巴，村内的很多仪式和活动都请他来组织主持，每当有这些仪式的时候，父亲就会带上我一起。我一方面是父亲的儿子，一方面又成为了师傅的徒弟，慢慢地也就知道了这些东西的发展和由来。

高：那咱们东巴的传承都是这样的祖传形式吗？有没有师传的可能？有传男不传女的概念吗？因为我在吾木没有见到女性东巴，那如果家里没有男孩该怎么办？

和：是这样的，我们东巴的传承一般就是祖传的形式，所以会形成很多的东巴世家。师传几乎没有出现过。主要的原因可能是一种传统习惯。从小生活在东巴的氛围里自然也就成长为东巴了，外面的孩子很难有这样的机会，他们也没有太多这样的想法。

关于东巴传男不传女的习惯，的确是这样的。因为很多的东巴内容较为原始粗犷，男性长辈给女性晚辈教授不太方便，这会给教授带来很多障碍，需要我们绕开来说，很费劲，所以就是传男不传女了，这是一直延续下来的传统。有时就会面临你刚才说的问题，那就是家族没有男孩的情况。这种现象的出现是很多的，所以我们吾木以及附近的地方很多的东巴世家都失传了。其实不是只传儿子的，像女婿之类的都可以教授，但我们还是不会强迫他们学习自己不喜欢的内容，如果孩子不喜欢这些东西，我们也就不会教了，这也会导致东巴的失传，或许这也是为什么我们东巴越来越少，懂得的人年龄也越来越大的原因了。

三 苏明村东巴——和学耀

访谈时间：2011年10月10日
访谈地点：清华大学紫荆公寓
访谈对象：和学耀
访谈者：蒋波
整理者：蒋波，苏裴

和学耀，云南省丽江市玉龙纳西族自治县宝山乡苏明村东巴，对纳西族东巴文化有非常好的传承，能够独立主持东巴祭祀仪式，对于东巴文字、祭祀、占卜、神话等多种内容有深入细致的了解。

2011年10月，和学耀老师来到清华大学，我们趁此机会对其进行了采访，了解了纳西族东巴祭祀、神话、丧葬，以及农业生产等多方面的信息。

图 5.3.1 和学耀（李学信 2010 年 2 月 18 日摄于吾木村）

东巴家族

蒋波（以下简称蒋）： 和老师，您能跟我们介绍一下您的家族吗？

和学耀（以下简称和）：我们家之前是从吾木那边迁到苏明村的。在苏明有家谱记载的时间截至现在大概有十代。以前的家谱都是东巴文，现在都是汉文了。我们这个家族是东巴的一个子系，祖上大概出过三个比较有名的大东巴，一个是"古伽爷爷"［a^{33} p^hu^{33} ku^{31} $^ŋga^{33}$］，另一个是"巴继爷爷"［a^{33} p^hu^{33} pa^{33} $tɕi^{33}$］，这两个离我有六代了。还有一个是"古伽爷爷"的爸爸，叫作"阿蔡继"［a^{33} $tsʰe^{31}$ $tɕi^{33}$］。现在我们家里还有两个姐姐，都嫁在本地。我父母也都是本地人，父亲汉文名字和纳西族名字都叫和仕红，母亲叫作李十娘，在家里我们都称呼她为"桂枝"。

吾木村的详细情况

蒋： 和老师，那您跟我们介绍一下吾木村的详细情况？

和：吾木村现在管辖的范围有三个自然村，分别是吾木、苏明、明伟。新中国成立前不仅仅有这三个村子，还包括了黄土坡、果乐、蚕梭、米野、长顺、岩可、江旺等，只是现在全部都归到果乐村委会来管了。黄土坡用纳西语就是［$^nda^{13}$ p^hu^{33}］，果乐是［la^{31} $zɯ^{33}$］，长顺是［$t^hɯ^{33}$ k^ha^{55} $ʂə^{31}$］，岩可是［a^{33} $kə^{31}$］，江旺是［$tɕi^{33}$ ua^{33}］。苏明村在纳西语里面叫作［$ʂua^{31}$ na^{31} ue^{33}］，意思是说在这个范围内我们住在最上面。［$ʂua^{31}$］就是"高"的意思，［na^{31}］是"黑"的意思，合起来就是"在纳西族之中，我们住在最高的村子"。上世纪四五十年代以前，我们都是这个名字，一直到五十年代，才改名为苏明。之前有个三家村，并到苏明来了，现在在苏明的上面，吾木村在纳西语里面读作［$tʂɯ^{55}$ $tsʰɯ^{33}$ ue^{33}］，意思是遍地红土，因为那里土地比较肥沃。

苏明村的详细情况

蒋： 和老师，您能给我们介绍一下新中国成立前的苏明村比较详细的情况吗？比如说归谁管啊？有没有寺庙啊？社会是什么样子的啊？

和：新中国成立前苏明村是土司管的，我们家就是土司。当时宝山州的州政府就设立在吾木，最早在这里设立州政府是在乾隆年间，现在吾木那个小学里还有一个乾隆时期的碑刻。学校里还有一处寺庙的遗址，叫作白云庙（即五峰山神庙）。新中国成立前我们这里的社会结构跟汉族差不多，有地主有农民，但是有奴隶。奴隶是由大家自己买回来的，主人家对待奴隶们都比较好，都把他们当作自己家人一样。我们纳西族的长工在除夕之夜会分到一份肉，因为必须要分一份肉给家里的每个人。比如我家买来的长工，东西都是与家里人平分的，跟家人一样，后来去世了也是葬在我们家的墓地里。当然啦，这些都是新中国成立前的事情了。新中国成立后我们家就被划为地主，财产全部被没收了。

村里的农业生产活动

蒋：和老师，那您介绍一下新中国成立后村里的农业生产活动？

和：新中国成立后首先把所有的地都没收了，然后重新平均分配。新中国成立前可以说我们家是比较富有的，但是新中国成立后就没落了。因为新中国成立前资源很丰富，只要有田有地有水就行了，民以食为天，有许多粮食就特别富有。我们当地种地主要是种一些水稻、玉米、小麦、黄豆、高粱、青稞（一般种在海拔比较高的地方）等粮食作物。现在增加了烟叶、桔梗、重楼、大蒜、半夏等经济作物。现在还可以光明正大地去打猎。在纳西族看来，打猎是人们的娱乐活动，现在打猎可以打到麂子、麝、狐狸、野鸡、兔子、野猪、豪猪等野生动物，因为开发得还不是很充分。因为海拔的原因，这里的农作物一般都是一年一季，比如稻谷和小麦都是这样的。我们一般都是农历五月农忙，因为要忙着种稻谷、玉米、烟叶；农历十月也是农忙，因为要收五月份种的那些东西，然后还要种大麦、小麦。因为山路很崎岖，水牛不好走，所以我们种水稻不用水牛，改用黄牛。1980年的时候我们这里重新分地，每个人大概都是一亩地。现在一家少的一年能够产四五千斤粮食，多的能产上万粮食，一万两千斤左右吧。

蒋：除了农业生产活动之外，你们村还有其他的经济生产活动吗？

和：除了农业生产之外，我们还有几户在丽江开饭店做餐饮服务。而且我们每到初一、十五都会到乡政府那里赶集。但是因为条件落后，整个吾木地区都没有什么工业。我们这里2001年才修通公路，2006年才开通电线（通电）。以前进出村都是靠马驮，也有人背，现在都是坐车了。

纳西族日常生活

蒋：和老师，您给我们介绍一下你们的日常生活吧？比如说吃穿住用都有些什么讲究？

和：我们传统纳西族穿衣服是有讲究的。男性一般穿麻布衣服、羊皮褂，不戴帽子；女性戴披肩（披在身后）和头巾，着上围裙、下围裙、长衫。我们一天要吃四顿饭，早上起来吃一次，十一二点左右吃第二次，下午三点吃第三次，晚上七八点吃第四次，现在也是这样。我们主要吃大米和粑粑（麦面）。纳西族住的房子都是木房，都是两层。房子是很有讲究的，建造新房要看风水，而且正房正面一定要朝东，厨房必须高于正房，楼房必须高于储牲的房。屋顶檐上有一个鱼形的东西叫作避鱼，是用来保风水的。因为纳西族认为人类是住在一条鱼上的，地震是因为鱼的胡须在动。我经历过一次地震，1996年7.1级地震，没有伤亡，但是牲口死了不少，（仅是苏明）房屋倒了七八十间。当地没有医院，连医生都没有，只有吾木有一个卫生所。吾木有一个学校，学生在学校学汉语，以前不学纳西语，但是现在开始教纳西语。

纳西族的婚姻、丧葬制度以及宗教活动

蒋：和老师，您给我们介绍一下纳西族的婚姻习俗吧？

和：新中国成立前一般都是一夫一妻，也有多妻，跟汉族差不多。现在都是一夫一妻了。过去结婚有很多讲究。整个结婚过程中，有三次定酒：父母定下后，一次酒；邀请女方的近亲时，二次酒；结婚时，三次酒。女方要带嫁妆，要给新郎做一套新衣服（绣花的麻布衣服），要到男方的家里住；男方要给女方的爷爷奶奶、兄弟姐妹一两件新衣服。结婚的时候一定要请东巴。新中国成立前因为包办婚姻，导致很多情死，就是殉情。现在还有好几处遗址，保存得很完整。

蒋：和老师，您再给我们介绍一下纳西族的丧葬制度？

和：过去我们这里都是火葬。人去世之后，必须在家停尸到农历十一月超度，尸体要密封。这期间家人必须每天供奉，吃喝和活人都一样。超度时，一般要用五天时间：第一天准备；第二天 [ka^{33} tɕi^{31}]；第三天 [ka^{33} dɯ^{31}]；第四天 [li^{33} fa^{13}]；第五天 [mu^{31}ʂɯ^{33} dɯ^{31} ⁿgu^{31}]。安葬回来之后要迎家神，招魂，活人要涂酥油，用来招福泽。一般都是十一月十四日之后火化，不能十五那天。每个家族都有自己进行火化的地方。如果是非正常死亡，就要在 [ka^{33} tɕi^{31}] 之前举行一个祭风仪式。丧葬时纳西族一般不贴对联，但是五十年代之后要贴对联。

蒋：和老师，能给我们介绍一下当地的宗教信仰和宗教活动吗？

和：当地主要是信仰东巴教。但是现在可以说很少有东巴，苏明有三个：一个老人叫和建圆，一个和占光（和学耀的表弟），还有我。除了东巴教之外，吾木还有五六户信基督教。吾木村原本有个教堂，现在房子还在，但一切宗教活动都停止了。一般纳西族生孩子、结婚、死人的时候都需要东巴教，还有祭祀的时候。我们的祭祀活动有很多：农历三月十五祭山神；农历二月八日祭祀自然神；农历一月五日祭天；祭祖两次，六月一日小祭祖和十一月一日大祭祖；农历一月十五日祭祀大神（东巴教里最大的神）[xe^{33} dɯ^{31} pʰɚ^{31} la^{31} kʰu^{33}]；祭祀财神，农历九月不定。

纳西族的民间文娱情况

蒋：和老师，当地有什么民间传说吗？

和：有。是关于这个村子的来历，就是这个村首先是祖先来看风水的时候，扔来一把大刀在这个地方，我们就住在这个地方。以前因为被那把刀插过，所以是一个湖泊，后来地壳变化以后，湖泊没有了才变成现在这个样。民间传说都在东巴经里面。

蒋：和老师，那这里有没有什么文化娱乐生活啊？比如说有没有什么民歌啊，戏曲啊，乐器啊？

和：有民歌 [gu^{31} tɕʰi^{31}]、[ɣo^{33} mə^{33} ⁿda^{31}]、[ue^{33} mə^{33} ⁿda^{13}]、[ze^{33} ze^{33} tsʰo^{33}]、[a^{33} lɯ^{33} lɯ^{33}]。没有戏曲。有许多乐器：葫芦笙、葫芦丝、笛子（分竖、横）、口弦。

蒋：和老师，你们一般都过什么节日呢？

和：一月十五日祭祀大神；二月八日祭祀三朵神 [a³³ pʰu¹³ ʂa³³ ⁿdo⁵⁵ ʂu³¹]；二月二十八日 [xe³³ kʰu³¹ du³¹]；五月五日端午节；六月一日小祭祖；六月二十三日火把节；七月十二日至十五日中元节；十一月一日大祭祖；十二月二十四日辞旧迎新；中秋节不怎么过；清明节没有固定的时间；没有重阳节和祭山林节。

蒋：和老师，您能介绍一下纳西族之外的情况吗？比如有没有其他民族啊？跟外面的关系啊，差异啊？

和：我们当地还有傈僳族（明伟）、藏族（苏明）、汉族（吾木）。我们自称纳西，在东巴文里面叫 [na³³ ɕi³¹]，在东巴文里"说话"纳西语叫 [kɯ³³ tʂɯ³¹]，汉族叫 [xa³³ pa³¹]，藏族叫 [gu³³ zɯ¹³]，傈僳族叫 [mu³³ sɯ³³]，白族叫 [le³³ bu³³]，普米族叫 [ᵐbə⁵⁵]。我们说的语言和丽江大研镇有差异，和宝山乡政府那里的差异也很大。苏明的纳西族支系有两个，吾木有四个。

因为我自己在家比较少，一般都在丽江打工，或者是去别的地方，所以有些东西不太清楚。我2002年去丽江了；2003年到2005年在广州，一年回家一趟；2005年到2008年在丽江；2008年到2009年几乎都在香格里拉。香格里拉是藏族地方，但是也有纳西族，跟我们不是一个支系。我们自称"纳西"，丽江自称"纳"，香格里拉自称"汝卡"。

四　东巴文与东巴画

——和学湛、杨扎实访谈

访谈时间：2011年5月7日、8日
访谈地点：清华大学图书馆老馆"西南濒危文字研讨会"现场
访谈对象：和学湛，杨扎实
访谈者：饶枫多，张艺君
整理者：饶枫多，张艺君

和学湛，云南省丽江市玉龙纳西族自治县宝山乡吾木村人，纳西族，东巴协会会员。1957年6月出生，在东巴文化氛围浓郁的民间长大，并一直致力于民间东巴文化传承与保护。

杨扎实，云南省丽江市宁蒗彝族自治县达巴。

图 5.4.1 和学湛（李学信 2010 年 2 月 18 日摄于吾木村）

象形文字的活化石——东巴文字

饶枢多（以下简称饶）：您好！我们是清华大学的学生，想向您请教一下有关东巴文化的知识。您的这幅字写得很好呀，用的这个纸很特别，是用什么制成的？

杨扎实（以下简称杨）：这是我们地方自造的纸，就是东巴纸了。这个纸就这一张，是我带来的，北京没有的。还有三支竹笔，也是自己做的。书写在这种粗糙的纸上，这种笔是流利的，钢笔呢，是涩的。这种纸是这样做的，有种植物的皮，把它加工以后，斩细，又在"碓"里——"碓"这个东西你们可能听不懂，它是一个用来舂的东西，上面有一个窝——用这个舂，把它舂细了就煮成浆，加上一些碱性的东西把它融化掉，用一种方形的或是圆形的筛子，加水后均匀地舀上去，晒干了以后，倒出来，用一种滚滑的石头将它放在平板上磨，下了好多工夫把它磨成一种平整的东西，这样就算可以了。还有比它粗糙的纸。

饶：它和东巴画的纸是一样的吗？

杨：这些纸，磨得细，磨得好。这些纸（指展板上的图片）是牛皮纸，外地来的，这些纸（指自己的作品）是自造的。它这种原料里有毒，虫不蛀，这就很好，其他的纸，很光滑的，一放就被虫蛀了。

饶：东巴文字中，一个图符可代表很多字是吗？我看您刚才写的那个就是一个图符代表两个字。

杨：对，有一个字念两音的，有些时候就是一个字一个音，个别时候一个字就要读多音。这个就是"天"字了，这个字就是"好"字，这个就是"地"字，这个就是一个字一个音。但是一个图符在一个地方代表一个字，我们这种文字的用法，它的同伴、朋友是什么，念的读音就变了。就好像汉字的"行"（xíng），用在金融方面（读）"háng"，银行，用在人的排列方面，一行一行的，这都用的，是吧？

这种图符有很多。我记得的，读音变音有三种的，比如说一个"马"，就有三种读音，还有一个就是绵羊，有三种读音，就是这些。三音以上，我还没有接触，这个就是三音，少的就是单音。

如果问日常使用的有多少文字，我还没有统计过来，我们研究院——丽江东巴文化研究院，统计了，都记不得了，1000多吧。这个李霖灿，就是昨天在这里演讲的人的父亲，李霖灿博士。昨天他（李在其，李霖灿长子）讲，研究院统计了1000多，他爸爸统计了将近3000。

现在的年轻人中，像你们这种年轻的，女性一般不学这种文字。男性，一个家庭应该有一个懂自己文化的人，最起码。

此外，东巴文字还有笔顺上的要求。从头到脚，画一头牛，画一个人，从头到脚，没有从脚画到头的。念法，它有一个规矩，天应该在上面，地应该在下面。念的时候，地如果要念在前面，画的时候还是应该画在下面；天念在后面，但是书写的时候，必须天在上面，地在下面。写男女的时候，男应该在左面，女写在右面，这是男女的书写规则。写的顺序和念的顺序不一样。

饶：据我们了解，东巴文多是祭祀的时候使用，日常生活中还会用这个吗？

杨：以前呢，祭祀的时候用的就是东巴文了，从建立了新中国以后，我们地方办起了汉文字学校。以后，小娃娃、小学生都是男女平等，都入学了。最近几年呢，不入学就罚款，小孩就统统都入学了，这样下来，我们发现汉字比我们的字书写起来便利，快。所以祭祀记事都用的是汉字了，一般都不用本民族的文字了，那很繁嘛！都是几个图像，说起来，写得就是比汉字费力。

饶：现在很多文字都有造假的情况出现，那么您认为东巴文有没有这种现象呢？

杨：造假的？假冒的？东巴文它的好，好就好在这一点，保持原貌，不允许你添加，这个就是我们的规矩，我们学这种文化的老规矩。所以你更改，它就有种罪恶。你一旦更改，向好的方向更改也是一种罪恶，不好的更改，那是罪上加罪。定义上来说，就是不能更改，保持原貌。至于书写的方法，书写的水平高低，那是另一回事了。但它的本义不能变，笔画一笔都不能添加，一笔都不能少。

现在的东巴文用的地方很广。有的地方，出生了一个婴儿，就要由东巴诵经。老人去世就要请东巴超度死者的灵魂，火化这个死者的尸体，尸体火化了把灵魂送上天。办喜事也要请东巴来念吉祥经，办丧事要念这个超度经。红事白事，大事小事，离不了东巴。不只我们本民族用，我们周边方圆一百多里的邻居，他们没有汉人的先生，就都请我们东巴，一般是为了消灾消难。比如说你这个命，算命算出来你今年是厄年，或者明年是厄年，今年就开始做仪式了，用草扎成两个人，一男一女，再用面团做成两个人，一个男的一个女的，把这个按汉学里面说的叫作"替死鬼"。你还没有碰到灾难的时候，就请他们顶替你。这些就叫作消灾消难，用的都是东巴经。我们周边的汉族人，喜丧事一般不请东巴，就在有病人有事情要消灾消难的时候请东巴。

超度亡灵——神路图

饶：听说纳西族有一种叫作"神路图"的画，您能给我们介绍一下吗？

杨：神路图，就是超度死者的亡灵的画，神路神路，就是给这个死者指路，这个地方呢，有什么障碍，有什么敌人，有什么敌对的势力，我帮你解除了，你就解脱了，再往上面一个地方送，你

图 5.4.2 神路图（高渊 2011 年 7 月 25 日摄于吾木村）

就解脱了。

一般人去世后都用这个。这个神路图不用的地方呢，就是小娃娃不满13岁就去世了，不用这个，那是有另一种方式来祭奠的。老年人的寿命60岁以上了，就请东巴用这个仪式。特别是东巴死了，那就要用另一种神路图，不是一样的。不是东巴的人用的神路图长一点。因为东巴已经在这个地方，一般人要从普通的这个地方超度，东巴在特别的地方，高层次的地方，所以就短一点了。一般普通的人的这个境界，他们已经经过了，体验过了，所以境界就高一点了，就要从高层次往上走。

饶：东巴的人数是什么状况？是一个村里就一个，还是？专门做些什么活动？

杨：我们村里现在有12个东巴，400多人的一个村落，80户，我们这个村就有12个，是专做仪式的，像诵经啊，做祭祀活动啊，这些都是东巴做的。还有小的，家里会写这种文字的，通这种文字的，基本上自己掌握自己家谱的人，平均每家起码有一个，他就不算东巴了。

东巴和东巴之间有能力强弱的区别。这个区别就像我们汉文化里面的小学毕业、初中毕业和高中毕业。这个层次是当然有了。有些东巴，就学个这么一点东西，就是这么一个水平。再远一点的，就好像中学毕业了，他的水平高一点。如果再都学完整了，那么他就是高水平了。比方说，如果你经文都精通了，你就是大学了。有些经文不通，你就像是初中啊高中啊，读下去了就读下去了嘛，就是念不下去了。念下去了，都可以了，念了，读了，诵了，再翻过来，它的意思全部能够理解的就算这个（翘大拇指）。不能理解的，只会念，或者理解一半的，念十句理解八句的，就是这个（翘食指）。没有什么具体的考试啊，那是没有的。我们是从实践中看，从实践中辨别。

饶：像现在的年轻人还去学做东巴吗？要学多长时间才能成为东巴？

杨：对，现在的年轻人还在学啊。用心的话，五年六年，只要你用心。不用心的人，就是三十年他也读不好。

对于想学东巴的人呢，他的这个出身啊，籍贯啊，没有这个讲究。就只有个男女的讲究，在我们这儿，女性我还没有听说过有学这个东巴的。嗯，我听说现在丽江就有前例了，丽江有一个小姑娘在学习东巴，我们这个地方还是按以前的老规矩，重男轻女吧（笑）。

护法神灵——大鹏神鸟

饶：您好！您的东巴画画得很好，能给我们介绍一下您赠给清华的这幅画吗？

和学湛（以下简称和）：东巴画不管什么神都有它的一种画法。画什么神，主要画在中间，后面还要配着它画出其他的神。这一幅图是我们丽江旅游的一个标志，现在丽江到处都有大鹏神鸟的这幅画。它下面的是一个守护神，又是一个自然神，它是一条蛇，手里拿着白海螺。这边的是一盏油灯。然后这里好像有两棵珊瑚，大海里有的珊瑚。下面的那个代表着海，海里面的中间的那个是龙，龙的两边也要画着两只大鹏神鸟。

大鹏神鸟是护法神，人类在发展了以后，有时候是破坏了自然，像种地，你要种地就去开荒，破坏了自然，或者捕杀了山上的野物，也是破坏了自然，自然又惩罚了人类。神话里就是这样说的，人类与自然过去是同父异母的兄弟姐妹，但是人类发展了以后，慢慢地破坏了自然，自然又报复人类，所以下冰雹，下大雪，地震呀，自然灾害很多，有很多灾难。就是这个大鹏神鸟，它在人类与自然中间调解。

大鹏神鸟在人与自然中间调和，然后分划了一些。人类可以种地，可以开发一些，那都是它调解以后。所以大鹏神鸟它叼的是似龙非龙，似蛇非蛇的一个精灵，它是代表着一个自然神"署"〔su^{13}〕。它是在"署"作恶的时候战胜了"署"，人类做不合理的事情，破坏自然的事情，也得到了教育。

这些图案都是按照传统的画法画的，不是我自创的，没有后来自创的，这都是按照原来就有的图谱画的。在东巴教里边，东巴画也是一个重要的部分。因为东巴教里面，你去祭祀的时候，必须有东巴画，像祭自然神，你就要木牌画。

饶：木牌画？能请您再详细介绍一下吗？

和： 木牌画，是在木牌上画，朝着什么山上呀，有水的地方呀，都是朝着木牌画祭祀，所以不能离开画。但是现在有一些年轻人，去学习了东巴文化、东巴文字，这些都是有一些人学习了，但

图 5.4.3 东巴正在绘制东巴画（李学信 2009 年 3 月 30 日摄于吾木村）

第五章 口述史　1001

是画这个事，它要绘画的功底，所以很多就是有一点失传了，画的人比较少。学东巴文字的人现在倒是有了一些，但是画这方面比较少。还有一个，这是我画的，但是我也有今后还要改进的地方，像东巴画里面的颜料，我现在用的是丙烯颜料，在布上画的。丙烯颜料在纸上画的时候不好用，但是在布上必须用那个丙烯颜料才好。所以我下一步，一个是布，要用自己织的麻布，我们自己种下来的大麻皮织起来的布，就像刚才他们穿起来的麻布衣那样子。我们原始东巴画，传统的东巴画，应该用那种麻布。你看这个用的就还是现代的布嘛！所以，以后要画在麻布上。

还有一些画是占卜用的，东南西北中呀这些方位的图都是一样的。这两个是纸牌画，这个也是我画的。这个纸牌画，就是东巴画的一种。东巴画里面有一个是神路图，一个是纸牌画，一个是木牌画，有时候钱币上也画。

神蛙之死——巴格图

饶：这幅是纳西族的图腾？这个青蛙有什么含义吗？为什么是这个样子？

和：这个青蛙，我再讲一下。我们纳西族东巴教的经书，从天上掉下来的时候，风一吹，把经书全部吹到大海里去了，大海里有一只蛙，就是这个蛙，把它吃掉了，经书全部都被吃掉了以后，有一个英雄在它的肚子上，射了一箭，射了以后这只蛙就死了，人们就拿走了那个东巴经书，部分的经书就是这样拿回来的。所以青蛙的身子是变凸了。这里面这是象形文字，这是西 [ni^{33} me^{33} gu^{31}]，就是西方（黑），东 [ni^{33} me^{33} t^hu^{33}] 是东方（白），南 [i^{33} $tṣ^hɯ^{33}$ mi^{31}] 是南方（绿），北 [xo^{31} gu^{33} lo^{31}] 是北方（黄），为什么是这样排列的呢？是因为这个箭头是铁打来的，所以西方是铁；这个箭尾是用木制的，所以东方是木；这个箭射了以后，打死了这只蛙，它就流尿了，这是北方，所以北方就是水；它就嘴里面吐出了血，所以南方就是火；土就是，蛙在地面上死了，死了以后它的四肢就扑在地上，变成土了。金木水火土就是这样来的。还有这个，这中间的五张，是东南西北中五方道神，这两边的是阴神和阳神，这个阴神是画了一个老虎，阳神是画了一个牦牛。五方道神看起来是一样的，很像，但是他骑在什么动物上就不一样，这个是大象，这个是大鹏神鸟，这是老虎，这个是龙，这个是熊。

饶：这样啊！咦，这个是十二生肖？和汉族的一样吗？巴格图是不是受到汉族的影响？

和：这是十二生肖了。嗯，都是一样的，因为汉族是八卦图嘛！有一个八卦图，我们是说法上不一样，我们是巴格图。

至于是否受到汉文化的影响，不一定，因为这个是原来我们就叫巴格图了，但是它的这个大概位置和八卦图是基本上一样，但是我们巴格图的"巴"意思是"蛙"。"巴"，就是蛙，我们说的是"巴"，汉族说的是八卦五行，不是同一种。

五 东巴造纸技艺传承人和继先访谈

时间：2011年7月22日

地点：和继先住所

被访谈人：和继先

访谈人：高渊

摄影：陈纯杰

整理：李君楠，高渊

和继先，1980年出生于吾木村，小学文化，系东巴世家后裔，现任吾木村东巴传习院会计兼秘书长，从事社区传统文化的保护和传承工作，任五峰完小纳西文化课义教老师，同时在家生产传统东巴纸，已生产出多种规格的东巴纸，目前正着手复建传统东巴造纸作坊。

关于东巴纸的历史背景问题

高渊（以下简称高）：和老师，您好！大家知道东巴造纸是纳西族的传统手工艺，在东巴文的书写与传承方面起着重要的作用。我们实践支队在对东巴实用性文书进行前期工作和后期田野调查中发现，东巴纸作为一种独特的书写材料，在纳西文化中有着重要的作用，不仅在东巴教中，同时在日常生活中都普遍运用，而我们学生在东巴造纸方面的了解又不够充分，因而首先想请老师给我们讲述一下东巴造纸工艺的历史以及它是怎么传承的。

和继先（以下简称和）：我对东巴造纸具体是什么时候发源的并不是很清楚，在东巴经书里面也没有明确的介绍。但是，从纳西文化的发源来看东巴造纸的起源能大概进行判断。东巴文是一种具有图画性质的文字，之前金沙江一带发现了很多画在悬崖上的岩画。东巴宗教里有很多的仪式，仪式中的神不像佛教那样塑一个神的像，而是画一个神，就像前日和学湛老师给大家介绍的那样，将东巴的神灵画在布上在仪式中挂起来。

纳西族长期生活在川滇藏这样一个三角地带中，西边有分布较广的藏族，南边曾有过南诏、大理等白族势力，这种条件就使得纳西族一直处于多个民族聚居地的狭缝中，生活没有固定的场所，因而纳西族一直过着颠沛流离的生活。假如自己的文字写在木牌或者石头上，那就没有办法带走，会面临丢失的困境。所以后来人们想办法，就将文字写在牛皮和羊皮上。现在纳西族的一些地区还能见到那种写在牛皮或羊皮上的文字。

在这之后，纳西族的祖先们很可能就尝试去寻找一种更轻便的材料来代替牛皮羊皮，记录自己

图 5.5.1 和继先（李学信 2010 年 2 月 18 日摄于吾木村）

的语言文字，记录一些日常需要记忆的事情。这种情况大概出现在唐宋之间。当时祖先们已经迁徙到了以丽江为中心的地区，可还是没有定居下来，居住环境依然不够稳定。在这样的生活环境中不可能一下子发展起来。所以在定居下来之后过了一段时间，他们才慢慢适应这个环境，开始了东巴造纸工艺的发展与改进，并用东巴纸来记录自己长久以来的文化。

纳西族祭天的一本经书里记录了这样一个故事：很早很早以前，纳西族部落的子民在一个地方举行祭天仪式，在举行祭天仪式的时候羌族部落发动了突然袭击，纳西族的子民就慌忙逃跑了。因为羌族是西汉时期的部族，而蔡伦的造纸术是东汉时期的发明，同时祭天仪式需要有东巴经书，所以从东巴经书里记载的这个小故事可以反映出，纳西造纸的历史可能比四大发明的造纸术还要早[1]。

---

[1] 此处判断主要依据民族经典传本与世代口耳相传，但羌族的存在不可能仅在西汉时期，论断可能有误。

高：老师您刚刚介绍说东巴纸是由使用牛皮羊皮开始一步步发展而来的，那么造纸的传承过程到底是父传子这样代代相传还是以收徒弟的形式传承下来的呢？

和：一般都是由东巴教徒弟的方式延续下来，也有个别是出于自己的需要拜师学艺。以前纳西族全民信教的时候，每一家农户都必须要有十到二十本的经书。现在会造纸的农户已经不多了，不仅是现在我所在的吾木村，连同周边几个村子中掌握东巴纸制造技术的东巴也不多。我听我师父和茂春老师及其他长辈们说，过去每年12月份的时候，大具、白水潭那边的人都会过来买纸，8市斤谷子一张纸，他们买这些纸用来传抄东巴经书。这边居住的东巴很多，他们为了满足自己书写经书与学习的需要，就去学习造纸的技术，并自己去找寻原料，通常每一年或者两年就做一回。

关于东巴纸的制造、使用和传承

高：那老师，我们现在来说一说造纸方面的内容吧。

和：七、八月份雨水较充足的时候，剥掉构树的皮，把树皮泡软，放入灶灰中煮一下，再把（树皮）拿起来，放到凉水里面，然后再把树皮外面黑色的角质层去掉，反复在水里面漂洗，把里面的灶灰、杂质等全部漂洗出去。漂洗完以后放到一个石臼里面，然后用木头舂细舂烂后再拿起来，放水之后放到捣酥油茶的长筒里面，捣成很稀的纸浆。将纸浆捣好以后就可以继续制作东巴纸了。把模具放在有水的一个水池或者容器里面，并先将纸浆煮好，然后把纸浆倒入模具，倒的时候要根据你要做的纸来决定倒多少纸浆，你要厚一点还是要薄一点，看你自己掌握了。然后顺着水平面把模具扶起来，就变成了很平整的一张纸。扶起模具的时候上身一定要平，不平的话纸浆就往一边流倾，做出的纸张就会一边薄一边厚了。拿起模具后把里面的水全部滤掉，滤完以后把纸板拿起来，然后反贴在木板上。

过去造纸的工具一般都是木具，对生态环境破坏很大，需要很多的木板，现在都用铁板或者铝合金的板子了。以前的木板也不是一次性使用的，但是如果你要做面积很大的纸张就要砍很大的树，就会极大地破坏自然环境，而且这样做出来的纸没有贴在铝合金板上做出来的纸质量好。一方面破坏环境，一方面产品又无法达到要求，所以促使我们将工具慢慢改进。

如果需要批量生产，还需要一种先进的生产方式。再说民俗文化总是要前进的，它不可能倒退，同时也不能停留在原来的传统上，否则民俗文化就免不了面临淘汰的困境，必须要靠每一代人去寻找更先进的方式，这个民族的文化才能发展，才能延续下去，这也是我们这些朴素的东巴纸制造者需要牢记的使命。

关于原料的采集呢，构树一般生长在南方海拔2000米左右的地方，树很大，比较常见，大的构树可能直径有三四十公分。荛花一般生长在海拔1500—2000米的地方，在金沙江河谷里就比较多。不过构树和荛花做出来的纸硬度一般不是很好，比较薄，但是韧性很好。

现在来说，东巴纸行业的竞争并不厉害，因为参与制作东巴纸的人数比较少，因为这个做了划不来，经济效益不是很好，所以就使得很多人想学习制作，但受经济效益低所限制。还有一些是东

图 5.5.2 浸泡中的构树皮（胡张拓 2011 年 7 月 22 日摄于吾木村和继先家中）

图 5.5.3 晾晒东巴纸的合金板（胡张拓 2011 年 7 月 22 日摄于吾木村和继先家中）

图 5.5.4 浸泡中的荛花（胡张拓 2011 年 7 月 22 日摄于吾木村和继先家中）

巴自己需要就自力更生地采集制作了，毕竟需求量不多。其实要是把这个东巴纸拿到市场上，应该还是有很好的经济效益的，只是年轻的东巴一般没有能力把纸拿到市场上去，这也是比较遗憾的。

高：我们知道老师您现在是想要组织成立一个东巴造纸的作坊，不知道您对这个作坊的前景是怎么看的？

和：这个作坊这样慢慢做下去，前景应该是不错的。但是一个很关键的问题是，从山里到丽江城里有很长的一段路程，路途遥远，运费是一个问题。同时丽江城里卖东巴纸的也有不少，但是因为那些都不是真正的东巴纸，所以成本较低，和我们的东巴纸竞争，我们的正品就处于竞争弱势。现在向我订购纸的都是一些东巴，他们不喜欢去城里买，因为那些纸都不是真的东巴纸。他们为了让自己的经书保存的时间更长，还是会来联系像我们这样的民间造纸的作坊。旅游市场上的纸一张20块钱，我们造的纸也是一张20块钱，但是他们那纸跟我们的比起来就有很大的差别。我们更多的市场还是在农村里面，供东巴抄写经书使用，而不是要投放旅游市场。

和现代造纸术比起来，现在的造纸技术比传统的造纸技术肯定是先进很多，但这两种技术造出的纸的区别主要不是造纸方法，而是在于原料，制造东巴纸的原料包含了有毒的植物，比如瑞香、狼毒，这些放在现代造纸工艺上也是可以的，但是我们这些农家制造者由于技术原因还是难以单独完成这样的工程，所以需要更多的人关注东巴造纸文化。

现在来说，东巴纸在文化传承中发挥的作用好像不是很大了，但是在历史上发挥过巨大的作用。像东巴经文，还有纳西很多民俗文化都被记载在东巴纸上而延续下来，所以东巴纸是文化传承的一个重要载体。如果是写在牛皮羊皮或者是木板上的话一定会对文化的延续产生影响，东巴文字可能就不会这样丰富，肯定会受到限制，如果写在不防腐不防虫的材料上，文化也难以延续下来。东巴纸书写的东巴经过去一直是至高无上的，家里小孩念书的课本都不可以与之放在一起，要表示一种崇敬。不过现在有些人把东巴纸写的经书乱丢，这其实是对知识的一种亵渎与不尊重。

六 无所不能的巴格图

——和继先、和学湛访谈

访谈时间：2011年5月4日
访谈地点：云南省丽江市玉龙纳西族自治县宝山乡吾木村东巴文化传习院
访谈对象：和继先，和学湛
访 谈 者：蒋波
整 理 者：饶枫多，张艺君，苏裴

和继先，1980年出生于吾木村，小学文化，系东巴世家后裔，现任吾木村东巴传习院会计兼秘书长，从事社区传统文化的保护和传承工作，任五峰完小纳西文化课义教老师，同时在家生产传统东巴纸，已生产出多种规格的东巴纸，目前正着手创建传统东巴造纸作坊。

和学湛，1957年6月出生，吾木村东巴，擅长绘制东巴画。

蒋波（以下简称蒋）：这是一个什么样的图腾呢？

和继先（以下简称和）：这个图画倒了，要颠倒过来才是对的。这幅画是一只青蛙，在东巴文化里，它能够计算日子，跟八卦的方位也有关系，它是纳西东巴文化的重要组成部分。关于这幅画有一个非常美丽的传说。很久很久以前，我们纳西族的祖先还没有自己的文字，这样生活中很多重要的事情都没法记录下来。后来，纳西族东巴教的祖先就请了一只白蝙蝠，请它去天上取经。这只白蝙蝠就骑着一只老鹰去天上取经书。它拿到经书后，从天上下来的时候，一阵大风把老鹰背上的经书全部吹到海里去了。所以它回来的时候又是什么都没有了。接着，白蝙蝠和老鹰跑到海边去捡经书，可是海里的青蛙把经书都吃到肚子里去了。这是一只很大很大的青蛙。这只青蛙趴在人类居住的地方，人们就不能在那里居住了。后来，东巴教的东巴教主拿了一把弓箭，就把这只青蛙给射死了。射死之后，整只青蛙就翻过来了。

至于我们为什么将青蛙当做纳西族东巴文化图腾的问题，是因为我们纳西族人很少，到现在也只有三十万人。在过去，纳西族的医术不是很发达，孩子出生之后很容易因病夭折，人口增加的速度非常慢。纳西族的祖先们希望自己的民族快速强大起来。他们在杀死了这个青蛙之后，发现青蛙的肚子里有许多小小的青蛙卵。东巴祖先们希望能够像青蛙一样生很多很多的孩子，帮助这个民族逐渐发展壮大起来。所以我们将青蛙当成了纳西族东巴文化图腾。

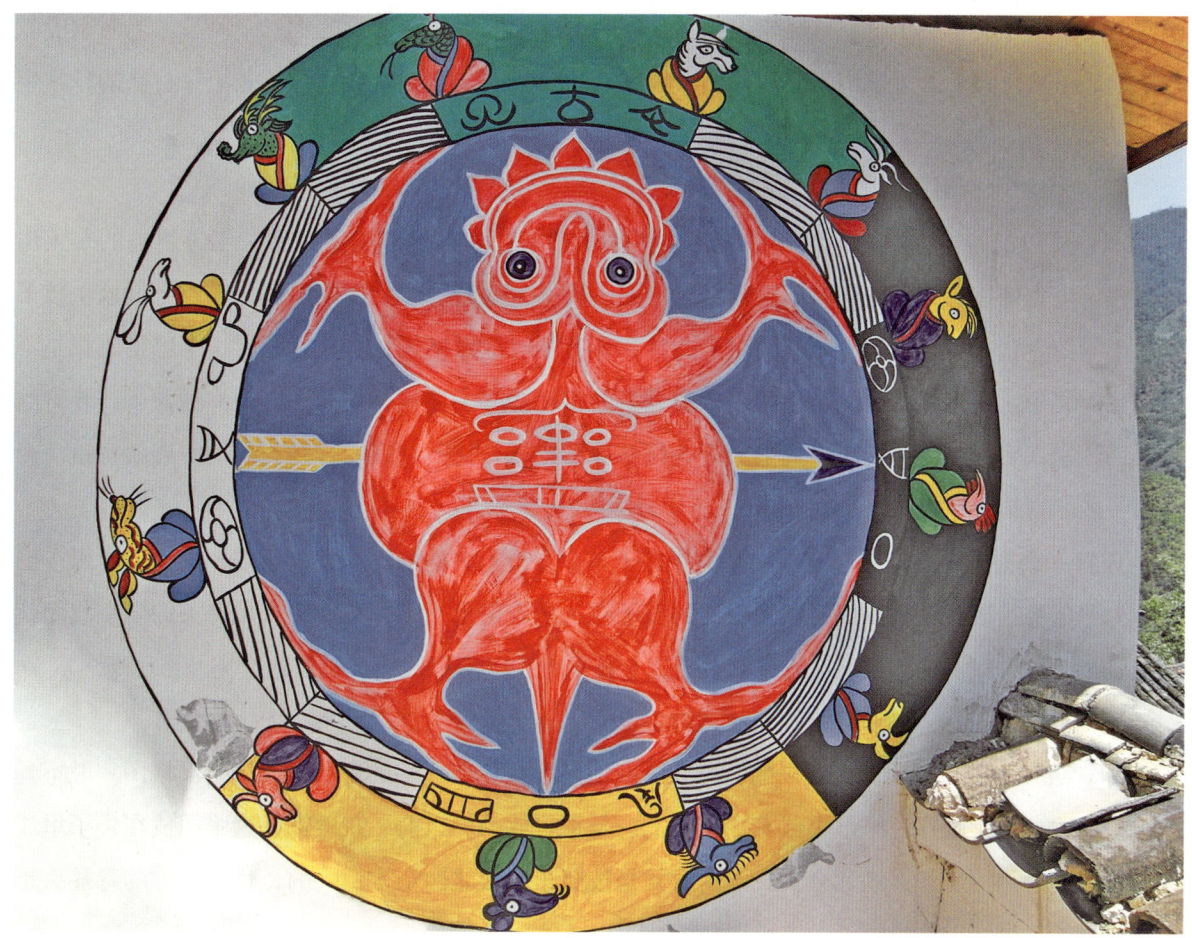

图 5.6.1 绘于吾木东巴文化传习院的巴格图（蒋波 2011 年 7 月 27 日摄于吾木东巴传习院内）

蒋：哦，那这只青蛙和八卦方位有什么关系？

和：这只青蛙头朝下的地方，也就是血液往下流的地方，就是南方，它尾巴的地方朝向北方，也就是下面是南，上面是北。那只箭是从东方射进去的，所以东方就是箭尾，西方就是箭头。中间部分呢，青蛙死了之后，中间的土地就露出来了，就变成了我们的土壤。此外，北方属水，西方属金，东方属木，北方属水，南方属火，中间属土。这样，金木水火土就都出来了。这个五行不是汉族的五行，而是纳西族的五行。

蒋：这些方位和青蛙的颜色有关系吗？

和：有关系的。东方的木是白色的，西方的铁是黑色的，北方的水是黄色的，南方的火是蓝色的，中间的土是红色的。这是纳西族对周边景物颜色的最早认识。

蒋：外面这一圈动物又是什么呢？

和：东南角居住的这个是龙，东北角居住的是牛，西北方居住的是狗，西南方是绵羊。所有的这些方位，配上十二生肖以后，就可以表示一年的十二个月，从老鼠算起，就是子丑寅卯辰巳午未申酉戌亥，一年的十二个月就这样轮出来了。同时，这幅画也能看一天的十二个时辰。当时东巴教教主把经书从青蛙肚子里拿出来之后，纳西族就有了自己的文字，就会算日子并记录自己的日常生活了。

蒋：那这个巴格图可以算命、占卜吗？

和：可以的。比如说我们纳西族有人生了一个孩子，如果母亲是属龙的一年、属虎的一天出生的，从出生的那天起，她的时间就根据巴格图一天一天地转，转到属牛的那一天，她就该生孩子了。不同的方位都有它的相，相有相对应的神，还有相对应巴格属相。这就要看这个巴格属相是不是相互冲突了。如果你的孩子出生的属相和母亲的相互冲突了，你就不能说这是你的孩子，要寄给别人，让别人给起个名字。所谓的干爹干妈就是这个意思。找不到人的时候我们纳西族就寄给一个大石头或者寄给一棵大树。

还有一个很重要的问题，有一种恶鬼存在于某个方位上，他特别喜欢吃小婴儿的肉。所以东巴要算出恶鬼会出现在哪个方向，如果我们的孩子在这个方位出生了，与这个方位有关的名字我们就不能取了，如果取了这个名字，恶鬼就会把这个孩子带走。所以我们要逃避这个鬼。

蒋：和学湛老师，这个您是不是也画过？

和学湛：对啊，这个就是我画的，画在了我们东巴文化传习院的墙壁上。这个巴格图一般不是挂起来的，一般是画在一张纸上或者一张布上，是平着放的。以前，东巴都把这张图放在袋子里或者口袋里面，用的时候再铺起来。我画的时候是按照东南西北四个方位来的，代表南方的青蛙头是在下面的，这个墙上的画倒了。

第六章
思考与探索

一 浅论东巴文在纳西宝山世俗东巴文书中的应用

宝山纳西东巴文书是宝山纳西东巴文献的重要组成部分:"纳西"指的是纳西族,"宝山"是地名,位于云南省丽江市玉龙县北部,是我们研究材料的来源地,所以冠之以"宝山";"东巴"是纳西族东巴教的祭司,因他们掌握并使用着纳西族传统的象形文字,故将这种文字称为"东巴文";"东巴文书"是相对人们较为熟悉的"东巴经书"而言,指那些已经脱离宗教束缚,用于记录日常生活的一种东巴文献,并具有现实的应用价值,因此,我们可称之为"东巴文书"。

(一)前人的关注与研究

东巴文产生的年代一般认为在公元11世纪之前[1]。从首次为学术界所关注到现在,其研究历史不过一百多年[2]。一代代学人前赴后继,仅国内就先后涌现出李霖灿、方国瑜、傅懋勣、姜竹仪、和志武、盖兴之、孙宏开等东巴文或纳西语研究专家,星光璀璨,硕果累累。

东巴文最主要的功能是记录东巴教经典,并由此得名。据统计,半个世纪前全球范围内被收集馆藏的东巴经书有两万余册[3]。据我们最新调查,尚有大量经书藏于民间,如云南省宁蒗彝族自治县拉伯乡加泽村油米自然村,男性几乎人人都懂,每家至少十本东巴经书,每位东巴手中多达数百册。而目前规模最庞大的东巴文译注作品《纳西东巴古籍译注全集》(共100卷)也仅收录一千册经典,不足半个世纪前收集馆藏的二十分之一。如此庞大的数量,自然使得东巴经书成为学者们研究东巴文的主要材料。一百多年来,基于东巴经书的研究,学者们对东巴文的用途和性质形成了相对一致的意见。方国瑜、和志武先生的《纳西象形文字谱》中就认定:"纳西族已接受汉文字为日常应用的工具。所以为社会生活服务的主要是汉文字,而纳西文则为宗教徒所专用,停滞在近于原始的阶段。"[4]方国瑜先生认为东巴文经书"一句话,甚至一段话,仅只用几个字记下来帮助记忆,这样的经文,并不能记录整个经典的意思,仍要口耳相传",因而东巴文是一种"处于原始阶段的象形文字,为从图画进入文字的转变阶段"。"东巴文化大师"李霖灿先生在《麽些象

---

[1] 李霖灿在《麽些象形文字字典》(中央博物院,1944年)中认为纳西文经典的时代"不能早过唐";董作宾在《麽些象形文字字典序》中认为东巴文"大概是麦琮(宋理宗时)创造的";和志武在《纳西族古文字概论》(《云南社会科学》1982年10月)中认为东巴文"约在公元7世纪的唐朝"产生。

[2] 喻遂生:《纳西东巴文文献学纲要》,西南大学汉语言文献研究所:http://wxs.swu.edu.cn/de/html/yanjiulunwen/bijiaowenzixueyanjiu/20110330/786.html。

[3] 中国大百科全书出版社编《中国大百科全书·语言文字》,北京:中国大百科全书出版社,1994年,"中国诸民族文字"条目。

[4] 方国瑜、和志武:《纳西象形文字谱》,昆明:云南人民出版社,1981年,50页。

形文字字典·引言》中认为"麽些[1]象形文字，既是文字，又是图画，正在由图画变向文字的过程中"，是"一种奇特复杂之混合现象"。《中国大百科全书·语言文字》认为东巴文是一种图画文字，代表着从图画发展到文字的第一个阶段。美国学者洛克认为东巴文"在严格的词汇意义上说，它还没有发展到文字阶段"，只能算得上是一种"画谜"。[2]无论何种观点，对于东巴文的性质，学者们都一致地认为其处于非常原始的阶段，甚至还未能演化成正式的文字。

东巴文书，更全面的说法应该叫"东巴文应用性文献"或者"东巴文世俗文献"，是指使用范围已经不限于宗教事务，而进入人们的日常生活领域，成为记录人们日常言行需要的文书。东巴文书涉及普通百姓生活的方方面面，包括契约、合同、账本、书信、歌谱、协议、收据、备忘录等。但不可否认的一点是，相比卷帙浩繁的东巴经书，东巴文书在数量上确实是九牛一毛。李霖灿先生曾称："麽些文字的日常应用，大致不出谱牒、记账、书信三项，谱牒、账目，我曾在麽些地区有意搜求，毫无所获。书信则只见到几封最近军人的家书，这可见麽些文字在日常应用上分量的稀少。"[3]据甘露（华东师范大学博士学位论文，2004年）统计，目前可见的东巴文书只有：

1.《纳西东巴古籍译注全集》第100卷收录的舞谱、杂言、仪式规程、医药、民歌方面范本10种。

2. 陶云逵《麽些族之羊骨卜及豝卜》[4]、戈阿干《东巴骨卜文化》[5]中收录的东巴文卜书。

3. 方国瑜、和志武《纳西象形文字谱》[6]收有1964年东巴和芳写给和志武的一封信。

4. 喻遂生的《一封最新的东巴文书信》[7]中收有东巴和芳2000年写给他的一封信。

5. 朱宝田《纳西象形文字账本》[8]收有和年恒1967—1971年的家庭经济收入记录。

6. 丽江博物馆藏有四川木里俄亚账本16种。

7. 和继全收藏中甸白地账本数种。

值得一提的是，喻遂生在《纳西东巴文地契研究述要》中对东巴文地契研究的基本情况做过简单梳理，并披露了他所见到的10份地契的情况。喻遂生还解读了两份收自云南香格里拉市的地契，写成《东巴文卖拉舍地契约译释》和《东巴文白地买古达阔地契约译释》。他的《和志本东巴借条译释》《和才东巴文题词译释》《白地阿明灵洞东巴文题词译释》《丽江国际东巴文化艺术节贺词二则译释》《东巴文〈祭天细则〉译释》等文章译释了一些新近书写的作品。

综上可知，大规模的传世东巴文书研究工作目前仍是薄弱领域，而开发这一领域对于东巴文用

---

[1] 纳西族旧称"麽些"。
[2] 见林向萧《关于"东巴文是什么文字"的再探讨》（《云南民族学院学报》2002年第5期）转引杨逸天、习煜华《洛克〈纳西语英语百科辞典〉》（《玉龙山》1987年第3期）中的话。
[3] 转引自喻遂生《纳西东巴文研究丛稿（第二辑）》，成都：巴蜀书社，2008年。
[4] 陶云逵：《麽些族之羊骨卜及豝卜》，《人类学集刊》第1卷第1期，北京：商务印书馆，1938年。
[5] 戈阿干：《东巴骨卜文化》，昆明：云南人民出版社，1999年。
[6] 方国瑜、和志武：《纳西象形文字谱》，昆明：云南人民出版社，1981年，586页。
[7] 喻遂生：《一封最新的东巴文书信》，载《纪念王力先生百年诞辰学术论文集》，北京：商务印书馆，2002年，434页。
[8] 朱宝田：《纳西象形文字账本》，《民族学报》1981年第1期。

途和性质的再认识具有十分关键的作用。

本书收集到的文书共计43份56篇，主要来自宝山吾木村及其周边村寨，为目前东巴文书研究史上数量之最，其中包括22份（23篇）地契、1份调解协议、2份会议纪要、5份人情往来记录、6份清单、2份对联（共14副）、5份民歌民谚。其中，雍正四年（1726）书写的地契是最早的作品，吾木村东巴和茂春先生写于20世纪50年代的14副对联则是我们收集到的最晚的传世文书。然而，东巴文顽强的生命并没有就此止息，为了更好地反映东巴文书现状，2012年3月和茂春先生用东巴文写于清华园的5份民歌民谚也被收入本书。这样，起于清前期，前后延续近三百年的东巴文书成长历程清晰地展现在本书中。面对如此宝贵的新材料，充分发掘和利用其价值，准确详实、原汁原味地解读这些文书，是历史赋予我们的一个重要使命。

从2010年暑假开始，清华大学"中国西南地区濒危文字抢救、整理与研究课题组"的师生先后多次访问宝山老东巴和茂春、和继泉等。2011年5月，清华大学举办了"清华百年——中国西南地区濒危文字文献展暨研讨会"，宝山吾木东巴文化传习院负责人李学信、东巴画家和学湛、青年东巴和继先和十几个民族/支系的代表一道，亲自到清华大学参加了展示及研讨会，并对部分文书进行了初步翻译解读。

特别是2011年7月到8月，清华学生组成社会实践宝山支队，在宝山乡吾木村党支部、村委会和东巴传习院的大力支持下，对吾木村及附近几个村落进行普查，收集了几十份东巴文书，并尽可能在现场邀请文书持有者、本地东巴先生逐字逐句进行解读。

我们的翻译工作建立在语言调查基础上，首先以吾木村村委会苏明自然村东巴和学耀作为发音人，在两千条常用词的基础上，描写出了当地语音的真实面貌。毕竟，文字假借是因为语音的相同或相似，准确的语音系统为我们全面解读文书打下了坚实的基础。文书的解读以当地东巴解读为准，我们先后邀请了吾木村的和茂春、和学湛、和学耀与和继先作为翻译人，反复核对。并得到孙宏开、赖静如、盖兴之等先生多次指导，最后的成果按照民族古文献解读的规范，文字原图、国际音标、图符本义、意译和全句大意五行对照的方式整齐排列，清晰明了，便于阅读。

上文已经提到，各位前辈学者对东巴文性质的思考都是基于传统的东巴经书。正是由于东巴文书数量上的稀缺，使得人们对东巴文性质的认识有待深入。正如王国维先生的名言"古来新学问起，大都由于新发现"，宝山文书的发现为我们研究东巴文打开了一片新的视野。

（二）文字性质再认识

1. 东巴文是不是文字？

从形态上我们可以看到，东巴文是一种非常古老的符号体系，具有高度的象形性，每一个符号的形态都对应现实中的事物，如"狗"，明显画的就是一个狗头，"雪"，就是三瓣飘落的雪花。但探讨东巴文究竟是不是文字，我们不能仅仅从形态上下结论，而应该明确文字的本质内涵。

首先，文字是记录语言的书面符号系统。在传统的东巴经书中，我们看到其中的符号仅仅起提示性作用，动词和虚词往往大量省略，每个东巴根据符号提供的零散信息，串联起完整的句义，并诵读出来，对符号的理解因人而异，所以相同的经书在不同的东巴口中，完全有可能得出不同的语句：经书中的符号并不能完整地、准确地逐词逐音记录语言。从这一点上看，洛克完全有理由认为东巴文是"画谜"。而宝山文书让我们看到了东巴文新的用法：每个符号都有固定的音和义，符号相连形成词语、短语和句子；助词、量词、副词，甚至名词的前缀都有相对应的符号记录。这就使得语言可以被完整地记录下来，不会因为阅读者的不同而产生不同的诵读。

其次，文字具有社会性，是可以在整个社会普遍使用、具有稳定性的符号系统。东巴文从唐宋年间产生至今，在纳西族社会流传已经有千余年的历史，至今仍在使用，足见其顽强的生命力。会议记录、地契、账单、书信等文书的发现，使人们重新认识东巴文在纳西族社会中的作用，打破了东巴文仅仅在宗教活动中使用的偏见。在宝山文书中，东巴文是交际和沟通的工具，为了有效地传达信息，其符号必然具有高度的社会性和普遍的使用效力，在横向上是约定俗成的。我们收集到的文书共计43份56篇，时间跨度将近300年，在不同时期形成的文书中我们可以看到大量相同的、重复的字符，它们的形态、用法和意义保持了高度的一致性（如 ⚥ 本义为"雌性"，假借表示为语气助词），因此东巴文也具有纵向上的稳定性。这种约定俗成的特性和语言一样，正是文字的根本特征之一。

再者，文字系统的符号必须达到一定的数量。文字最根本的目的是记录语言。一种语言的使用者往往成千上万，同一个人一生中说出的话语也不计其数，因此，要想充分完善地记录语言，文字（不包括表音文字）的数量必须达到一定的规模。据王元鹿、朱建军（《"坡芽歌书"的性质及其在文字学领域中的认识价值》，《华东师范大学学报》2009年第5期）统计，我国已被学术界普遍认为是文字的几个系统中，达巴文仅30多个字符[1]，玛丽玛莎文字数也仅100多[2]，尔苏文字数刚过200[3]。相比而言，东巴文的数量要远远超过这些"兄弟文字"。笔者根据这43份56篇文书共统计出近400个文字，而方国瑜先生的《纳西象形文字谱》收字1867个，李霖灿先生的《麽些象形文字字典》收字2120个，最新的《东巴文编码字符集国际标准》收字1203个[4]。我们知道常用汉字的数量也就两三千，而两千左右数量的东巴文再通过一系列的同音假借完全可以记录纳西族人民的语言。

---

[1] 许多多：《屋脚摩梭历书〈哥里木〉解读及符号性质初探》，清华大学学士毕业论文，2011年。

[2] 《维西傈僳族自治县志·语言文字》（昆明：云南民族出版社，1999年）中统计有玛丽玛莎文105个；刘楚龙《寻访神秘的玛丽玛莎文》（清华大学"中国西南地区濒危文字抢救、整理与研究课题组"未刊手稿，2011年5月）中收录玛丽玛莎文67个。

[3] 孙宏开：《尔苏沙巴图画文字》，《民族语文》1982年第6期。

[4] The Unicode Consortium：*Proposal for Encoding Naxi Dongba Pictograph in the SMP of the UCS*，http://std.dkuug.dk/JTC1/SC2/WG2/docs/n4043.pdf.

2.东巴文处于何种文字发展阶段?

既然通过宝山文书可以确定东巴文的文字属性,那么东巴文在文字发展史上属于哪一个阶段,至少属于哪种类型的文字就值得进一步讨论了。

不可否认,从形态上来说,东巴文是一种非常古老的文字形体,其形态具有高度的描摹性,即使从未接触过东巴文的人也很容易猜测字符的本义,但文字性质的判断是多方面的,形态上的原始性并不能代表文字系统的原始性。

（1）从文字记录语言的方式上看

前文已经说过,世俗文献中的东巴文已经可以逐词逐音地记录语言,即使是虚词,也可以通过发音的相近,大量假借使用。人们对于同一件文献的读音大体是相同的,理解也基本一致。这种全面、准确地记录语言的方式说明东巴文已相当成熟。

（2）从文字结构类型上看

东巴文的造字法已经非常成熟。方国瑜先生曾经提出过东巴文的"十书说",即依类象形、显著特征、变异本形、标识事态、附益他文、比类合意、一字数义、一义数字、形声相益、依声托事。[1] 王元鹿通过对纳西文与汉古文字的结构类型比较,提出了"五书说",即象形、指事、会意、义借和形声。[2] 喻遂生在此基础上,进一步提出东巴文字结构的"六书"理论,即象形、指事、会意、形声、借形、假借。[3]

A. 象形。象形是构造文字的最基本方法,东汉许慎在《说文解字》中曾定义:"象形者,画成其物,随体诘诎,日月是也。"通过对事物外形特征的描摹,象形字与所指事物之间有高度的相似性。在这43份56篇文书中,我们可以看到既有独体象形,又有合体象形,如:

独体象形字	字符			
	意义	太阳	狗	火
合体象形字	字符			
	意义	雪花	手持树	搓

B. 指事。"指事者,视而可识,察而见意,上下是也。"利用抽象的符号形象来表示特定的概念意义,便是指事与象形的区别。如:

---

[1] 方国瑜,和志武:《纳西象形文字谱》,昆明:云南人民出版社,1981年。
[2] 王元鹿:《汉古文字与纳西东巴文字比较研究》,上海:华东师范大学出版社,1988年。
[3] 喻遂生:《纳西东巴文研究丛稿（第二辑）》,成都:巴蜀书社,2008年。

字符				
意义	一	二	三	砍
字符				
意义	倾倒	阿（语气助词）	右	看见
字符				
意义	苦			

上述指事字用抽象的线条作为指示符，代表现实中的事物，既有泛指，又有特指。如数字"一""二""三"和"砍"中，都利用短线表示抽象的事物，范围并没有限定；而"倾倒"中间的竖线显然是表示液体，语气词"阿"中间的横线指的是声音，"右"中的曲线象征人的右臂（面朝读者），"看见"中两只眼睛下方的的短竖线则象征人的目光，"苦"中的黑点寓意舌头上的味道。

C. 会意。会意字是通过两个或多个字符之间的相互关系来表达一定的抽象概念，已经属于较为高级的造字法。如：

字符				
意义	踩踏	二十	坏	背靠

D. 形声。东巴文中形声字数量不菲，喻遂生曾对《纳西象形文字谱》中的1359个单字做过统计，其中形声字242个，占到17.8%。[1]形声字一般由"声旁"和"形旁"构成。如：[φi^{33}] "人"，该字上声下形：上为稻谷，读音[φi^{33}]，借以表示整字的读音；下为人形，表示整字的概念意义。[$lɯ^{33}$] "田地"，此字上声下形：上为"牛虱"，读音[$lɯ^{33}$]，也表示全字的读音；下为描摹土地的形状，表示整个文字的意义。

E. 假借。假借即借另一具有相同或相似读音的字来代表本字。假借是一种用字方法，可以看做是文字走上"表音化"的先声。周有光将"假借"分为"部分假借"和"全部假借"两种。[2]"部分假借"是在非表音文字中用一部分"同音代替"，不改变文字体系的性质，而"全

---

[1] 喻遂生：《纳西东巴文研究丛稿（第二辑）》，成都：巴蜀书社，2008年。
[2] 周有光：《世界文字发展史》，上海：上海教育出版社，2003年。

部假借"是完全用"同音代替",把非表音文字改为表音文字。东巴文属于"部分假借",这就意味着即使在实用性文献中存在着非常普遍的假借用法,东巴文的性质仍不能归为完全的表音文字。

字符				
国际音标	ku³¹	lu⁵⁵	iə¹³	tɕʰi³³
直译	大蒜	庹	烟叶	刺
假借义	头	两	给	卖
字符				
国际音标	ʂu³³	me⁵⁵	nɯ³¹	
直译	铁	雌阴	心脏	
假借义	纯	语气助词	结构助词	

在实用性文书中,不仅可以假借表示名词、动词、形容词等实词,连助词、连词等虚词也完全可以准确表示出来,这在东巴经书中是很难看到的。假借法大大扩展了已有文字的使用范围,使纳西语中大量的无字词语可以表示出来,正因为如此,才使东巴文逐字、逐音完整记录语言有了可能。

F. 借形。如果说假借是根据语音的相似性而产生的文字借用现象,那么借形就是根据词义的相关性而产生的文字借用。历来学术界对于这种文字使用现象称法不一,"声母数音""一字数义""转意字""义借字"指的都是"借形"。喻遂生将借形定义为:用一个字形记录几个意义有某种联系而语音不同源关系的词的同形字。[1] 在实用文献中可以找到如下的实例:

字符			
本字	国际音标	xa³¹	tse³³ be³³
	意义	金	斧头
借形字	国际音标	ʂɯ³¹	ʂu³³
	意义	黄色	铁

从例子中我们可以看到,⊗的本义是"金"[xa³¹],因为金为黄色,所以又借用⊗来表示"黄"[ʂɯ³¹];同理,⊟本义是"斧头"[tse³³ be³³],斧头多为铁质,所以又借用字形⊟来表示"铁"[ʂu³³]。

---

[1] 喻遂生:《纳西东巴文研究丛稿(第二辑)》,成都:巴蜀书社,2008年。

象形、指事、会意、借形四种造字法（包括用字法）属于表意体系的范畴，而形声法和假借法则把东巴文的发展阶段大幅向前推进，这些可以看作"表音化"现象的萌芽（事实上，东巴文的"弟子"哥巴文已经走上了完全表音的道路）。[1]

宝山文书的"实用"和"世俗"都是相对于"宗教"而言，"实用"和"世俗"也是宝山文书的特点和价值所在。这种完全不同于传统经书的文献有自己的特点：一是文字大量假借；二是逐词、逐音完整地记录语言；三是竖行排版；四是成熟的构字法；五是书写随意，产生了正体、简体、草体的分化。

东巴文的系统性、社会性和规模性在宝山文书中也得到充分展现，这足以证明东巴文的文字属性。文字系统的性质不应只从外形上判别，完整记录语言的能力和成熟完善的文字构造法进一步证明了东巴文是成熟的文字符号。

（三）宝山文书是座"宝山"

除了文字学上的价值，宝山文书也为我们研究纳西东巴文化、社会民俗、语言学、历史变迁提供了宝贵的资料。

地契是数量最多、最典型的文书档案，也是书写年代最早的，如清雍正四年（1726）的文书1-1《阿则梓卖田契》、乾隆五十五年（1790）的文书1-2《嘉吉塔分田契》。为了增强法律上的约束力，地契中不仅会明确指出时间、地点、田界、代字人、见证人和交易双方的姓名，甚至产生了各种印信符号，如文书1-6《克密得热塔卖田契》中画押的手印、文书1-1《阿则梓卖田契》中的印章图案等。会议纪要产生的时间相对较晚，都是民国时期的作品，详细记录了宝山地区东巴法事的经费募集方式及化赕[2]的习俗。文书2-1是一份民事纠纷调解协议，记录了矛盾的双方、判官及双方家长的姓名。地契、会议纪要、调解协议的性质决定了这类文书的客观性和真实性，是对宝山历史民情的最直接记录。文书1-20《伟诃等人田契》背面的鸟兽图是研究东巴画的重要资料。对联是纳西文化与汉文化相互交融的产物。民歌民谚主要来源于宝山乡吾木地区，是更加世俗化的作品，表现了吾木人民对生活的热爱。

宝山文书的语言学价值也不容否定。在词汇调查过程中，我们整理出的吾木话语音系统对于描绘纳西语宝山州土语的语言面貌具有非常重要的作用。通过在当地的调查，我们还发现了一些普遍的语音演变规律，如吾木话中的龈腭音声母/ɕ/、/dʑ/、/ⁿdʑ/在与/i/相拼时，在不同的人口中往往可以自由变读为［ɕi］、［dʑi］、［ⁿdʑi］或［çi］、［ʝi］、［ⁿci］，这种尚不稳定的腭化现象，对于揭示汉语普通话中团音的来源具有非常重要的价值。大规模的词汇统计，使我们看到了吾

---

[1] 当然，我们不能断然认定表音文字就是东巴文的最终归宿，但东巴文已经大大突破表意文字的范畴，成为名符其实的意音文字。

[2] 纳西族民间风俗，在自愿的基础上，人人拿出一定数额的钱物凑集在一起作为基金。当个体遭遇困难急需用钱时，可以动用这笔基金，以解急难。赕友之间也可以利用这笔钱款在一起聚会联欢，增进感情。

木话中的很多汉藏语同源词，如"太阳"［ni³³ me³¹］、"二"［ni³¹］、"我"［ŋu³¹］、"你"［nə³¹］等等。吾木话保存的汉语借词有多层次性，体现出不同时代和不同地域的影子，比如"笛子"［pi³³ li³³］和"笔"［pə³³ ly³¹］可能就来自古汉语的"篴篥"和"不律"，"光绪"［kuɑ³³ sy³¹］、"照相"［tʂo³¹ siɑ³¹］、"味精"［ue³¹ tsi³³］因保留了尖团分立的特征，借入年代不应晚于20世纪初。"酱油"［tɕiɑ³³ iə³¹］、"利息"［li³¹ ɕi¹³］等词语声母中尖团音已相混，想必借入的很晚。"螃蟹"［pɑ³¹ xɑ³¹］、"黑板"［xə¹³ pɑ³¹］、"岸"［ŋɑ³¹］等词汇则是典型的西南官话借音。一般认为，词语借用是由于本语言中并无对应的事物称谓，但是在纳西语中已经有"东""南""西""北""三""四"等基本词的情况下，宝山文书中仍然假借本义是"木板"［to³³］、"黑"［nɑ³¹］、"知道"［ɕi³³］、"诵读"［pe¹³］、"气"［sɑ¹³］、"肝"［sɯ³¹］的东巴文来音译汉语词汇。这类特殊的词语借用现象如果假以时日，有没有可能发展成类似日语的"音读"和"训读"现象？这些都值得人们关注。吾木话中汉语借词的声调也反映了不同的历史层次和来源，不仅系统对应《广韵》音系，而且也适应了吾木话原有的语音系统（具体可参见本书语音部分，此处不赘述）。

宝山文书是一扇小小的窗口，文字上的借用也使我们管窥到历史上汉、藏文化在此地的交流与融合。对于汉文，借汉字"上"[1]、"下"[2]、"又"[3]的字形与字音来表示吾木话中的"说"［ʂə¹³］、"告诉"［ɕiə¹³］、"给"［iə¹³］；借汉字"五"[4]的字形、字音和字义来表示吾木话中的人称代词"老五"［a³³ u³¹］。在藏文方面，借藏文字母"ཀ""ད""ཆ""ཟ"的字形与字音来表示吾木话中的"好"［kɑ³³］、"黑"［nɑ³¹］、"块（量词）"［tsʰɯ³³］、"气"［sɑ¹³］等。

在敲开了宝山文书的财富大门之后，人们不禁会问：为什么这么宝贵的文献财富在丽江坝区或古城区难寻踪影，却偏偏在宝山地区生根发芽呢？笔者认为应该归因于宝山地区相对封闭的地理环境——宝山地处高山地区，全境海拔均在两千米上下，高山峡谷纵横交错。首先，正是这种地理环境使得古时汉文化相对较难渗入，使宝山地区保存了更为纯粹的纳西文化。和志武先生说得更直白："因为那些地区（笔者注：指丽江南山、大东、大巨[5]、宝山、鲁甸、塔城和中甸白地、维西叶枝、白帕等地的纳西族村落）的群众，过去一般都不会说汉语，识汉字的人更少。"实际上，在丽江坝区和古城区，汉文字已成为日常应用的主要工具，服务于社会生活。并且在宝山地区，我们也确实发现了很多汉文文书，包括最早光绪二年（1876）的地契、民国三十六年（1947）的选举权证及新中国成立后的分粮记录，但数量上少于、时间上也晚于东巴文书。因而可以认为在宝山地区，东巴文书在当时应该是居于主流地位的。再者，丽江古城是驰名中外的旅游胜地，每年接待的

---

[1] 见文书1-16《继继密卖田契》。
[2] 见文书1-22《伟舒嘉顶伽田地抵押契》。
[3] 见文书1-22《伟舒嘉顶伽田地抵押契》。
[4] 见文书1-15《哈巴密卖田契》。
[5] "大巨"，和志武《纳西族的象形文字和东巴经（调查资料）》（1976年）第17页原书如此，今日未有此地名。

游客不下千万。如此频繁的人口流动，不可避免地会造成文物文献的流失。即使坝区和古城区过去真的有文书流行，现在消失也不足为奇了。宝山地区山高路险、交通不便，我们进吾木时就在崎岖的山路上颠簸了近五个小时，普通游客自然不会轻易进入。这里险恶的自然环境和落后的基础设施，对保存宝山文书起了重要的作用。

布克哈特（Jacob Christoph Burckhardt）说过"文字是文化的灵魂"[1]。保护东巴文，就是保护纳西文化；保护宝山文书，就是实现纳西族的自我认知和民族认同。不能否认的事实是，东巴文的生存现状不容乐观。在吾木村，除了为数不多的东巴外，能够书写、阅读东巴文的人寥寥无几。而在丽江古城，我们甚至看到了市面上粗制滥造、随意书写以期取媚消费者的各种东巴文工艺品，让人不禁扼腕叹息。如何在发掘、整理的基础上将这种古朴、自然的文字体系传承下去是一个很值得思考的问题。在信息化、全球化日益加剧的今天，我们不可能要求每一位纳西族同胞都放弃汉文、英文而改用东巴文。笔者认为"用汉识纳"是实现纳西族文化传承和保护的最有利途径。这里的"汉"是指汉语乃至英语等国际用语；"纳"不仅包括东巴文，还包括其姊妹文字哥巴文、玛丽玛莎文，不仅包括东巴经书，也包括东巴文书、东巴画等纳西族传统文化。"用汉识纳"即纳西族人民在现实生活的交流中，为了传播的高效使用汉字，而不必拘泥于传统纳西族文字，但至少对东巴文应该达到可以辨识、读懂的水平。实现"用汉识纳"最主要的途径就是学校教育。在吾木村调查时，我们很欣慰地发现村中的小学正在教授东巴文。在学校孩子灿若桃花的小脸上，我们仿佛看到了东巴文的未来。

当然，我们深信，散落在宝山乡间的文书远不止这43份56篇。那些尚未被世人所发现的文书正默默地躺在纳西族百姓的家中，等待有缘人的解读。与敦煌文书或是徽州文书相比较，43份56篇宝山文书远不能建立起一种地方学，但是它们却给我们研究纳西文化提供了一个崭新的切入点。也希望此书能够抛砖引玉，引起更多学者的关注，我们期待在未来能够看到名副其实"宝山学"的建立。

蒋波
于清华大学凯风楼

---

[1] http://news.xinhuanet.com/comments/2009-02/10/content_10791739.htm.

二 宝山东巴传统工艺及其文化背景研究

在任何一种民族文化中，文字始终是文化现象最为精髓之处。不论是其使用长度与广度，还是其对于其他文化现象的影响力都随处体现着文字在民族文化中的重要地位。宝山东巴文化遗存作为纳西族具有代表性的民族内容在地方语音、东巴文字、宗教习俗、生活方式以及传统工艺中都具有很大的研究价值。

2011年夏天，田野调查队伍进入了云南省丽江市玉龙县宝山乡，以当地语言文字作为主要调查对象进行了为期14天的调查。通过对当地世俗文献的抢救、翻译、整理等工作，阶段性取得了为东巴文文字性质正名的工作，同时还在当地就东巴季节历、东巴建筑构型、东巴造纸工艺以及相关民族信仰进行了调查。

经过调查我们发现东巴文字与这些纳西民俗、技艺有着千丝万缕的关系。文字研究无法脱离文化的探索，文化的研究也必须基于文字研究的发现，二者相辅相成。从而本文旨在通过以东巴文字解读为理解出发点，将东巴传统工艺与民俗中的季节历、造纸、建筑等内容代入一种东巴文化氛围中进行解读，从民俗和文字双重角度来审视纳西文化，摆脱传统就物论物的工艺研究模式与形而上的文化分析思路，更侧重于其民族风俗和民族技艺的研究与推广，学习拯救濒危文化，更加深入地了解东巴文化。

（一）东巴建筑工艺

云南纳西族民居建筑在我国少数民族民居建筑中独树一帜，纳西民居以其丰富多变的表现形式、独具匠心的造型规律和具有深厚底蕴的传统文化内涵对于研究纳西民族民居观有着重要价值。同时其与自然民俗等多方面的合理搭配对纳西民族文化与乡土特色有着很强的彰显作用。本节以纳西族现存民居建筑样式为调查对象，重点研究风土建筑的形态种类及其文化内涵，对于传承民俗文化、纳西民居观有着一定的现实意义。

调研课题虽然侧重于传统心理方面的民居观，但还是需要从传统民居的构型着手并从中找到民居观的突破口，并结合当地习俗、宗教、历史传统和季节性对民居观进行考察。从而选定较为合适的民居，从中提取相关的建筑风格与文化传统、民族心理的联系就显得至关重要了。

经过考察不少民居之后，研究课题综合考虑选择了一家比较典型的纳西族农家小院。这户民居位于吾木村东巴文化传习院门口，选择这座民居的理由如下：

一是村民的生活水平不同，居住条件差异也较大，家庭收入较高的村民拥有砖砌的二层楼式的房屋，而低收入村民特别是独居的老人往往只有一两间土坯房，而这一户人家收入中等，具有普遍的代表性；

二是这一民居直观简洁地反映了纳西民居的普遍特点，便于阐释说明。

而在对民居观的采访中，主要采访人为现村委书记兼东巴文化传习院院长的李学信和当地东巴和学耀。这两位因为常年生活在吾木村中，对当地习俗文化有较深的了解，对当地宗教信仰也较为熟悉，能较好地理解纳西族东巴文化影响下的建筑风格原因与其所代表的当地人民民居观，同时语言文字功底较好，能进行流畅的交流，从而被选择作为调研协助者。

1.当地传统民居建筑特色

在对纳西民居观进行研究之前，需要对当地民居特色进行一定汇总，从而得出其建筑形制所体现的传统文化内涵。

总得来说，有五个特征是所有纳西民居普遍具有的。一是纵向上扬的屋脊被称为"起山"，意思为"升起"，横向两坡屋顶的檩条被称为"落脉"，意思为"举折"。"起山"与"落脉"相互配合，使屋顶的纵横向皆成微微的反拱曲线。屋面所呈现的凹曲状变化，使屋顶轮廓舒展、柔和且优美，十分令人赏心悦目。

二是与地形、与多变的高原气候相适应。吾木村位于山坡上，因此民居则多选向阳坡建房，顺山势跌落，彼此互不遮挡，使每一处房屋都能晒到太阳。丽江的气候特点：冬干夏雨、干湿季分明。丽江的年降水量为910至1040毫升，5至10月为雨季，雨量较大；干季时期雨雪量少，天晴日暖。于是，民居屋顶都采用两坡顶，坡度接近30度，且挑檐深长，并在屋前形成宽大的厦子（即外廊）。这样形成的屋顶不仅利于雨季排雨乘凉，也利于在干季躲避强烈的太阳辐射。

三是因地制宜选择建筑材料。丽江地区的地形地貌和气候条件具有多样性的特点，这影响了当地材料的多样性。于是，纳西族民居根据所处自然环境的不同，"因地制宜"地选择建筑材料。例如：丽江坝区内的民居，从古城往北方至玉龙县宝山乡的吾木村，随海拔高度的升高，气温逐渐降低，土含砂石量不断增高。丽江古城多土少石，因此民居为土木或砖木结构；随着海拔的升高，吾木村的民居则多数为土石木或砖石木结构房屋，而外墙整一层都是石墙。

四是民居反映着社会贫富差距。从民居的建筑水平、结构形式、房屋规模、立面装修就可反映住户的经济水平。前面我们选取了一户经济能力处于中等水平的民居作为典型，现在就来谈谈不同经济水平民户的民居差异。比如，村民会根据各自经济水平的好坏，选择建造不同规模大小的民居。其中，"一坊房"是规模最小最简单的一类民居形式，供家庭简单且财力较差的人居住，在走访中我们发现这样的民居的居住者多是寡居并且没有子女的老人，也有人利用"一坊房"作为店铺，上面住人下面经商。"两坊房"即是将两个一坊房同向或两向连接来组成院落，虽面积增加但"两坊房"也是经济财力有限的小家庭居住。"三坊一照壁"是经济实力适中的大家庭喜欢采用的主要形式，房间数量多，功能多，院落大，是从事家庭手工业和副业的理想场所，如前面我们选择的典型民居即为这种形式。更富裕的家庭则采用"四合五天井"的形式，它由四坊房屋组成，中心一个大院，其装饰更多，更显豪华富丽；两重院或多重院只有富豪之家或官宦之家使用，规模很大，布局严谨，讲究对称，既反映出豪华大家气质，又体现严格的封建等级观念。可见，这些民居形式都直接与住户的经济实力和社会地位联系。

五是建筑构架上，吾木村最常见民居的木构架体系是传统的汉族抬梁式、穿斗式，部分山区民居采用井干式。抬梁式又称叠梁式，这种构架是受汉族建筑的影响，即柱子在面阔方向和在侧面使前后檐柱向里，每高0.33米分别收0.033米，与宋《营造法式》规定相符。抬梁式构架可使室内少柱或无柱，从而获得较大的空间，还能增强结构的稳定性。穿斗式又称立贴步架式，这种构架省料，山墙抗风性能好，并具有较好的整体性，但因柱多而较费料，同时空间跨度小，纳西族一般将其用于山墙和隔墙。吾木村民居房屋多采用抬梁式与穿斗式的组合形式。这种结构结合了抬梁式和穿斗式的优点，可获得较大空间，用料也不多，所以在楼房中应用较广。典型的民居的牲畜棚即为这种应用的代表。

从以上的总结内容中可以看出，当地的建筑形制会与当地地形气候相适应，同时兼顾社会地位体现与社会功用，而从建筑方法来看是粗犷式的就地取材，木式构建。这样的建筑方法很大程度上与当地的季节气候相关，可见纳西民居最为重要的特色即是季节气候导向的适应性。

对此，我分析主要是以下三种原因：

其一，自然状况。吾木村虽处于亚热带季风气候区，但是三面环山，一面迎水的位置使得当地能更多地集聚水汽，降水量较同地区其他地方更多，从而房屋的饮水排水便更加明显，屋顶的角度倾斜程度也较丽江古城更大；吾木村位于山腰，对水资源的积蓄能力不够，降水虽多，但储存不利，从而每家每户修建的引水渠和储水设施便是对当地自然状况进行改善的独特之处，也是有别于其他民族村落的重要特征。

其二，民族传统。纳西民族常年居住在云南、四川等地，同时由于西南地区在秦汉时期已经受到地方管辖，农业文明兴起较早，从而定居式的经营方式使得民族对于自然的了解更加重视也更加全面。继而，对当地气候的把握从指导农业生产转变为对生活的全方位指导，其中建筑影响就占据了很大的比重，安土重迁的纳西人一代一代相传，民居形制也就趋于统一。

其三，经济文化现状。吾木村在三年前通电，年前通车。经过生活设施的改善，当地新建的建筑形式也发生了较大的变化，如新建民居中，传统的"起山"顶已逐渐消失，同时砖混房开始出现。王其钧在其著作《中国传统建筑雕饰》中说：民居建筑装饰艺术的形式及其文化内涵的建筑是以实用为目的的；建筑装饰不是单独存在的，而是依附于建筑结构、美化建筑结构、深化建筑造型内涵的艺术处理形式；它反映了一个时期大众的文化观念和时代特征，受到当地经济条件、文化背景和审美倾向的制约，能够表现出鲜明的地域性特征。吾木村的建筑正体现了这点。

2. 当地建筑风格对民居观的体现

（1）顺应自然，天人合一的思想

《易经》认为"人与天在结构形态、活动模式等方面是遥相呼应的，天是一个大宇宙。人是一个小宇宙"。纳西人在对待居住问题的时候，并不单单把眼光放在居住场所上，而是以人为主体，追求人与自然的和谐统一。他们信奉人们在变化之前对自然加以引导，在变化之后与其适应，从而天随人愿，人不违天的思想。因此，在民居装饰上也秉承人与自然协调长存的守则。如，纳西民居中"飞燕"一样的屋檐作为象征性符号装饰屋顶，用自然界植物图形美化人居空间，使人仿若置身于大自然中。这种装饰在艺术创造上具有丰富的精神内涵，是天人合一思想的集中体现，能够表达对自然界万物的感激和崇拜之情。

（2）崇尚淳朴美的朴素思想

纳西族是质朴的民族，他们对美的追求一直保持着一种淳朴而简素的状态，他们用最简单的笔画，最精炼的颜色来描绘生活。同崇尚装饰的白族、藏族相比，纳西族的建筑少了许多纷繁复杂的装饰图案和绚丽多彩的颜色，而采用简洁的图案表达和令人倍感亲切的朴实本色。如白族与纳西族的房屋山墙顶角（山尖）上都设计了象征性的符号，但存在很大差别。纳西族的山尖很简单，很少有装饰图案，大多悬挂木雕的鱼形物件，鱼形或涂上红色或沿用木材本色，或成双或单一，或复杂雕出鱼鳞或简单突出形状。悬挂木雕鱼是祈求年年有余的意思，也有用鱼来克火的意思。但白族的山尖则相当繁复，这就反映了民族民居文化中求简和求繁的两种特色。

（3）家族与地位观念

虽然纳西民族的宗法等级制在吾木村没有太明显的体现，但是从其房屋建筑的布局上还是看出一些这种文化现象的端倪。例如吾木村一般民居的整体布局特点为：平面构图规整，讲究对称、秩序井然，建筑主从分明，重点突出。在功能布局上，家庭中一般家长（长辈）住正房，子女（晚辈）按长幼秩序分住厢房，客人多住在楼上，有明确的长幼、尊卑、内外之分。而同时家境富裕的大家族往往房屋较大、较多，位置集中在较为平坦的低端，并且视野开阔；但条件欠佳或人丁不旺的家庭房屋则小而偏僻。

除此之外，还必须提到的是，在通电通车之后，当地新建的房屋虽然在建筑材质方面会有所不同，一些民族装饰也有些许改变，但毕竟对文化的影响不太强烈，新建房屋还能够较为明显地表现出纳西民居的特色。但不能说传统建筑能保持很长的时间，经过时间的推移，当地的建筑风格必然会出现文化交融后的变形。

3. 调研思考

经过对当地民族建筑和民居观的调研，我认为可以从此行中得到很多的启示与反思。

首先，少数民族的生活状况很大程度上可以从其居住的民居中得到反映。现在的吾木村村民生活现状老实说还是不尽如人意，当地的发展还是需要更多的投入。进入21世纪第二个十年阶段了，当地才刚刚实现了通水通电通车，社会发展出现了很大的城乡断层，乡乡断层。

其次，当地文化的遗存也成为了一个问题。民族建筑是活着的，并可长期固定地作为研究民族历史文化的资源，但是对身处民族文化之中的人们来说，他们很难对民族建筑予以足够的重视与保护，相反，他们会对新鲜文化抱有极大的兴趣。这种兴趣是无可厚非的，但是从文化保护方面来看就成为了一种莫大的灾难,交流必然导致同一,同一的过程也就是一个丢失的过程。纳西民族建筑主要是木质结构,难免会出现虫蛀、雨水腐蚀等多方面的问题,而新建筑的不断新时代化必然会让传统民居更难寻觅,丽江古城的例子将会在偏远山村重复。

最后,传统民居文化难以得到记载。吾木村中熟悉当地民俗建筑风格与其民族民居观之间关系的主要集中为东巴教的东巴,即当地的宗教知识分子。但是在汉语、汉字的普及过程中,老一辈和年轻一辈人之间不仅在文字上,还在语言上出现了交流困难。这种思想很难继续传承下来,而时间不等人,年老一辈的东巴现在年事已高,这就更加需要记录传承工作的加快进行。

总结本次调研经历,我认为算是粗浅地对纳西民族传统民居进行了一种实物到思想内涵上的溯源与挖掘,虽可能没有触及更深层如宗教信仰等内容对建筑的影响,但也着实让自己收获了很多的知识,并且算是为纳西传统民居观做了些许贡献。

(二)东巴造纸工艺

造纸术是中国古代的四大发明之一,纸的发明在文明传承和发展的历史中占有举足轻重的地位。而当我们提到东巴文化,就不能不提到独具特色的东巴造纸工艺。至今,纳西族仍然保留着最传统的造纸工艺,东巴纸仍然是东巴文化,尤其是东巴经文与世俗文献传承最重要的载体。在这次的田野调查中,我们将东巴造纸工艺作为队伍的一个专题调研内容,通过查阅资料、调查走访、参观东巴造纸流程,对东巴造纸工艺有了如下的发现:

1. 东巴造纸的历史渊源

(1)自然环境背景

纳西族长期生活在滇川藏这样一个三角地带中,西边有生活在西藏自治区的藏族,东边有来自中原地区的汉族,南边地区原先曾有大理和南诏国。所以这种地理条件就使得纳西族一直处于多个民族聚居地的狭缝中,生活没有固定的场所,因而纳西族一直过着颠沛流离的生活。假如自己的文字写在木牌或者石头上,那就没有办法带走,会面临丢失的困境。后来人们想办法将文字写在牛皮和羊皮纸上。在这之后,纳西的祖先们很可能就尝试去寻找一种更轻便的材料来代替牛皮羊皮,记录自己的语言文字,记录一些日常需要记录的事情。在定居下来之后过了一段时间,他们慢慢适应了这个环境,开始了东巴纸的工艺改进与发展,并用东巴纸来记录自己长久以来的文化。

(2)东巴造纸的形成时间

早在南诏晚期,云南就已经出现造纸业。宋《五代会要·南诏蛮》有这样一段记载:"续有转牒,称督爽大长和国宰相布燮等上大唐皇帝舅奏疏一封,自鹤拓发递……差人转送黎州。其纸厚硬如皮。笔力遒健,有书诏体。"这是云南出现手工造纸的最早记载。这种纸的特征是"厚硬如皮",与当时内地生产的薄纸不尽相同,而在与云南相邻的地区,越南和中国西藏都在这一时期造出过厚纸。因此,据专家推测,很可能在公元八九世纪时期,纳西族在与藏族的交往过程中学会了造纸。纳西族的手工造纸，是藏纳文化的结晶，后来又融入了一些中原造纸的方法，它是多元文化交汇的产物。

东巴经在纳西语中称"森究鲁究"，意思是"刻在木头或石头上的文字"，所以东巴经出现时，纸还未传入纳西族地区。根据记载，大约在元代，丽江地区已有造纸业，但未有对东巴纸的记载。东巴经一般没有题写抄书时间，现最早有时间记录的经文出现于清康熙七年（1668），可推测，东巴纸普遍使用的下限当在300多年前。

清代有关云南造纸的记载最多，造纸业最发达，手工纸成为宫廷贡纸，甚至还出口至越南等地。

2. 东巴造纸的现状——面临困境

（1）传承面临困境

经我们走访得知，东巴造纸术一般都是由东巴教徒弟的方式延续下来，也有个别的东巴出于自己的需要去拜师学艺。

1949年中华人民共和国成立后，随着生产的发展和生活的改善，造纸工业化生产的扩大，特别是"文化大革命"中东巴宗教活动的遭禁，东巴纸的生产几乎完全中断，东巴造纸技术面临失传的危险。

据我们采访所知，现在不仅是吾木村，连同周边几个村子中掌握东巴纸制造技术的东巴也不多，年轻一代的东巴中很少有人掌握这门技艺。整个吾木村乃至整个宝山乡就只有我们采访到的和继先老师一家在继续制作东巴纸。

（2）走向市场面临困境

目前市场上可以见到很多东巴纸和用东巴纸制作的东西，尤其是在丽江，各种所谓的"东巴纸"产品琳琅满目，其实它们都是一些经过包装的白族白绵纸、江西云龙纸以及日本和泰国的进口纸。这些商家还雇人扮演东巴，表演造纸技艺，以吸引游客；并用低成本的原料取代稀有珍贵的荛花树皮，用机械化的生产方式取代手工。在这样的市场冲击下，真正的东巴纸由于制作成本高，在竞争中往往不占优势。

我们通过采访和继先老师得知，像他这样的民间作坊所生产的东巴纸大多供给当地或周边地区的东巴抄写经书使用，基本是不投放旅游市场的。

3. 东巴造纸面临困境的原因

（1）经济效益太低

手工制做的东巴纸成本很高，生产规模受到原料来源和收购成本高的限制。而且生产效率低，据测算，制造60张东巴纸花费工时最少要有7天。在采访和继先老师的过程中我们了解到，市场上店面的租金很昂贵，加上交通不便，从山里到丽江城里有很长的一段路程，路途遥远，运费也成为一个很大的问题。这些因素都使得传统手工造纸经济效益很低，一般的村民或东巴根本负担不起，年轻的东巴一般没有能力把纸拿到市场上去。

（2）对环境破坏大

通过采访我们了解到，制造东巴纸的原料主要是构树和瑞香狼毒——荛花。构树一般生长在南方海拔2000米左右的地方，树很大，比较常见，大的构树可能直径有三四十厘米。荛花一般生长在海拔1500—2000米的地方，在金沙江河谷里就比较多。

如果要制做大面积的纸张或者进行大批量的生产，需要砍伐大量树木，会极大地破坏当地的自然环境。

（3）知识产权得不到保护

采访过程中，和继先老师无奈地谈起市场上东巴纸造假严重的现象。

丽江城里卖东巴纸的也有不少，但是都不是真正的东巴纸，那些打着"东巴纸"旗号的商铺其实只是将东巴纸、造纸技艺作为一个概念炒作，像和继先老师这样的真正的传承人在这一炒作过程中反而被边缘化了，甚至失去了原有的市场份额乃至生计和依托。

4.东巴造纸原料

（1）构树皮

构树皮是东巴纸的主要原料。构树在我国的温带、热带均有分布，一般生长在海拔2000多米的地方，不论平原、丘陵或山地都能生长，适应性强、分布广、易繁殖。成熟的构树直径能达三四十厘米。其树皮是造纸的高级原料，材质洁白。7、8月份雨水充足的时候是剥构树皮的最好时间，剥下来的构树皮可以长时间保存，需要的时候再浸泡煮烂即可。

（2）荛花

荛花是东巴纸的另一种重要原料，也是东巴纸能够防腐防虫长久保存的重要原因。荛花为瑞香科植物，一般生长在海拔1500—2000米的山地石壁隙缝或山坡沟边较潮湿处。荛花有微弱毒性，但对人没有太大影响。

用构树和荛花做出来的纸硬度不是太好，比较薄，但韧性很好。

5.东巴造纸工艺流程

（1）纸浆的制作

采集回来的构树皮需要先在水中浸泡一周左右使得树皮软化，然后用刀切碎，在加入石灰的开水中煮半天至纸团状。再将其置于冷水中反复漂洗，去除树皮表面黑色的角质层及其他杂质。

荛花采集回来后需要先煮一遍除毒，然后抽枝剥皮，只留下一层黄绿色的薄皮，加苏打将其煮烂。

将处理过的构树皮和荛花放入石臼，用木头舂烂，然后倒入一长筒状容器中加水捣烂形成纸浆。

（2）成品纸的制作

将造纸模具置于大水盆中，将纸浆倒入模具中，纸浆的用量取决于对成品纸厚度的要求。通过搅拌使纸浆均匀，挑出纸浆中的杂质，待纸浆沉淀后轻轻端起模具，并手工进行修补，尽量让纸浆均匀分布。将贴着纸浆的塑料板从模具中取出，轻轻沥干水分，再将其由下至上贴到铝合金板上，轻轻压实，取下塑料板，在太阳下暴晒两个小时左右，最后将快干的纸压平，一张东巴纸便制作完成了。

如果在加入纸浆之后，将花瓣和绿叶一同加入并使其漂浮于纸浆之上，便可得到一张美观的东巴艺术纸。

6. 东巴纸的特点和应用

东巴纸的特点是薄、韧、耐。制作良好的东巴纸不仅不走墨、防腐防虫蛀防褪色，而且保存时间很长，甚至可达上千年。

纳西族的很多民俗文化，尤其是东巴经文，都是记载在东巴纸上延续下来的，可以说东巴纸是东巴文化传承的一个重要载体，这也是东巴文字如此丰富的重要原因。在过去，写在东巴纸上的东巴经文是神圣而备受崇敬的。

7. 总结

从一开始怀着对传统造纸术的好奇心准备造纸专题，到近距离参观造纸流程，到自己动手尝试制作东巴纸，再到最后的查阅资料、整理资料，我们从中收获的不只是对于东巴造纸工艺的了解，更是对传统文化的认识。

在丽江古城看到不少售卖东巴艺术纸的小店，当然据村里造纸的和师傅说，古城里售卖的都是假的东巴纸，都是采用现代造纸技术仿造的。其实，这正说明了东巴纸的命运。在科技高速发展的现代社会，传统的造纸工艺周期长、污染大、成本高，在实用领域几乎找不到立足之地。

既然如此，那我们调研东巴造纸意义何在呢？队伍最后经过讨论认为，一个民族的文化从来都不能用经济效应来衡量其价值。尤其是造纸术这样的实用性文化，它不同于根植在人们性格中的民族精神，它是脆弱而易丢失的。但作为一种文化实体，东巴造纸术是东巴文化的缩影和重要组成部分，理应得到传承。若干年后，让孩子们从教科书上看到关于传统造纸术的介绍时，这种凝结了民族智慧结晶的艺术，在他们看来是否已经变成了历史长河中的沉沙折戟呢？如此一个反问其实很大程度上也是对我们此行意义的一个表述与价值认定。

（三）东巴季节历

"季节历"即以季节为标准的、帮助村民安排生产生活活动的时间表。其作用表现在：

一是季节历能帮助我们了解当地人对时间的理解，以及他们如何利用季节历来安排生产生活活动的。

二是通过季节历我们可以收集以下信息：一年中的食物获取与消费、日常农业耕作活动安排、一年中的工作日和节日、对木材和林副产品的收获和利用、草场利用与放牧的季节变化、农作物耕作习惯与休耕安排等。

三是季节历反映了一个地区的活动，耕作活动（整地、播种、除草、施肥、收获等），劳动力安排（农忙农闲、外出务工等），民间节庆，传统文化节日和宗教活动。

四是季节历反映了该地区自然资源的变化，如野生药材、野菜、薪材、菌类的采集时间，降雨量、饮用水源、灌溉用水的季节分布等。

我支队为实践地吾木村绘制了季节历。以下为对季节历的解读。

（1）从圆心开始由里到外，所绘制内容分别代表季节、节日、农事、气候、畜牧、采集和宗教。

（2）春季：农历正月初一春节，农历三月三朵节（纳西族最大的节日，纪念纳西族的祖先），农历四月清明节；春季施肥、浇水、砍树、运木材；有雨雪、霜露、河面结冰，吹东北风；将在山上放养的牛羊引回圈中；宗教祭祀活动频繁，春节祭天、祭月、祭自然神、祭三朵，祭山神，祭鬼，祭土地，除秽。

（3）夏季：夏祭祖、农历六月端午节、农历七月火把节；农事方面开始种大春作物、备种、放种、收小麦、夏耕；有雨水、下初雪、打初雷、吹西南风；将圈养的牛羊放入山中，同时开始采野菜、野生菌和蘑菇；在祭祀方面，夏季的祭祀活动包括祭七月、祭鬼、夏祭祖和祭谷神。

（4）秋季：农历八月十五中秋节；在农事方面秋天是收获的季节，谷子和玉米都在此时收获，同时开始备种播种小春作物，开始秋耕，种下蚕豆、棘豆和小麦；秋季会有初霜、下雪、打雷，吹西南风；山中放养的牛羊回到村中，村民们也开始打猎和采集药材；在祭祀方面则要开始准备冬祭祖。

（5）冬季：冬季是休养生息的季节，总的来说活动安排不多，在农历的除夕之前，各家各户需要施肥浇水、收柴禾、修葺新房子准备过年；冬天会下雪、结冰、吹东北风；牛羊回到圈中饲养；冬祭祖将是冬天最为重要的宗教祭祀，同时冬天也会举行超度亡灵的仪式。

这是这座与外界联系不多的小村庄自古以来年复一年的生活，尽管如今从事这些活动的已经没有多少年轻人，但是分析吾木村的季节历，我们仍然从中可以读出不少有用信息：首先吾木村仍然处于"靠天吃饭"的状态，自然环境对村民们的农事耕作几乎具有决定性的影响。其次吾木村的传统宗教仪式和活动得到了良好的保存和延续。比起中华人民共和国成立前的外乡人和外族人不得进入宗教仪式现场，现今的宗教仪式和活动日渐呈现出开放的状态。再次纳西人信奉的东巴教对于村民们的日常生活仍然有重大的影响，但是东巴教的保护工作并不令人满意。吾木村有东巴文化传习院，然而我们不知道传习院这样的机构究竟能在保护和传承东巴文化中起到多大的作用。最后我们可以看出季节历中的各种节气和汉族的二十四节气是符合的，这是云南是一个多民族混居，少数民族和汉族交流频繁的证据之一。

（四）总结

本文从东巴文字的性质谈到东巴季节历对当地气候等农业因素的分析。文字提供了很多的信息并充当了重要的解读角色，而纳西民居观中建筑的成分便是从纳西族群对季节和气候的分析而演变和发展的。这是一个十分明晰的演变过程，也体现了文字在纳西文化与技艺中十分重要的一面。最后我们总结：

首先，项目本身是西南濒危文字抢救工作的一个延伸与发展。之前暑期实践的工作主要侧重于文字，而经过实地的采集，我们发现文字研究根本无法脱离文化的研究，同时文化现象的研究也需要基于文字这一最核心的文化精髓，从而为了更好地传承濒危东巴文化，更好地理解东巴文字的性质并对其进行保护，本项目作品就以文字为核心辐射文化现象，对实践中队的东巴文化的抢救有了很好的补充。

其次，东巴文字是东巴文化的意义精髓，通过对东巴文字的分析解读，进而理解东巴工艺，东巴文字的价值就被放大，可以再一次佐证东巴文字的性质，并在解读中确认其音义形的并存，虚词数词的实际运用，确认东巴文为意音文字。民族文化除却文字以外，就是其传统工艺形式的表现客体。我们对东巴造纸工艺、东巴建筑和壁画的调研，可以为东巴文化的传承做一些力所能及的贡献。

最后，"民族的才是世界的"，东巴传统工艺中的民族文化及民居思想可以被现代工艺实践所借鉴。东巴传统文化态度、美学性格与民居思想可以影响现代文化及工艺，同时也可以借助现代社会的普及能力帮助东巴文化向外发展。例如，东巴纸可以千年不腐，对其制作材料和工序的研究可以给现代造纸业一些启示；东巴建筑与壁画的美学意义与文化意味可以影响外部现代艺术，并使东巴工艺思想向外传播。民族文化的保护工作任重而道远，本项目主要针对文字与以文字辐射开来的东巴工艺为研究对象，并对其进行传承，这对于社会了解认识东巴文化有很大帮助。

执笔者：实践队长高渊

第七章
调查散记

一 相约云之南

蒋波

在清华的学习生活简单而充实,赶上暑假,很荣幸地参加了赵丽明老师组织的暑期实践项目,现在,站在旅程的终点着实为当初的加入感到兴奋与激动。

这次实践要赴遥远的云南丽江。若是丽江古城尚好,还可借机一游,躲避酷暑,可听了赵老师的话,才知旅游只是一厢情愿。在雨季来临之时,在云贵高原滑坡、泥石流频发之际,我等要进山调查。刚刚受命,未免腿脚一软,不过看小组的名单,还有其他八名同学,心中暗自琢磨,好吧,有人陪啦!

大部队先行出发了。7月21号,我忙完了在北外的培训,便独自登上了去往昆明的飞机,傍晚便到,不禁感叹连连。在昆明遇上了我的第一个战友——李恺同学(话说和高渊长得好像),便一起匆匆登上了开往丽江的大巴。由于我们来得太晚,只买到了最后一排的票。卧铺的汽车真是没坐

图 6.1.1 吾木民居(蒋波 2011 年 7 月 29 日摄于吾木村)

过，巧的是旁边正好卧着两位异国美女，另一边躺着个中国小伙儿，就这样，我们五个人挤在狭小的车厢内，好不难受。

搭讪：

"你们是哪国人？"

没反应。

"Where are you from?"

没反应。

"Guten Tag！"

还是没反应。

"Bonsoir！"

有反应了。细聊，原来是同济大学的法国留学生，刚刚从越南旅游回来，现在去丽江游玩。

另一边：

"你往哪块儿去嗯？"

"去丽江耍。"

这位是个昆明小伙儿，去丽江旅游。既然大家奔赴同一个目的地，又是同龄人，于是七嘴八舌地聊了起来，好不热闹……

一路夜车，颠簸在崎岖的山路上，次日到达丽江，下午便启程赴本次实践的目的地——吾木。这次是挤在更小的面包车里，虽说拥挤，但两边的风景着实让人应接不暇。忙顾着拍照之时，汽车已悄悄进山了。忽见高山峡谷迎面扑来，接着车向一转，又驰骋在悬崖峭壁上。俯身一看，下方就是万丈深渊；再抬头，头顶的山峰还在云雾缭绕中。外加一路颠簸、滑坡以及淡定地卧在路中央的牛羊，这一路颇是胆战心惊。暮色将至时，只见路边开满了越来越多的白杜鹃，在大山深处的静谧中，我们终于到达了吾木。

第一脚踏进村，我就被眼前的景象惊呆了：低矮的木房、满地的牛羊粪便、随意游走的家畜、赤脚的孩童，就连大人们也是满身灰扑扑。这种原生态的乡村，在自己22岁的人生阅历中，确实从来都没有见到过。想到自己要在这里住上十来天，未免有点绝望。不过再一次想到了我亲爱的队员们，好吧，大家一起忍了。

整个村子建在半山腰，虽说平面上范围不大，但纵向上的奔波，确实耗费体力。我们来到了居住地村委会，全木结构的房屋，上盖以青灰色的筒瓦，二层干栏舍。虽然条件艰苦，但考虑到我们的住宿条件还不错，便也常常苦中自娱，叫板那些整天瞎混于各种伪景点的肤浅游人们，我们能住在这冬暖夏凉的全木质房屋中也不得不算是一种福气。

俗话说，"人生在世，吃喝二字"。在这与世隔绝的世外桃源中，如何解决吃饭问题才是头等大事。还好吾木村的东巴文化传习院有现成的锅灶，但可惜没有现成的厨子。于是在饥饿感阵阵侵袭的状态下，我们练就了一身下厨的手艺。

劈柴、生火、择菜、淘米……如此繁复的工序，每一步都由我们亲自应付。纯杰和小芮负责刷锅洗碗，苏阿姨淘米切菜，高队长亲自掌勺，"掌拨"（张拓外号）打杂；作为唯一的"80后"，我的任务就是"监工"和"技术指导"；其他人等负责最重要的环节——吃。早饭吃到10点，午饭吃到3点，晚饭吃到深夜（当然这要考虑时差因素），每天的做饭吃饭总会花费我们一半的时间。和一群习惯了"饭来张口"的"90后"们窝在山洼里一个多星期居然没有饿死，现在想想也未尝不是一个奇迹。不过，话又说回来，虽然是"90后"们亲自掌勺，但饭菜的口感绝对胜于食堂的大厨，以至每每吃饭时，满桌的美食总是被一群饿狼扑得杯盘狼藉。

当然，在数天亲自下厨的过程中，同学们也发现了快乐。根据每个人的特长，明确分工是必不可少的，如果错误地让不善炒菜的苏阿姨亲自下厨，那一盘青涩的苦瓜就请你解决吧；或者让"生物学家霍金二代"（李恺）去洗碗，好吧，吃饭时你还可品尝到上顿饭留下的滋滋美味。可惜9人中有五成吃货，因此做饭时，有一半的劳动力都哗哗地流走了。

纳西族热情好客，书记和主任也常常来下厨帮工。吃大锅饭是好，但喝大碗酒，就压力十足了。常言"入乡随俗"，书记和主任盛情难却，滴酒未沾的孩子们只得硬着头皮上了。高队长和小芮是百饮不醉（可以用薛定谔方程证明）；"掌拨"喝得最多，每每都是我们抬回去（当然不乏跌倒在布满猪粪的小道上的经历）；阿楠醉酒就哭；薇兮酒醉就叫妈妈；李恺越喝越神勇（故谣言道其装醉）；苏阿姨多年苦心经营的"淑女"形象在酒后也荡然无存了；纯杰以过敏为借口，总是滴酒不沾，并且学会用雪碧替代白酒的招数；作为唯一的"80后"，我则要时时保持清醒，以免这帮孩子酒后出事，责任相当重大啊。

尽管我们做好了种种预案，但酒后的事情总是一团糟糕，工作也难以进行。私下常常批判中国人吃饭强行劝酒之恶习，但社会民风既成此习俗，便着实难改。"饮而不醉"应是今后重点学习的课程。

此次工作的重点是收集吾木村流传下来的实用性东巴文书。且不论硬件设施的种种不足，社会环境上的困难已令我等倍感困窘。吾木村有一个年轻的东巴，早已将吾木及周边村寨留存的东巴文书收集完备，并且他又具有一定的素养，可以很好地将文书翻译出来。我们之前与他多有联系，希望他可以和我们合作，一起将纳西族的这一民间文化财产整理出版，推向社会，从而更好地保护当地文化。然而由于种种原因，这种合作的想法只是我们一厢情愿罢了，甚至使我们陷入了极大的困境。

我们困难重重，我们一筹莫展。但世上明大理、识大体的人还是大有存在。吾木，这座玉龙雪山深处的小山村淳朴的民风让我们着实爱上她。在村支书、主任和一位热情教师的带领下，我们兵分三路，开始挨家挨户地收集文书。纳西族群众都很热情，每到一家，主人们都会为我们泡茶、倒酒，使我们这些外来客受宠若惊。且不说到底有没有文书，这群生活在桃花源的人们的乐观、友善、淳朴、自然的生活态度真让我们有些羡慕了。

由于纳西族乡亲们的支持，我们还是找到了一些文书，虽然数量不多，但对于我们的工作已经有了很大的帮助。村中的老东巴和茂春、和学湛，都是备受村民尊敬的长者。我们贸然请教，他们都在农忙之际，努力挤出时间给我们详细讲解。为了提高翻译进度，我们支队每天都会抽出三个人，踩着泥泞的山路，去临村请教另一位年轻的东巴和学耀。

和学耀凭借一己之力在保护和传承东巴文化方面做出了很大的贡献。虽然家庭经济情况不是很好，和学耀的贡献却是有目共睹的。当我们来到他家之时，破败的房屋、凋敝的栏舍和赤脚的孩子深深震撼了我们。也许我从小在东部长大，从没体会过这种穷困的生活方式，但和学耀安详的生活态度却让我感动很久。

吾木村在玉龙雪山深处，这里海拔甚高，地势崎岖，再加上我们到来的这几天正好是云南的雨季，调查工作的艰辛，由此可见一斑。每每去临村请教和学耀，一路上我们总是胆战心惊。山路泥泞，一边是悬崖峭壁，高峰耸立，一边是万丈深渊，金沙拍浪，还得时时担心前方山崖是否有石头滚落，脚下是否会道路滑坡，冒雨前行，满脚的泥水。

条件是艰苦些，但只要善于发现，吾木的美丽确实无处不在。山间飘浮的云朵，山顶苍翠的树木，山谷滚滚的金沙江，没有都市的喧嚣，处处是一派恬静。赶上下雨天，远山或隐或现，金沙江雾气腾腾。从村尾向上望去，茅檐低小，素壁黛瓦，沁滋着绿色的苔藓，垂滴着晶莹剔透的水珠。怪不得来自美院的薇兮同学总要执笔写生。

在吾木坚持了10天左右，最后由于断水断电，我们的工作实在没有办法进行下去，8月1号，便出山了。山路蜿蜒，或云或雨，我们一路欢歌，仿佛重新回到地球。

现在回想起来，在吾木短短的经历，可能是人生宝贵的财富。世上究竟会有多少人有机会在年轻的时候，和一群年龄相仿的朋友，深入云南的大山，过上真正的桃花源生活？有谁会有机会和年轻的朋友们克服重重困难在云南的大山中收集传世的纳西族文献？有谁会有机会和一群"90后"们在深山中同舟共济，生死与共？有谁会与吾木——这座玉龙雪山深处的桃花源结下不解之缘？最后，还是希望我们的努力没有白费，希望我们的工作可以为纳西文化的保护和传承贡献一份绵薄之力。

 陌行随笔

高渊

现在回忆吾木的生活，已经无法把一个个短小的片段相互串联为整幅实践的影像。回过头来想想，如果可以将大家在吾木生活的每一天拍成一部纪录片应该是极有滋味的，因为只要那进山的路出现在眼前，我们就会被触动，开始感动，开始进入那段日月。

入村

前往吾木的山路可以分为两段。一段是玉龙雪山脚下的风景区，柏油道路宽敞通达。而另一

段路就不会让坐在车上的我们如此舒心了，仅容一车而过的公路蜿蜒向前，而向路外多走一步就是悬崖，悬崖下面是石子掉下去都听不到回声的沟壑与深渊。目睹这番景象，坐在窗边的我有点心生怯感，但同时也不由得要为司机的技术默默鼓掌。路上经常可以看到别致的警示语，"家人盼你安全到家""慢行，高崖危险"，还夹杂些只有在交规书上才可以看到的交通标识符，什么"小心落石"之类的都让书中的例子变成了亲眼所见。"红掌拨"说得好，"本来一路上睡眼惺忪的，但只要往窗边一看，立马就醒了"。蜀道难，难于上青天，滇道亦然。

就是在这样道蜿蜒，心蜿蜒，伴随跌宕心情的路上，车子缓缓前行，偶尔几辆可能在这条道路上开过百千次的车呼啸而过，博得几人唏嘘，大家的心早已像坐上时间隧道的快车，飞驰入几小时后的时空，殊不知，接下去的日子将会让大家更加难忘。

下车的首站是管辖着吾木等多个村落的宝山乡。我们这些长久生活在城市的孩子乍来到乡间感觉还是可以接受的。乡里有几家小店，一个小学，随处散落着几家农户，很有静谧小水乡的婉约气息。宝山乡，麻雀虽小，五脏俱全。在乡政府驻地旁简单就餐后，游走两步，舒缓一下久久窝在狭小车子空间里僵硬的身躯，一行七人就踏上前往实践地的最后旅程了。

几多夏雨飘零，几多泥泞塞阻，我们让了几次车，目睹了几次真实的落石，终于有惊无险地踏上了吾木村口的土地，依旧泥泞，伴随着泥土与草木的清香，扭曲下降的道路通向房屋聚集处。仰头看来，发现宝山乡有一个共同的特点，村内最好的建筑都是生怕别人看不见似的，牢牢占据村内最好位置，岿然不动。

一行人钻出车子，站成一排，在这里开始我们辛苦而幸福的集体生活，光辉岁月。

实践

实践的昼昼夜夜，有太多想说的话、想表达的心情、想夸赞的人，但细细想来，如果都是流水账般地让文字无谓流淌，有些破坏文风了，所以还是打算通过一个个支队生活的事物与细节来勾勒出这短暂而充实的日子。

小路

吾木的路是大家首先领略的。可领略了太多意外事情的我们已经对再一次的意外显得不太惊奇，套用NIKE的广告词"吾木，where amazing happens"也不为夸张。泥土上覆盖着生动的农家肥原料，有的像宝塔，有的像煎蛋，各色各异，每到早晨就密密麻麻地填满不算宽敞的道路，让大家无从下脚。有时只有抱着没有条件、创造条件也要上的勇气开辟一条道路。走这样的小道是我本次实践经历的首个第一次。当第一天大家拎着自己或重或轻的箱子，挑着空当下脚，走着好远的村内下坡路，甚猛的腰力也渐渐累得甚虚的时候，几个撒泼的小猪从脚边一窜而过，嚎叫着，像几个顽皮的孩子，一路跑，一路为道路覆盖新的肥料。我们恍然大悟，原来这里的猪是放养的，原来这地下的一滩滩、一叠叠主要是猪的杰作。虽然很累了，但可爱而有镜头感的小猪还是需要留念的。

住宿

虽然农家的住宿条件比较差，但我们这些人还算有些福气，沾了李书记的光，住进了吾木的村委会。两栋二层木质结构的小楼南北面对而立，一层都是些办公场所，承载的是吾木的党政精神，二层都是一些客房，分成不同的档次。可惜我和张拓没福气地挑了个床铺最硬的寝室，好好地发扬了男生怜香惜玉的作风，按张拓的话，往往罪魁祸首和君子作风都是相生相伴的，但按我的话说，拿这住宿条件，去比比我们常去的人家，知足了。

每天睡觉，都是困倦后倒头就进入梦乡。古话说得好，生活上要居安思危。我们忘记了古训，所以需要一觉醒来付出一些代价，是满屋的蚊香味道和满身的花露水也无法避免的代价。一趟回来，身上多了很多消不掉的包包，也习惯了每天清晨从床上挑出几个被身体压死的小昆虫，叫不上名，但应该来者不善。

楼下有自来水管接来的山泉水，刚来时尝了一尝，发现没有农夫山泉的"有点甜"，可能水土不同吧。两楼中间一个小院子，同住修电缆的师傅养了几只备着杀来吃的鸡，天天早上6点整点报时打鸣，叫声一点没有公鸡的雄风，但是功效反而很好，每每早上冲破大家的精神防线，让我们起床享受农村的朝阳。

农村的厕所，我还是有一些心理准备的，但是没想到这次还是让我长见识了。其实硬件还算是能接受的，毕竟是砖混的小棚子，味道也没有想象中的销魂，鼻子一闭一开地也就过去了。

一个木板床，几层单子，一床被子，一个桌子，就是宿舍的全部家当了。但这些天，就在这间屋子发生了太多的事，像甜甜的空气，溢满了整个房间，流芳。

传习院

有时候在想，如果没有来到农村，我将失去多少体验的机会，如果没有来到吾木，我将失去多少斩获人生第一次的机会，所以，当我离开这片土地后，就常常在怀念与感谢。

要说在传习院学到多少东巴文化，我想大家可能都不太敢冒尖，毕竟真是传习甚微。但如果论这些天学会多少生活技能，大家会将自己的胸脯挺得高高的吧，我也一样。传习院在大家眼里其实就是一个不折不扣的厨房和饭堂。可能面对"传习"这个名号，这样讲有些不好，但还是决定更加实事求是一些，它让我们实践着学会了生活。

就像队友说的，在吾木算是将一辈子的碗都洗完了。每顿饭前看着油腻腻的桶里堆满的油腻腻的碗，是一种极大的心理负担。一般和洗碗同时进行的还有做饭。说实话厨房是一个创意的天堂，而吾木的厨房着实让我这个什么都能往一块搭配的做饭好手难堪，身边除了壮阳草（韭菜的土语）就是土豆。但也就这样，每天几乎雷打不动地几道菜搭配着吃，大家也过活了十几天，还别说，当

图 6.2.1 传习院内的影壁（芮腾晖 2011 年 7 月 24 日摄于吾木村）

劳累夹杂着饥饿的时候，吃饭填饱肚子的要求真的从口头上的一种谦虚变成了情感。女生也可以大碗吃饭，大口吃肉，大杯喝酒，男生如何也可想而知了。

在吾木的传习院，我经历了第一次砍柴、劈柴、生火，经历了第一次洗一个多小时的碗，经历了第一次给十几个人做饭，经历了一天做饭累计消耗六七个小时，经历了自己动手做纳西族小吃——粑粑，经历了十几天天天酒不离口，经历了醉酒后恍惚的感觉。经历了太多，就会越发觉得这段日子的值得。相比于我，猜测支队的兄弟姐妹们都会有自己的一些"第一次"，自己的一些感慨。

酒肉

纳西族的民俗是有北方的豪情的。

在纳西族的日常生活中，吃饭是一件很重要的事情，否则李书记也不会11点吃完早饭，1点就表情正常地开始操办午饭的锅碗瓢盆。在纳西族的日常生活中，早饭和午饭是可以随便凑合的，但晚饭必须有酒有肉，想想，这恐怕是纳西吾木没有通电时候的习俗延续至今，否则晚饭没有三两小酒下肚怎么能快快入睡。每个民族的风俗都和自己的生活条件有着千丝万缕的关系，斩不断，理还乱。我们这些学子自然也只有入乡随俗的份了。大家习惯了11点开始工作，习惯了午饭的不规律，习惯了晚饭时得拿着酒杯敬酒，拿着大碗吃饭。不是我们不懂得节约时间，而是如果要了解一种文化就得或多或少地融入他们的朴素生活。

这十几天，我们消耗了几袋子面，半袋子米，四五只鸡，几根火腿（即猪大腿），很多袋的蔬菜，但重点是，我们消耗了三四十斤的白酒，是真的白酒！我是第一次体会到了在学校里吃饭可以不喝酒是多么的幸福！

云山与星空

即便光论风景，来到这里，也是不虚此行的。站在驻地窗外的悬崖篮球场上，极目东望，不夸张地说，就是一幅流动着的山水画。

早晨，初升的太阳从远山间露出头来，面带红晕，洒着柔软的光。远山被残存的云海遮掩，朦朦胧胧的，可以看到凹凸有致的轮廓。明朗处又见几间木质小屋掩映在茂密的林间，几缕炊烟，袅袅而起，翩翩而动。风过，山林像波浪般散开，涟漪四起。能见处的天外有着几点残星片影，在光影的作用下抖动自己柔弱的身子，像不耐烦的孩子，想让我眼中的舞台赶快落幕，好放手让它准备下一夜的剧目。山脚处是一条玉带，渐行渐近，渐行渐宽，金沙江将日月星辰、云山远景统统收入自己潺潺水中。一片天地，此刻只是光与影的错织与交融：山之青，云之苍，天之蓝，水之淡，一条淡雅的清流被温暖的橘光照亮不少，眼前的画布也顿时增色不少。但这份天地却像海绵一般，将太阳此刻稚嫩的微笑吸进自己广纳的胸怀，深深地吸一口气，吐露一份清晨的气息。

中午，倘若天气晴朗，云雾都消散了，整个吾木地区就尽入眼帘。五峰环绕，金沙江绕山而行，随山而动，几个村落点缀在山腰上，像个腰佩，给巍峨的山峦增添几份儒雅之气。山上有盘山公路，环着山峦向远方而去。树是有很多的，茂密与稀疏，交错占据不同的位置，像一盘棋，有着智者的风度。此时偶尔传来几声动物的叫声，应声飞起几群久卧的鸟儿，四散而去。眼皮下绿色的梯田，深浅起伏，斑驳陆离，好像画家调色、试色的画盘。田中有时有老农在做些农活，但大多数都是指望云南这个宝地风调雨顺，多产些粮食。眼下的这些田地，应该就是老农一生的财富，一生的指望，一生的归宿，六七十岁的他们，还在劳动着。

到了晚上，远山只有月光照耀下的影子。金沙江泛着波光，缓缓地流动。整个村子也只有几声渺远的狗叫，几声稀松的蝉鸣，偶尔的一声消散后，村子顿感无限寂静，空旷。此时只有头顶的天上，在上演一部盛大的戏剧，它的名字叫"银河舞"。

发现农家天庭的美丽是在一个喝了几两小酒的晚上，举目四望。黑魆魆的一片，伸手，不论几根手指都见不到了，不经意地仰天一笑，然后笑声泯然而去。目光久久难以移动，我内心凌乱了。第一次见到这么多的星星，第一次看到淡淡的云轻浮在满是星辰的天际，可能是酒精的缘故，我误以为是银河。想躺在球场上，就那么一次，不去想洗衣服的事，就那么一次，想找一个好朋友拉着她的手就躺在那儿静静地看着天，什么也不想，什么也不做，就静静地待上一会儿。记得那天刚巧旁边是裴儿吧，可能说了什么，请不要在意，我是痴醉于天上的银河，被夺取了心智。有人说，天

图 6.2.2 远望金沙江 （蒋波 2011 年 7 月 27 摄于吾木村）

上的星都是地上的人。记得当时就在想，哪一颗才是我呢？想找一颗最亮的，想找一颗看起来最大的，但面对满天星辰，面对连北极星也沦落为平庸天体的天河，才发现做出选择是如此艰难。找了一颗在东边地平线上的星，因为它最接近太阳升起的地方，即便它最先零落——即便我最先零落，但我曾经最靠近太阳。

李书记与和主任

出吾木快一周，收到和主任的短信："在干什么呢？"简单回答："已经到家了，请问和主任有什么事吗？"我这略显客套的话在和主任下一个回复面前突然显得有气无力："没事，就是有些想你们了。"人心也是肉长的，何况是如此善感的我。顿时，我觉得没有文字可以表达我内心的感情了。

提到了和主任，那就从和主任开始讲起吧。

进村的第一天就跟和主任见面了。记得他当时坐在我们侧面，偶尔插个话，微笑几下。对他没有太多的印象，毕竟和"洋"书记相比，和主任的长相平常到就是一个天生的群众演员，看见也不会引起人们内心丝毫波澜。但就是这样一个开始时稀松平常或者其貌不扬的主任，却在十几天之后在我心中占据了一个重要的位置。

和主任原来是丽江到吾木间开货车的司机，开了一年多。在一条道路上跑多了，也就会像藤原拓海对秋名山道的了解一样，轻车熟路。此次为了接待我们，专门雇人代替自己来往于这趟山路间。放下车，和主任就成了我们的专职陪护，走家串巷，东奔西跑，买菜做饭，刷锅洗碗。有时候我看着都心疼，和自己一对比又发现我略显好吃懒做。主任的酒量是挺大的，适合打持久战，但如果被我们这一帮子人来个车轮战，酒量再大也会红着脸躲避。还记得很多被脑子剪辑过存留下来的和主任的片段：他有时会故意耍耍酒疯，有时会和"红掌拨"亲兄弟似地打打闹闹，他有时会逗逗女生，有时会因为我们的稚嫩发发姑娘脾气，但这都是有时，平时的他总是那样的言语幽默，心地善良。

在赵老师的西南濒危语言文字会议上就见过李书记，一头金色的头发，发粉的肤色，略显发福的体态，表情严肃。当时在会上没太在意，但谁知我的暑期实践就会来到他管辖的吾木，来到这个神奇的地方做这个神奇的实践主题。

相对于和主任来说，李书记就更是我的好哥们了，这种感觉可能在支队里不尽相同，但我估计也差不了多少。记得会议时我因为要到郑州去讲课，所以全部的联系事务都交给了裴儿。裴儿也不负众望地把实践相关事宜都妥善地和李书记进行了交涉，虽然挂牌的事几经周折，但两方还是商量妥当了。

李书记几乎没什么官派作风，再加上我们学生也很容易相处，于是我们很快打成了一片。为了支队的目标一起努力，李书记的要求很简单，也很朴实，"实践之后把成果给我拷贝一份，我也把我们吾木的文化好好收集一下"。

谈及李书记，脑海中首先冒出来的情景就是有一晚的促膝长谈。实践支队在实践过程中遇到了很多阻力，那一夜的长谈确确实实让我看到了书记的难处，也看到他为我们做出的牺牲，为我们扛的巨大压力。在这里，想真心地对他说一声，谢谢。

文书

还记得大家要走的最后一个晚上，喝了吾木村兄弟敬的送行酒，大家被将要离开的喜悦席卷着，高声地唱着："为了文书！为了文书！"这次实践的目的，归根结底就是两个字——文书。换句时髦的话说，除了文书其它都是浮云。

现在把这十几天的日子回想一下，发现文书的收集在24日就完成了，14份加4份再加2份，紧凑的20份文书总算弄到手了。而后的日子就是全力以赴集中翻译，而就是这个翻译工作，让我们大家都领略到了什么叫作真正的"地方保护主义"，什么叫作文化研究的阻碍，什么叫作真正的斗智斗勇。

为了能撒开大网搜寻收集文书，支队被分成了2个小组在村内进行摸底探访，但第一天走着走着，两个支队就合二为一了。想想看，如果支队不整合，4个人也难以把如此多的工作单独处理完成。之后的几次探访，效果就没有第一次好了，可能我们的"阻力"已经把村内交代完毕，可能是村内一些人在近期经济利益和长远学术效益上难做权衡，我们没有办法怪罪。

后期遇到的麻烦可就不单单是"阻力"的问题了，而是中国现今也正在逾越的瓶颈问题——"高级人才稀缺"。村内是有东巴的，但不是上了年纪，就是身体欠佳，不是外出工作，就是闭门谢客，归根到底，就是没有能翻译的东巴了。路往往是在无法走通的地方柳暗花明，事情也往往是遇到困境才出现转机，和学耀老师在这个时候临危受命把我们从地上拉了起来，力挽狂澜的水平可见一斑。

和学耀老师

我在吾木交了三个朋友，两个已经被我简短地记叙了，可能后期还会不断地补充，让人物形象更加丰满。第三个，就是下面将要登场的人。

苏明村和吾木村虽然是迎面相望，但想要相互交通还要费些功夫。吾木和苏明今年年初才通了公路，但我们还是秉承艰苦奋斗的精神，全用爬山代替了乘车，说好听了是全当练脚力吧。

从感官上看，苏明的生活比吾木更加艰难，先不说不通电和公路导致的信息与资金的贫乏，单从生活的基本条件看也有一定的差距。进村的小道更加难以下脚，运送水的工具也由钢管变成了竹筒。村落人口较少，在和学耀老师家，我对壮阳草和土豆的态度开始从"还可入口"转变为"难以下咽"。这一切来得太过突然，但也在情理之中。

但就是因为村子较为闭塞，民风才更加淳朴，安土重迁。少了商业与功利主义的侵袭，人才会更加真诚，和学耀老师才会被我们这群毛头小子找到，支队和他才会开始持续5天的合作关系。5天的合作，从早到晚，我想，这段时间的成果除了一篇篇文书的翻译成稿，还有不变的友情。

出了吾木，和老师还常常给我电话，话不多，但只要看到那个号码，我就感受到了一份朋友的关心，很热切，很温暖。

口头禅

9个年轻人，9种活跃的思想，9张嘴巴，十几天的日子里，我们攒了很多口头禅。

首先是张拓的"腰力甚猛"，但自从他搬完自己的箱子，这句话从他嘴里说出来的几率小多了。其次是张拓的"道德沦丧啊"，这句话坚挺地流行到了最后，我现在还时不时地想起这句精辟的话语。再次是和"道德沦丧"相搭配的"礼崩乐坏啊"，流行程度较上一句逊色不少。

经过实践，大家或多或少都多了些外号，这里就捡几个依稀还留存在我的记忆里的。张拓的"红掌拨"应该是最先开始的了，和主任的谐音恰到好处，以至后来看到张拓那张脸，"掌拨"就应声而出，还常常和蒋波混淆。基于这个原因，蒋波就必须有一个可以辨别的名称，但稍不留神，名字就起多了，从"80后"到"波波"，从"大叔"到"和继波"，个个经典。

苦中作乐，大家也其乐融融。

东巴文化

纳西族有自己独特的文化传统，但在他们生活与信仰的很多方面都可以发现汉文化的影子。语言上，纳西人民已经并用汉语和纳西语了；而文字方面更加极端，除了上了年纪的老东巴和以书写东巴文为生计的人之外，绝大多数纳西族同胞都无法识读本民族文字了。

实践的那些天常常和张拓夜聊，漫无边际地谈天说地，记得有一次关于双语教学问题的讨论很触动内心。的确就像张拓所言，现在的初级教育适应当今社会的要求，当今社会适应时代的要求，时代适应时代领跑者的要求。少数民族地区的初级教育都以汉语和英语为双语教学的内容，而将我们本国的稀有语言置于何种地位？少数民族语言又该何去何从？我们应该深思。

山路

走吾木的山路，还是比较轻松的，只是入村的路不太敢下脚罢了。

作为一个新疆人，山是司空见惯的，就像把实践的照片拿回家后父亲见怪不怪地阴阳怪气："跑大老远就看到这么个小雪山，咱家窗户打开不就是五千多米的博格达峰吗？"话虽有些缺少情调，可如果抛开纬度等限制，单从美丽程度上说，二者差距还是比较大的，新疆的雪山无与伦比。一行人经历了50多小时的奔波劳累，终于坐在软软的坐垫上，听着悠扬的音乐，在灿烂千阳中，顺着宽敞的道路奔驰，眼前一座傲人的雪山犹如苍龙般挺腹而出，对心灵的震撼还是很大的，相机的频繁闪烁也是可以理解的。车走的是雪山旁的盘山公路，扭扭曲曲，坎坎坷坷，我将要提及的吾木山路与此相比，则是有过之而无不及。

记忆中值得提及的有五条山路。第一条，也是最"凶猛"的，就是入村的道路，虽说已经进村，但那路单从海拔落差和难走程度上说，都是这20天我们走过路的极限，如若再将动物粪便满地的状况纳入考虑范围，它的头把交椅便更是稳固了。第二条是从吾木到苏明的小路，道路顺山体而建，道窄路狭，但路两边都是农家的植被，有些路段丛林掩映，幽静别致。第三条道路是吾木到苏明的大路，其实所谓"大路"就是刚刚开通的"土石路"车道。道路修建得宽阔，是为了车道畅通的考虑，道路修建得也比较长，在好天气里步行都需要1个小时左右。每次从这条道路走，都要拉个人一路作伴，否则无聊难耐，没有心灵鸡汤相伴，满头大汗也没人帮忙擦拭。第四条是吾木到瑞香狼毒荛花采集地的山路，这条路全队也仅仅走过一遍，两侧的山体都是光秃秃的，这在雨水充足的云南比较少见。两边的花草也以灌木与小草居多，也就是在这条道路上我认识了大名鼎鼎的"曼陀罗"，面相平庸，有毒。

最后，就要谈谈只有我和张拓体会过的第五条道路了，同样，也是从吾木到苏明。这条路也是宽敞的，这条路是不会遭遇什么滑坡泥石流灾害的，但它和大道一样，走起来太长了，同时从这条道路上又可以清晰地看见分叉小道的踪迹，诱惑着两个小年轻开始越田跨路。

刚开始还好，都是一些较为平整的田垄，但越走我就越觉得不对劲。眼看着这条小路慢慢消失，又新长出别的小路，小路套着小路，动不动还来个沟渠阻断，除了沟渠，还有些高台，需要爬上跳下，也就在某一个高台处，我俩栽了。

整个人四脚朝天地躺在一个仅容一身的沟里，我无奈地笑了，刚洗干净的衣服啊！张拓拉我，刚准备起身，脚下一滑，我把他也连人带电脑地拉倒了。

四脚朝天的两个人无奈地笑了。爬起来后，东跑跑西瞅瞅，左右看看路，发现我俩被困了，悲剧。得出结论，原路返回是最好的选择。耗了半小时，摸了一手泥，摔了一身土，两个人还是老老实实地走了大道。

好小孩——破小孩

吾木大概有140户人家，这样算来，这个村子的小孩子还是蛮多的，应该顶得上一个加强排的人数了，但实际上实践这么多天，低头不见抬头见的孩子就那些，不超20个，而且多数都是年龄较小的孩童，女孩居多。我想如果实践的主题是研究留守儿童，这种现象可能会让我们非常感兴趣，但"道不同"，自然就只是说说现象，仅此而已。

吾木村的小孩中最讨人喜欢的是木旺凤，毕竟她很乐意为我们这些不识乡土话的学生当翻译，也帮了不小的忙。回来看支队这十几天来的照片，发现其实我们最喜欢的还有一个小不点——和学耀老师的侄女。这个文静的小女孩着实让很多的坏叔叔和坏阿姨找到了当好爸爸、好妈妈的感觉。尤其是张拓，记得第一天去时穿着干净的新衣，回来时，抱孩子抱得衣服已经黑了，夜里斩钉截铁地说再去绝对不抱那个可爱的小孩了。但是呢，衣服是天天脏，心情是天天好，预习了当爸爸的感觉。

有好的，自然就有令人恨的，而且有些令人切齿。其中最为极端的就是那些调皮的"粪球小孩"。我已经忘了大家是怎么惹上他们的，也忘了大家是怎样激起这群小屁孩无穷的斗志拿木棒、泥巴以及可恶的粪球对我们进行连番攻击的。只记得张拓曾狠狠地揍过几个孩子，着实让调皮蛋们安静了几天。但没想到啊，这群小孩居然是在养精蓄锐，当他们拿泥巴和粪便揉成的湿漉漉小球砸我们的时候，大家应该都和张拓有一样的心情——"我输了"。小孩胡乱开着炮，我不幸中弹。不过，现在想想，孩子可能仅仅是出于好奇的天性，也许我们当时换一种姿态——给他一块糖或者一包饼干，也许就会立刻喜笑颜开，向我们友好示意。

动物

吾木的动物种类不是太多，也很稀松平常，但养法却十分迥异。

大型的动物如牛、马、驴、骡子、羊、猪，样样俱全；小型的鸡、鸭也家家不少。厕所里的蛆，经常光顾宿舍的螳螂、蚂蚱及更多的不知名小虫都让我们大感乡土气息浓厚。

村里的主要牲畜都是放养的，这在刚刚进村时就已经领略到了。但发现就是这种放养的方式，使得动物的基因都发生了改变，高啊。山羊爬山不奇怪，骡子和马登山也不是什么难以理解的事情，但是猪爬山居然能比山羊还高，鸡还能在树上打鸣，这就让我这个城里来的孩子看得瞠目结舌，最后只能冒出一句——牛啊。

最后还想说一句，鸡天天爬山上树的，自然是吃虫的精干土鸡，味道自然不错，肥瘦也相宜。但猪天天爬山，怎么还是那么肥呢？让我们常常看着五花大肥肉难以下筷，到底是怎么长的？减肥也太没成效了吧。

暴雨——山洪

看看这篇文章的字数，发现已经破万了，可能是回忆太多了，只愁没有纸笔来吐露。大家在一起时间久了，真的会变成亲人，想喝酒了首先会想到这群兄弟姐妹，想找人聊天了脑海会冒出大家的面庞。十几天，自己真的经历了很多，锻炼了很多，收获了很多。要说经历，暴雨算是一遭。特大暴雨算是临走前老天专门为我们下的，否则来趟云南没见过大雨怎么能行。

那天波波和腾晖出去做翻译，临走时山雨欲出，殊不知当他们将回时，已是暴雨山洪。路上的情形我没有目睹，但"80后"是一路尖叫奔跑着回来的，情形也可想而知。很担心在路上的他们，挂了几个电话，波波的声音是颤抖的，但一切我都可以理解，安全就好。

在传习院外，拓儿首先发现了那一池汪洋，真的有小洪水的感觉，水夹杂着粪便、泥土、草叶，伴随着浓重的乡土气味向下汹涌而去。路上看见了赶羊回家的村民，看见了清理草叶的好心村民，也看到了若无其事、悠闲散步的老伯，看到老伯，我们大家都四目相对，心领神会了。

雨，一直下，一直下，正当我们在犹豫怎么返回驻地时，天却立马放晴了，像变脸，迅雷不及掩耳之势。

回去的路上，第一次可以像走在城市的路面上一样，不看地地走，放心地走，不用拿脚见缝插针了。

归程

时间很快，十几天的实践匆匆过去了，我们就这样踏上了返程的路，我将要归乡。在返程的车上，9个人挤在狭小的卡车车厢里，姿态各异，腰身难耐。我迎来了又一个生平"第一次"——第一次坐卡车。

车里，大家因为从实践中解放而欢笑，一路上从儿歌唱到红歌，从老歌唱到动画片主题曲，从四大名著唱到一系列神曲，真是令人怀念。大家这些天真的累坏了，我可以从歌声中听出大家的心情，听出大家从胸中舒出的解脱的爽然。作为队长，想对大家说一句：兄弟姐妹们，辛苦了。

图 6.2.3 洪水（李恺 2011 年 7 月 30 日摄于吾木村）

其实，我也累了。

走着危险的山路，在摇摇晃晃的车里，我还是睡了会儿。耳边的歌声多么古怪也没有勾起我附和的心情，我的确是个不记歌词的人，也实在是个有时喜欢把自己锁在心里的人。此时，恰好。

又尝了尝锅盔店的砂锅米线，此趟云南之行，米线是吃了不少，也发现了米线原来是挺粗的，不是新疆那种毛细牛肉面的感觉。

到了古城，潇洒了一晚，就又踏上了前往昆明的行程。现在回想在古城的那一晚，是很难忘的，遗憾自己只待了那短暂的一晚。但当忆起阿楠的那句话，"如果有缘的话，你还会再来到这个地方的"，又多了份憧憬。是真的，我信，如果有缘，还会再相见。

古城的小店可以分为三大类：小吃、饰品服饰、酒吧。其它出新的小店虽惹人注目，但着实不是古城的风格。古城的招牌是"艳遇",是一个听起来和古城格格不入,但进入古城又觉得恰到好处的主题,只可惜我无心艳遇,也没有那个时间。古城有首歌是很好听的,叫《滴答》,清新自然,有流水的温情。古城的夜景是美丽的,虽没有香港、上海的灯火通明,高楼闪耀,但有一番别样的感觉,像一层静谧的网,网住了古城的喧嚣,网住了古城里千百种的喜悦与哀伤。

一大早,收拾行李,上路。在车上给大家发了离别的短信,很用情地向我的兄弟姐妹们道了声,早安。放下手机,再看看车窗外的世界,还能再见吗?我希望能。

三 静好岁月之云南行

胡张拓

思想动员

很难想象我加入了这个与我的专业毫无干系的实践支队,也很难想象对东巴一窍不通的我去参加这么一个调查。实践之前的培训与动员,也只是隔靴搔痒。只记得奶奶不断重复着:"搞到20份文书,就成功了!"只记得多多姐[1]教了我一堆不认识的字母和发音!只记得一个来头很大的人一直在跟我们打哈哈!可是我仍旧对东巴满脸的茫然,对此行的目的也是模模糊糊,以至于完全是凭着对高渊哥哥的信任和对人文地理的兴趣,踏上了这段奇妙之旅。其实各种动员会并没有让我壮怀激烈,满腔的热血也没有沸腾,只是让我觉得既然奶奶可以在条件艰苦的偏远山区走访调查,我一个少年为何不能!

自己班里有很多其他的实践支队,与我的专业也对口,可是我从一开始就询问人文班有哪些实践内容。因为在个人看来,社会科学的调查总是离不开固定的套路与模式,比如问卷,比如访谈,而且得出的结论大部分也是前人早就探究出来的。不管是经济调查还是社会教育调查,很多结论都是类似的,即使找到了问题与症结所在,也无法去解决。而人文学科则不一样,结论是做出来一些就是一些,就比如挽救濒危文字,挽救了一批就保护了一批,相对于清谈来说,是做了一些实事的。我一向反对清谈,因此就毫不犹豫地加入了这个支队。

长途跋涉

出发的那一天太阳甚炽,全身汗湿了往火车站赶。遍观众人所带之行李,唯我的箱子大得惊

---

[1] 许多多,项目组成员,系清华大学中文系硕士研究生。

人。由于自己低估了38个小时的硬座，因此只带了几个水果和一些零食，竟然都没有带杯具！这真是一个莫大的悲剧。

从北京去云南，漫长的旅途，走走停停的火车，我们就这样开始熟悉了。记得苏裴指责在车厢里抽烟的人时的杀伐果敢，记得晚上腾晖通宵看书的学霸态度，记得玩杀人游戏时君楠的一脸无辜，记得纯杰打瞌睡时狂歪的脑袋，记得薇兮画画时的专注。一路上，年轻人的欢歌笑语总是不断，于是，经常引来大叔们"鄙夷"的眼光和"小声一点儿"的劝告。虽如此，我们仍然可以有其它的发现，依然大笑如故，比如横躺在车厢过道里只露出一块肚皮的怪大叔，比如饺子大葱大叔，比如餐车或者垃圾筒后面跟着的长长的一条队伍。但说实话，这趟火车是充满了怨念坐完的。怨念有太多：腿伸不直，坐着动也不能动，只能吃泡面，喝极少的水，肚子微痛，脚肿，说来却不来的早餐车，两点多钟才来的午餐车，贵贵的盒饭，弥漫的烟味，上厕所来回要花一个多小时，晚上没地方睡觉，无穷尽的隧道，车还经常停在一个鸟不拉屎的地方不走……所谓同甘共苦，我们在这38个小时里也算经历了一番。

到了昆明，略作休整。吃点米线，洗个澡，换套衣服，睡一个小时，又开始坐火车。

经历了38个小时考验的人，9个小时的火车也不算什么了。去丽江的路上，因为在宾馆里休息了一下，便有精神来观察铁轨两侧的景色。火车沿着轨道，穿隧洞，过峡谷，几乎没有一段平地，高架桥与深隧道交替分布。不过说真的，云南还真是漂亮，火车如同在天上走一般，两边都是悬空的，远处是高低起伏的梯田，云雾缭绕的高山，以及山间零星分布着的村落和白色的房子。经过大理时，还有浩渺迷蒙的洱海在远处若隐若现。就这样，一路观赏着景色，玩着UNO，来到了丽江。

下火车时天已经黑了，还下着小雨。这个时候的北京正是暑天，穿短袖也是一身臭汗，而丽江却是"凄风苦雨"，把我冻得够呛，于是很奇葩地穿了两件短袖。庆幸的是，我们马上又住进了宾馆，又可以洗澡，又可以换衣服了。其实一路上我们很节约，在昆明七个人开了一间房，在丽江七个人开了两间房，但仍敌不过狡猾的商家，因为后来听人说丽江的宾馆一般40一晚上，我们来的时候是旅游旺季，160一晚上，整整翻了四倍！

不说住宿了，说吃的吧。非常值得一提的是——云南好多米线啊！！！在昆明火车站里面，没有任何什么肯叔叔麦爷爷的广告，只有一个米线的广告。出了火车站，三家吃饭的地方，米线、康师傅，还有德克士。在丽江，宾馆那一条街都是米线。我们吃完了许多米线，又开始长途跋涉。（我们已经出发三天了诶，还没有到达目的地！）

一辆面包车，七个人，无尽的盘山路，嘹亮的草原音乐，我们就这样上路了。不夸张地说，这是我18年来经历过的最漂亮以及最惊险的一段路。我们没有经过古城，便直接奔向玉龙雪山。对于一个常年生活在低矮丘陵甚至平原的人来说，见一次雪山是多么不容易。开车的师傅大夸我们运气好，遇见这么一个好天气，没有雾气，只有蓝蓝的天空，高大而又银白的雪山，辽阔的草原，放眼望去的牛羊，清澈冰冷的山泉。我们就像几个没有见过世面的孩子，欢呼雀跃，相机狂拍。沿着盘山公路，我们离雪山愈来愈近，甚至可以看见朵朵白云投在山脚草原上的影子，看见影子里规整的梯田，看见梯田旁一户户木头房子的人家。如果说雪山这一段路尚有人力矫饰之嫌，那过了雪山之后的一段路，便是纯自然之风，没有任何现代化建筑，隔一段路便矗立着一座佛塔，满地跑的牛羊，穿着藏族服装的女人，背着篓子的男人，晒得黝黑的小孩，蓝色的水，宁静得如同天堂，毫无半点喧哗与浮躁。师傅教我们看见佛塔双手合十默念"扎西德勒"，以求平安幸福。此时的海拔已经有4000多米，这是我们经过的最高地方，然后开始下山，绕到了更加偏远的地方。道路也开始由水泥路变成了石子路、土路，更加惊险。头上是凸出来的山石，一边是落石不断的陡壁，另一边是高深莫测的悬崖。悬崖边上有用石头堆好的护栏，上面用血红色的字写着什么"安全驾驶" "转弯鸣笛"之类的话语，让人看着不寒而栗，而且从头到尾都是一条单行道，容不下一辆多余的车，有些路段甚至连牛羊也容不下。提心吊胆的5个小时，却又是心情极为舒畅的5个小时。在这段路上，心里感到少有的宁静与空旷，什么事都不用想，脑子里空空如也。

终于，车停了，到了传说中的吾木村！我半个月的"知青生活"也即将开始了。

"知青生活"

下了车，空气里弥漫着各种粪便的味道，路上到处都是"地雷"，车子没办法在村子里面开，我们终于开始了走路。我的箱子最沉，于是，我落在了最后面。起初不明白，为什么一路都是下山，害得我的箱子没办法拉起来，只能搬！马上就了解到，这个村子坐落在半山腰！一向自诩"腰力甚猛"的我，搬行李搬到了手发抖……庆幸的是，这次大大提高了我的觉悟。以前经过任何政府机关门口，看见政府机关的大牌子，一点感觉都没有，可当我赶了三天的路，抖着手，搬着行李，来到村委会门口时，看见红红的几个大字——"中国共产党吾木村委员会"，心中一阵说不出的感觉，第一次有了"终于找到组织"的兴奋！驻扎在一号基地村委会后，我的"知青生活"正式开始。我把它分为几个部分，一是工作，二是做饭，三是喝酒，四是爬山，五是打小孩，可见还是很丰富多彩的。

一说到工作，就离不开文书，离不开蒋伯伯。在来之前，我从不知道什么叫作"文书"，也不知道这种东西有人如此看重，为了它，坑蒙拐骗，无所不用，只为弄到这些过时的地契账单欠条。不过初次在老乡家里看到这个东西时，心里还是有一种兴奋感与新鲜感。泛黄的纸张，手写的大小不一的象形字，黑色的手印，古老又安详地躺在阁楼里。我想多亏了这些又老又破的纸张，才让今人知道纳西族的祖辈们怎样处理经济事务，才让生活中并不常用的东巴文字不至于被人遗忘。对于一个民族而言，文化是弥足珍贵的，对于生活在众多汉族人之中的少数民族更是如此。我仍记得和学耀老师，他家里本不富裕，人口多，劳动力却少，每年的农活都需要请人来帮忙，家徒四壁，一张炕，两张床，两个柜子，一间土灶，其余什么电器家具都没有，却每年为了族群的祭祀活动自己贴钱，为了学习与弘扬东巴文化舍掉干农活的时间。他虽然一直觉得力不从心，但是为了族群的团结和文化的传承，他总说应该这样做。没有文化的认同感，就没有族群的凝聚力，祭祀活动并不是简单的仪式，而是整个族群一起心灵交流的方式，是他们的文化传统。一次祭天，可能保不了来年风调雨顺，可能带不来家人平安幸福，却可以让族人团结在一起，以一种神圣的名义，证明自己民族的存在。

不可避免的是，工作会遇到很多困难，比如狂风暴雨的天气，比如难走的山路……正是这些困难，才让我们的劳动成果显得更加珍贵，才让九个人愈来愈团结。

除了工作，我们更大的挑战是生活。毫不夸张地说，这次实践是一次绝好的生活体验，一次极佳的基层锻炼。由于地处深山之中，村落在半山腰，很少有日常用品的供应，小卖部里的棒棒糖和果粒橙就成了奢侈的零食。令人不能理解的是，每天十点吃完早饭，两点吃完午饭，九点吃完晚饭，天天早上饿得发慌，中午又撑得吃不下去。其实这半个月来，很能够体会"不当家不知道柴米油盐贵"这句话。每次吃饭前，总是能听到李书记的声音，"掌拨，把菜洗一下""小陈，把碗洗一下""小苏，来炸粑粑""李恺，背一篓子柴来"。以前在家里回家就吃饭，总以为做饭是件很轻松的事情，在吾木，每天都要花上六七个小时做饭。印象最深的一次是，李书记和和主任打牌，我们要自己做饭，大家劈柴的劈柴，洗菜的洗菜，我则第二次为大家做饭。不要以为做饭很容易，尤其是在土灶上，既要加减柴火，同时要关注锅里的菜，铲子几分钟就要换一个，因为大火烤得烫死人，炒完之后，呛得眼泪掉下来。

除了做饭很伤脑筋之外，每天的洗漱、如厕都成问题，到了最后几天，甚至连用电脑、手机都成了问题。由于海拔高，起伏大，没有像城市里面一样的供水系统和排水系统，生活用水就是山上流下来的泉水，遇到下雨天清澈的泉水变成了浊黄的泥水。最后几天线路检修，便彻底地断水断电，连做饭都快没有保障，与外界也快断绝了联系。以前浮躁的生活里，半日没有电脑或者是手机，便会有一种被遗弃感，就会觉得与朋友的联系都断绝了。在村子里的几天，才真正体验到古人的那种"海内存知己，天涯若比邻"的精神状态，才会少有地淡定地坐在高台上观察群山与梯田，心旷神怡，大呼畅快。

说完做饭，就离不开吃饭，说到在吾木吃饭，便离不开酒。听高渊哥哥说，李书记招待我们的酒可是300多块钱一坛子，我们消耗了他近三坛子酒！不得不说，喝酒是一件畅快的事情，也许真的是借酒浇愁，酒精的麻醉作用不可小觑。我没有小芮那样的能力，酒精免疫，千杯不醉，所以，经常喝多，经常失态。喝酒之后，飘飘欲仙，那种直接倒下的感觉，完全是重力作用，自己毫无半点力气，但心里却愁苦极了。人一喝醉就容易乱想，一想多便是郁闷，想家，想父亲，想母亲，想她。也许耍酒疯非常有失体面，但必须要承认，喝醉之后的率真与幼稚却是平日里伪装的我们所无法做到的。在饭桌上，喝酒是最能体现兄弟情谊的：记得我们帮女生挡酒，一个人喝三杯；记得我们一轮又一轮对和主任狂轰滥炸；记得我的秘密武器被兄弟们瓜分……酒桌上的回忆，总是欢乐的：有和主任玩狼人游戏时总是喝酒的悲剧；又有和主任喝醉酒后把椅子坐垮的喜剧；有我喝醉酒后在到处都是粪便的道路上摔了几跤的恶心剧……

其实对于一个民族而言，酒也是一种文化。纳西族有自己的酿酒方法，自己的饮酒方式。他们在田间辛苦劳作，休息时就喝一口酒，不管男人还是女人，酒不离身，从早到晚，如同汉人喝白水一样。在那些老乡看来，酒不一定非得是宴席上的助兴之物，也可以看成降暑解渴的优良饮品。记得以前看过一本书，叫作《中国式饭局》，讲到了中国的酒桌文化，对于不谙世事，从未上过阵的人来说，个中内容未免显得过于老辣。但在村子里的几天，却能够很好地体验酒桌上的种种微妙关系，学习到许多为人处世之道。

在吾木，迫于地理环境，爬山就成了不可避免的一件常事。从来的第一天拖着行李下山，到走时最后一天，拖着行李淋着细雨上山，半个多月来一直在爬山。吾木的山不像我家乡的山，到处都是被开采炸掉的白森森的凹口，而是纯自然的青山。不说山脚，即便是坡度较陡的山腰，也到处都有绿油油的农田和辛勤耕作的农夫，早上起来，还能够看见白茫茫的云雾，从半山腰起，将山峰笼罩。"问余何事栖碧山"，我到这里来实践。记得第二次去苏明村时，我和高渊哥哥走错了路，既不是小路，也不是大路，为了找到正确的方向，摔了一身的青草绿泥。我们叹服于耕作的农民是怎么到达一个上不着下不落的地方，还开了一片田出来。爬山赶路是件辛苦的事，一路上有许多虫子和带刺的野草，还有恶劣的天气。但是爬在半路上，看见脚底悬崖下面云雾缭绕，远处村落若隐若现，周围青山白雾，仿佛身处人间仙境，自己羽化登仙。

几乎所有的爬山都是因为赶路，仅有一次，是为了爬山而爬山。和继先老师，带着我们爬到了金沙江边的最高处。山路很陡峭，在海拔2000多米的地方爬山简直要把我累坏了。一路上到处都是本领高强的马、骡子、羊和猪，各个翻山越岭，寻找食物。我们爬到了最高的山顶，山路已经陡峭得不能再走了，悬崖下面就是滚滚流动的金沙江，这让我想到了课本中写的"山河相间，纵列分布"，站在这样开阔的地方，看着渺小的村落，奔流而过的江水，听着山羊的叫声，骡子脖颈上铃铛的声音，心中有着说不出的惬意，果真是："鸢飞戾天者，望峰息心；经纶世务者，窥谷忘返。"

吾木山好水好人也好，可就是小孩不好，这里有太多的"怪小孩"：有蹲在地上旁若无人聚精会神玩活鸟的"恐怖小孩"，有拿着牛粪往传习院里面扔的"脏小孩"，有打篮球时暗器伤人造成我的手变成"黄金右手"的"老千小孩"，还有屡教不改屡次挑衅见面必打架而且不知性别的"纠结小孩"……因此，在吾木，不厌其烦地教育小孩就成了极为琐碎的一件事。我们曾经探讨过为什么当地小孩总以一种异样的目光看着我们，最后得出两条原因：一是我们长得太白了，二是我们的衣服太干净了。这也可以解释为什么会有小孩把牛粪与泥巴的混合物丢了我们一身还怡然自得。

除了上面所说的常做的事之外，我的"知青生活"还有许多其他有趣又意外的事，但迫于篇幅，在此就不赘述了。

启程离别

其实我是不想写这一段的，因为实践的格调总的来说是昂扬快乐的，是积极向上的，可是将要走时，只能说既不是快乐的，也不是积极的。不快乐，是因为离别的不舍，并不是舍不得吾木，而是舍不得李书记与和主任，舍不得帮助过我们那么多的和老师。不积极，是因为我一直在想着早日离开这个破地方，直到走的时候还暗自庆幸要回家了，一点扎根基层的觉悟和想法都没有。但作为一篇完整的实践感想，这部分又是必须要写的。

半个月，说长不长，但却能够发生一辈子都忘不了的人和事。走的那天，和主任明显情绪非常低落，看得出来他是真的舍不得我们。李书记与和主任虽然是当地政府干部，但更是我们的朋友，他们身上的朴实性大大盖过了官性，因此我们相处得很愉快。和主任开着自己的大卡车，送我们出村子。一路上，我们在车厢里唱着歌，唱老歌，唱红歌，唱到了童年的动画，唱到了小时候的电视剧，唱到了懵懂时候学会的爱情歌，还唱到了曾经风靡学校的校园歌曲。一路上五个小时，我们就这样一直唱着，和主任也跟着唱，气氛虽然欢乐，我的内心里却总是有一丝失落与酸楚，可能是想起了小时候，也可能是舍不得离开。"向前不信别离苦，而今自到别离处"，经历过的总是最有感触的。

我们的实践结束了，我的实践感想也收尾了。但我们九个人，依然还是团结的九个人；我们的支队，依然还是最棒的支队；我们的回忆里，总是会有这样一段美好又充实的记忆！

四 天堂陌影
——吾木纪行

黄薇兮

前言

2011年的6月和7月初，我的生活陷入一团糟：论文不满意，生活混乱，依赖酒精来平复情绪，感情不顺，抱怨和伤害。终于在7月初的一个晚上情绪崩溃，然后第二天就扔下烂摊子，和朋友跑去了青岛。在海边吹风闲散了三天并持续醉酒三天之后，回京坐上了开往大西南方向的列车。

云南省丽江市玉龙纳西族自治县宝山乡吾木村，地图上的小村庄，在40多个小时硬座和4个多小时山路颠簸之后，终于在我面前出现。

路上

40多个小时的硬座把我的忍耐逼到极限，狭小逼仄的座位根本没有舒展身体的空间，腿脚也肿痛起来。

和同去的朋友玩牌，好歹过去了一些时日。到后来大伙儿也倦得没有心思再玩儿，就有一搭没一搭地聊天和八卦。李姑娘一路上都在为自己的小情感忧心忡忡，纠结于对方说话的语气和迟迟没有回复的短信。遇上这般心思细腻纠结的姑娘我总是没有办法，我本是不擅长说话的人，此时更是不知道如何是好，只能安慰姑娘说，适合你的人还没有出现。

黑夜过去，又一个黑夜过去，在丽江下榻一个晚上，第四天的中午终于到了村子。

天堂

空气里我闻到了新鲜的粪便的味道,没有公路,土路也泥泞狭窄,布满了各类家禽牲畜的排泄物。这造成我在回到丽江城区之后走路还是不停地看地面,害怕踩到粪便。

这个村子有浓厚的原始气息,土墙房屋,穿着破旧的老人小孩,年轻人不多见,应该是外出务工去了,而留守的老人和小孩与外界的接触也并不多,就连相隔一个小时路程的苏明村,与吾木的口音也不尽相同。

庆幸同时又遗憾的是我们不能住到老乡的家里。庆幸的是我们所住的村委会条件比一般的老乡家好了不少,遗憾的是也因此不能体会到当地人的日常生活。也许是我事先早已有了这一趟会很郁闷的心理准备,所以对这样的住宿条件已经很满意了。

之前在火车上的时候我一遍遍地想起电影《天堂陌影》里面的台词:You come to a place new, and everything looks just the same。这是我最爱的电影之一,我想,是不是我会像电影中的Eva、Eddie和Willie那样,妄图逃离不满意的生活去远方,却发现生活还是一样的面目?

而彼时我到达了西南边川滇交界处的这个原始小村子,我就明白我这一趟不会是一次陌生而相似的旅程。"身体下地狱,眼睛上天堂",也许这正是我所期待。

动物

村子里的动物永远都是宁静恣意的状态。和这个村子一样,来吾木村的路上我看到到处乱跑的小黑猪,惊讶,因为在我的家乡的农村,人们是不会把猪放养的。这里的马都漂亮而安静,我一下子想到张玮玮《花瓶》的歌词:"一定有一些马,想回到古代。"

云

云南的云彩真的美到极致,由于高海拔的缘故,云彩经常在视线之下,沉入山间,更为美妙的是在晴天,云朵的墨绿色的阴影映在山间,深深浅浅的绿。

有一天突降暴雨,我站在村委会的小楼上看到云层翻卷。浅灰色的卷云,黑色的屋檐,压抑沉迷,像极了日本的黑白武士电影中的场景。那天暴雨之后我走出我们居住的小院便被眼前的景象惊呆了,云朵层层叠叠坠入山间,雾气腾空,云雾缭绕,山峦隐入云间。

老人

走在村里常会见到老人们的笑脸,他们多数不会讲汉语,他们的脸孔和手掌一样粗糙黝黑,他们穿着破旧的衣服,老奶奶们都戴着传统的民族耳饰。

图 6.4.1 吾木老少（李学信 2011 年 7 月 22 日摄于吾木村）

村里大概有四五个小卖部，我们经常去的一家是一对老夫妻开的，老爷爷经常用背带背着他的小孙子，爷爷很清瘦，而小孙子脸蛋的肉很多。几乎每天下午我们都跑去敲老爷爷小卖部的窗户，然后老爷爷就会背着他的小孙子慢慢走到店里来，朝我们笑笑，然后默契地拿给我们一瓶果粒橙，半个月里边老爷爷成了村子里我们最为熟悉的老人。

儿童

这个村子少有年轻人，留守的孩子也许是没人照管，多数处于自由散漫的状态。由于少见外乡人，他们在我们经过的时候投来好奇又害羞的目光。他们在村子里泥泞的小路上追逐打闹，身上、脸上沾满泥土和灰尘。牲畜的粪便和各处生长的植物成为他们随手可得的武器，而我也有一次不幸中弹。

那是一个暴雨之后的下午，袭击我们的孩子有过"前科"，我们一行人见她（我们得知这是一个女孩儿的时候惊讶了很久，太像男孩子了）蹲在路边玩儿牛便便的时候就已心中忐忑，低头快速走过，却还是没能躲过她手中的便便。我不是个好脾气的人，当即火大，张拓比我更为愤怒，无奈

图 6.4.2 吾木儿童（蒋波 2011 年 7 月 26 日摄于吾木村）

那孩子的母亲也许姐姐就在旁边，我们也只能表示一个愤慨。

我想他们的一生，是不是也会重复着他们父辈的足迹，受很少的教育，很小就外出务工，然后早早结婚生子，生活就这样走到尽头？

朋友们

我们一队九个人，在这次实践之前都是素不相识，半个月相处下来彼此已经成为朋友，那我就将他们一一素描吧。

高渊，当之无愧的队长，大一的小朋友，新疆小孩儿，黑皮肤瘦子。他跟我是完全不同的两类人。我偏好独处，不善交流，虽然表面看起来是个话唠，事实上却极不擅长处理人际关系，而他却是天生的领导者（要不要猜测一下高同学是不是狮子座），带领我们分工和工作，在我们不愿意喝酒的时候帮我们挡酒，在李姑娘遭遇感情问题的时候陪伴她，安慰她。总之，他是21世纪少有的好少年。

波波，白面高胖子。这个名字总是让我想起小时候看的《宠物小精灵》里面的波波鸟。作为队里唯一的研究生和唯一的"80后"，其乐趣就是乐此不疲地嘲笑我们"你们这帮'90后'"，并且以这句话作为任何对我们有所"不满"时候的托辞。作为一个安徽人他居然不吃辣啊不吃辣，情何以堪！如果不吐槽的话，波波是我们队里的中坚力量，在学术和工作方面我们很依赖波波，不然工作没法做啊。

苏裴姑娘，嗲声高妹，我非常喜欢的姑娘，温柔体贴贤淑。队里三个女生，我跟李姑娘都属于懒人，每日扮演着米虫的角色，所以当苏姑娘在厨房里忙碌的时候，一票男生就会以此表达"你们俩都跟苏裴学学"的愤慨。

君楠姑娘，同住的另一个姑娘，乖乖女。相识的时候她正在为一段看起来没有结果的感情苦恼，我们聊天的内容也多是感情问题。后来李姑娘的感情以一种不知是悲还是喜的方式结束，真心希望她能遇到真爱，姑娘你要相信只是时候还未到而已。

张拓，相当有意思的好玩儿的一个人。不知道为什么此君总是随身携带一根棍子名曰"打狗棍"，作用一是走山路的时候当作拐杖，二是吓跑来捣乱的小孩，他也用这棍子吓跑偷食的狗狗，算是真正发挥了打狗棍的作用。二十四孝男友，对其女友无比坚贞而忠心。

李恺，文艺理科男一枚，很可爱的小男生。作为一个本专业是生物的正宗理科男，却时常见到他坐在窗户那儿画素描。不知道为什么，他对我总有一种小弟弟的感觉，有点窘。回到丽江城区之后他嚷嚷着要买一个在村子里背柴用的竹篓，甚是可爱。

腾晖和纯杰，把他俩放到一块儿来写，或许因为他俩都是广东人且符合我对传统广东人的印象。我喜欢腾晖的性格，沉默内敛但是熟识之后又发现这人其实是很有趣，后来我们都开始模仿腾晖的广东口音的"不冷冷了"，其实他说的是"不能忍了"。跟腾晖在音乐和电影方面挺聊得来，某个不想工作的晚上我们还屁颠屁颠地交换了各自电脑里面的音乐资源。而纯杰则是苏裴眼中的好男人，我们交谈不多，不过这样内敛的性格一直是我欣赏的。

谢谢你们，这么多天以来的照顾和包容，现在写着这些文字时也异常地想念你们。

和主任和李书记

回到丽江市区之后看到李恺在日志里写道，和主任发短信说他哭了。我看到之后也觉内心苦涩，加上最初我对和主任还有一定的误解，更加觉得难受。我想我是要再回一趟吾木村的吧，也许一年之后，也许不知道什么时候。和主任总是叫我"老乡"，因为队里只有我来自西南地区，云南与重庆虽不接壤，村子在川滇的边界，而我骨子里也算是四川人。李书记在我们来的第一天就抱出一坛十斤的酒说"这坛酒你们喝完了就可以走了"，而我们仅仅用了五天就让这坛酒见了底，我们的交情似乎也在酒里浸泡发芽和生长。

我很想念他们。

停电

最后三天我们遇到了此行最大的困难,村子修电缆得停电三天,这意味着我们全部的电源只剩下电脑、手机和相机。我们要拍照要翻译要工作,这些电撑过去三天实在是困难。没有电还意味不能使用电磁炉,意味着我们花费在做饭上的时间会大大增加。

庆幸的是我们努力地撑了过来,还有了不少乐趣,算是苦中作乐吧。某同学笑言这就是"喂马劈柴"的生活了。

我记得在传习院劈柴的李恺,生火的君楠和张拓。在没有电的夜晚我们聊天,玩真心话大冒险,在唯一有电的两个小时里我们抓紧时间玩游戏看电影。

失去光亮,看来并不一定是坏事。

归途

我们的归途没有伤感,我们坐着大卡车一路颠簸一路唱歌,从儿童歌曲到动画片主题曲,从电视剧歌曲到烂俗流行歌,一路上唱过来太过欢乐。告别都是在早上,再相见应该已经是九月了。

我们的旅途从北京开始,经历了难熬的火车硬座,经历了颠簸的山路,经历了吾木村的半个月,经历了丽江城的喧闹。

九月见。

五 山里的日子

陈纯杰

实践结束了。

回北京的火车上,这是第一次坐卧铺车,10点钟便熄灯了,白天因为无聊睡了很久,此时竟然睡意全无。

参加这次实践,多少有些阴差阳错。因为自己想去云南,刚好在小李的人人网看到有支队在招人,并且不是纯旅游路线,而是一个相对原生态的地方,于是一拍即合,后来竟然还拉上了小芮。于是9个人便一起度过了这难忘的三个星期。

实践的时间很长,仅在火车上我们就花去了将近一个星期。从北京出发,经过了将近50个小时的长途跋涉,我们终于到达了丽江,还记得那个下着小雨的晚上饥肠辘辘的我们在锅盔店里对着砂锅米线和砂锅面条赞不绝口的画面。

19号进村，庆幸的是，一个多星期的阴雨天气停了，我们赶上了好天气。山路两边可以极目四望的草原群山以及覆盖着皑皑白雪的峰顶，开阔的视野，奇美的景色让本该疲惫的我们显得出奇兴奋。挤放了行李的车并不宽敞，但拍照、玩笑、歌声不断，四个多小时的车程变得轻松舒适。

下午到了吾木村。见过李书记和和主任后，利用闲暇时间逛了逛村子。和周围其他村庄一样，村子建在半山腰，据说这是纳西族村落的特点。可以想象，在村子通车之前，这里几乎是与世隔绝的。村子因地制宜，种植的农作物种类很多，牲畜基本上都是放养的，连猪也不例外。那些奇瘦无比的黑猪常常让人怀疑它们究竟是不是猪，据说所有放养的动物都能在快天黑时自己回到村里（这是灵性还是奴性呢）。

住的地方在村委会，吃饭的地方在传习院，洗澡的地方还没出现！在村子里的两大乐趣，一是做饭，一是爬山。我们9个人，大部分的人之前都很少下厨，这20天，我们一天三餐都是在李书记和和主任的帮助下自己准备伙食。洗碗、淘米、煮饭、洗菜、切菜、炒菜，所有的事都是大家轮流做。实践的最后三天因为停电，电磁炉用不了，于是在上面的基础上又多了背柴、劈柴、砍柴、生火、烧水等工序，记得蒋大叔开玩笑说："就差钻木取火了。"20天的锻炼让不少男生逐渐变身为"居家好男人"。实践的最后，各"工种"的"专业户"们开始厌倦了，于是便有了后来的"我这辈子的……都在吾木做完了"之类的造句。20天里，传习院里因为9个人的欢声笑语焕发了生气。吃饭同样是件乐事，吃自己做的饭往往觉得很香，比饭更香醇的是李书记的酒。在李书记和和主任的劝酒下，支队发掘出了不少海量的人，我属于没有酒精潜力可挖的人，因为酒精过敏逃过一劫又一劫。酒量再大也有喝醉的时候，"傻哭傻笑"就成了后来的谈资。

在村里第一次徒步爬山是到苏明村去，那时蒋大叔和老李还没到，李书记领着我们7个人去对面的苏明村，就像一个侦察班。走的是小道，狭窄陡峭，大家都走得很小心，生怕一个踉跄跌到下面的梯田去了。下午，和学耀老师又领着我们去看祭天的祭坛，祭坛一个比一个高，一个比一个难走，不像开发过的旅游景点，有台阶有山路，那就是一片原始的山林，只是沿着前人走过的足迹能知道该往哪儿走。因为时间关系，到最后一个祭坛时只剩下我、小高和小苏三个人。那一天爬得很累，但也很爽。第二次爬山，是几天之后和继先老师领着我们去看采集荛花的地方。这一次路好走很多，视野也开阔得多。我们来到金沙江上，远处可见的地方据说是"元跨革囊"的发生地。我们站在一处高地，三面都是河谷，人一下子变得精神，有指点江山的气概。这一次之后，我很想直接走到金沙江边，但因为坡太陡很难走很危险，不得不打消这个想法。再后来，我又去了两次苏明村，一次和蒋大叔及小苏，最后一次是全队的人。因为下雨，两次走的都是大路，脚下泥泞，四周雾气弥漫，少了很多景色。在苏明村还有过置身云雾之中的经历，只是来得快去得也快，终究还是距离产生美啊！

在村子里另一件很享受的事是坐在传习院的台阶上面对着四周的群山吹口琴。城里的氛围太过喧嚣，在山里则常常能感受到内心的安宁。让人陶醉的不只有山，还有深山里的夜空。在村里的第一天晚上就收获了惊喜，满天的繁星和清晰可见的银河，几乎让大家都像孩子一样欢呼雀跃！

传统的东巴造纸工艺也是东巴文化的重要内容。前文提到和继先老师带我们去看采集荛花的地方,荛花是东巴纸的主要原料之一。如今的东巴造纸工艺和我们了解的汉族古代造纸术是类似的,但经过长时间的发展和改进,工艺流程简化了,纸的质量也提高了。当然,即便如此,一张纸从浸泡树皮到最终成形也需要两个星期左右,还不包括原料采集所花费的时间和人力。因此造纸的成本很高,除了传抄东巴经,东巴纸几乎没有其它用途,但这种工艺本身就是人类文明进步的缩影。纳西族的历史可以追溯到东汉魏晋时期,纳西族传统习俗中最重要的祭祀仪式都需要诵读经书,当时的老东巴可能使用牛皮、竹简等记录经文,但也不排除使用东巴纸的可能性。有的东巴认为,东巴纸的出现有可能不晚于东汉的蔡伦造纸,当然因为无从考证,这也只是一种假设了。

从丽江坐车到吾木,下车的地方就是村里唯一的学校,水泥的楼房,相比村里木结构的和石头垒砌的房子要好些,但也简陋得很。第一天下午在村子里逛,便看到有几个小孩在路边看书学习,甚是欣慰。山里的孩子要想走出大山都得靠自己。现在村里大多是中老年人和小孩,青壮年要不外出读书,要不外出打工。村里那些没到上学年龄的孩子,则调皮得很。孩子活泼开朗点总是好的,但调皮过了头不听教就让人觉得有些烦了。村里的娱乐设施很少,一个篮球场,一不小心还会把球打到梯田下面去。六个小孩一个皮球,便能耍出各种花样。他们对我们的调皮大概是为了从我们这群人身上找些新鲜的乐子吧。

实践中有趣的事还有许多,比如每天去小卖部"扫荡",比如那些"深入人心"的口头禅,比如小黄教大家的奇葩队歌,比如小张和老李在大卡车后车厢的惨痛经历……

到了离开村子的时候了,1号早上,大家都起得很早,很兴奋。最后那几天的停电停水下雨确实让大家有些苦不堪言。我们费了九牛二虎之力把大家的行李搬到了村口,在李书记家吃了早餐,便坐着和主任的大卡车出发了!仍是一路颠簸,仍旧歌声不断,和进村的时候一样,只是多了份经历,换了种心情。下着雨,路比进山的时候还难走。下午到了丽江,还是在锅盔店吃了顿迟到的午饭。最后在丽江古城外与和主任道了别,雨下得很大,多少还是有些不舍。2号晚上在丽江的酒吧大家都收到和主任的短信,又一次觉得感动和不舍。

3号从丽江到昆明,4号从昆明出发回北京,大家有各自的去处,人越来越少,现在只剩下我、小芮和小张了。

在开往北京的列车上,吾木在身后,越来越远……

六 随旅行成长

李君楠

记得当时决定暑期实践去云南做这种文字方面的工作之前也是考虑了很久的,一直挣扎着到底是出去轻轻松松玩一趟,还是做点跟专业有关的东西。当时刚好高渊和苏裴也想跟着赵丽明老师做暑期实践,算是一拍即合吧,我们三人就决定成立一个支队,去云南宝山乡吾木村调查东巴文的实用文书。申请是我跟高渊某天晚上商量着完成的,其实当时我还没有认真想过这个决定的背后是什么。之后我们通过各种方式找到了几个队友,最终组成了一个九人的支队。

全队第一次集合是在桃李园地下餐厅,当时大家互相之间还并不很了解,彼此的印象也不深,那天晚上主要是一起讨论了实践的计划和要做的准备工作。因为实践内容决定了我们需要了解一些东巴文相关的基本知识,所以赵老师还特意让学长学姐给我们讲了讲国际音标。可惜的是,我考试结束后就回了趟家,错过了很多次支队讨论和这方面的培训,到现在我还觉得很遗憾,也有点内疚,不过还好,因为我之前旁听过一个学期的"语音学",所以这对我实践时完成任务没有造成太大影响。

出发那天,我们支队九个人满怀兴奋地站在二校门前穿着队服照了张集体合影,现在看着那张照片还能回忆起当时激动的心情。之后,我们就拖着箱子顶着午后毒辣辣的阳光和高温去火车站了。这不,刚一出发,我们就面临着第一个痛苦的考验——38个小时的火车硬座。出发之前,出于对这么长时间的火车硬座的恐惧,我们做了很多准备,带了很多水果、泡面、面包,甚至还带了"三国杀"之类的游戏牌,可是真的上了火车,这些东西就似乎没有什么用了。开始感觉还行,可是时间一长,坐得腰酸背痛,整个人都僵硬了,睡觉也只能趴着或者靠着,因为过道上都挤满了人,所以动弹不得。大家吃泡面都吃到想吐,水果被消灭得太快,而且到后来大家也没有胃口再吃什么了,游戏牌玩了几轮也很无聊。到下火车那天,我看了看自己的脚,肿得跟个馒头似的,感觉很累很狼狈。一下火车我们就迫不及待地找了个旅社,好好洗了澡吃了顿饱饭,当时就感觉一下子精神了很多。

进村之前那边一直在下雨,到我们进村那天早上居然放晴了。这为我们进村带来不少便利,我们还因此有幸沿路看到了绝美的风景,清清楚楚近距离仰望了一下圣洁的玉龙雪山。

说到实践过程,我在两个方面感受最深,一是在生活方面,一是在工作方面。

生活上,我经历了太多的"第一次",体验到一种从未经历的生活。其实,我之前从来没有到过这么偏远原始的山村,路上到处是猪粪牛粪之类的"地雷弹",而且物资很匮乏。我们每天得自己洗菜、洗碗、做饭,零食什么的想都别想,小卖部里的东西就那么几样。没有网络,大家除了工作也就少了很多娱乐项目。山村里比较缺水，而且我们住在村委会里，根本没有办法洗澡，所以大家基本都是撑过了十几天不能洗澡的日子。因为帮我们翻译文书的和老师住在山对面的苏明村，所以每天早上我们都要有两个队员走山路去苏明村完成翻译工作，傍晚的时候再走回吾木村。那条山路本来就不好走，还记得有一天傍晚的时候突然下起了大雨，当时蒋波和李恺刚好在回来的山路上，留在吾木村的我们都很担心，但是又不敢总是打电话给他们，怕他们接电话分心。大家就都坐在屋里安静地等着，心里七上八下。后来天快黑的时候，他们俩终于回来了，我们这才松了口气，看他们那满身泥水、累到不行的狼狈样，我们都笑了起来。其实在那条山路上我们还碰到过不少危险的事情，我曾经差点掉到山涧里，高渊和胡张拓曾经滚到沟里，不过万幸都没有受伤。我们也一直坚持每天都有队员去苏明村那边做翻译。最后的三天应该算是最难熬的了，由于电路的问题，村子里断电断水，电脑、相机、手机等所有的电子设备都没有办法持续工作，到了晚上只能点蜡烛。做饭之前得劈柴生火，还没有干净的饮用水，小卖部的饮料食品也都脱销了。我们当时有种弹尽粮绝的感觉，但是苦中作乐也是我们最拿手的，不管怎么样我们都是很乐观的，晚上没有办法工作我们就聚在一个房间里夜聊，一起玩些小游戏。现在回想起来这些都是非常非常难得的经历，这种生活体验也让我一下子成长了不少，对生活的感悟体会也更加深刻。生活是一面镜子，你对它笑它也会对你笑，你对它哭它也会对你哭，不论在什么样的环境下，最重要的就是保持乐观的心态。不要忘记笑对生活，这样才有动力去完成自己要做的事情。

在工作上，我则深刻感受到文字调查工作的不容易，并不是说有足够的专业知识就可以的，还有许许多多的因素需要考虑。首先是人际关系上，吾木村的李书记与和主任很支持我们的调查，帮助我们翻译文书的和学湛与和学耀老师也都很和气，但是毕竟大山里的村民对外来的调查者还是心有芥蒂的，如何为乡亲们拨开迷雾，让他们体会到我们的热情则需要我们付出很多努力。和学湛老师与和学耀老师十分和善，很愿意帮助我们，在他们的帮助下我们文书翻译的工作进行得很顺利。再者就是客观工作环境上碰到的困难，在村子里的最后三天我们遇到了断水断电的状况，设备没有办法充电，我们只能想各种办法来克服困难。除了工作的时候，电脑都是绝对不打开的，为了不让翻译工作停滞，我们还分工去抄文书。村子里的生活条件确实比较艰苦，到最后几天我感觉自己就是在撑着坚持着，虽然知道这样很没出息很没追求，但是真的很想很想洗澡，很想很想吃一顿没有土豆和韭菜的饭，很想很想上会儿小网水会儿人人，很想很想吃零食……我知道队里其他人心里都有这样的想法，但是我们没有一个人表现出来，每个人都很乐观，所以即使在那样的环境下我们还是过得很开心，每个队友都在很努力很负责任地完成自己的工作。

暑期实践真的是人生中一段很独特的回忆，十几天中大家每天在一起生活，一起工作，一起面对各种困难，一起成长，一起哭一起笑。我学会了勇敢坚强，学会了认真对待生活，学会了处理各种人际关系。走出了学校这个圈子，我看到的是一个不一样的山村里的世界，我接触到了真实的社会与人，开始知道真正的成长意味着什么，开始以一种更成熟的心态看待自己和他人。我想这种体会与心理历程是校园里任何一门课程都不能提供的，这也正是暑期实践的意义所在吧！

七 追忆

芮腾晖

一拖再拖,终于开始码这一篇实践总结了。说是实践总结,个人的感觉更像是一篇水流得哗啦满地的日志。

在路上——火车

也许是天性使然,当火车上的各种人以各种诡异的姿势睡着的时候,我竟然在很欢乐地看小说,用别人的手机码日志,用潦草的笔迹写日记,完完全全不像是在一列好像永远都无法到达终点的火车上,而且是硬座。

日志、日记,有时候觉得这种东西就像是一个可倾诉的对象,当孤身一人的时候,就总是会想要写篇什么。记得当时想了很多东西,有一部分写在了日志里,剩下的写在了日记里。日志的内容大体是对于这次实践的看法,虽然显得有点不客气不厚道,但我确实是一个很理工的人,至少有好几个人曾经描述我是外表一看就知道一定是学理工的。因此,如果说我真的是对东巴文很感兴趣那就显得太虚伪了。所以,我对于整个实践的看法是,我是来深度游的,还有认识点朋友,顺带帮帮忙干点理工科的人能干的活。抱着这样的目的,带着点旅游的心情,搭上了火车。

火车上,原本不大认识的大家不得不熟悉起来了。一下子玩"狼人",一下子玩"UNO"。大家都在想办法玩游戏,想办法聊天八卦,但38个小时的硬座毕竟不是那么容易的,于是就有了一开始说的诡异姿势,而我就在这些睡姿诡异的人中间,看了一个通宵的书。

中途站——昆明

到达昆明的第一件事是买火车票。我依旧记得当时多么渴望高渊买不到票,好让我们大家"不得不"在昆明待一天,好好休息。当然,最终还是买到当天的票,但最终的最终,我们还是开了个房间,大家开开心心地洗了澡,这是我们在云南为数不多的几次可以洗澡的机会。在这里,也吃了最后一顿我觉得很正常的饭。

疲惫,困倦,大家一个接一个地倒床。现在想起来,还很奇怪自己为什么当时可以很淡定地打开电脑玩"FEAR3",大概那个时候还很天真地不知道接下来要发生的事情。

基地——吾木

到达丽江时，很高兴下雨了，可以推迟一天，好好休整一番再进山。开房间时，很不高兴，只有三人房，注定必须有两个人作出牺牲。现在我还很惊讶为什么当时我还是可以很淡定地打开电脑玩"FEAR3"。大概那个时候，我已经知道之前的淡定很天真了，于是我只能继续淡定。又是一夜未眠。

50多个钟头都没得到任何正常睡眠，我们略显疲惫地登上了进山的车。一路颠颠簸簸，再加上各种"亲人盼你安全回家"之类吓人的标语，周遭的人似乎有点不淡定。犹记得胡张拓的那句"本来快睡着了，看看窗外立马醒了"。但此时发现自己已经没多少力气不淡定了，于是，继续保持"淡定哥"的状态。

之前就各种听说云南的风景多么美好云云，当真正置身于那周遭时，才发现之前的言语根本不能准确描述出这里的美好，那些尝试性的描述就好像是没有考虑自旋与轨道角动量耦合而求解的波函数一样，不完全也不准确。而作为一个自觉的工科生，我是不会尝试去描述如此的，因为我怕我的描述只会暴露自己语文不好的事实。

虽然不是第一次跑到偏远的地方，但看到吾木主干道上那满地的"地雷"以及WC那骇人的白色蠕动物，我还是毛骨悚然了一把。除此之外，并没有什么太难受的地方。于是，实践终于开始了。

文书

想象中的实践过程应该是这样子的，大家分头挨家挨户地敲门询问，每天砰砰扑扑地过。但事实是，在李书记的带领下，我们直接找到了两位老东巴，并且收获了几份文书和经书。实话说，经书并不是实践的目的，而实际情况是，收集到的大部分是经书。但实际上实践的目的又是什么呢？就像之前说的一样，我是带着有点游玩的心态来的，但对于高渊、苏裴、李君楠他们来说，也许是学习来的。而文书呢，只是学习的一种手段、一种载体，就像矩阵只是作为载体来表示算符一样。从这个意义上讲，其实文书也好，经书也好，对于学习来说都是有价值的。

第二基地——苏明

计划是9点出发，结果不出意外地，我们10点出发了。之所以说不出意外，是因为每天有很多时间都花在了做饭上。之前就有心理准备，这边的生活条件可能不大好，也做好了要自己做饭洗菜洗碗的准备。实际上，大家都没经验，所以这些事情干起来特别耗时间。而且饭一般是李书记一个人做，而有将近10个人要吃饭，于是，耗时长好像也显得很正常。

苏明，感觉就像只在吾木不远处的山腰一样，却花了不短的时间才到。这里应该是我们这次实践的第二基地吧。因为在这里收获了许多的文书，而且认识了一位之后一直帮我们翻译的小东巴。

生活必需——白酒

按照李书记的说法,纳西族的晚餐是一定要喝酒的。这着实让我们这些以前滴酒不沾的人冒汗了一把,而且晚上喝酒也会让工作效率降低许多。但无论如何,大家还是被逼着学会了喝点小酒,也算是这次实践的收获之一吧。

工作——忙——闲

还是说回工作。前期找了找文书,但没几天就感觉找文书的工作有点举步维艰了,随后又很快就进入了整理翻译阶段。翻译,依靠的就是前文提到的苏明的小东巴。于是,每天都有一个小队赶往苏明村。觉得那是最纠结的一段时间了,村里停电了,电脑都不敢用,于是本来应该很忙的时间却有时不得不显得好闲。

文书部分自己涉及不多,倒是跟着出去做了造纸以及建筑的专题。

东巴纸,说实话,造纸的过程跟传说中的造纸术其实感觉差别不大,特别的应该是其原料部分。利用有微弱毒性的材料制作出来的纸据说可以保存很久的时间。作为一个有实用主义倾向的人,觉得东巴纸也许实用价值并不高,因为厚度实在太大,但考虑到东巴文单字本身可以代表大量的含义,或许厚度大并不会影响信息密度。无论如何,东巴纸也是东巴文化的一部分,或许其存在于当今的意义更多的是作为东巴文化传承的一种载体吧。

结束

扯来扯去,大体回顾了在吾木两个星期的生活。离开的时候,其实觉得工作还没做完,但是,由于各种原因,还是得离开了。很多时候,觉得实践最大的收获不是取得了多大的学术成果,对于我来说,也不是在这过程中获得的星星点点的知识,而是与一群人一起生活的点点滴滴。犹然记得一开始觉得高渊好严肃,苏裴动作很"舞娘",李君楠很淑女,黄薇兮很文艺,李恺看起来很困,蒋波很大叔,胡张拓也很大叔,陈纯杰很纯洁。后来,大家熟悉了之后,觉得高渊好欢乐,苏裴很阿姨,李君楠很女侠,黄薇兮很野,李恺很搞笑,蒋波很伯伯,胡张拓上升到了爸爸的高度,陈纯杰还是很纯洁。回来后,犹记得李书记的酒,和主任的薯条,犹记得那些个停电的夜晚,那些个游戏的夜晚。难忘的事情太多太多,但不可否认的是,实践真的结束了。

结束了。

八 那些日子

李恺

终于要写实践报告了，又要回想玉龙雪山、吾木、文书、蛆虫，还有一群可爱的伙伴。这么多天经历的每一分每一秒都是如此精彩，可是要用文字记录下来还真是无从下手，而真的要成文，只怕要是数十篇文章的长度了，看到高渊的连载，算是证明了这一点。

我也曾想像他一样一口气写个十几篇文章，可出了吾木，就不愿回想太多，懒吧。所以一直拖到交稿前的最后一天。打开本打算每天写的实践日志，停留在7月25日的一半，要从那日回忆起，之后因为劳累与其它如电量、时间的客观原因就没有再继续了。

看着高渊、张拓的文章真是压力很大啊。方方面面，我想写的，一切想说的，他们可都没有放过，那么长的文章，我现在是没有精力写出。

还是上正文，怎么说，还是按事件的发生顺序讲起。

入队

突然收到苏阿姨短信时，还是很兴奋的，因为原文有很强的欺骗性，说是去川藏滇做语音学调研，饱览祖国大西南风光，急需语音学人才什么的，还是很强大的有保障的实践之类。想到终于可以把赖老师教的东西用之于实践，想到可以去从未涉足的印象中的自助游天堂，想到貌似很靠谱的样子，我还是较为爽快地答应了。现在想来，语音学的东西只是看了几眼最后全丢给蒋大师兄了，游玩的目的也算完成一次深度文化自助游了，最为主要的是，这的确是一支绝对靠谱的队伍。在此还要感谢蔡子文大师的力荐。

准备

入队后，很多工作我是不知道的，高渊、君楠、苏裴三个立项人想是做了很多，从立项、招募队员、策划日程到与老师沟通。当支队初有规模后，虽然从未见过高渊以及其他的伙伴，但是时不时收到队长的飞信，并且带有标志性的开头"各位暑假实践支队的兄弟姐妹们"，我一度认为这个略雷人。也从那时起，我们的准备工作也开始了。汇总队员的信息与时间段，开第一次碰头会，看设计的队服，讨论交通方式，语音学的培训课程，赵奶奶的叮咛会议，红十字会的急救课程，最终的誓师大会，真是一样不少，从中，我也预感到这将是一次真正靠谱的实践！

旅程

我不同，因为有事，先回了上海，然后自己坐火车去实践，我的目的地是云南省丽江市宝山乡吾木村，一个似乎永远与我的生活没有交集的地方。

一个人，更像去旅行，坐上同样38小时的火车，实践算是正式开始了。

火车上，感触颇深的我在铺上用爪机码字，写文，不知不觉都十一点了，成功打发了时间，还算感觉良好。安静的车厢里几个大叔还在高谈阔论，几个铺里透出手机的微亮。我开始想象要面对的几个致命问题：无法上网，没有澡洗……转过头水起人人。

火车上的第二天是最憋的，手机已然没电，电脑的电还要省着，除了三餐，一直在上铺吹冷风补觉。到昆明是第三天的早上了。事情如无聊日志写的：

很淡定地下车，昆明的气候果然宜人。存了包，去买火车票，丽江的票居然全卖完了，除了VIP包间，600元。

小郁闷后，眼看手机快没电了，决定先找电源。在各种被拒后，得知候车厅有电源，但必须有车票才能进候车厅，郁闷加成。各种找，各种拒，最后冲进一家康师傅私房牛肉面，看到了电源！很多电源！看到电源就像看到了泉水！我一下满血满状态复活，心情大好，电脑手机回电，自己补血补魔。

有了电，便毫无顾忌，和蒋师兄联系后决定去买长途巴士。他从北京出发，晚上八点到昆明。我则买了晚上十点的长途卧铺，比火车贵，但愿他不要晚点，我们好一同去丽江。

买到票就更无顾忌，决定到市里转转。路程估计错误，过早回到车站，一看康师傅私房牛肉面，又一头钻了进去，厕所，电源，空调，晚饭，就在这儿赖着不走了。

到五点吃个晚饭，六点看个电影，八点去取行李和蒋师兄碰头。八点多蒋波终于出现在昆明站的老牛身边，看到他，总算是找到组织，找到实践的感觉了。接下来的事么，再摘一段日志吧（偷懒啊）：

乘8路车，终点站是西部客运站，上了长途卧铺车。

极品奇葩的车，居然一排能放五张铺，左边躺着个法国美女，说是从越南玩回来，在同济上学，右边是蒋波的庞大身躯。我依靠自己极限的生理弯曲，枕着书包打算硬撑一夜，事实证明，连膀胱括约肌都撑不住。

忽冷忽热颠颠簸簸，车子在一个服务站稍停，本以为已过去数个小时，一看表仅仅一点左右。解决紧急问题后，车上的旅途主要以睡半小时——醒一刻钟——吐槽两句话——然后改换姿势继续睡觉的循环为主。大半夜的醒着，窗外一片漆黑，身体像是震机上的小试管，搞不懂其他人究竟是醒是睡。早上七点醒来，等车进入丽江。

寄存了箱包，看还有时间，忙里偷闲，搭11路去丽江古城逛了一圈。都说丽江古城是"大清新"必去的圣地。一路的确看到不少女生都已穿上当地买的棉麻长裙或是棉麻围巾。古城到处都是客栈、酒吧，且颇有曲径通幽、禅房花木之感。和蒋师兄二人虽买了两份地图却难懂其中奥义，只得凭着感觉随性而行。除了随处可见的东巴文和高低分明的地势外，古城极富江南水乡之韵味，小桥流水，石板青苔，连人家门前缝衣补鞋的老妪乍一看也似讲得懂吴侬软语。师兄则游玩不忘学术，看到匾额、对联、墙上的东巴文，就猛拍不止，看到上了年纪的阿奶就上前询问文书，出古城前在茶栈中蹭得生熟普洱各两杯，浅尝辄止。

若要说古城的不足，其一，就是无处不在的"雪山去哇，古道去哇"，其二，太多为酒吧而酒吧的酒吧。

看时间差不多，出了古城，等木师傅接我们入山。吃了顿丽江饵丝，在丽江仁德医院蹭电蹭睡等等等等，终于等到木师傅和他的座驾。

本以为可以上山了，没想到的是还有那么多支线任务要做，买啤酒、饮料、鸡、馒头，接小孩，四点终于开始最后的路途。同车又上来三位宝山老乡，师兄开始"英语"交流。

一路凶险，且是愈行愈险，先前是通往玉龙雪山的水泥路，盘山绕曲，四周崇山峻岭，其中一段石块路更是颠簸异常。瞟一眼车外山下，不禁心虚，怂了怂了……其后则是盘山泥路，一车来宽，遇上卡车抛锚挡了去路，在半山腰歇了口气。

玉龙雪山着实蔚为壮观，高耸劲拔，不清楚其上耀眼的是云还是积雪，我是难以描述其雄伟之势。而后一路牦牛山羊当道，又常见蕨类与野郁金香，窗外景色宜人，心中依旧胆怯。实话说，这一路绝对算是难得的旅程，其刺激感不亚于过山车。

再说说车上的人。木师傅算是那种厚实的男人，蒋波一边坐着个大叔，时不时给我们介绍一路的风光景色。副驾驶挤了两个小孩，小男孩听话懂事，帮着木师傅搬了各种东西，还有个小女孩，快要上高中了，平时在丽江市学习，一学期只能回山里一次，成绩不错。他们两人看着两个奇奇怪怪的人要一同入山肯定觉得很怪。小面包车里放着各种音乐，尤其是谢霆锋那首《黄种人》记忆犹新，那时正经历最险的一段路，也是心情最忐忑的时候。

进山，高渊和纯杰早已在村口等着，在祖国大西南的深山中看到队员真是太感动了。一路走至村委会，初见了各类粪便，还有较为传统的纳西建筑，也初识了各家驴马骡、猪狗鸡。住处是李书记的房间，可谓党的政策亚克西！

收拾收拾，去传习院吃晚饭。初来乍到，饭桌上略窘，尤其是从未碰过酒，却盛情难却，几杯自酿酒下肚感觉良好。回村委会路上抬眼望天空，满天繁星。

用所谓的山泉水洗洗，回寝打了个日志开头就睡了。

至此实践总算进入正轨。实践中的事我还真不想多写，看了高渊、张拓的日志真是已经都写尽了大家在一起生活工作的点点滴滴，我还是挑几点有意思的讲讲吧。

吾木

吾木应该算得上特困村了，村子说小不小，说大不大，绕一圈不消半小时，只是地形复杂，道路相通。

吾木人

语言不通是一大障碍，我们就是去研究东巴文的嘛。民风淳朴是自然，但上了酒桌就要另当别论。老奶奶爱笑，老爷爷喜欢抽烟，小孩性格迥异，有抓起牛粪就往张拓、小黄身上扔的"屎小孩"，有拿着瘪的足球当橄榄球、铁饼、手球的动作狂人，有爱笑腼腆也成熟的小当家。说到其他人，接触最多的就是和主任与李书记了。

衣食住行

衣，其实我们的队服还挺简约的，不过没多穿。最想说的是裤子和鞋，在村里走上一遭，鞋就是泥鞋，而裤子就是泥彩裤了。

食，关于这一点想说的实在太多了。单是洗碗就可以写成一篇长文，以抒心中之感。生火、劈柴、切菜、掌勺，现在，小高下厨、"80后"洗碗、张拓炸土豆、小苏拌苦瓜、纯杰搬碗筷、小芮叔叔盛饭的画面还历历在目。饭桌上的"礼崩乐坏，道德沦丧"我就不揭露了，一盘番茄炒蛋是怎样在几分钟内成为番茄炒西红柿这种事说出来丢脸啊。倒是很怀念李书记亲手做的粑粑，和主任家的咸粥，和学耀家的鸡豆，还有土豆，对，土豆，土豆丝、土豆块、土豆片、炸土豆条。

住，我们住的是村委会，而我和波波住的就是书记的房间。小木楼的条件自然没法和内地比，但是却也算不错，好歹也是纯原木家具。出了村委会就是一片山间景象，上有青天白云，下是金沙大江。就是蚊虫多些，细细想来，有蜘蛛、蜈蚣、潮虫、飞蛾、蚊子、苍蝇、大蚂蚁、天牛，隔音效果也不好，住在左面的纯杰说话，右面的苏裴她们也听得到一二。唯一的厕所还在村委会外，条件么，惨不忍睹吧。硬是要我形容，当你深沉蹲于坑上，耳边传来窸窸窣窣的声音，不是风吹树叶响，而是隔壁坑位中的蛆虫在扭动，是千万只蛆虫在扭动。唯一的水源是村委会院子里的水管，说是山泉水，因此也就每天只能稍稍洗漱，很难洗澡了。

行，基本靠腿。一路的排遗物，大如牛粪，小如鸡屎，其间，猪、马、羊、驴乃至人类的产物，尤其是下雨天，滴滴答答，再也分不清何为粪何为泥，走起路来倒也爽快，不用像平日里见缝插针。山路难走当然不是因为粪的缘故，看到去苏明村的路，就明白了。苏明就在吾木的山对面，眼看就几百米远，走山路却要用近一个小时，更不用提还有人掉沟里的糗事。

文书

文书的事算不算学术机密呢，我能写吗？还是不提详细内容了。文书可是大事，我们实践的核心就是寻找散落在民间的以东巴文书写的文书并整理翻译。文书难寻，蒋波算是为此绞尽脑汁，挨家挨户地寻访，套近乎，逗小孩，很不容易找到的几份文书可是我们的宝啊，单反、卡片齐上，旁边还要站个人做文字记录。之后，还要把图片版文书抠图，整理。一段时间里，我的电脑桌面甚至是一份东巴地契。工作的事马虎不得，虽说每天吃饭要用6小时，但每天除了找各位和老师翻译记音以外，到了夜里还要整理，记录，成表，干到半夜一两点也是常事，尤其是蒋波经常半夜记音，那叫一个"挑灯夜战"啊。出了吾木，再走在丽江的街上看到无处不在的东巴文时，的确想吐，但的确也认得了不少，什么猜字壁之类的，很容易。

和主任

在丽江的酒吧收到和主任发来短信："孩子们，和你们相处这么一段时间，你们走了，现在真有点不习惯了。"敢不敢不煽情，这个略有点色眯眯爱装说日语的怪大叔。

和主任说我们走了的那个夜晚他哭了。不能冷了（口头禅，广东口音的"不能忍了"），敢不敢不要这么煽情啊！我也开始怀念每天帮和主任打下手做饭洗菜的生活了。张拓说和主任曾对他说，自己很过意不去，帮不上什么忙，也不会东巴文，每天看我们做得这么辛苦。他是个好人，那天出吾木亲自用卡车走了四五个小时把我们送出来，我们一路唱歌，那时候他就有些伤感了，在锅盔店里一言不发地看着我们，点根烟，听我们抱怨，偶尔笑笑。现在还能想起他家玉米粥的香甜和他搞怪的"soga"（日语发音，意为"这样啊？"），还有和蔼慈祥的和主任妈妈。

李书记

不多说了，文书的事、我们的生活一大半要靠李书记照顾。李书记要扛着东巴研究院的压力，还要协调村内各方的关系。他带着我们一起走访各家各户，去和茂春家重拍文书时，他还特地买酒和饮料做礼。

狼人

与和主任、李书记一起玩"狼人杀"那晚是最开心的夜晚之一了，没想到他俩玩得比我们都入戏。不论主任是丘比特，是狼人，是预言家，是村民，他都被罚喝酒这事让我乐了一晚上。

酒

酒的事也不多说了，全在酒里了。我喝得不算多，但对一个从未碰过酒的人来说，五六杯自酿白酒下肚已算豪爽了，至少我能保证头脑清醒，小饮怡情。还要说说新酒鬼小芮，这家伙自称从不碰酒，到了后来可是没酒不行的人物。

没电的日子

没电的日子就是煎熬，9台电脑轮流使用，才能保证工作正常进行，张拓看不了《张居正》，苏裴看不了《电锯惊魂》。很快手机也没了电，通讯成了问题。再之后，只有剃须刀和带着的手表还有电了。到了夜晚，全村伸手不见一指，点上蜡烛也算烛光晚餐，回村委会的路更是难走。装鬼吓人的效果也有所加成。

没水的日子

没电之后遭遇没水的绝境，这是考验吗？

文章越写越无力，我想是累了，大家也看出来内容越来越水了。是啊，吾木的事怎么写得完啊，我一开始的写法实在不自量力。停笔了，相当不自然地停笔。

我觉得，我可能还要回一次吾木。小卖部老板说要我们下次多光临呢，我还想看看"屎小孩"长大还是不是那么野，看看我们住的小楼，看看李书记、和主任，再来几杯酒。

吾木不要变，我还要把没画完的画画完。

九  那山那水那人

苏裴

开端

我一直都很喜欢赵丽明老师，跟着她能学到不少东西，所以从知道赵老师会带实践队伍开始，就一直琢磨怎么跟着她跑的事情了。之后阴差阳错，9个人就这么聚到一起了。还记得当时找不到会语音学的人，蔡子文向我们推荐了李恺这位语音学大牛，我小心翼翼地措辞发短信见面商谈，以博得他的信任让他加入我们实践支队。第一次见他就觉得他身上有某位神级科学家的影子，小小的脸，瘦瘦的身形，骨节分明的手指，靠在桌旁翻看着一本我很陌生的书。后来在实践过程中才明白，原来是像霍金 。当时生怕他会觉得我们的实践太文科了和他的专业没关系而不愿意加入，不过幸好，恺神最后还是加入了，而且在我们实践的过程中也确实挺靠谱。

还记得第一次碰头会，我因为事情迟到了好久，一去首先注意到两个名字熟悉面容陌生的队员，一个有着细腻皮肤披肩长发眉目含笑的女生，还有一个和李恺一样瘦但肩膀略宽面目白净的男生。后来才知道一个是可爱薇兮，一个是淡定腾晖。

忽然想起，其实组队过程中也有不少小插曲。比如高渊的加入让我和阿楠吃了一颗定心丸，比如庞昌平想把张拓从我们队要走时我一个电话打过去大吼大叫尽失淑女风范。Anyway，九个人最终还是走到了一起，展开了一段酸甜苦辣咸味味俱备的实践之旅。

出发

不得不好好提一下去云南的那一路。38小时的火车，一辈子有这么一趟经历也需要几分机遇和运气的吧？不知这运气是好是坏，总之38小时被我们赶上了。对于一个近10年没坐过火车的人来说，现实中的38小时和想象中的完全不一样。我还以为，仅仅是坐着无法躺下睡觉而已，坐累了可以走走活动筋骨，饿了可以去餐车吃饭，无聊了可以到车厢连接处看风景。没想到等待我们的是密密麻麻挤满人的过道，近在咫尺却遥不可及的厕所，只可想象难得一见的餐车和送餐车，还有烟味、奇怪的味、坐痛的屁股、浮肿的小腿。

38小时后，狼狈至极的我们下了火车，立刻开了一间房，轮流洗漱，"洗心革面"，一身轻松，迎接接下来的征程。

从昆明到丽江的8个小时就好过多了。我们7个人在一间车厢，打"UNO"，看电影，吃东西（美味排糖），八卦，睡觉，光阴似箭，就到丽江了。

这次艰难奇葩却不令我后悔的硬座之旅教会了我如下几点：一、再也不坐8小时以上硬座，甚至火车都不想再坐；二、火车上要备好水果、零嘴、饮料；三、带好娱乐用品打发时间；四、还是和同伴一起比较好，打牌、八卦、睡觉、看电影，whatever，总之时间会更快地流逝；五、很少有机会能和一个人或许多人形影不离这么长时间，一群年轻人在火车上朝夕相处，谈笑风生间会产生许多难得的美好回忆。

那山那水那风景

从丽江进村还有五六个小时的车程，路虽极险，不过从小在部队长大的我，跟老爸下部队时山路走多了，也不觉得有什么了。就是大拐弯的时候车子夸张的倾斜不免让人心头一颤，身子一歪，脑门一撞，哎哟，疼！

路上的风景倒是非常好。难得的晴天，散去的浓雾，露出钢铁般大脑袋的玉龙雪山，陡峭的悬崖，崖边的梯田，田上黑色的猪，远处的低矮的幻化出各种形状的云彩，有箭、有龙、有柱子，还有奇葩的羊驼。

进了村子，风景就更加古朴了。修建在半山腰的村落，进了村不管往哪个方向走都相当于上山或者下山。窄窄的小巷，在阳光下微微反光的青石板，本应是如此诗情画意的街景，却被满地或大或小一块块一坨坨的猪粪、牛粪、羊粪、狗屎狠狠地煞了风景。现在想起进村时我们拎着箱子往下"跑"的情景，天哪，到底踩了多少啊！反正小芮说是不少……

那山那水那风景，其实对吾木村印象最深的要数晚上的星星了。小时候住在郊区，灯光不足，污染较少，满天繁星的景象也不是没见过。可吾木这里，由于刚刚通电没有路灯，一到晚上就漆黑一片，没有手电筒根本摸不回村委会。但正是这样与世隔绝原始自然的村子里，漆黑的操场上，一抬头就会看到那震撼人心的满天繁星。由于星星太多太亮，根本找不到传说中的北斗七星、仙后座、北极星。不得不佩服古人，那么多星星，他们是怎么想象出那些星座那些图案，怎么观察出那些恒星那些运动轨迹的？

不过可惜了，如此美景只能留在记忆中了。两台高级单反愣是拍不出繁星满天的景色。唉，没办法，没有三脚架没有不会动的手。不过没关系，记忆中的东西才是不会风化的，能够伴随终身而美好。

那人那字那工作

第一次见李书记是校庆的时候。奶奶对我们极其信任，把挂牌的事情交给了我们，让我们以此为由跟他商量实践的事情。当时觉得李书记面目挺和善的，红扑扑的面颊，黄灿灿的头发，还真有几分"洋书记"的味道。但是第一次面对官员级别的人物，一开始的时候还是如林黛玉进贾府般步步小心时时在意。我们先从李书记那儿要了一些吾木村的资料，然后又去他住的地方大概说了我们实践的目的时间，他答应得很爽快，又给我们吃了一颗定心丸。

通过之后在吾木村半个月的相处，发现李书记真的是个很好的人。他认真，仗义，诚恳，从工作上的寻访文书、了解造纸，到生活上的生火做饭、洗菜洗碗，真真儿地帮了我们很多很多，最后顶着上面的压力也要帮我们完成实践。没有李书记，我们不可能找到这么多文书，也不可能如此顺利地完成实践。李书记于我们，是良师，是益友，更是一位合作愉快的好伙伴。

和主任是个好人。这是我想到和主任后双手不受大脑控制下意识写下的第一句话。是啊，半个月里，陪我们东跑西跑，帮我们生火做饭，和我们喝酒打闹，互相交流不成气候的日语，"土豆哪里挖，土豆田里挖，一挖一麻袋"。

和主任个子不高，微胖，圆圆的脸上常常挂着谦和亲切的笑容。一双呈八字的眼睛，常穿一件粉色的短袖衬衫，说话的时候声音略显低沉，说出的话语却常常有趣得很，每每引得我们一阵哄笑。

和主任很靠谱。还记得停水停电的那几天，李书记不在村里，和主任就让我们到他家里接水吃饭，为我们煮了味道好极了的粥，虽然没有家里饭菜丰富多样，但是饭菜中饱含的善意真诚使它成为我吃过的最美味的一餐饭。

还记得在丽江酒吧那个晚上，和主任给我们一个一个发短信，问我们怎么样了，还在不在丽江,说想我们了,搞得我们心里满满的感动。虽然只有短短两周的相处,但其间共同创造的美好回忆却足够一辈子细细回味。

实践过程中得到了各位和老师的帮助,首先想到的是家住传习院旁的和学湛老师。他是我们遇到的第一位东巴,也是曾经的村支书。和老师个子也不高,黝黑的脸上常常含笑。他给我们讲解传习院的壁画,给我们看他画的东西,精湛的画功让人啧啧称奇。和老师与和茂春老师一起帮助我们翻译了不少文书,真心感谢和老师们在实践过程中对我们的种种帮助。

和学耀老师更是好老师了。还记得第一次去他家,喝了度数比较高的白酒,我一不小心就流鼻血了。和老师马上把我领进去,给我吃了什么东西烧的灰(据说挺珍贵的),说是什么仪式的一部分,用东巴的方法帮我消除了"鼻血之灾",还让一个小妹妹帮我挖了些草药让我带回去,说吃几次就会好了。萍水相逢却能鼎力相助,我心里感动得不得了。那天走的时候,草药忘带了,再次去他家的时候他居然还记得,亲自把药放到我手里让我带走。后来我真的没再流鼻血了,也不上火了,东巴的仪式真的起作用了吗?

吾木村的小孩中,印象最深的是个叫木旺凤的初三毕业生,是一个很可爱的小姑娘,黝黑的皮肤,披肩短发,圆圆的眼睛,穿牛仔裤和T恤衫,举手投足间透出点点质朴和真诚,举止大方得体有礼貌。她也帮了我们不少忙,当翻译,当向导,带我们穿梭于吾木的山间小道,没和她合照一张照片,可惜了呢。

那饭那碗那酒桌

生活技能的提高绝对是此次实践最大的收获。洗菜、生火、炒菜、做饭、炸粑粑、洗碗,做饭的所有步骤都被我体验了个遍。和主任的炸土豆条,李书记的粑粑,晚上的炖土鸡,喷香的火锅,一起吃饭的欢声笑语,历历在目,牵动人嘴角上扬,笑而不语。

还有酒桌。吾木的风俗,每天早饭午饭可以无所谓,晚饭必须有酒有肉。半个月来,本以为那一大坛酒难以消灭,谁知消耗了李书记三坛酒!半个月里,第一次喝那么多三四十度以上的白酒,第一次尝到微醺的感觉,第一次看到队员醉倒,第一次听到《祝酒歌》,第一次和那么多人在酒场上周旋。果然,实践之后,虽然一喝酒就脸红,可是再也不怕啤酒,再也不怕敬酒。

稀稀拉拉写了这些,该到结尾的时候了。现在再闭上眼睛想吾木,还是那句话:舍得吾木,舍得村委会,却舍不得这人、这情、这回忆,和这群人一起度过的这段美好。

附 录

白地纳西汝卡东巴文应用文选

一 白地纳西汝卡简介

在我国川滇藏毗邻地区，居住着拥有悠久历史与灿烂文化的纳西族。其中汝卡支系是纳西族较为特别的一个支系，具有相对独特的语言、文字、宗教文化等。本文所调查的云南省迪庆藏族自治州香格里拉市三坝乡白地村吴树湾组有80%的纳西族为汝卡人，他们所使用的汝卡东巴文与丽江东巴文不尽一致，李霖灿、和志武等学者认为汝卡东巴文比一般东巴文更加原始古老。[1]

经初步的语言调查，可知白地吴树湾组的语言具有浊鼻冠塞音声母，且与浊塞音声母形成音位对立，大致属于纳西西部方言，但其所处地域正处于纳西东西部方言交界地区，因而也会有一些交叉性的特点，如西部方言中存在的紧元音现象在吴树湾汝卡语中已很少见。

白地是很多人心目中的纳西族圣地，因为据传说纳西族的始祖东巴什罗即诞生于此地。白地迄今还保留着纪念东巴什罗诞辰的民间活动，也是因此，当地流传着"没到过白地的东巴，不是真东巴"的说法。白地的纳西族经典文献是享有盛名的。众所周知，东巴文是一种因宗教而发展起来的文字，主要用于记录宗教经典。然而白地在保留了很多古老东巴经典文献的同时，也随着时代的发展涌现出了一些具有应用性质的东巴文文献，还有一些既精通东巴文又懂汉文的东巴能利用借音等方式来表达汉语词汇。这一原始而又神秘的文字，在今天仍然焕发着生命的活力，广泛应用于当地人民的生活之中。本文释读了《白地吴树湾和树昆、杨玉春家标语》《清华大学百年校庆贺信》《和树昆电话号码本》三种应用性文献。

标语写于吴树湾组东巴和树昆、杨玉春等人家以及东巴文化学校的围墙上，用汝卡东巴文和汉字一一对应地记录了几条常见标语。通过翻译解读，可以发现汝卡文字通过记录相近音节来表达本民族所没有的事物或概念，借助这种方式，扩大了词汇量。

贺信是东巴和树昆为清华大学百年校庆而写作的，共有汝卡东巴字423个，78句话，其中大量出现了通过同音或近音假借来表示本民族缺乏的事物的现象，同时也体现了一些东巴文中的语法现象，如两个动词连用时表示动作的程度加深，或者附加了褒义的色彩等。

电话本是东巴和树昆于2008年自制的，里面是他用汝卡东巴文记录的人名和电话号码。共收录了人名76条，东巴字308个，除人名电话外，还记录了二十八星宿名称和五行生肖。这个电话本完全采用假借记音的形式，用有限的东巴字记录了汉语人名。在社会经济飞速发展的当今时代，白地应用文献中使用的假借方法，体现了汝卡东巴文这一古老文字所蕴含的发展空间，对汝卡东巴文的继续生存和发展，是一个有力的支撑。

---

[1] 参见李霖灿《麽些象形文字字典》，台北：文史哲出版社，1972年，125页；参见和志武《纳西族古文字概况》，收录于《中国民族古文字研究》，北京：中国社会科学出版社，1984年，296—312页，《中国民族古文字研究》为会议论文集，1980年8月在北京举办了"中国民族古文字研究会"成立大会和首次学术讨论会。

二 白地汝卡语言系统简介

2011年1月寒假期间,清华大学社会实践小分队对云南省迪庆藏族自治州香格里拉市三坝乡白地村吴树湾组的纳西汝卡话进行了初步语言调查,由杨玉春发音,经整理,白地话有37个声母,21个韵母,4个声调。

声母

辅音		双唇音	唇齿音	齿龈音	卷舌音	龈腭音	软腭音
塞音	清	p pʰ		t tʰ			k kʰ
	浊	b		d			g
塞擦音	清			ts tsʰ	tʂ tʂʰ	tɕ tɕʰ	
	浊			dz	dʐ	dʑ	
擦音	清		f	s	ʂ	ɕ	x
	浊		v	z	ʐ		ɣ
鼻音	浊	m		n		ȵ	ŋ
边音	浊			l			
鼻冠塞音	浊	ᵐb		ⁿd			ⁿg
鼻冠塞擦音	浊			ⁿdz			ⁿdʑ

韵母

单元音韵母有11个:i(ɿ、ʅ)、y、ɯ、u、ə、o、ɛ、a、ɑ、ʋ、ɚ。

复元音韵母有10个:ia 、iɑ、iɛ、iə 、io、ua 、uɑ、uə 、uɛ、yɛ。

声调

调名	调值	调符
中平调	33	˧
低降调	21	˨˩
低升调	13	˩˧
高平调	55	˥

说明：

1. 舌尖元音 [ɿ]、[ʅ] 仅与 s、z、ʂ、ʐ、tʂ、dʐ 搭配，故与 [i] 合并。

2. /i/、/u/、/ɑ/ 等几个韵母存在鼻化情况，但鼻化不区别意义。

3. /a/ 音值偏高，略近于 [æ]。

4. 小舌与软腭有音值区别，但不存在意义对立。

5. /x/ 拼 /o/、/ɑ/、/y/、/u/ 等韵母时，音值实际为 [χ]。

6. /y/ 与 /b/、/p/、/ᵐb/、/d/、/ⁿd/、/x/ 等音相拼时，音值近似于 [ø]。

7. 元音 /a/、/ɑ/、/o/ 自成音节时，有时会前带喉塞音，并略带紧喉，如"鸡"[ʔa]、"鸭"[ʔɑ]、"鹅"[ʔo]。

8. /l/ 在做声母时，有时发音会嘴唇颤动，如"龙"[lu²¹]。

9. 双唇音在拼 /ʋ/ 时常常会发生嘴唇颤动，如"虫"[ᵐbʋ⁵⁵ dy²¹]。

10. 齿龈音在 /i/、/y/ 前有时会出现齿化现象，如"虫"[ᵐbʋ⁵⁵ dy²¹] 的实际音值为 [ᵐbʋ⁵⁵ d̪y²¹]，"羊"[tʰi³³] 的实际音值为 [t̪ʰi³³]。

11. 白地的 /ɯ/ 实际音值偏低。

12. 男性语音中 /ᵐb/ 和 /b/ 的发音常常比较接近，但二者有不同的意思，例如 [ᵐba⁵⁵] 是爸爸，[ba⁵⁵] 则是一个骂人的词。

13. /u/ 的实际音值会略靠近 [ɯ]。

14. /ɤ/ 的实际音值靠近 [ɤ˞]。例如"公鸡"[ʔa³³ pʰɤ²¹]、"蜻蜓"[ȵiə³³ pɤ²¹]。

15. /iɛ/ 音值近似 [iæ]。

16. /ŋ/ 作为声母的情况仅出现于"女儿"[ŋa³³ mi⁵⁵]、"儿子"[ŋa³³ zo⁵⁵] 等亲属称谓中。

三 白地汝卡东巴文标语解读

著录

文书名	白地汝卡东巴文标语
书写人	和树昆
书写时间	2010年1月
来源	云南省迪庆藏族自治州香格里拉市三坝纳西族乡白地村吴树湾组东巴和树昆、杨玉春等人家以及东巴文化学校的院墙
体例	横行书写，从左到右换行，上为东巴文，下为汉语
材质	油漆，砖墙面
采集时间	2010年8月8日
采集地点	云南省迪庆藏族自治州香格里拉市三坝纳西族乡白地村吴树湾组
摄影	赵丽明、徐可可、刘晶
翻译者	和树昆，杨玉春
整理者	姜明慧
尺寸	标语一：100cm×467cm 标语二：100cm×460cm 标语三：94cm×590cm 标语四：80cm×1170cm
备注	

翻译

标语一：每个党员是一面旗帜

字符	国际音标	直译	意译	串讲
	ta³³	神龛	党员	
	y²¹	绵羊		
	du²¹	大	每	
	ku³³	鸡蛋	个	
	lu³³	牛虱	是	每个党员是一面旗帜。
	tʰɛ³³		旗	
	xy²¹	火苗	红	
	du²¹	大	一	
	kʰɑ⁵⁵	腰带	面	

这条标语的语序是：党员 每个 旗 红 一面。

标语二：友谊第一，比赛第二

字符	国际音标	直译	意译	串讲
	xo³³	肋骨		
	xo⁵⁵ [1]	肋骨	友谊	
	gə³³	老鹰		
	kʋ⁵⁵	大蒜	第一	
	dzɿ³³	楼梯		友谊第一，比赛第二。
	bʋ⁵⁵	烧香	比赛	
	tʰɯ²¹	喝	第二	
	gu³³	仓库	—	

这条标语的语序是：友谊　第一　比赛　第二。

标语三：发展体育运动，增强人民体质

字符	国际音标	直译	意译	串讲
	tsʰo³³	大象，假借为跳	运动	
[2]	tsʰo⁵⁵	大象，假借为跳		
	dzə³³	楼梯	体育	
	bʋ⁵⁵	烧香，假借为玩耍		
	da³³	做什么，假借为发展		发展体育运动，增强人民体质。
	gu³³	熊	人体	
	mu³³	簸箕		
	lɑ⁵⁵	老虎	健康	
	la³³	手		
	da³³	做什么，假借为发展		

这条标语的语序是：运动　体育　发展　人民　体质　增强。

标语四：村容村貌整洁、文明团结和谐的社会主义新农村

字符	国际音标	直译	意译	串讲
	bɛ³³	雪，假借为村子		
	pʰa³³	脸		
	uɛ³³	村庄	村容村貌	
	kʰu³³	村口		
	tsɛ³³ [3]	锄头，假借为铁		
	ʂə³³	撕	整洁	
	tɯ³³	倒吊		
	gu³³	仓库	文明	村容村貌整洁、文明团结和谐的社会主义新农村。
	ma⁵⁵	尾巴		
	lu³³	把绳子捆在树干上		
	lu⁵⁵	把绳子捆在树干上	团结和谐	
	xo³³	肋骨		
	xo³³	肋骨		
	gə²¹	上面	结构助词	
	ʂə³³	撕	社会	

字符	国际音标	直译	意译	串讲
[4]	xu³³	晚上	社会	
	tʂə¹³	某种鸟	主义	村容村貌整洁、文明团结和谐的社会主义新农村。
	i²¹	冒、溢出来		
	bɛ³³	雪，假借为村子	新农村	
	ʂi⁵⁵	肉，新的		

这条标语的语序是：村容村貌　整洁　文明　团结和谐的　社会主义　农村　新。

---

[1] 此处有变调。
[2] 此处有变调。
[3] 此字有异读音［ʂu³³］。
[4] 此字有异读音［xa³³］。

四 清华百年校庆贺信

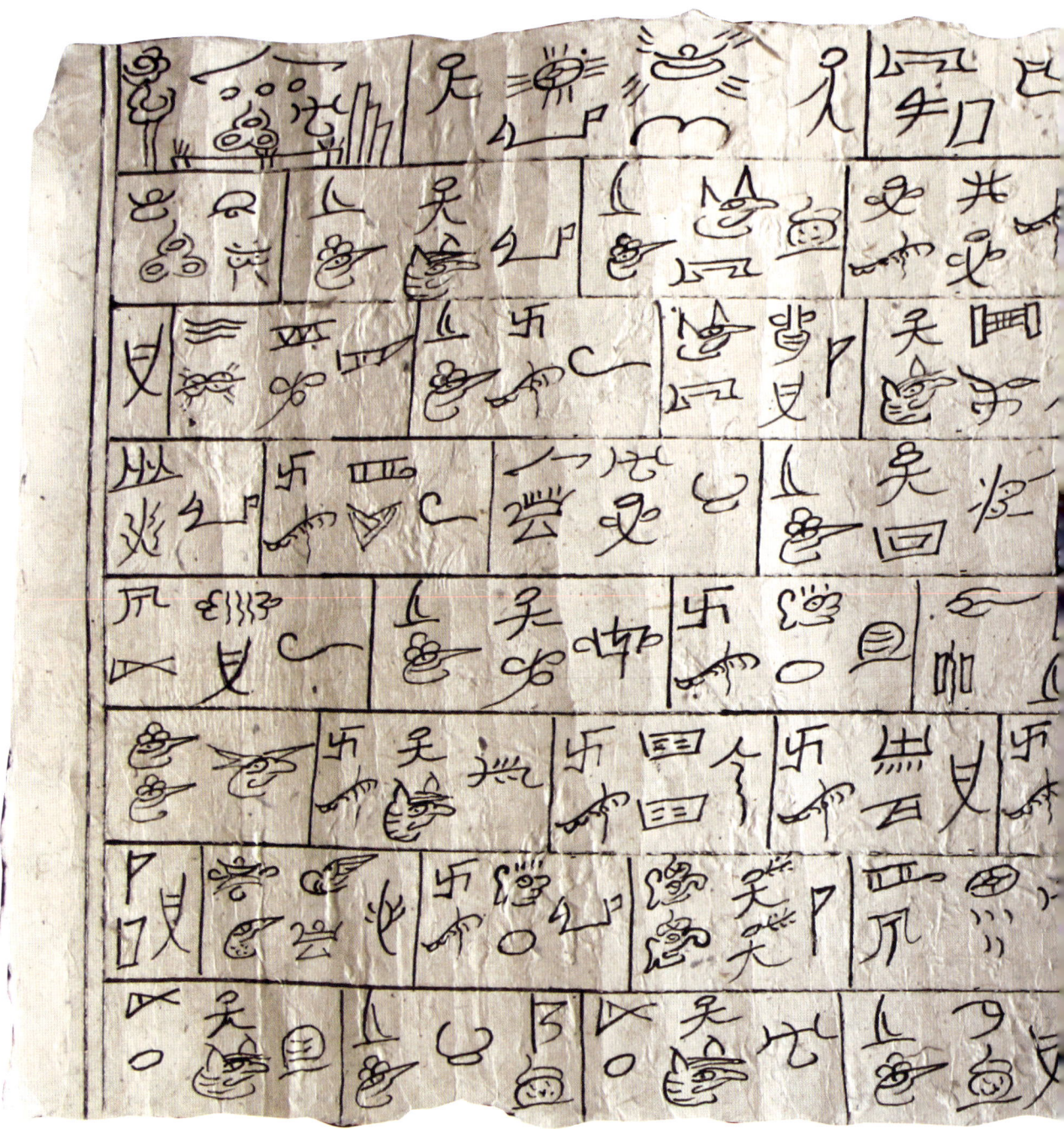

附录　白地纳西汝卡东巴文应用文选

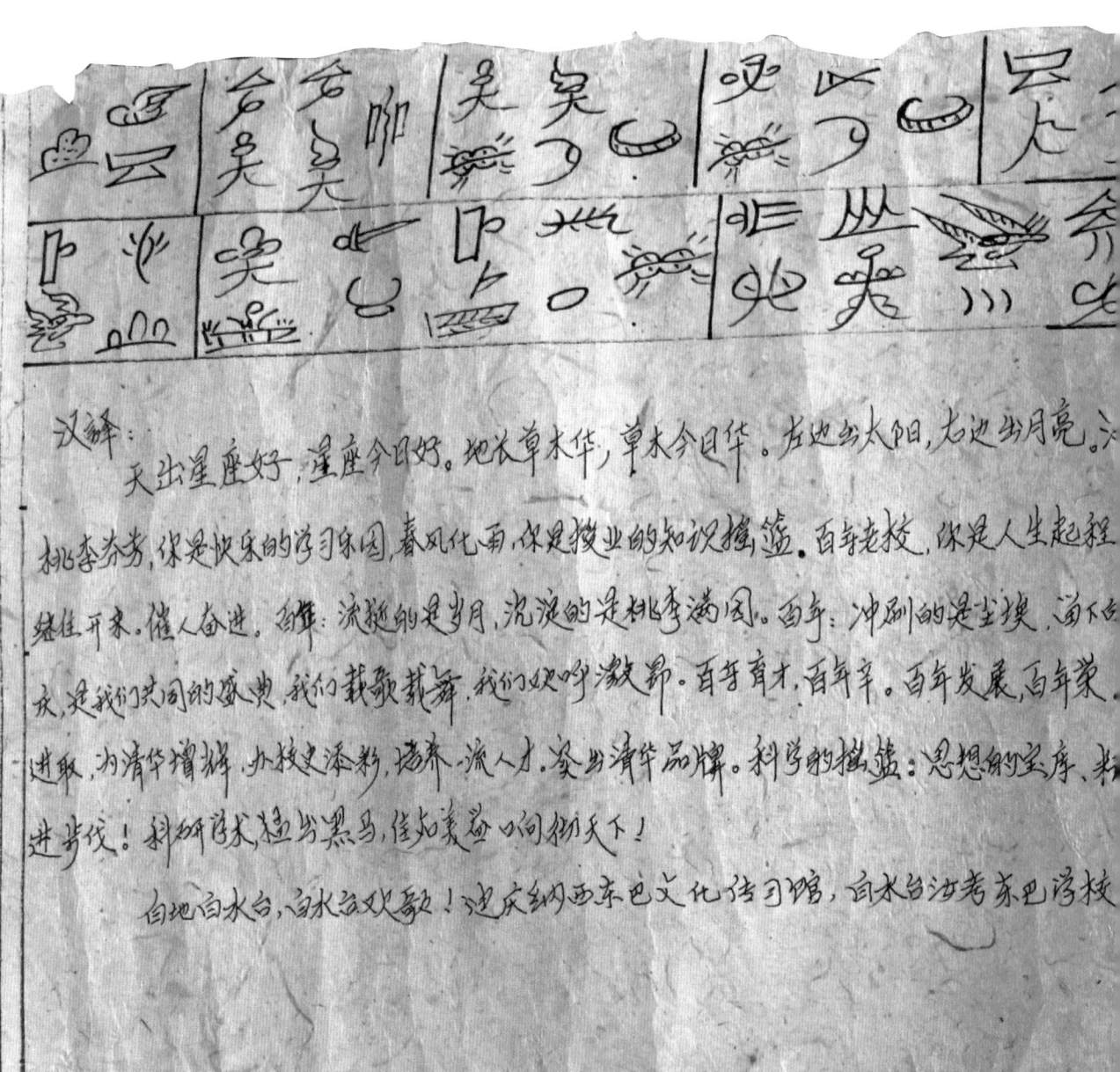

汉译：

天出星座好，星座今日好。地长草木华，草木今日华。左迎出太阳，右迎出月亮。泣桃李芬芳，你是快乐的学习乐园，春风化雨，你是授业的知识摇篮。百年老校，你是人生起程继往开来，催人奋进。翱翔：流逝的是岁月，沉淀的是桃李满园。百年：冲刷的是尘埃，留下的庆，是我们共同的盛典，我们载歌载舞，我们炽盛激昂。百年育才，百年辛。百年发展，百年荣。进取，为清华增辉，为校史添彩，培养一流人才。姿出清华品牌，科学的摇篮，思想的宝库，精进步伐！科研探求，迈出黑马，佳绩美誉叫响扬天下！

白地白水台，白水放欢歌！迎庆纳西东巴文化传习馆，白水台汝考东巴学校

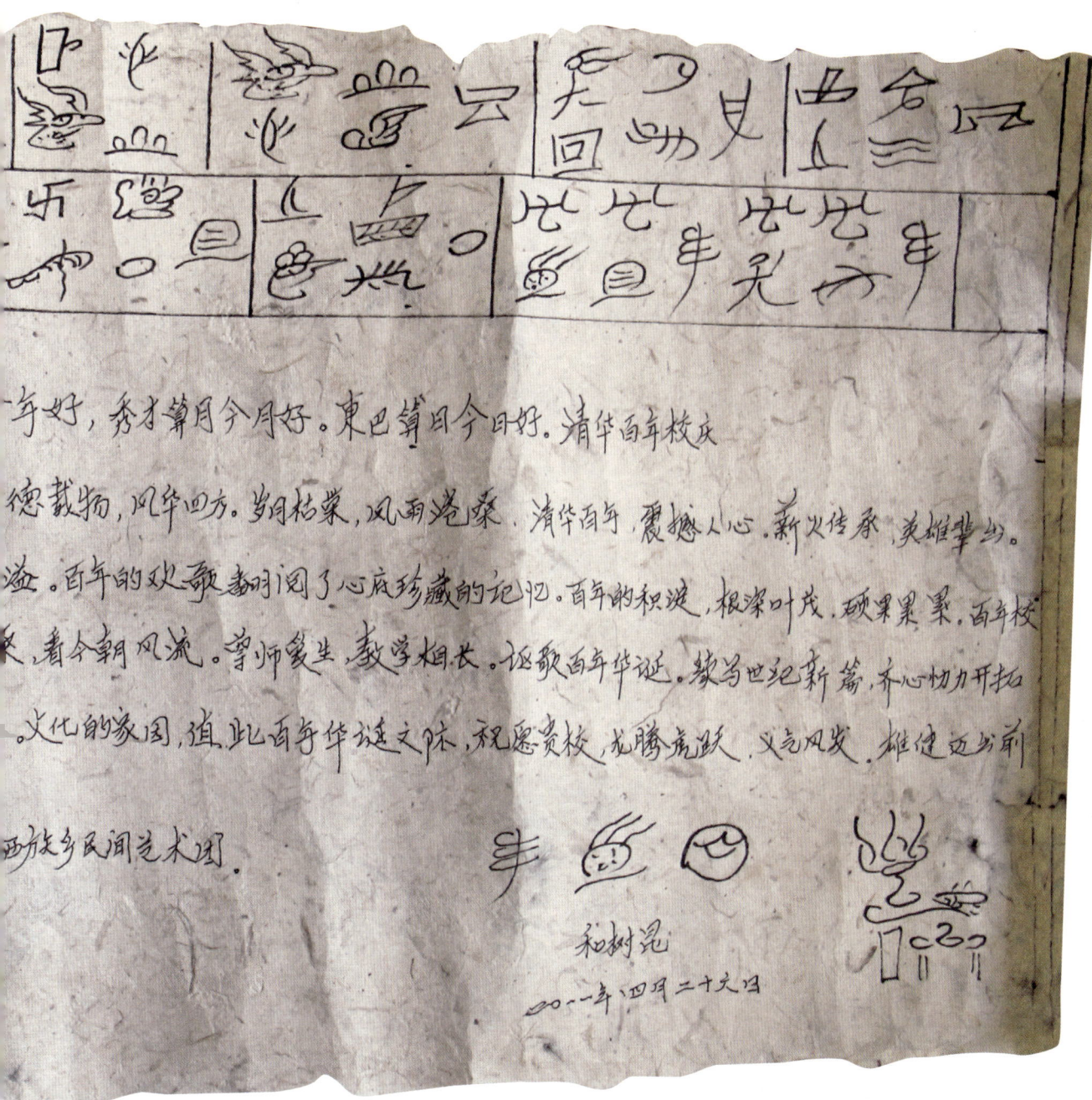

…年好，秀才算月今月好。东巴算日今日好。清华百年校庆

…德载物，风华四方。岁月枯荣，风雨沧桑。清华百年，震撼人心。薪火传承，英雄辈出。

…溢。百年的欢歌奏明阅了心底珍藏的记忆。百年的积淀，根深叶茂，硕果累累。百年校

…，看今朝风流。尊师爱生，教学相长。讴歌百年华诞。续写世纪新篇，齐心协力开拓

…文化的家园，值此百年华诞之际，祝愿贵校，龙腾虎跃，义气风发，雄健迈步前

…西族乡民间艺术团。

和树昆

二〇一一年四月二十六日

著录

文书名	清华百年校庆贺信
书写人	和树昆
书写时间	2011年4月26日
来源	清华大学
体例	两幅,单面书写,上为东巴文,下为汉译。东巴文数字一格,数格一行,从左至右,横向安排;汉语横向书写,从左至右换行
材质	东巴纸,墨书
采集时间	2013年1月4日
采集地点	清华大学
摄影	姜明慧,张君
翻译者	和树昆
整理者	姜明慧
尺寸	
备注	

翻译

字符	国际音标	直译	意译	串讲
	无	无意义		
	mɯ³³	天		
	gɯ²¹	星星		天出星座好，星座今日好。地长草木华，草木今日华。
	ɯ³³	牛头	好	
	tʂʰɿ³³	拴着，挂着		
	dy²¹	地上长草		

字符	国际音标	直译	意译	串讲
	ⁿdzɿ³³	村庄、集中	有	
	a³³	左		左边出太阳，右边出月亮。
	bi³³	太阳		
	tʰu³³	木桶	出	

续表

字符	国际音标	直译	意译	串讲
	lɛ²¹	月光		
	bu²¹	山坡		左边出太阳，右边出月亮。
	i³¹	右		

字符	国际音标	直译	意译	串讲
	gə²¹	上		
	pʰa²¹	拆（线）		
	do³³	板子	活佛算年	
	kʰɯ³³	脚		
	gu³³ tsʅ²¹	藏族		活佛算年今年好，秀才算月今月好，东巴算日今日好。
	kʰu³³	老鼠	年	
	ɯ³³	牛头	好	
	mi²¹	火	下	

续表

字符	国际音标	直译	意译	串讲
	$z\underset{\sim}{}^{21}$	路	地名	
	ma^{33}	酥油	地名	
	$l\varepsilon^{33}\ u^{55}$	汉族		
	w^{33}	牛头	好	
	$x\varepsilon^{33}$	月亮		
	mw^{33}	天		活佛算年今年好，秀才算月今月好，东巴算日今日好。
	$^{n}dzu^{33}$	坐		
	ly^{21}	矛		
	dy^{21}	地上长草		
	na^{33}	纳西族		
[1]	xa^{33}	晚上	日	
	w^{33}	牛头	好	

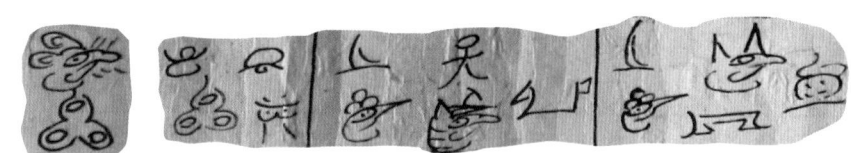

字符	国际音标	直译	意译	串讲
	kʰu³³	老鼠	年	
	ɯ³³	牛头	好	
	xɛ³³		月	
	ɯ³³	牛头	好	
	xa³³	晚上	日	
	ni³³	眼睛	那天	
	tɕʰi³³	刺		
			清华	年好、月好、日好的今天（即清华百年校庆），桃李芬芳，你是快乐的学习乐园。
	xua²¹	白雪鸡		
	xi³³	人		
			厉害的人	
	zua²¹	马		
	tʰu³³	木桶	出	
	tɕʰi³³	刺		
			清华	
	xua²¹	白雪鸡		
	ⁿdzɿ³³	人类	的	

续表

字符	国际音标	直译	意译	串讲
	gə²¹	上	是	年好、月好、日好的今天（即清华百年校庆），桃李芬芳，你是快乐的学习乐园。
	ua²¹	谷堆	语气助词	

字符	国际音标	直译	意译	串讲
	dɯ³³	大、胖的	一	
	kʰu²¹	割	年	
	gu³³	仓库	后面	
	dɯ³³	大、胖的	一	
	kʰu²¹	割	年	
	xi³³	人		春风化雨，你是授业的知识摇篮。
	ʐua³¹	马	厉害的人	
	by³³	面粉	外面	
	tʰu³³	木桶	出	
	dzɿ²¹	骨节	让	

附录 白地纳西汝卡东巴文应用文选　1099

字符	国际音标	直译	意译	串讲
[2]	sɿ³³		百	
	kʰu²¹	割	年	
	ɕuə³³	香树	学堂	
	tʰa²¹	塔	旧、老	
	lu³³		石头	百年老校，你是人生启程的航船。
	zʅ³³	蓑衣	哪里	
	tʰu³³	木桶	到	
	zʅ³³	蓑衣	哪里	
	xo³³	肋骨	关系好	
	gə²¹	上	的	

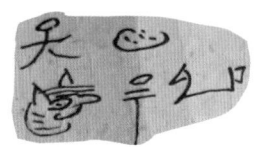

字符	国际音标	直译	意译	串讲
	xi^{33}	人	厉害的人	
	$ʐua^{31}$	马		
	by^{33}	面粉		培养出了人才。
	t^hu^{33}	抵着	外面	
	t^hu^{33}	木桶	到	

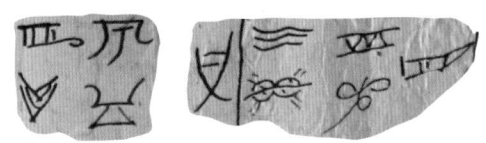

字符	国际音标	直译	意译	串讲
	$^ndzɿ^{33}$	拴着	时代	
	$k^hə^{33}$	篮子		
	ga^{33}	胸	好	岁月枯荣，风雨沧桑。
	k^hua^{21}	碗	不好	
	$mɛ^{33}$	雌性	语气助词	
	xa^{33}		风	

续表

字符	国际音标	直译	意译	串讲
	nɛ³³	小米	和	
	xə³³	牙齿	雨	
				岁月枯荣，风雨沧桑。
	ni³³	心	把	
	tʂu²¹	锥	混起来	

字符	国际音标	直译	意译	串讲
	tɕʰi³³	刺		
			清华	
	xua²¹	白雪鸡		
	sɿ³³		百	
	kʰu²¹	割	年	清华百年，震撼人心。
	lo²¹	山谷	里	
	ⁿdʐɿ³³		人类	
	gə²¹	上	结构助词	

1102　宝山纳西东巴文应用文献调查、整理与研究

字符	国际音标	直译	意译	串讲
	nu³³	心	心脏	清华百年，震撼人心。
	mɛ³³	语气助词		
	go²¹	针	里面	

字符	国际音标	直译	意译	串讲
	xi³³	人	厉害的人	薪火传承，英雄辈出。
	ʐua²¹	马		
	pʰe³³	麻布	培养	
	iə²¹	烟叶		
	mɛ³³	雌性	语气词	
	ʐua²¹	马	厉害的人	
	mɛ³³	语气词		
	sɿ³³	谷子	全部	

字符	国际音标	直译	意译	串讲
	sɿ³³	谷子	全部	
	uɑ²¹	谷堆	是	薪火传承，英雄辈出。

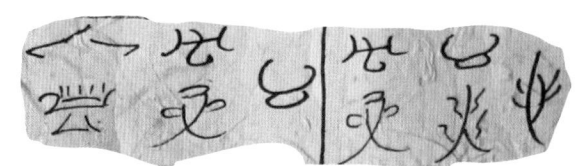

字符	国际音标	直译	意译	串讲
	mɯ³³		天	
	u²¹	给鬼的一碗饭	下	
	tʂʰɿ³³	悬挂着		
	dɯ³³	大、胖	在……范围里	
	kʰa³³	本意牛角，假借为坑		继往开来，催人奋进。
	tʂʰɿ³³	悬挂着		
	dɯ³³	大、胖的	在……范围里	
	kʰa³³	本意牛角，假借为坑		
	bɛ³³	豆荚	大约	
	sɿ³³	谷子	知道	

字符	国际音标	直译	意译	串讲
	$s\gamma^{33}$	百		
	k^hu^{21}	割	年	
	$^ndz\gamma^{33}$	挂起来		
	$k^h\vartheta^{33}$	篮子	时代	
	lo^{21}	山谷	……里	百年，流逝的是岁月，沉淀的是桃李满园；
	xi^{33}	人		
	$\textmma^{21}$	马	厉害的人	
	mi^{33}	火	万	
	be^{33}	豆荚	大约	
	t^hu^{33}	木桶	出	

附录　白地纳西汝卡东巴文应用文选　　1105

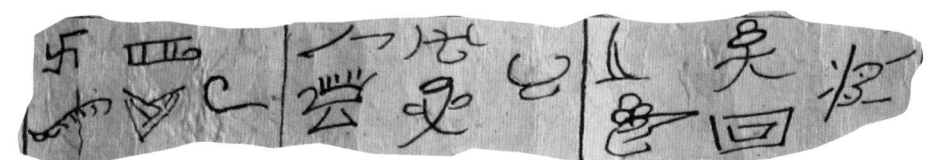

字符	国际音标	直译	意译	串讲
	sɿ³³	百		
	kʰu²¹	割	年	
	ⁿdzɿ³³	挂起来		
			时代	
	kʰə³³	篮子		
	lo²¹	山谷	……里	
	mɯ³³	天		
	u²¹	给鬼的一碗饭	下	百年，冲刷的是尘埃，留下的是精华四溢。[3]
	tʂʰʐ³³	挂着		
	dɯ³³	大、胖的	在……范围里	
	kʰa³³	牛角		
	tɕʰi³³	刺		
			清华	
	xua²¹	白雪鸡		
	zo³³	男人		

字符	国际音标	直译	意译	串讲
回	ta³³	神柜		百年，冲刷的是尘埃，留下的是精华四溢。
	do²¹	看见	全部、都	

字符	国际音标	直译	意译	串讲
	sɿ³³	百		
	kʰu²¹	割	年	
	ⁿdzɿ³³	挂起来	时代	
	kʰə³³	篮子		
	lo²¹	山谷	……里	百年，冲刷的是尘埃，留下的是精华四溢。
	ʂə³³	撕		
	tʂo³³	爪子	神州大地	
回	ta³³	神龛		
	ti³³	钉钉子		
	lo²¹	山谷	……里	

续表

字符	国际音标	直译	意译	串讲
	tɕʰi³³	刺		
			清华	
	xua²¹	白雪鸡		
	mi³³	女的		百年，冲刷的是尘埃，留下的是精华四溢。
	ta³³	神龛		
	do²¹	看见	全部、都	

字符	国际音标	直译	意译	串讲
	sʅ³³	百		
	kʰu²¹	割	年	
	ⁿdzʅ³³	挂起来		
			时代	
	kʰə³³	篮子		百年的积淀，根深叶茂，硕果累累。
	lo²¹	山谷	……里	
	ga³³	胸		
			高级部门	
[4]	tɕi³³	羊毛剪		

续表

字符	国际音标	直译	意译	串讲
	pu²¹	馒头屉子	高级部门	
	me³³	雌性		
	lo²¹	山谷	……里	
	tɕʰi³³	刺	清华	百年的积淀，根深叶茂，硕果累累。
	xua²¹	白雪鸡		
	xi³³	人		
	ni³³	心脏	占领	
	tṣa²¹	仪式时的纸制牌匾		

字符	国际音标	直译	意译	串讲
	sɿ³³	百		百年校庆，是我们共同的盛典，我们载歌载舞，我们欢呼激昂。
	kʰu²¹	割	年	

附录 白地纳西汝卡东巴文应用文选　1109

续表

字符	国际音标	直译	意译	串讲
	zɯ²¹	猴子		
	ku³³	鸡蛋	过生日	
	tʰu²¹	奶渣		
	a⁵⁵	答应		
			我们	
	gə²¹	裂		
	tsɛ³³	裂缝		
			节日	
	tɕʰi³³	刺		
	dɯ³³	大、胖		百年校庆，是我们共同的盛典，我们载歌载舞，我们欢呼激昂。
	a⁵⁵	答应		
			我们	
	gə²¹	裂		
	tsʰo³³	大象，假借为跳		
			玩耍	
	tsʰo³³	大象，假借为跳		
	y²¹	绵羊	来	
	a⁵⁵	答应		
			我们	
	gə²¹	裂		

续表

字符	国际音标	直译	意译	串讲
	$^n dzə^{33}$	唱	高兴地歌唱	
	$^n dzə^{33}$	唱		
	y^{21}	绵羊	来	
	a^{55}	答应	我们	
	$gə^{21}$	裂		
	$^m ba^{21}$	甲状腺肿大，假借为高兴	欢呼	百年校庆，是我们共同的盛典，我们载歌载舞，我们欢呼激昂。
	$^m ba^{21}$	甲状腺肿大，假借为高兴		
	y^{21}	绵羊	来	
	a^{55}	答应	我们	
	$gə^{21}$	裂		
	xua^{33}	白雪鸡，假借为心情好	心情很好	
[5]	xua^{21}	白雪鸡，假借为心情好		
	y^{21}	绵羊	来	

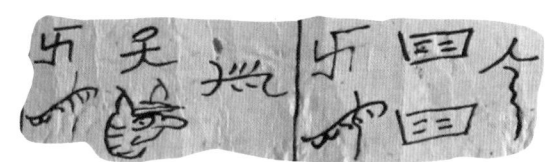

字符	国际音标	直译	意译	串讲
	sɿ³³		百	
	kʰu³³	割	年	
	xi³³		人	
	ʐua²¹	马	厉害的人	
	so³³	荒山	教	百年育才，百年辛。
	sɿ³³		百	
	kʰu²¹	割	年	
	dzə³³	楼梯，假借为辛苦	非常辛苦	
	dzə³³	楼梯，假借为辛苦		
	sɛ²¹	山上雪化	语气助词	

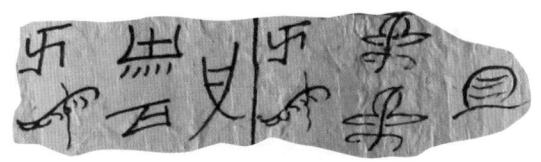

字符	国际音标	直译	意译	串讲
	sɿ³³	百		
	kʰu²¹	割	年	
[6]	fa³³	锯子	发展	
	tsɛ³³	锄头		
	mɛ³³	雌性	语气助词	百年发展，百年荣。
	sɿ³³	百		
	kʰu²¹	割	年	
	ᵐba³³	花	繁华的兴盛的	
	ᵐba³³	花		
	tʰu²¹	奶渣	语气助词	

字符	国际音标	直译	意译	串讲
	sɿ³³		百	
	kʰu²¹	割	年	
	dzə³³	楼梯	辛苦	
	mə³³	大拇指头	不	
	zə³³	酒	怕	抚百年沧桑，看今朝风流。
	tʂʰʅ³³	挂着	今天	
	ȵi³³	太阳		
	dzy³³	手镯	有	
	lɛ³³	茶叶、翻书	才	
	tɕʰi³³	刺		

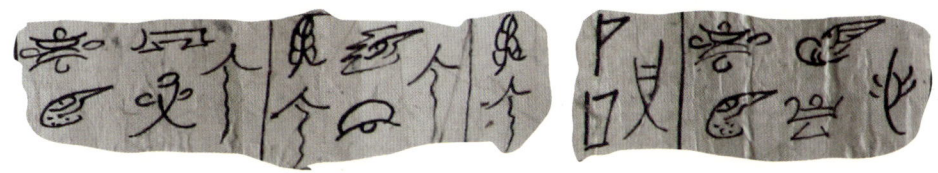

字符	国际音标	直译	意译	串讲
	ʂʅ³³	金黄色的	老师	
	tʂu³³	画眉鸟		
	gə²¹	上	尊敬	
	duɯ³³	大、胖		
	sɛ²¹	山上雪化	语气助词	
	ɕuə³³	香树	学生	尊师爱生，教学相长。
	sɛ²¹	山上雪化		
[7]	ɛi³³	鸡	爱护	
[8]	xu³³	晚上		
	sɛ²¹	化	情态助词	
	ɕuə³³	香树	学生	
	sɛ²¹	化		
	go²¹	针	教育	

续表

字符	国际音标	直译	意译	串讲
	do³³	板子	教育	
	mɛ³³	雌性	语气助词	
	sɿ³³	金黄色的		
	tʂu³³	画眉鸟	老师	尊师爱生，教学相长。
	la³³	手		
	xa³³	饭	都	
	sɿ³³	谷子	会	

字符	国际音标	直译	意译	串讲
	sɿ³³		百	
	kʰu²¹	割	年	
	zɯ²¹	猴子		讴歌百年华诞，续写世纪新篇。
	ku³³	鸡蛋	过生日	
	tʰu³³	木桶		

1116　宝山纳西东巴文应用文献调查、整理与研究

续表

字符	国际音标	直译	意译	串讲
	tsʰo³³	大象，假借为跳	玩耍	
	tsʰo³³	大象，假借为跳		
	ⁿdzə³³	唱	高兴地唱	
	ⁿdzə³³	唱		
	go²¹	针	过	
	ⁿdzɿ³³	拴着	日子	
	ga³³	胸	假借为好	
	ȵi³³	太阳	一个月里最好的几天	讴歌百年华诞，续写世纪新篇。
	ua³³	五		
	tʂʰɿ²¹	吊着	这	
	ᵐba²¹	刮粮工具，假借为喜欢	快快乐乐地	
	ᵐba²¹	刮粮工具，假借为喜欢		
	lɛ³³	翻书	表示程度非常高	
	lɛ³³	翻书		
	go²¹	针	过	

字符	国际音标	直译	意译	串讲
	nu³³	心		
			心脏	
	mɛ³³	雌性		
	dɯ³³	大、胖	—	
	ly²¹	长矛	个	
	bɛ³³	豆荚	团结	
	ʂu³³	斧头	铁	
	ⁿdu²¹	毒草	桶	齐心协力，开拓进取，为清华增辉，为校史添彩，
	dɯ³³	大的、胖的	—	
	ⁿdu²¹	毒草	桶	
	bɛ³³	豆荚	团结	
	tɕʰi³³	刺		
			清华	
	xua²¹	白雪鸡		
	ᵐba²¹		花	

续表

字符	国际音标	直译	意译	串讲
	tʂʰɿ³³	吊着、挂着	这	
	ᵐba²¹		花	
	zɿ³³	草，假借为代		齐心协力，开拓进取，为清华增辉，为校史添彩，
	bɛ³³	豆荚	代代	
	ᵐba²¹	花	开	
	iə²¹	烟叶		
	da²¹ [9]	哒	要	

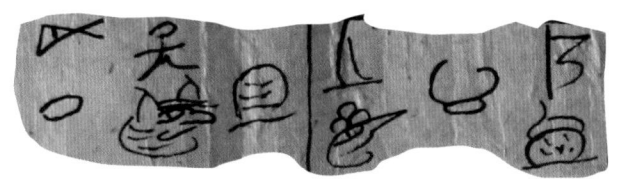

字符	国际音标	直译	意译	串讲
	gi²¹	羊毛剪		
	ku³³	蛋	首先、第一	
	xi³³	人		培养一流人才，突出清华品牌。
	ʐua²¹	马	厉害、能干的人	
	tʰu²¹	奶渣	出	

续表

字符	国际音标	直译	意译	串讲
	tɕʰi³³	刺		
	xua²¹	白雪鸡	清华	
	kʰa³³	牛角		培养一流人才，突出清华品牌。
	kʰu³³	嘴	称赞	
	ua²¹	谷堆	是	

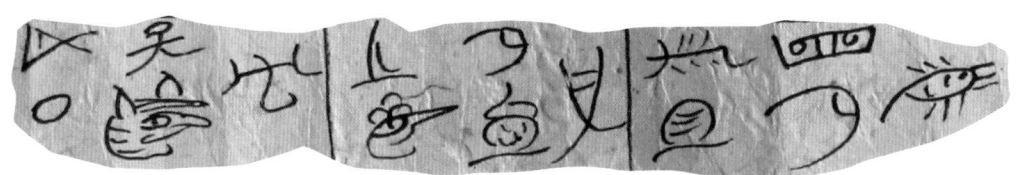

字符	国际音标	直译	意译	串讲
	gi²¹	羊毛剪		
	ku³³	蛋	首先、第一	
	xi³³	人		
	zua²¹	马	厉害、能干的人	非清华不能培养出第一流人才。
	tʂʰʅ³³	挂着	是	
	tɕʰi³³	刺		
	xua²¹	白雪鸡	清华	

续表

字符	国际音标	直译	意译	串讲
	mə³³	大拇指头	除了	
[10]	ua²¹	谷堆		
	mɛ³³	雌性	语气助词	
	so³³	荒山，假借为教	教会、学会	非清华不能培养出第一流人才。
	tʰu²¹	奶渣		
	lua²¹	牛轭		
	mə³³	大拇指头	不能够	
	lɯ³³	牛虱		

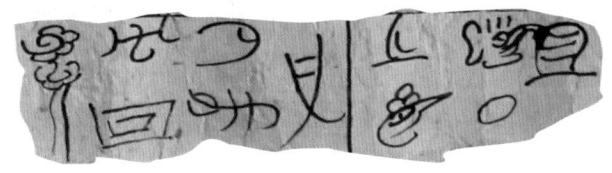

字符	国际音标	直译	意译	串讲
	无	表示章节开头，无读音		
	tʂʰʅ³³	吊着、挂着	这个	值此百年华诞之际，
	ta³³	神龛		
	mə³³	大拇指头	不仅仅	

字符	国际音标	直译	意译	串讲
	za²¹	流星	不仅仅	
	mɛ³³	雌性	是	
	tɕhi³³	刺		清华
	xua²¹	白雪鸡		值此百年华诞之际，
	zɯ²¹	猴子		
	ku³³	鸡蛋	过生日	
	thu²¹	奶渣		

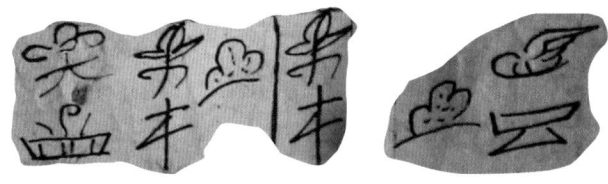

字符	国际音标	直译	意译	串讲
	ᵐbə³³	藏族	白地	
	də³³	发芽		
	ᵐba²¹	花		白地白水台，白水台欢歌。
	phə²¹	拆线，假借成白色	白水台	
	dua³³	锈石		

续表

字符	国际音标	直译	意译	串讲
	ᵐba²¹	花		
	pʰə²¹	拆线，假借成白色	白水台	
	dua³³	锈石		白地白水台，白水台欢歌。
	la³³	手	也	
	ᵐba²¹	刮粮工具	喜欢	

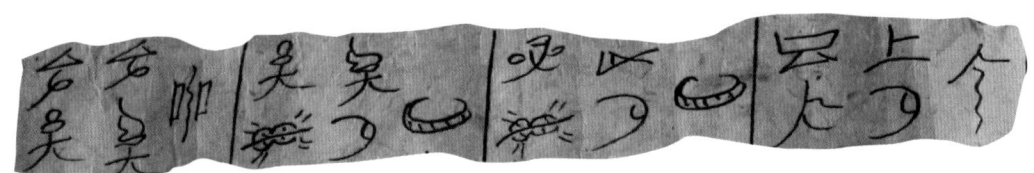

字符	国际音标	直译	意译	串讲
	na³³	炭	纳西	
	zo̥³³		男人	
	na³³	炭	纳西	
	mi³³		女人	纳西族的男男女女，老老少少，高兴地说不完。
	gə²¹	裂缝	们	
	zo̥³³		男人	
	nɛ³³	小米	和	

附录 白地纳西汝卡东巴文应用文选

字符	国际音标	直译	意译	串讲
	mi³³	女人		
	mə³³	大拇指头		
	dzy³³	手镯	不仅	
	dɯ³³	大的、胖的		
	nɛ³³	小米	和	
	tɕi³³	羊毛剪	小的	
	mə³³	大拇指头		纳西族的男男女女，老老少少，高兴地说不完。
	dzy³³	手镯	不仅	
	ᵐba²¹	刮粮工具	欢喜、高兴	
	lɛ³³	翻书	结构助词	
	ʂə³³	撕	说	
	mə³³	大拇指头	不	
	sɛ²¹	雪化了	完了	

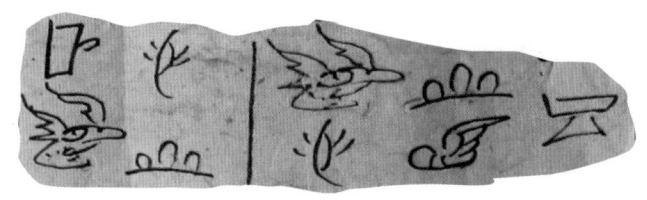

字符	国际音标	直译	意译	串讲
	do³³ ba³³	木头上长疤	东巴	
	tʂʰua³³	鹿		
[11]	ɕi³³	谷子	传习馆	
	kua²¹	火塘		
	tʂʰua³³	鹿		东巴传习馆，传习馆也欢喜。
	ɕi³³	谷子	传习馆	
	kua²¹	火塘		
	la³³	手	也	
	ᵐba²¹	刮粮工具	喜欢	

字符	国际音标	直译	意译	串讲
	$t^hɯ^{21}$	喝		
	ta^{33}	神龛		
	$mə^{33}$	大拇指头	不仅	
	za^{21}	流星		
	$mɛ^{33}$	雌性	是	
	ti^{33}	钉钉子		
	$tɕ^hi^{33}$	刺	迪庆	不仅是迪庆纳西东巴传习馆，
	na^{33}	炭		
	xa^{33}	风	纳西	
	$gɔ^{21}$	上	的	
	$do^{33}\,ba^{33}$	木头上长疤	东巴	
	$tʂ^hua^{33}$	鹿		
	$ɕi^{33}$	谷子	传习馆	

续表

字符	国际音标	直译	意译	串讲
	kua²¹	火塘	传习馆	不仅是迪庆纳西东巴传习馆，

字符	国际音标	直译	意译	串讲
	bə³³	客人	白地	
	də³³	发芽		
	ʐu³³	刀	汝卡	
	kʰa³³	牛角		
	do³³ ba³³	树上长疤	东巴	
	tʰɛ³³	旗		白水台汝卡东巴学校和三坝纳西族乡民间艺术团。
	ɯ²¹	皮，假借为书		
	so³³	荒山，假借为学	学校	
	ku³³	本意是蛋，假借为地方		
	nɛ³³	小米	和	
	sa³³	汽	三坝	

附录　白地纳西汝卡东巴文应用文选　1127

续表

字符	国际音标	直译	意译	串讲
	ba²¹	青蛙	三坝	
	mi³³	火		
	tɕia³³	人身上的痣、疤等	纳西乡	
	i²¹	沙鹿		白水台汝卡东巴学校和三坝纳西族乡民间艺术团。
	su³³	三	艺术团	
	tʰa²¹	塔		
	nu³³	心脏	来	

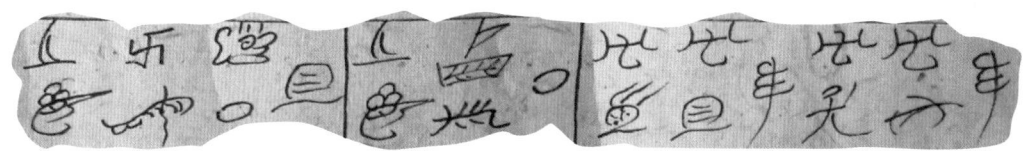

字符	国际音标	直译	意译	串讲
	tɕʰi³³	刺		
	xua²¹	白雪鸡	清华	
	sɿ³³	百		清华百年校庆，清华学校，心想事成，万事如意。
	kʰu²¹	本意是割，假借为年	百年	
	zu³³	猴子	过生日	

续表

字符	国际音标	直译	意译	串讲
	ku³³	蛋	过生日	
	tʰu²¹	奶渣		
	tɕʰi³³	刺	清华	
	xua²¹	白雪鸡		
	tʰɛ³³	旗	书	
	ɯ²¹	皮		
	so³³	荒山，假借为学	学校	清华百年校庆，清华学校，心想事成，万事如意。
	ku³³	本意是蛋，假借为地方		
	tʂʰʅ²¹	吊着	什么	
	ʂu³³	编草鞋的草	想	
	tʂʰʅ²¹	吊着		
	tʰu²¹	奶渣	到这里	
	xo³³	肋骨，这里是虚词		
	tʂʰʅ²¹	吊着	放的牲口	
	lu²¹	放牧		

续表

字符	国际音标	直译	意译	串讲
	tʂʰʅ²¹	吊着		
	kʰy³³	穿透	顺利	清华百年校庆，清华学校，心想事成，万事如意。
	xo³³	肋骨		

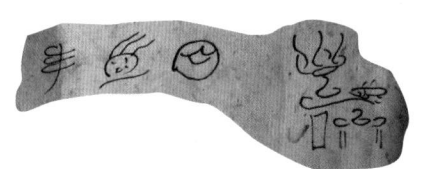

字符	国际音标	直译	意译	串讲
	xo³³	肋骨		
	ʂu³³	编草鞋的草	和树昆	和树昆东巴。
	kʰu²¹	圈		
	ʂa³³ lə²¹ to³³ gu²¹		法名	

1130 宝山纳西东巴文应用文献调查、整理与研究

汉译原文

　　天出星座好，星座今日好。地长草木华，草木今日华。左边出太阳，右边出月亮。活佛算年今年好，秀才算月今月好。东巴算日今日好。清华百年校庆。桃李芬芳，你是快乐的学习乐园；春风化雨，你是授业的知识摇篮。百年老校，你是人生启程的航船。厚德载物，风华四方。岁月枯荣，风雨沧桑。清华百年，震撼人心。薪火传承，英雄辈出。继往开来，催人奋进。百年：流逝的是岁月，沉淀的是桃李满园。百年：冲刷的是尘埃，留下的是精华四溢。百年的欢歌翻阅了心底珍藏的记忆。百年的积淀，根深叶茂，硕果累累。百年校庆，是我们共同的盛典，我们载歌载舞，我们欢呼激昂。百年育才，百年辛。百年发展，百年荣。抚百年沧桑，看今朝风流。尊师爱生，教学相长。讴歌百年华诞，续写世纪新篇，齐心协力开拓进取，为清华增辉，为校史添彩，培养一流人才，突出清华品牌。科学的摇篮，思想的宝库，精神的圣塔，文化的家园。值此百年华诞之际，祝愿贵校，龙腾虎跃，意气风发。雄健迈出前进步伐！科研学术，猛出黑马，佳名美誉，响彻天下！

　　白地白水台，白水台欢歌！迪庆纳西东巴文化传习馆，白水台汝考东巴学校。三坝纳西族乡民间艺术团。

和树昆

二〇一一年四月二十六日

---

[1] 此字有异读 [xu³³]。

[2] 此为白地特有发音。

[3] 此句和下句直接翻译为"神州大地全都是清华的男人，神州大地全都是清华的女人"，都可以翻译为"留下的是精华四溢"。贺信中汉语部分有"百年的欢歌翻阅了心底珍藏的记忆"一句，是书写者出于润色目的而加，在东巴文部分并没有体现，同样还有后文中"祝愿贵校，龙腾虎跃，意气风发。雄健迈出前进步伐！科研学术，猛出黑马，佳名美誉，响彻天下"等句，东巴文和汉译并不完全对应。

[4] 该字有异读 [tɕi²¹] 和 [gi²¹]。

[5] 此处有变调。

[6] 本读 [fv³³]。

[7] 一般发音为 [a²¹]。

[8] 此音有异读音 [xa³³]。

[9] 做仪式时，用柳条编成的三兄弟。

[10] 单字读 [ua²¹]，连字读 [ɔ²¹]。

[11] 本读 [sɿ³³]，此处借音读 [ɕi³³]。

五 东巴文电话本

著录

文书名	东巴文电话本
书写人	和树昆
书写时间	2007年开始写，至2011年5月
来源	云南省迪庆藏族自治州香格里拉市三坝纳西族乡白地村吴树湾组东巴和树昆
体例	横向书写，从左至右换行
材质	东巴纸墨，墨书
采集时间	2011年5月4日
采集地点	清华大学
摄影	姜明慧
翻译者	和树昆
整理者	姜明慧
尺寸	8cm×10cm
备注	

翻译

字符	国际音标	直译	意译	串讲
	da^{21}	碗空了		
	xua^{21}	白雪鸡	电话簿	
	ba^{33}	门栓		
	$na^{33}xa^{33}$	纳西	纳西	纳西文电话本
	$ts\gamma^{33}$	阻水		
	$tɕia^{33}$	麻风	文字	
	ua^{21}	谷堆		

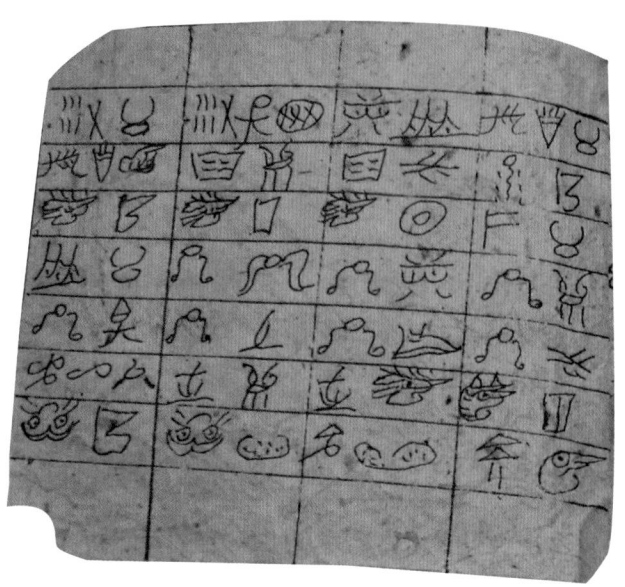

注：图中格子的内容为纳西族的二十八星宿名称，被采访的东巴不能具体解释，本书仍收入照片。

字符	国际音标	直译	人名/名称
ᛚ	tɕʰi³³	刺	七九[1]
ᚕ	tɕy³³	公鸡打鸣	

字符	国际音标	直译	人名/名称
ᚗ	xo³³	肋骨	和贵武
ᚎ	kuɛ³³	刨子	
ᚖ	u²¹	给鬼的一碗饭	

字符	国际音标	直译	人名/名称
ᚘ [2]	iaŋ³³	烟叶	杨玉春
ᚙ	y²¹	绵羊	
ᚚ	tʂu²¹	珍珠	

字符	国际音标	直译	人名/名称
口	do³³	木板	
			东七
ム	tɕʰi³³	刺	

字符	国际音标	直译	人名/名称
羊	xo³³	肋骨	
兔	ɕuə³³	香树	和秀才
足	tsʰa³³	衔着	

字符	国际音标	直译	人名/名称
羊	xo³³	肋骨	
手	la³³	手	和老师（对人尊敬的称呼）
柴	sɿ³³	柴	

字符	国际音标	直译	人名/名称
![]	xo³³	肋骨	
![]	li²¹	手鼓	
![]	mi³³	火	和力民老师
![]	la³³	手	
![]	sɿ³³	柴	

字符	国际音标	直译	人名/名称
![]	xo³³	肋骨	
![]	kuɛ³³	刨子	和贵泉
![]	kʰy³³	尖	

字符	国际音标	直译	人名/名称
![]	do³³	板子	东塔
![]	tʰa²¹	塔	

字符	国际音标	直译	人名/名称
	xo^{33}	肋骨	
	y^{21}	绵羊	和永贤
	$ɕiə^{33}$	大鹏神鸟	

字符	国际音标	直译	人名/名称
	xo^{33}	肋骨	
	y^{21}	绵羊	和永成
	$tʂə^{21}$	黑色的火烟	

字符	国际音标	直译	人名/名称
	xo^{33}	肋骨	和虹
	xu^{21}	晚上	

字符	国际音标	直译	人名/名称
	iaŋ³³	烟叶	杨光
	gua²¹	石头	

字符	国际音标	直译	人名/名称
	iaŋ³³	烟叶	杨春江
	tʂu²¹	珍珠	
	tɕia³³	身上的疤	

字符	国际音标	直译	人名/名称
	xo³³	肋骨	和晓才
	ɕiə³³	大鹏神鸟	
	tsʰa³³	衔着	

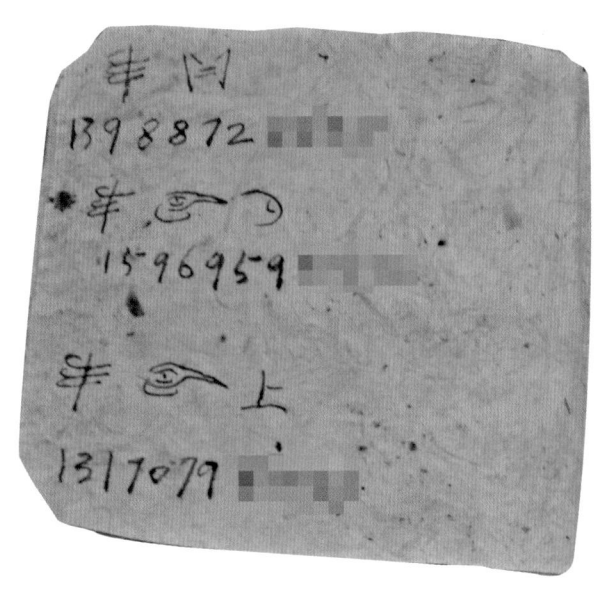

字符	国际音标	直译	人名/名称
	xo³³	肋骨	
			和卫
	uɛ³³	村庄	

字符	国际音标	直译	人名/名称
	xo³³	肋骨	
	gə³³	老鹰	和根茂
	mo³³	大拇指头	

字符	国际音标	直译	人名/名称
	xo³³	肋骨	
	gə³³	老鹰	和根盛
	ʂə³³	撕	

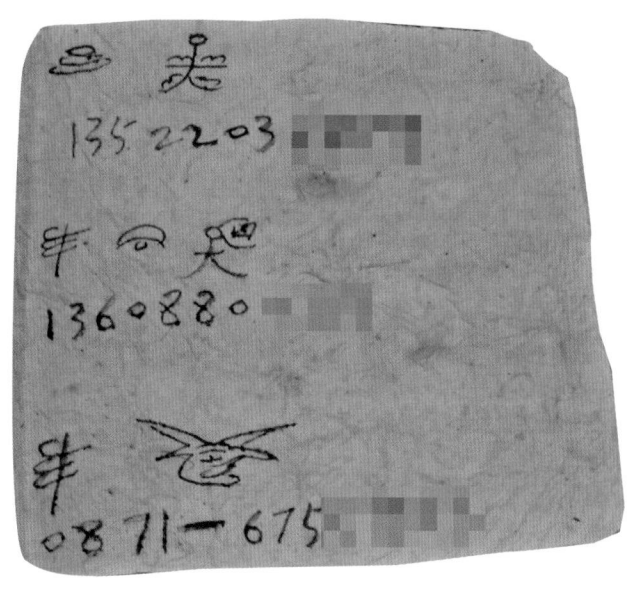

字符	国际音标	直译	人名/名称
(小山丘图)	po³³	小山丘	鲍江
(疤图)	tɕia³³	人身上长疤	

字符	国际音标	直译	人名/名称
(肋骨图)	xo³³	肋骨	
(眼图)	xɯ²¹	眸卜	和红灿
(衔图)	tsʰa³³	衔着	

字符	国际音标	直译	人名/名称
(肋骨图)	xo³³	肋骨	
(羊图)	y²¹	绵羊	和渊

附录　白地纳西汝卡东巴文应用文选　1141

字符	国际音标	直译	人名/名称
	mu^{33}	筛粮食的簸箕	
	$tʂə^{21}$	黑色的火烟	木琛老师
	la^{33}	手	
	$sɿ^{33}$	柴	

字符	国际音标	直译	人名/名称
	mu^{33}	筛粮食的簸箕	
	$ɕiə^{33}$	大鹏神鸟	木小桥
	$tɕ^hiə^{33}$	铅	

字符	国际音标	直译	人名/名称
	$ɑ^{21}$	答应	阿绿
	ly^{21}	长矛	

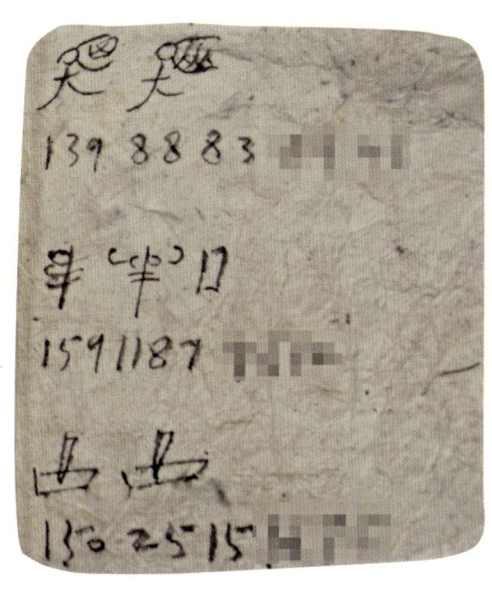

字符	国际音标	直译	人名/名称
	tsʰa³³	衔着	曹斌
	pi³³	嘴里上火	

字符	国际音标	直译	人名/名称
	xo³³	肋骨	和立东
	li²¹	手鼓	
	do²¹	木板	

字符	国际音标	直译	人名/名称
	ti³³	钉	丁丁
	ti³³	钉	

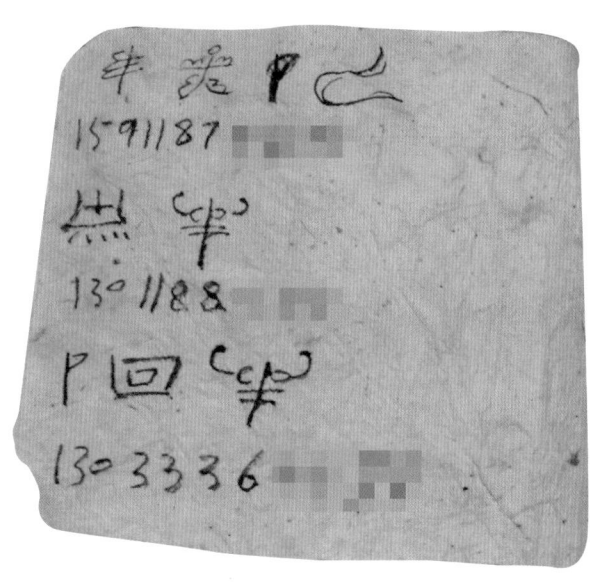

字符	国际音标	直译	人名/名称
	xo³³	肋骨	
	tɕia³³	身上的疤	和建国
	kuɛ³³	刨子	

字符	国际音标	直译	人名/名称
	fv³³	锯子	冯莉
	li²¹	手鼓	

字符	国际音标	直译	人名/名称
	go³³	针	
	ta³³	神龛	郭大历（或是纳西学者郭大烈）
	li²¹	手鼓	

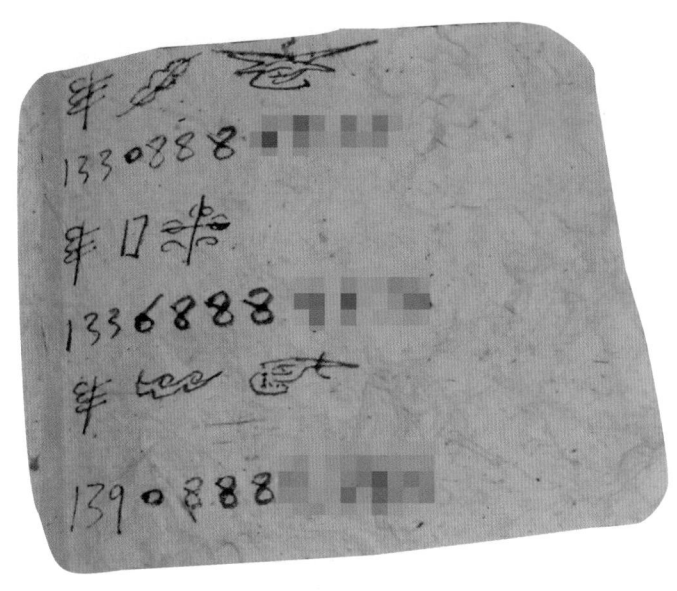

字符	国际音标	直译	人名/名称
	xo³³	肋骨	
	tʂu²¹	珍珠	和春云
	y³³	绵羊	

字符	国际音标	直译	人名/名称
	xo³³	肋骨	
	do³³	板子	和东梅
	mɛ²¹	麦芒	

字符	国际音标	直译	人名/名称
	xo³³	肋骨	
	gi²¹	白云	和吉珍
	gə²¹	老鹰	

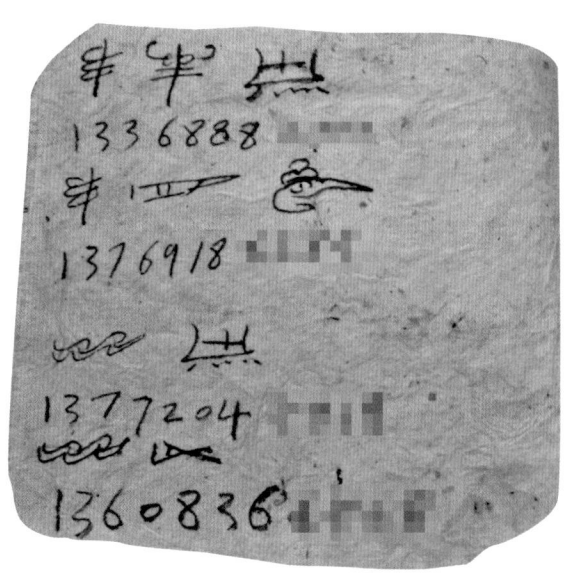

字符	国际音标	直译	人名/名称
丰	xo³³	肋骨	
丰	li²¹	手鼓	和丽芳
灬	fv³³	锯子	

字符	国际音标	直译	人名/名称
丰	xo³³	肋骨	
皿	tʂu²¹	锥子	和中华
鸟	xua²¹	白雪鸡	

续表

字符	国际音标	直译	人名/名称
	gi^{21}	白云	姐夫
	fv^{33}	锯子	

字符	国际音标	直译	人名/名称
	gi^{21}	白云	姐姐
	gi^{21}	羊毛剪	

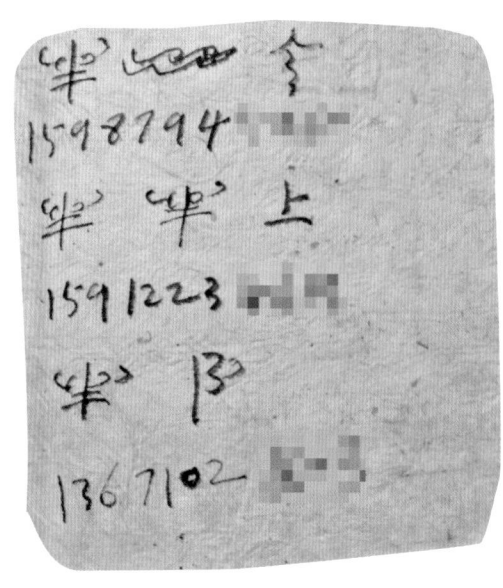

字符	国际音标	直译	人名/名称
ꮮ	li²¹	手鼓	
ꮯ	gi²¹	白云	李静生
ꮰ	sɛ²¹	雪化	

字符	国际音标	直译	人名/名称
ꮮ	li²¹	手鼓	
ꮮ	li²¹	手鼓	李丽莎
上	sə³³	撕	

字符	国际音标	直译	人名/名称
ꮮ	li²¹	手鼓	李倩
日	tɕʰiə³³	铅	

1148　宝山纳西东巴文应用文献调查、整理与研究

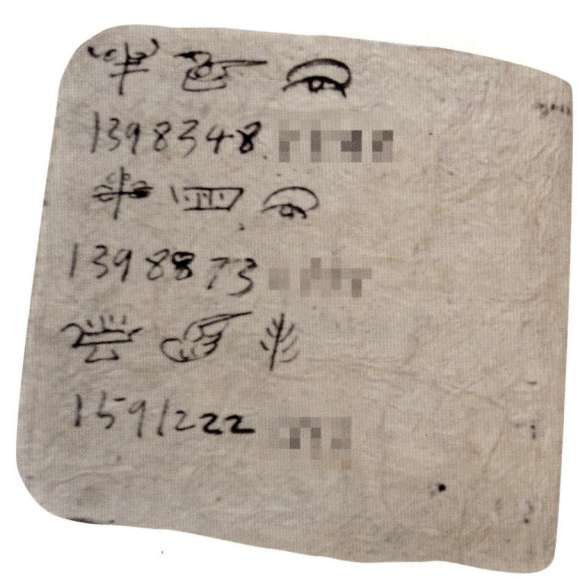

字符	国际音标	直译	人名/名称
	li^{21}	手鼓	
	$\varsigma i\partial^{33}$	大鹏神鸟	李小红
	xu^{33}	晚上	

字符	国际音标	直译	人名/名称
	$m\varepsilon^{21}$	麦芒	
	$z\underset{\sim}{l}^{21}$	土地	梅志红
	xu^{33}	晚上	

字符	国际音标	直译	人名/名称
	u^{21}	给鬼的一碗饭	
	la^{33}	手	吴老师
	$s\underset{\sim}{l}^{33}$	柴	

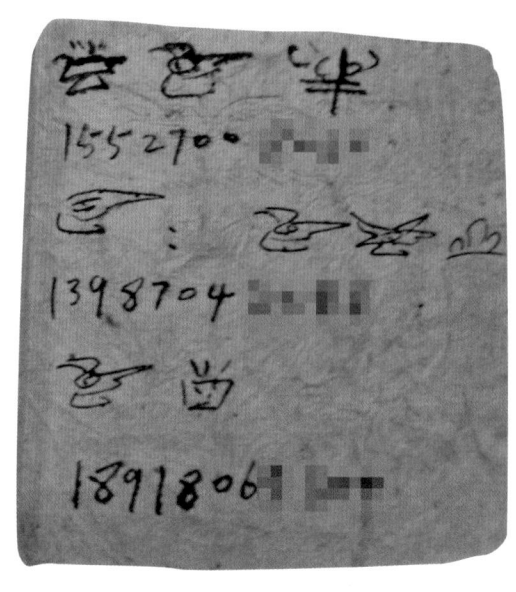

字符	国际音标	直译	人名/名称
	u^{21}	给鬼的一碗饭	
	$\varsigma i\partial^{33}$	大鹏神鸟	吴晓丽
	li^{21}	手鼓	

字符	国际音标	直译	人名/名称
	$g\partial^{33}$	老鹰	
	$\varsigma i\partial^{33}$	大鹏神鸟	哥：肖煜光
	y^{21}	绵羊	
	kua^{21}	火塘	

字符	国际音标	直译	人名/名称
	$\varsigma i\partial^{33}$	大鹏神鸟	夏树
	$ʂu^{33}$	编草鞋的草	

字符	国际音标	直译	人名/名称
	iaŋ³³	烟草	
	go³³	针	杨国珍
	tʂə¹³	某种鸟	

字符	国际音标	直译	人名/名称
	iaŋ³³	烟草	
	gi²¹	白云	杨洁红
	xu³³	晚上	

字符	国际音标	直译	人名/名称
	iaŋ³³	烟草	
	sɿ³³	柴	杨四
	此字划去		

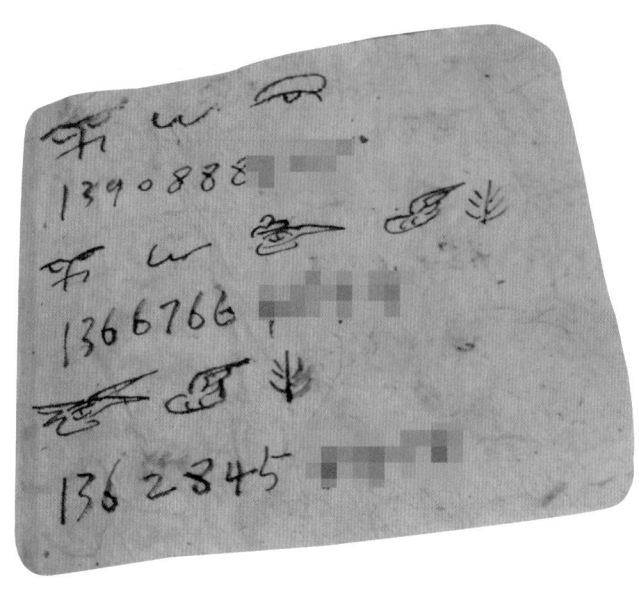

字符	国际音标	直译	人名/名称
	iaŋ³³	烟草	
	i²¹	冒、溢出来	杨亦红
	xu³³	晚上	

字符	国际音标	直译	人名/名称
	iaŋ³³	烟草	
	i²¹	冒、溢出来	
	xua²¹	白雪鸡	杨亦花老师
	la³³	手	
	sʅ³³	柴	

续表

字符	国际音标	直译	人名/名称
	y^{33}	绵羊	
	la^{33}	手	于老师
	$sɿ^{33}$	柴	

字符	国际音标	直译	人名/名称
	tʂa³³	图	
	xa³³	风	张海

字符	国际音标	直译	人名/名称
	iaŋ³³	烟草	
	ɕiə³³	大鹏神鸟	杨晓燕
	iə²¹	烟草	

字符	国际音标	直译	人名/名称
	iaŋ³³	烟草	
	tsʰo³³	大象	杨从秀
	ɕuə³³	香树	

字符	国际音标	直译	人名/名称
ꭍ	iaŋ³³	烟草	
山	po²¹	山丘	杨宝荣
雨	zᴜ²¹	下雨	

字符	国际音标	直译	人名/名称
香	ɕuə³³	香树	
酥	ma³³	酥油	熊猫

字符	国际音标	直译	人名/名称
鸟	ɕiə³³	大鹏神鸟	
火	mi³³	火	肖敏

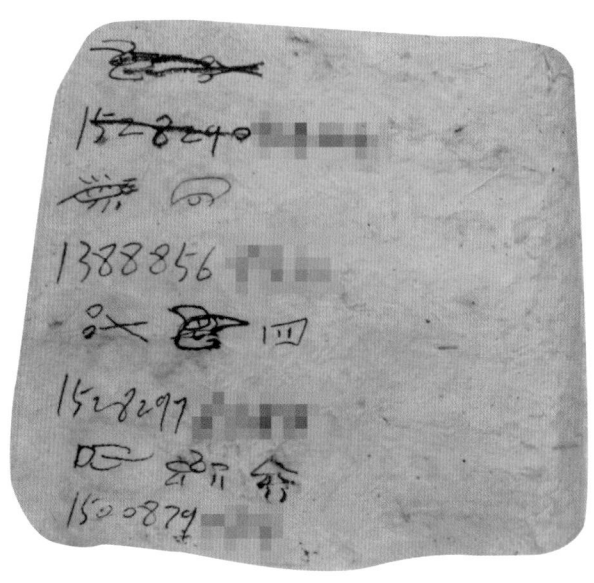

字符	国际音标	直译	人名/名称
	lɯ³³	牛虱	
	xu³³	晚上	梁红

字符	国际音标	直译	人名/名称
	ki³³	剪刀	
	ɕiə³³	大鹏神鸟	金贤志
	ʐʅ²¹	土	

字符	国际音标	直译	人名/名称
[3]	ɑ²¹	答应	
	ku²¹	生姜	阿共塔
	tʰa²¹	塔	

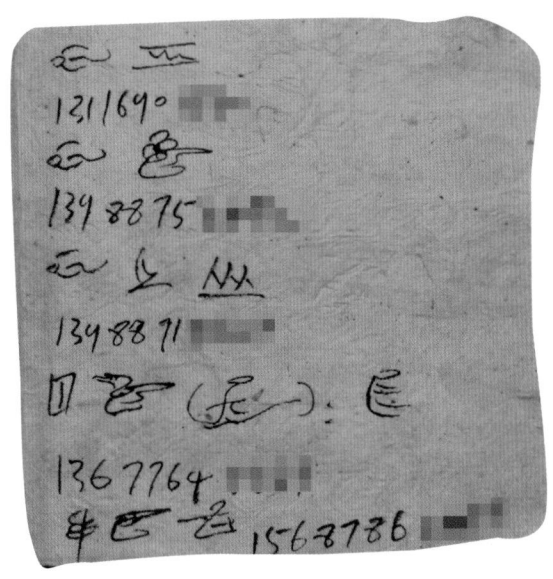

字符	国际音标	直译	人名/名称
	a^{21}	答应	阿恒
	$xə^{33}$	牙齿	

字符	国际音标	直译	人名/名称
	a^{21}	答应	阿华
	xua^{21}	白雪鸡	

字符	国际音标	直译	人名/名称
	a^{21}	答应	阿七命
	$tɕ^hi^{33}$	刺	
	mi^{33}	火	

续表

字符	国际音标	直译	人名/名称
	$ts\varepsilon^{21}$	裂缝	
	$\varcia^{33}$	大鹏神鸟	曾晓鹏
	$p^h\partial^{33}$	逃跑	

字符	国际音标	直译	人名/名称
	xo^{33}	肋骨	
	$g\partial^{33}$	老鹰	和根顺
	$\d{s}u^{33}$	斧头	

字符	国际音标	直译	人名/名称
◠	iaŋ³³	烟草	杨丽春陈家
♪	li²¹	手鼓	
⊗	tʂu²¹	珍珠	
～	tʂə²¹	黑色的火烟	
✿	tɕia³³	人身上的痣、疤等	

字符	国际音标	直译	人名/名称
☞	gə³³	老鹰	个土
▣	tʰu²¹	奶渣	

续表

字符	国际音标	直译	人名/名称
冂	do^{33}	木板	东册
X	$ts^hε^{33}$	十	

字符	国际音标	直译	人名/名称
	xa^{33}	饭	
	$^mba^{33}$	花	哈巴冬梅
冂	do^{33}	木板	
	$mε^{21}$	麦芒	

字符	国际音标	直译	人名/名称
	li²¹	手鼓	
	tɕia³³	人身上的痣、疤等	丽江小李
	ɕiə³³	大鹏神鸟	
	lɯ³³	牛虱	

字符	国际音标	直译	人名/名称
	xo³³	肋骨	
	kʋ⁵⁵	大蒜	和古马吉
	ma³³	酥油	
	dʑi²¹	水	

续表

字符	国际音标	直译	人名/名称
	xo^{33}	肋骨	
	xu^{33}	晚上	
	ba^{21}	青蛙	和辉：波湾村
	ku^{33}	鸡蛋	
	ue^{33}	村庄	

字符	国际音标	直译	人名/名称
	tʂu³³	画眉鸟	朱静
	gi²¹	羊毛剪	

字符	国际音标	直译	人名/名称
	u²¹	给鬼的一碗饭	
	tʰɛ³³	旗	吴天茂
	ma³³	酥油	

字符	国际音标	直译	人名/名称
	xu³³	晚上	
	na³³	炭	
	da²¹	碗空了	湖南电视台
	ʂɿ⁵⁵	肉，新的	
	tʰa²¹	塔	

注：此图为白地的五行（从上至下依次为木、火、土、金、水），后面的动物则为十二生肖（缺狗猪）。

字符	国际音标	直译	意译	备注
	sɿ³³	柴	木	
	sɿ³³	柴	木	
[4]	fv⁵⁵		老鼠	
	sɿ³³	柴	木	
	ɯ³³		牛	
[5]	ŋa²¹		我	

续表

字符	国际音标	直译	意译	备注
	xy²¹	火苗	火	
	xy²¹	火苗	火	
	lɑ⁵⁵	老虎		
	xy²¹	火苗	火	
	tʰo³³lɛ³³	兔子		

字符	国际音标	直译	意译	备注
	dy²¹	地	土	
	dy²¹	地	土	
	lu²¹	龙		
	dy²¹	地	土	
	zi̩³³	蛇		

续表

字符	国际音标	直译	意译	备注
	tsɛ³³	锄头，假借为铁	金	
	tsɛ³³	锄头，假借为铁	金	
	zua²¹		马	
	tsɛ³³	锄头，假借为铁	金	
	y²¹	绵羊	羊	

字符	国际音标	直译	意译	备注
	dʑi²¹	水		
	dʑi²¹	水		
	zɯ²¹	猴子		
	dʑi²¹	水		
	ʔa³³	鸡		

[1] 这是一个人名，他是1979年出生，所以乳名"七九"，这些名字都是经过东巴五行、日期计算后所取。
[2] 本读 [iɔ²¹]，此处读 [iaŋ³³]，作为姓氏"杨"，后同。
[3] 本读 [a⁵⁵]。
[4] 作"年"意时，常读 [kʰu³³]。盖鼠为十二属相之首，纳西十二月各排一属相，以一月鼠当一岁之首，故代表全年。
[5] 此字疑为冗余。

人名地名索引

汉语名称	国际音标	页码
A		
阿□（人名）	[a^{55} ?]	691, 692, 694
阿□嘉度诃（人名）	[a^{33} ? ka^{33} ty^{55} xɯ^{33}]	787, 792
阿□茹（人名）	[a^{33} ? zu̩^{33}]	732, 733, 734
阿巴（人名）	[a^{33} pɑ^{33}]	490, 503, 505, 741, 742, 758, 954
阿蔡继（人名）	[a^{33} tsʰe^{33} tɕi^{33}]	457, 470, 471, 472, 647, 654, 927, 966, 993
阿得（人名）	[a^{33} ⁿdɚ^{33}]	660, 664, 948
阿凫崂曹埲巴（地名）	[a^{33} fu^{55} to^{31} tsʰo^{33} ᵐbu^{31} pa^{33}]	748, 758
阿福□（人名）	[a^{33} fu^{55} ?]	831, 834
阿伽（人名）	[a^{33} ⁿga^{33}]	214, 215, 219
阿伽伊皂（人名）	[a^{33} ⁿga^{33} i^{33} zo^{33}]	743, 758
阿共塔（人名）	[a^{21} ku^{21} tʰa^{21}]	1156
阿诃（人名）	[a^{33} xɯ^{33}]	534, 535, 568, 769, 778
阿诃伽（人名）	[a^{33} xɯ^{33} ⁿga^{33}]	707, 714, 828, 834
阿诃科古皂（人名）	[a^{33} xɯ^{33} kʰɯ^{31} ku^{31} zo^{33}]	584, 585, 586, 594
阿荷（人名）	[a^{33} xɯ^{31}]	710, 714
阿恒（人名）	[a^{21} xə^{33}]	1157
阿华（人名）	[a^{33} xua^{33}]	676, 677, 810, 814, 829, 834, 972

续表

汉语名称	国际音标	页码
阿华（人名）	[a²¹ xua²¹]	1157
阿化拉地（地名）	[a³³ xua³¹ la³¹ dy³¹]	493, 494, 495, 505, 927, 941
阿季（人名）	[a³³ dzi³¹]	534, 535, 568, 932
阿继部（人名）	[a³³ tɕi³³ pu⁵⁵]	447, 453
阿究（人名）	[dziə³¹]	330, 331, 333, 361, 365
阿究究尼（人名）	[a³³ dziə³¹ dziə³¹ ni³³]	155, 156, 166, 167, 168, 170, 171, 179
阿究伟（地名）	[a³³ dziə³¹ ue³³]	705, 714
阿克（人名）	[a³³ kʰɯ³¹]	390, 391, 392
阿库（人名）	[kʰu⁵⁵]	473, 476, 484, 486
阿库克（人名）	[a³³ kʰu⁵⁵ kʰɯ³³]	784, 792
阿勒（人名）	[a³³ lə⁵⁵]	534, 535, 568, 941
阿鲁伽（人名）	[a³³ lu⁵⁵ ⁿga³³]	742, 743, 758
阿鲁穆奴皂（人名）	[a³³ lu⁵⁵ mu³³ nɯ³¹ zo³³]	745, 758
阿绿（人名）	[a²¹ ly²¹]	1142
阿普三朵（神名）		69
阿七命（人名）	[a²¹ tɕʰi³³ mi³³]	1157
阿热（人名）	[a³³ zʅ³³]	436, 437
阿热里（地名）	[a³³ zʅ³³ lɯ³³]	746, 758
阿日苏（人名）	[a³³ zɯ⁵⁵ ʂu³³]	217, 219
阿茹（人名）	[a³³ zu⁵⁵]	324, 325, 326, 333, 354, 355, 356, 365, 390, 391, 392
阿萨烟（人名）	[a³³ sa¹³ iə¹³]	753, 754, 758
阿上（人名）	[a³³ ʂʅ¹³]	198, 199, 200, 202, 203, 204, 213, 214, 219, 534, 535, 568, 958
阿舒（人名）	[a³³ ʂu⁵⁵]	753, 754, 758
阿塔（人名）	[a³³ tʰa³¹]	534, 535, 568
阿泰布（人名）	[a³³ tʰe⁵⁵ pu¹³]	503, 505, 732, 733, 734, 755, 758, 956, 964
阿伟道古究（人名）	[a³³ ue³³ to³³ ku³¹ dziə³¹]	829, 834
阿吾（人名）	[u³¹]	730, 731, 732, 734
阿吾穆烟（人名）	[a³³ u³¹ mu³³ iə¹³]	730, 731, 732, 734
阿希（人名）	[a³³ ɕi³¹]	652, 653, 654
阿伊奴伽（人名）	[a³³ i³¹ nɯ³¹ ⁿga³³]	436, 437
阿宇（人名）	[a³³ y³³]	576, 580, 607, 608
阿皂纳吉伽（人名）	[a³³ zo³³ na³¹ ⁿtɕi³¹ ⁿga³³]	831, 834
阿则梓（人名）	[a³³ zi³³ zɯ³³]	149, 150, 153, 157, 179, 973, 974, 1020

续表

汉语名称	国际音标	页码
阿泽（人名）	[a^{33} ^{n}tsə^{33}]	534, 535, 568, 953
阿兹勒（人名）	[a^{31} tsɯ^{33} lə^{33}]	790, 791, 792, 968
阿兹勒古塔（人名）	[a^{31} tsɯ^{33} lə^{33} ku^{31} tʰɑ^{31}]	783, 792
阿兹勒嘉度河（人名）	[a^{33} tsɯ^{33} lə^{33} ka^{33} ty^{55} xɯ^{33}]	789, 790, 792
阿卒密（人名）	[a^{33} tsʰy^{31} mi^{55}]	804, 814
阿族（人名）	[a^{33} tsʰɯ^{33}]	534, 535, 568, 966
艾继滋科（地名）	[a^{31} tɕi^{33} ^{n}tsɯ^{33} kʰɯ^{31}]	385, 386, 392, 928
艾兹勒宇日固艾（地名）	[a^{31} tsɯ^{55} lə^{31} y^{33} ʐɯ^{55} ku^{31} a^{31}]	550, 551, 568, 928, 935, 968, 972, 974
隘顾（地名）	[a^{31} ku^{31}]	380, 381, 392, 927, 940
隘劳（地名）	[a^{31} lo^{31}]	444, 445, 453
安劳（地名）	[a^{31} lo^{31}]	318, 319, 333, 347, 348, 349, 365, 541, 542, 568, 927, 934
安勒勒（地名）	[a^{31} lə^{55} lə^{55}]	764, 765, 778
奥咨（地名）	[ɣo^{31} dzɯ^{33}]	743, 744, 758
B		
巴继（人名）	[pɑ^{33} tɕi^{33}]	442, 443, 450, 451, 453, 645, 654, 808, 814, 993
巴继坎袅（人名）	[pɑ^{33} tɕi^{33} kʰa^{33} niə^{31}]	669, 677
巴继密格暮究（人名）	[pɑ^{33} tɕi^{33} mi^{55} ^{n}gɯ^{55} mə^{33} dziə^{31}]	692, 693, 694
巴继爷爷（人名）	[a^{33} pʰu^{33} pɑ^{33} tɕi^{33}]	993
巴舒舒塔（人名）	[pɑ^{33} ʂu^{33} ʂu^{33} tʰɑ^{31}]	766, 778
白地（地名）	[mbə^{33} dɚ^{33}]	4, 5, 6, 11, 12, 13, 14, 18, 19, 21, 22, 23, 28, 31, 33, 34, 75, 1014, 1022, 1079, 1080, 1081, 1082, 1122, 1123, 1127, 1131, 1132, 1164
白庚胜（人名）		75
白汉场（地名）		43
白帕（地名）		1021
白沙（地名）		43, 64
白水台（地名）	[mba^{21} pʰɚ^{21} dua^{33}]	13, 19, 21, 1122, 1123, 1127, 1128, 1131
宝诃（人名）	[po^{33} xɯ^{33}]	278, 281, 285, 286, 287, 289, 290, 293, 956

汉语名称	国际音标	页码
宝山（地名）	[lɑ³¹ pu³³]	5, 6, 7, 9, 10, 11, 13, 23, 25, 28, 32, 33, 34, 37, 39, 42, 43, 44, 49, 64, 72, 75, 153, 181, 200, 222, 238, 266, 277, 281, 295, 310, 340, 370, 394, 403, 431, 440, 457, 476, 490, 509, 533, 572, 583, 598, 612, 635, 641, 642, 643, 654, 658, 668, 680, 698, 717, 738, 762, 782, 796, 816, 826, 836, 840, 923, 924, 927, 974, 979, 983, 992, 993, 996, 1008, 1013, 1015, 1016, 1017, 1020, 1021, 1022, 1023, 1024, 1028, 1039, 1055, 1063
鲍江（人名）	[po³³ tɕia³³]	1141
波白明（神名）		68
波角（地名）	[pə⁵⁵ kʰə³¹]	249, 250, 262, 954
波湾村（地名）	[ba²¹ ku³³ uɛ³³]	21, 1162
博皂（人名）	[ᵐbə⁵⁵ zo³³]	444, 445, 453
卜古顶（地名）	[bu³¹ ku³¹ tə¹³]	495, 496, 505, 929, 940, 963
布劳（地名）	[pu¹³ lo³¹]	329, 330, 333, 360, 365, 769, 778
布劳科（地名）	[pu¹³ lo³¹ kʰɯ³¹]	250, 251, 252, 262
步里继（人名）	[bu³¹ lɯ³³ tɕi³³]	660, 664
C		
蔡（人名）	[tsʰe³³]	462, 463, 464, 472, 927
蔡子文（人名）		1068, 1073
蚕梭（地名）		993
曹斌（人名）	[tsʰa³³ pi³³]	1143
曹戈库（人名）	[tsʰo³³ gə⁵⁵ kʰu⁵⁵]	305, 306, 309, 310, 312, 313, 314, 333, 334, 335, 340, 342, 343, 365, 966
察李古究（人名）	[tʂʰa³¹ lɯ³³ ku³¹ dziə³¹]	805, 806, 814
察李袭宝（人名）	[tʂʰa³¹ lɯ³³ niə³¹ po³³]	725, 726, 727, 734
察舒古究（人名）	[tʂʰa³¹ ʂu⁵⁵ ku³¹ dziə³¹]	802, 803, 814
长松（地名）	[tʰɯ³³ kʰɑ⁵⁵ ʂə³¹]	37
陈纯杰（人名）		9, 57, 1003, 1060, 1067
陈自芳（人名）		44
陈自新（人名）		44
成纪镇（地名）		42
崇仁利恩（神名）		68
楚地（人名）	[tsʰu³³dy³¹]	770, 778, 967
翠玉（地名）		43

汉语名称	国际音标	页码
D		
达博勒皂季仄（人名）	[ⁿda¹³ ᵐbə⁵⁵ lə⁵⁵ zo³³ dzi³¹ tse³¹]	689，690，694，965
达布卦（地名）	[ⁿda¹³ pu¹³ kua³¹]	586，587，594
达布拉（地名）	[ⁿda¹³ pu¹³ la³¹]	374，375，392
达道（地名）	[ⁿda¹³ to³³]	670，677
达嘉（地名）	[ⁿda³¹ ka³³]	745，758
达勒皂（人名）	[ⁿda¹³ lə⁵⁵ zo³³]	708，714
达蒲（地名）	[ⁿda³¹ pʰu⁵⁵]	271，272，277，948
达蒲明伟（地名）	[ⁿda¹³ pʰu³³ mi⁵⁵ ue³³]	618，629，946，956
达伟道（地名）	[ⁿda¹³ ue³³ to³³]	663，664，740，741，756，757，758
大厒（地名）		42
大东（地名）		1021
大巨（地名）		1021
大理（地名）		6，42，43，1003，1027，1037，1051
大理国（地名）		42
大神（东巴教最大神名）	[xe³³ du³¹ pʰɚ³¹ la³¹ kʰu³³]	21，55，68，995，996
大研镇（地名）		75，996
道塔究究（人名）	[to³³ tʰa³¹ dʑiə³¹ dʑiə³¹]	266，274，275，277
得热塔（人名）	[dɚ³¹ zɚ³³ tʰa³¹]	276，277
得哲伽（人名）	[dɚ³¹ zɚ³³ ⁿga³³]	499，500，505，930，973
德钦（地名）		75
迪庆（地名）	[ti³³ tɕʰi³³]	13，18，19，21，1079，1080，1082，1126，1127，1131，1132
帝劳（地名）	[ⁿduɯ¹³ lo³¹]	574，575，580
丁巴什罗（神名）		69
丁丁（人名）	[ti³³ ti³³]	1143
东册（人名）	[do³³ tsʰɛ³³]	1160
东良（地名）		37，43
东七（人名）	[do³³ tɕʰi³³]	1136
东塔（人名）	[do³³ tʰa²¹]	1137
都日（人名）	[ⁿduɯ³³ dzi³¹]	987，989
都塔伟究（人名）	[duɯ³¹ tʰa³¹ ue³³ dʑiə³¹]	247，248，249，257，258，262
毒道李（地名）	[ⁿdɚ³¹ to³³ lɯ³³]	574，580，948
毒及格吉塔（人名）	[ⁿdɚ³¹ ⁿtɕi³¹ gɚ⁵⁵ ⁿtɕi³¹ tʰa³¹]	640，641，654，962

汉语名称	国际音标	页码
毒日吉塔（人名）	[ⁿdɚ³¹ zɯ⁵⁵ ⁿtɕi³¹ tʰɑ³¹]	287, 288, 289, 293
毒志格吉塔（人名）	[ⁿdɚ³¹ dzɯ³³ ⁿgɯ⁵⁵ ⁿtɕi³¹ tʰɑ³¹]	687, 688, 694, 718, 719, 720, 734, 832, 834
E		
鄂古（地名）	[ɣɯ³³ ku³¹]	739, 740, 758
鄂密（人名）	[ɣɯ³³ mi⁵⁵]	239, 240, 241, 262, 934
鄂密伟嘉（人名）	[ɣɯ³³ mi⁵⁵ ue³³ ⁿgɑ³³]	243, 244, 262
洱源（地名）		43
F		
方国瑜（人名）		12, 42, 1013, 1014, 1016, 1017
冯莉（人名）	[fʋ³³ li²¹]	1144
奉科（地名）		43
奉联（地名）	[zi³¹ dy³¹]	643, 644, 654
福齐（人名）	[fu⁵⁵ tɕʰi³³]	718, 719, 720, 734, 933, 961
傅懋勣（人名）		29, 1013
G		
伽克希里（地名）	[ⁿgɑ³³ kʰɯ³³ ɕi³¹ lɯ³³]	751, 758
盖科（地名）	[kɑ³³ kʰɯ³¹]	725, 726, 732, 733, 734
盖兴之（人名）		9, 1013, 1015
甘露（人名）		12, 1014
高埗（地名）	[ko³³ ᵐbu³¹]	519, 520, 521, 525, 940, 945
高萨李（地名）	[ko³³ sɑ¹³ lɯ³³]	202, 203, 219
高萨暮诃（人名）	[ko³³ sɑ¹³ mə³³ xɯ³³]	303, 304
高渊（人名）		9, 34, 45, 635, 668, 717, 762, 924, 976, 979, 980, 987, 989, 999, 1003, 1032, 1035, 1038, 1050, 1053, 1054, 1058, 1063, 1064, 1065, 1066, 1067, 1068, 1070, 1074
戈阿干（人名）		1014
戈瓜（地名）	[gə⁵⁵ kuɑ³¹]	537, 538, 568, 753, 754, 758, 940
戈吉塔（人名）	[gə⁵⁵ ⁿtɕi³¹ tʰɑ³¹]	641, 642, 645, 654, 672, 673, 677
戈坎（地名）	[gə⁵⁵ kʰɑ³³]	239, 240, 241, 262
戈坎坎孤（地名）	[gə⁵⁵ kʰɑ³³ kʰɑ³³ ku⁵⁵]	562, 563, 564, 568, 937, 961
戈夸（地名）	[gə³¹ kʰuɑ³³]	24, 224, 225, 229, 230, 234, 272, 273, 274, 277
戈夸萨烟（人名）	[gə³¹ kʰuɑ³¹ sɑ¹³ iə³³]	768, 778
戈劳（地名）	[gə⁵⁵ lo³¹]	749, 750, 758
戈里顶（地名）	[gə⁵⁵ lɯ³³ tə¹³]	484, 486

续表

汉语名称	国际音标	页码
戈塔（地名）	[gə⁵⁵ tʰɑ³¹]	750, 758
哥簿（人名）	[ⁿgə³³ by³¹]	643, 644, 654, 949
革古皂（人名）	[kə¹³ ku³³ zo³³]	544, 545, 568
格吉（人名）	[ⁿgɯ⁵⁵ ⁿtɕi³¹]	214, 215, 219
格吉纳穆阿（人名）	[ⁿgɯ⁵⁵ ⁿtɕi³¹ na³¹ mu³³ a¹³]	433, 434, 437
格吉纳穆究（人名）	[ⁿgɯ⁵⁵ ⁿtɕi³¹ na³¹ mu³³ dziə³¹]	562, 563, 564, 568, 952
格吉塔（人名）	[ⁿgɯ⁵⁵ ⁿtɕi³¹ tɑ³¹]	640, 654, 703, 714
格劳（地名）	[gə⁵⁵ ko¹³]	383, 384, 385, 392
格暮诃（人名）	[ⁿgɯ⁵⁵ mə³³ xɯ³³]	272, 273, 274, 277, 750, 756, 757, 758, 946, 949, 971
格暮究（人名）	[gə⁵⁵ mə³³ dziə³¹]	987
格暮蔑（人名）	[gə⁵ ⁵mə³³ miə³¹]	987
格暮什（人名）	[ⁿgɯ⁵⁵ mə³³ ʂɯ³³]	545, 546, 568, 960
格暮塔（人名）	[ⁿgɯ⁵⁵ mə³³ tʰɑ³¹]	413, 414, 415, 416, 428, 946
格穆伽（人名）	[ⁿgɯ⁵⁵ mu³³ ⁿga³³]	785, 786, 792
格穆诃（人名）	[ⁿgɯ⁵⁵ mu³³ xɯ³³]	709, 714
个土（人名）	[gə³³ tʰu²¹]	1159
古宝伊皂（人名）	[ku³¹ po³³ i³¹ zo³³]	776, 777, 778
古伽（人名）	[ku³¹ ⁿga³³]	589, 590, 594, 670, 677, 691, 692, 694, 702, 714, 993
古伽爷爷（人名）	[a³³ pʰu³³ ku³¹ⁿga³³]	993
古诃（人名）	[ku³¹xɯ³³]	589, 590, 594
古诃革皂（人名）	[ku³¹ xɯ³³ kə¹³ zo³³]	225, 226, 227, 234
古究（人名）	[ku³³ dziə³¹]	702, 703, 712, 713
古究芭（人名）	[ku³¹ dziə³¹ bɑ³³]	356, 365
古究究塔（人名）	[ku³³ dziə³¹ dziə³¹ tʰɑ³¹]	177, 179
古究勒皂（人名）	[ku³¹ dziə³¹ lə⁵⁵ zo³³]	806, 814
古舒（地名）	[ku³¹ ʂu⁵⁵]	747, 748, 758
古舒芭（人名）	[ku³¹ ʂu⁵⁵ bɑ³³]	326, 327, 333
古塔（人名）	[ku³¹ tʰɑ³¹]	403, 419, 420, 422, 423, 428
古塔阿部（人名）	[ku³¹ tʰɑ³¹ a⁵⁵ pu⁵⁵]	518, 525
古塔嘉（人名）	[ku³¹ tʰɑ³¹ ka³³]	791, 792
古塔嘉德诃（人名）	[ku³¹ tʰɑ³¹ ka³³ tə³¹ xɯ³³]	24, 271, 272, 277, 963, 971
古塔伟烟（人名）	[ku³¹ tʰɑ³¹ ue³³ iə³³]	701, 714
古皂（人名）	[ku³¹ zo³³]	549, 550, 568

续表

汉语名称	国际音标	页码
古皂究塔（人名）	[ku³³ zo³³ dʑiə³¹ tʰa³¹]	559, 560, 568
古皂伟塔（人名）	[ku³¹ zo³³ ue³³ tʰa³¹]	395, 396, 398
谷伽里（地名）	[gu³¹ ŋga³³ lɯ³³]	268, 269, 277, 935, 943, 949
固宝伊奴诃（人名）	[gu³¹ po³³ i³¹ nɯ³¹ xɯ³³]	699, 714
固梓（人名）	[gu³¹ zɯ³³]	763, 764, 765, 778
广州（地名）		996
桂枝（人名）		993
郭大历（人名）	[go³³ ta³³ li²¹]	1144
果乐（地名）	[la³¹ zɯ³³]	616, 629, 708, 714, 993
果乐（地名）	[gə³¹ lo⁵⁵]	23, 42, 43, 44, 75, 277, 333, 365, 460, 461, 472
果洛（地名）		75, 933, 944

H

汉语名称	国际音标	页码
哈巴（人名）	[xa³³ pa³³]	5, 429, 430, 431, 433, 434, 437, 558, 559, 568
哈巴冬梅（人名）	[xa³³ mba³³ do³³ mɛ²¹]	1160
哈巴伽（人名）	[xa³³ pa³³ ŋga³³]	24, 229, 230, 234, 272, 273, 274, 277, 949, 954, 970
哈巴伽嘉德诃（人名）	[xa³³ pa³³ ŋga³³ ka³³ tə³¹ xɯ³³]	460, 461, 472, 936, 963
哈巴究（人名）	[xa³³ pa³³ dʑiə³¹]	560, 561, 568
哈巴密（人名）	[xa³³ pa³³ mi⁵⁵]	438, 439, 440, 442, 443, 453, 1021
哈巴皂（人名）	[xa³³ pa³³ zo³³]	645, 647, 648, 654, 987
哈瓜（人名）	[xa³³ kua³¹]	818, 823
哈瓜塔（人名）	[xa³³ kua³¹ tʰa³¹]	168, 169, 179
哈瓜皂（人名）	[xa³³ kua³¹ zo³³]	370, 388, 389, 392
哈牢伽苏伯（人名）	[xa³³ lo³¹ ŋga³³ ʂu³³ bə³¹]	258, 259, 262
哈牢伟道（人名）	[xa³³ lo³¹ ue³³ to³³]	235, 238, 247, 248, 249, 262
海淘（地名）	[xa³¹ tʰo³³]	564, 565, 566, 568, 938, 970
海姿迈高高（地名）	[xa³¹ zɯ³³ ma³³ ko³³ ko³³]	156, 157, 160, 161, 162, 163, 172, 173, 178, 179, 945
诃古柏（人名）	[xɯ³³ ku³¹ pe³³]	743, 744, 758, 956
诃继革（人名）	[xɯ³³ tɕi³³ kə¹³]	554, 555, 568
诃科古伽（人名）	[xɯ³³ kʰɯ³¹ ku³¹ ŋga³³]	819, 823
诃普洮（地名）	[xɯ³³ pʰu³³ tʰo¹³]	749, 750, 758, 964
和□库海（人名）	[xo³¹ ? kʰu¹³ xa³¹]	800, 814
和崇光（人名）		44
和春云（人名）	[xo³³ tʂu²¹ y³³]	1145

汉语名称	国际音标	页码
和德祥（人名）		991
和德新（人名）		983
和德修（人名）		44
和定恒（人名）		44
和东梅（人名）	[xo^{33} do^{33} mɛ^{21}]	1145
和芳（人名）		12, 1014
和福锡（人名）	[xo^{31} fu^{55} sy^{33}]	637, 640, 654, 961
和福洋（人名）		71, 983
和根茂（人名）	[xo^{33} gə^{33} mo^{33}]	1140
和根盛（人名）	[xo^{33} gə^{33} ʂə^{33}]	1140
和根顺（人名）	[xo^{33} gə^{33} ʂu^{33}]	1158
和古马吉（人名）	[xo^{33} kʊ^{55} ma^{33} dʑi^{21}]	1161
和贵材（人名）		71
和贵泉（人名）	[xo^{33} kuɛ^{33} kʰy^{33}]	1137
和贵武（人名）	[xo^{33} kuɛ^{33} u^{21}]	1135
和国英（人名）		44
和红灿（人名）	[xo^{33} xu^{21} tsʰa^{33}]	1141
和虹（人名）	[xo^{33} xu^{21}]	1138
和煌坤（人名）		44
和辉（人名）	[xo^{33} xu^{33}]	1162
和吉珍（人名）	[xo^{33} gi^{21} gə^{21}]	1145
和继全（人名）		12, 21, 1014
和继泉（人名）		6, 8, 9, 23, 71, 222, 266, 295, 983, 991, 1015
和继先（人名）		9, 23, 28, 34, 57, 72, 222, 266, 295, 472, 525, 568, 612, 924, 985, 986, 991, 1003, 1004, 1006, 1008, 1015, 1028, 1029, 1054, 1061
和继宇（人名）	[xo^{31} tɕi^{33} y^{33}]	798, 814
和建国（人名）	[xo^{33} tɕia^{33} kuɛ^{33}]	1144
和建圆（人名）		995
和究伽皋（人名）	[xo^{31} dʑiə^{31} ⁿgɑ^{33} ko^{31}]	663, 664
和老四（人名）	[xo^{31} lo^{31} sɯ^{31}]	712, 714
和力民（人名）	[xo^{33} li^{21} mi^{33}]	1137
和立东（人名）	[xo^{33} li^{21} do^{21}]	1143
和丽芳（人名）	[xo^{33} li^{21} fʊ^{33}]	1146
和丽钟（人名）	[xo^{31} lɯ^{33} tʂu^{13}]	751, 752, 758, 969

续表

汉语名称	国际音标	页码
和茂春（人名）	[xo³¹ mu³¹ tsʰy³¹]	5, 6, 9, 23, 25, 26, 28, 34, 71, 72, 179, 200, 310, 340, 398, 440, 457, 525, 568, 598, 646, 654, 664, 694, 698, 717, 778, 796, 836, 840, 865, 873, 874, 876, 880, 881, 883, 894, 895, 897, 900, 902, 921, 922, 924, 947, 983, 985, 986, 987, 988, 1005, 1015, 1037, 1072, 1076
和茂芳（人名）		23, 490, 612, 635, 658, 668, 680, 717, 738, 762, 782, 826, 983, 991
和密（人名）	[xo³¹ mi⁵⁵]	749, 750, 758
和那恒（人名）		72, 983
和年恒（人名）		12, 1014
和琵（人名）	[xo³¹ pʰi⁵⁵]	828, 834
和漆（人名）	[xo³¹ tsʰi³¹]	670, 677, 684, 694, 746, 758, 777, 778
和漆海（人名）	[xo³¹ tsʰi³¹ xa³¹]	799, 814
和茹（人名）	[xo³¹ zu̩³¹]	700, 714, 975
和汝章（人名）		44
和世英（人名）		44
和仕红（人名）		993
和舒（人名）	[xo³¹ ʂu⁵⁵]	711, 714, 830, 834
和树昆（人名）	[xo³³ ʂu³³ kʰu²¹]	6, 13, 14, 18, 19, 20, 23, 28, 30, 31, 1079, 1082, 1094, 1130, 1131, 1132
和苏（人名）	[xo³¹ ʂu³³]	756, 758, 828, 834
和塔（人名）	[xo³¹ tʰɑ³¹]	589, 590, 594, 675, 677, 711, 714, 725, 726, 734
和铁优（人名）	[xo³¹ tʰi³¹ iə³³]	586, 587, 594, 964
和瓦察（人名）	[xo³¹ uɑ³³ tʂ̩ʰa³¹]	722, 723, 724, 734
和卫（人名）	[xo³³ uɛ³³]	1140
和文华（人名）		44
和文君（人名）		44, 983
和晓才（人名）	[xo³³ ɕiə³³ tsʰa³³]	1139
和秀才（人名）	[xo³³ ɕuɔ³³ tsʰa³³]	1136
和学坚（人名）		991
和学勤（人名）		44
和学新（人名）		983, 991

续表

汉语名称	国际音标	页码
和学耀（人名）		9, 23, 28, 34, 72, 75, 153, 179, 181, 200, 238, 262, 281, 310, 333, 340, 370, 394, 398, 403, 428, 431, 440, 453, 472, 476, 490, 509, 533, 568, 572, 583, 598, 635, 654, 658, 664, 668, 677, 680, 698, 717, 734, 738, 762, 778, 782, 814, 816, 924, 985, 986, 991, 992, 993, 995, 1015, 1024, 1038, 1045, 1047, 1052, 1061, 1064, 1071, 1076
和学义（人名）		394, 403, 476
和学湛（人名）		9, 34, 44, 46, 72, 440, 598, 924, 983, 985, 986, 991, 996, 997, 1000, 1003, 1008, 1010, 1015, 1037, 1064, 1076
和烟（人名）	[xo^{31} iə^{13}]	709, 714
和烟李（人名）	[xo^{31} iə^{55} lɯ^{33}]	691, 692, 694, 789, 792, 971
和烟苏（人名）	[xo^{31} iə^{33} ʂu^{33}]	773, 774, 778
和永成（人名）	[xo^{33} y^{21} tʂə^{21}]	1138
和永强（人名）		44
和永贤（人名）	[xo^{33} y^{21} ɕiə^{33}]	1138
和宇清（人名）	[xo^{31} y^{31} tsʰi^{31}]	647, 648, 654, 972
和育林（人名）	[xo^{31} iə^{55} li^{31}]	987
和渊（人名）	[xo^{33} y^{21}]	1141
和占光（人名）		991, 995
和知（人名）	[xo^{31} tʂɯ^{55}]	699, 700, 714
和志灵（人名）		44
和志泉（人名）		983
和志武（人名）		12, 14, 43, 1013, 1014, 1017, 1021, 1079
和中华（人名）	[xo^{33} tʂu^{21} xua^{21}]	1146
和自兴（人名）		75
鹤庆（地名）		75
黑巴革伟萨（人名）	[xe^{33} pɑ^{33} kə^{13} ue^{33} sɑ^{13}]	564, 565, 566, 568, 957, 970
黑布究（人名）	[xe^{33} pu^{55} dʑiə^{31}]	246, 247, 262
黑劳角（地名）	[xe^{33} lo^{31} kʰɚ^{31}]	747, 748, 758
胡张拓（人名）		9, 836, 840, 924, 1006, 1050, 1064, 1066, 1067
黄土坡（地名）	[ⁿdɑ^{13} pʰu^{33}]	993
黄土坡（地名）	[mi^{55} ᵐbu^{31}]	241, 242, 250, 251, 252, 262
黄薇兮（人名）		9, 47, 1055, 1066

续表

汉语名称	国际音标	页码
J		
基瓜（人名）	[ⁿtɕi³¹ kua³¹]	815, 816, 818, 823, 940, 952
季都劳（地名）	[dzi³¹ duɯ³¹ lo³¹]	500, 505, 931, 932, 943
季塔（人名）	[dziə³¹ tʰa³¹]	601, 602, 604, 605, 606, 608
继毒志格吉塔（人名）	[tɕi³³ ⁿdə³¹ dzʉ³³ ⁿguɯ⁵⁵ ⁿtɕi³¹ tʰa³¹]	688, 689, 690, 691, 694, 933
继伽格暮究（人名）	[tɕi³³ ⁿga³³ ⁿguɯ⁵⁵ mə³³ dziə³¹]	301, 302, 303, 304
继诃麦（人名）	[tɕi³³ xuɯ³³ me⁵⁵]	164, 165, 166, 179
继继密（人名）	[tɕi³³ tɕi³³ mi⁵⁵]	454, 457, 460, 461, 464, 465, 466, 467, 469, 470, 472, 962, 1021
继究（人名）	[tɕi³³ dziə³¹]	297, 298, 299, 300, 301, 304
继苏伟（地名）	[tɕi³³ ʂu³³ ue³³]	763, 764, 778
加泽（地名）		21, 1013
嘉达伽（人名）	[ka³³ ⁿda¹³ ⁿga³³]	506, 509, 510, 511, 513, 514, 515, 516, 517, 525, 936, 948
嘉德诃（人名）	[ka³³ tə³¹ xuɯ³³]	164, 165, 166, 179, 247, 248, 249, 262, 321, 322, 323, 324, 325, 326, 333, 351, 352, 353, 354, 355, 356, 365, 466, 467, 472
嘉德塔（人名）	[ka³³ tə³¹ tʰa³¹]	538, 539, 540, 568
嘉顶伽（人名）	[ka³³ tə¹³ ⁿga³³]	590, 591, 594
嘉度诃（人名）	[ka³³ ty⁵⁵ xuɯ³³]	728, 729, 734, 808, 814, 969
嘉革（人名）	[ka³³ kə¹³]	164, 165, 166, 179
嘉革哈巴究（人名）	[ka³³ kə¹³ xa³³ pa³³ dziə³¹]	253, 262
嘉嘉□诃（人名）	[ka³³ ka³³ ? xuɯ³³]	812, 814
嘉李兹科（地名）	[ka³³ lɯ³³ dzʉ³³ kʰuɯ³¹]	363, 364, 365
嘉暮诃（人名）	[ka³³ mə³³ xuɯ³³]	755, 758
嘉皂（人名）	[ka³³ zo³³]	24, 681, 682, 683, 694
江旺（地名）	[tɕi³³ ua³³]	993
姜明慧（人名）		20, 31, 34, 1082, 1094, 1132
姜竹仪（人名）		9, 1013
蒋干仕（人名）		44
角劳皂（地名）	[kʰə³¹ lo³¹ zo³³]	754, 758
角纳诃（人名）	[kʰə³¹ na³¹ xuɯ³³]	830, 834
角则劳角（地名）	[kʰə³¹ dzʉ³³ lo³¹ kʰə³¹]	478, 479, 480, 486, 932
姐夫（人名）	[gi²¹ fʊ³³]	1147
姐姐（人名）	[gi²¹ gi²¹]	1147
金贤志（人名）	[ki³³ ɕiə³³ zɿ²¹]	1156

汉语名称	国际音标	页码
究伽（人名）	[dzɿə³¹ ᵑgɑ³³]	205, 206, 207, 208, 219, 702, 714, 987
究伽科伽（人名）	[dzɿə³¹ ᵑgɑ³³ kʰɯ³¹ ᵑgɑ³³]	238, 261, 262
究诃（人名）	[dzɿə²¹ xɯ³³]	24, 272, 273, 274, 277, 787, 788, 792, 932
究尼（人名）	[dzɿə³¹ ni³³]	158, 159, 179, 413, 414, 415, 416, 428, 950
究上（人名）	[dzɿə³¹ ʂə¹³]	195, 196, 197, 569, 572, 580
究塔（人名）	[dzɿə³¹ tʰɑ³¹]	427, 428, 556, 557, 568, 813, 814
究伟道（人名）	[dzɿə³¹ ue³³ to³³]	561, 562, 568
究皂（人名）	[dzɿə³¹ zo³³]	811, 812, 814
究皂坎漆（人名）	[dzɿə³¹ zo³³ kʰɑ³³ tsʰi³¹]	331, 332, 333, 362, 363, 365, 966
究皂穆袅究（人名）	[dzɿə³¹ zo³³ mu³³ niə³¹ dzɿə³¹]	564, 565, 566, 568
九河乡（地名）		43
K		
坎理（地名）	[kʰɑ³³ lɯ³³]	576, 577, 580
坎日（地名）	[kʰɑ³³ zɯ⁵⁵]	331, 332, 333, 362, 363, 365
坎渚崂（地名）	[kʰɑ³¹ ⁿtʂu³³ lo³¹]	535, 536, 537, 568, 937, 944, 953
科伽（人名）	[kʰɯ³¹ ᵑgɑ³³]	390, 391, 392
科古（人名）	[kʰɯ³¹ ku³³]	541, 542, 568
科古伽（人名）	[kʰɯ³¹ ku³¹ ᵑgɑ³³]	580
科古塔（人名）	[kʰɯ³¹ ku³¹ tʰɑ³¹]	207, 208, 219
科古皂（人名）	[kʰɯ³¹ ku³³ zo³³]	326, 327, 333, 357, 364, 365, 373, 374, 391, 392, 587, 588, 593, 594
科皂（人名）	[kʰɯ³¹ zo³³]	580, 809, 814
克伽（人名）	[kʰɯ³¹ ᵑgɑ³³]	329, 333, 359, 360, 365
克古伽（人名）	[kʰɯ³³ ku³¹ ᵑgɑ³³]	184, 195, 196, 197
克古皂伟革（人名）	[kʰɯ³¹ ku³³ zo³³ ue³³ kə¹³]	542, 543, 544, 568, 937, 938
克诃嘉德皂（人名）	[kʰɯ³¹ xɯ³³ kɑ³³ tə³¹ zo³³]	216, 219
克灵（地名）		43
克密（人名）	[kʰɯ³³ mi⁵⁵]	729, 730, 734
克密得热塔（人名）	[kʰɯ³³ mi⁵⁵ də³¹ zə³³ tʰɑ³¹]	263, 266, 268, 269, 277, 930, 963, 973, 1020
克密古究（人名）	[kʰɯ³³ mi⁵⁵ ku³¹ dzɿə³¹]	774, 775, 778
克密纳穆皂（人名）	[kʰɯ³³ mi⁵⁵ na³¹ mu³¹ zo³³]	807, 814
克密伟继密（人名）	[kʰɯ³³ mi⁵⁵ ue³³ tɕi³³ mi⁵⁵]	729, 730, 734
夸□嘉度诃（人名）	[kʰuɑ³¹ ʔ kɑ³³ dɯ³¹ le³³]	784, 785, 792, 940
昆明（地名）	[i³³ tʂʰɯ⁵⁵ gə⁵⁵]	614, 629, 636, 654, 935, 936, 966, 1035, 1036, 1049, 1051, 1062, 1065, 1069, 1074

续表

汉语名称	国际音标	页码
L		
拉□楚至（人名）	[lɑ³¹ ʔ tsʰu³³ tʂɯ³¹]	832, 834
拉伯（地名）		11, 21, 43, 1013
拉达角里（地名）	[lɑ³¹ ⁿdɑ³¹ kɚ³¹ lɯ³³]	573, 580, 948
拉地高高（人名）	[lɑ³¹ dy³¹ ko³³ ko³³]	498, 505, 940, 941, 943
拉固古皂（人名）	[lɑ³¹ gu³³ ku³¹ zo³³]	576, 580
拉吉（人名）	[lɑ³¹ ⁿtɕi³¹]	383, 384, 385, 392, 420, 421, 428, 754, 758, 833, 834, 948
拉吉多（地名）	[lɑ³¹ ⁿtɕi³¹ ⁿdo³¹]	383, 384, 385, 392, 948
拉吉嘉皂（人名）	[lɑ³¹ ⁿtɕi³¹ kɑ³³ zo³³]	833, 834
拉卡伟巴（人名）	[lɑ³¹ kʰɑ³³ ue³³ pɑ³³]	704, 705, 714, 937
拉李高高（地名）	[lɑ³¹ lɯ³³ ko³³ ko³³]	535, 536, 537, 568
拉李伟拉（地名）	[lɑ³¹ lɯ³³ ue³³ lɑ³¹]	186, 187, 197
拉裊诃古塔（人名）	[lɑ³¹ niə³¹ xɯ³³ ku³¹ tʰɑ³¹]	767, 768, 778
拉萨劳（地名）	[lɑ³¹ sɑ¹³ lo³¹]	540, 541, 568
拉塔（人名）	[lɑ³¹ tʰɑ³¹]	303, 304
拉伟伟（地名）	[lɑ³¹ ue³³ ue³³]	495, 496, 505
拉皂（人名）	[lɑ³¹ zo³³]	222, 232, 233, 234, 600, 601, 604, 605, 606, 608
拉兹劳（地名）	[lɑ³¹ dzɯ³³ lo³¹]	297, 298, 299, 300, 301, 304, 932
莱溢达（地名）	[le³³ i³³ ⁿdɑ¹³]	752, 753, 758
莱遮（地名）	[le³³ tʂə³¹]	551, 552, 568
莱滋科（地名）	[le³³ ⁿtsɯ³³ kʰɯ³¹]	564, 565, 566, 568, 942, 953
赖静如（人名）		6, 9, 21, 1015
兰坪（地名）		75
劳库里（地名）	[lo³¹ kʰu⁵⁵ lɯ³³]	378, 392, 939
老五（人名）	[ɑ³³ u³¹]	442, 443, 453, 969, 1021
乐端古（地名）	[lɚ³³ tɚ³³ ku³¹]	192, 193, 197, 942, 963
勒麦高（地名）	[lə⁵⁵ me³³ ko¹³]	551, 552, 568, 946
李复苏（人名）	[lɯ³³ fu⁵⁵ ʂu³³]	24, 493, 494, 495, 496, 497, 499, 500, 501, 502, 503, 504, 505, 681, 682, 683, 684, 685, 686, 692, 693, 694, 771, 772, 778, 933, 942, 960
李古舒（人名）	[lɯ³³ ku³¹ ʂu³³]	482, 483, 486
李和舒（人名）	[lɯ³³ xo³¹ ʂu³³]	646, 647, 654
李和苏（人名）	[lɯ³³ xo³¹ ʂu³³]	674, 677, 960

续表

汉语名称	国际音标	页码
李华山（人名）		44
李嘉德□（地名）	[lɯ³³ kɑ³³ tə³¹ ʔ]	746, 747, 758
李静生（人名）	[li²¹ gi²¹ sɛ²¹]	3, 4, 13, 33, 1148
李君楠（人名）		9, 34, 70, 1003, 1063, 1066, 1067
李恺（人名）		9, 60, 1035, 1037, 1049, 1053, 1059, 1060, 1064, 1067, 1068, 1073, 1074
李丽莎（人名）	[li²¹ li²¹ ʂə³³]	1148
李霖灿（人名）		12, 14, 33, 998, 1013, 1014, 1016, 1079
李帕（人名）	[lɯ³³ pʰɑ³³]	487, 490, 493, 494, 495, 505, 942, 954
李倩（人名）	[li²¹ tɕʰiə³³]	1148
李汝宏（人名）		44
李十娘（人名）		993
李世文（人名）		44
李桶（地名）	[lɯ³³ tʰə³³]	756, 757, 758
李小红（人名）	[li²¹ ɕiə³³ xu³³]	1149
李学信（人名）		6, 7, 8, 9, 34, 44, 47, 48, 53, 56, 60, 61, 63, 65, 67, 70, 72, 153, 181, 200, 238, 281, 310, 340, 370, 394, 403, 431, 440, 457, 476, 490, 509, 533, 572, 583, 598, 635, 658, 668, 680, 698, 717, 738, 762, 782, 796, 816, 826, 924, 979, 980, 983, 984, 987, 988, 992, 997, 1001, 1004, 1015, 1024, 1057
李烟竹（人名）	[lɯ³³ iə³³ tʂu³¹]	769, 778
李烟资（人名）	[lɯ³³ iə¹³ tsɯ³³]	420, 421, 428, 936, 968
李占魁（人名）		44, 72, 983
丽江（地名）	[ⁿgu³¹ be³³]	637, 638, 654, 949
丽江（地名）	[i⁵⁵ gu³¹ dy³¹]	614, 628, 629, 923, 924, 935
梁红（人名）	[lɯ³³ xu³³]	1156
林向萧（人名）		1012
刘晶（人名）		34, 1082
龙茹考（地名）	[lu⁵⁵ zʅ⁵⁵ kʰo³³]	387, 392, 943, 944, 975
楼头（地名）		42
鲁甸（地名）		6, 12, 21, 1021
路伯克皂（人名）	[lu³³ bə³¹ kʰɯ³³ zo³³]	195, 196, 197
罗邦（地名）		42
洛克（人名）		1014, 1016

汉语名称	国际音标	页码
吕古（地名）	[ly⁵⁵ ku³¹]	718, 719, 720, 734
吕若伽（人名）	[ly³³ zə³³ ⁿgɑ³³]	326, 327, 333

M

汉语名称	国际音标	页码
梅志红（人名）	[mɛ²¹ zʅ²¹ xu³³]	1149
米野（地名）		993
密□塔（地名）	[mi³¹ ʔ tʰɑ³¹]	547, 548, 568
密布草（地名）	[mi⁵⁵ pu¹³ tsʰo³³]	347, 348, 349, 365
密埗淘（地名）	[mi⁵⁵ ᵐbu³¹ tʰo³³]	329, 330, 333, 360, 365
密坎劳角（地名）	[mi⁵⁵ kʰɑ³³ lo³¹ kə³¹]	573, 580
密劳（地名）	[mi⁵⁵ lo³¹]	376, 392, 946
密沃草（地名）	[mi⁵⁵ ɣo³¹ tsʰo³³]	318, 319, 333, 934, 966
明伟（地名）	[mi³¹ ue³³]	37, 43, 44, 64, 75, 192, 193, 197, 331, 332, 333, 362, 363, 365, 387, 388, 392, 500, 505, 979, 980, 993, 996
鸣音（地名）	[ᵐbe³¹ i⁵⁵]	6, 28, 37, 43, 583, 588, 589, 591, 592, 594, 945
谋同（地名）		43
姆初华（人名）	[mu³¹ tʂʰu³¹ xuɑ³¹]	811, 814, 967
姆烟（人名）	[mu³³ iə³¹]	730, 731, 732, 734, 808, 814
姆烟达（地名）	[mu³¹ iə³¹ ⁿdɑ¹³]	752, 758
姆依苏（人名）	[mu³¹ i⁵⁵ ʂu³³]	739, 740, 758
姆载（人名）	[mu³¹ ze³³]	830, 834, 973
木灿东（人名）		983, 991
木琛（人名）	[mu³³ tʂə²¹]	1142
木春华（人名）		991
木里（地名）		6, 11, 12, 22, 75, 1014
木丽春（人名）		42, 43
木旺凤（人名）		1047, 1076
木小桥（人名）	[mu³³ ɕiə³³ tɕʰiə³³]	1142
木有贵（人名）		44
穆□德伟思海（人名）	[mu³³ ʔ tə³¹ ue³³ sɯ³¹ xa³¹]	799, 814
穆袅伽（人名）	[mu³³ niə³¹ ⁿgɑ³³]	327, 333, 358, 365, 510, 511, 513, 514, 525, 790, 791, 792, 947, 951
穆袅诃（人名）	[mu³³ niə³¹ xɯ³³]	288, 289, 290, 293, 442, 443, 453, 749, 750, 758, 803, 804, 814
穆袅诃宝诃（人名）	[mu³³ niə³¹ xɯ³³ po³³ xɯ³³]	285, 286, 287, 293

续表

汉语名称	国际音标	页码
穆裊诃古宝（人名）	[mu³¹ niə³¹ xɯ³³ ku³¹ po³³]	775, 776, 778
穆裊究（人名）	[mu³³ niə³¹ dziə³¹]	395, 396, 398, 564, 565, 566, 568, 805, 814
穆裊皂（人名）	[mu³³ niə³¹ zo³³]	757, 758
穆婆伽（人名）	[mu³³ pʰo³³ ᵑɡɑ³³]	466, 467, 472, 955
穆斯裊（人名）	[mu³³ sɯ³¹ niə³¹]	405, 406, 409, 410, 411, 412, 413, 422, 423, 428, 947, 951, 959
穆宇（人名）	[mu³³ y³³]	802, 814
穆至（人名）	[mu³³ tʂɯ³¹]	804, 814, 968
N		
纳吉伽（人名）	[nɑ³¹ ⁿtɕi³¹ ᵑɡɑ³³]	330, 331, 333, 361, 365
纳究（人名）	[nɑ³¹ dziə³¹]	468, 469, 472, 538, 539, 540, 568, 947
纳究和宇（人名）	[nɑ³¹ dziə³¹ xo³¹ y³³]	677
纳穆阿（人名）	[nɑ³¹ mu³³ ɑ¹³]	589, 590, 594
纳穆伽（人名）	[nɑ³¹ mu³³ ᵑɡɑ³³]	550, 551, 568
纳穆伽继塔（人名）	[nɑ³¹ mu³³ ᵑɡɑ³³ tɕi³³ tʰɑ³¹]	182, 183, 197
纳穆诃（人名）	[nɑ³¹ mu³³ xɯ³³]	403, 418, 419, 422, 423, 428, 798, 814
纳穆究（人名）	[nɑ³¹ mu³³ dziə³¹]	390, 391, 392
纳穆塔（人名）	[nɑ³¹ mu³³ tʰɑ³¹]	662, 663, 664, 722, 723, 724, 734, 812, 814, 829, 834
纳穆皂（人名）	[nɑ³¹ mu³³ zo³³]	713, 714, 813, 814
纳塔（人名）	[nɑ³¹ tʰɑ³¹]	831, 832, 834
奈巴塔（人名）	[ne³³ pɑ³³ tʰɑ³¹]	281, 290, 291, 293
奈李（地名）	[ne³³ lɯ³³]	575, 580, 949
南京应天府（地名）		43
南山（地名）		872, 874, 1021
讷纳李（地名）	[nə³¹ nɑ³¹ lɯ³³]	548, 549, 568, 949
裊诃（人名）	[niə³¹ xɯ³³]	227, 228, 229, 234
裊诃吉塔（人名）	[niə³¹ xɯ³³ ⁿtɕi³¹ tʰɑ³¹]	740, 741, 758
裊裊纳穆诃（人名）	[niə³¹ niə³¹ nɑ³¹ mu³³ xɯ³³]	675, 677
宁蒗（地名）		6, 11, 21, 37, 43, 75, 996, 1013
牛耕勤（人名）		71
P		
派戈（人名）	[pʰɑ³³ ɡə⁵⁵]	514, 515, 516, 525, 933, 954
庞昌平（人名）		1074
普麦理滋（人名）	[pʰu³³ me³³ lɯ³³ ⁿtsɯ³³]	558, 559, 568, 943, 953, 956

人名地名索引 1183

汉语名称	国际音标	页码
Q		
七九（人名）	[tɕʰi³³ tɕy³³]	1135
漆卦海（人名）	[tsʰi³¹ kua³¹ xa³¹]	801, 802, 814, 941
清华（高校名）	[tɕʰi³³ xua²¹]	3, 4, 5, 6, 9, 11, 13, 18, 19, 21, 22, 23, 25, 28, 29, 30, 31, 33, 34, 72, 865, 876, 883, 897, 902, 979, 987, 992, 996, 997, 1000, 1015, 1016, 1022, 1035, 1050, 1079, 1080, 1090, 1094, 1098, 1099, 1102, 1103, 1106, 1108, 1109, 1118, 1119, 1120, 1121, 1122, 1128, 1129, 1130, 1131, 1132
R		
饶棂多（人名）		34, 996, 997, 1008
热伽（人名）	[zə³³ ⁿgɑ³³]	285, 286, 287, 292, 293, 973
日伽（人名）	[zɯ⁵⁵ ⁿgɑ³³]	357, 365
日克密派（地名）	[zɯ⁵⁵ kʰɯ³³ mi⁵⁵ pʰɑ³³]	380, 381, 392, 974
日李（人名）	[zɯ⁵⁵ lɯ³³]	442, 443, 449, 450, 453, 974
日李古究（人名）	[zɯ⁵⁵ lɯ³³ kɯ³¹ dziə³¹]	828, 834
日淘舒（人名）	[zɯ⁵⁵ tʰo⁵⁵ ʂu⁵⁵]	751, 758, 964
日滋固（人名）	[zɯ⁵⁵ ⁿtsɯ³³ gu³¹]	745, 746, 758
芮腾晖（人名）		9, 52, 1041, 1065
S		
萨继（人名）	[sa¹³ tɕi³³]	701, 714
萨继穆衮伽（人名）	[sa¹³ tɕi³³ mu³³ niə³¹ ⁿgɑ³³]	720, 721, 722, 734
三坝乡（地名）	[sa³³ ba²¹]	13, 18, 21, 33, 1079, 1080
善巨郡（地名）		42
善美（地名）		43
上上里（地名）	[ʂə˞¹³ ʂə˞¹³ lɯ³³]	478, 479, 481, 482, 486, 958
石头城（地名）		7, 42, 43
舒隘宝（人名）	[ʂu³³ a³¹ po³³]	766, 767, 778
舒诃（人名）	[ʂu⁵⁵ xɯ³³]	478, 479, 486
舒塔（人名）	[ʂu⁵⁵ tʰɑ³¹]	405, 406, 428, 960, 963
舒塔克赤（人名）	[ʂu³³ tʰɑ³¹ kʰɯ³³ tʂʰɯ⁵⁵]	740, 741, 758
舒塔李（地名）	[ʂu⁵⁵ tʰɑ³¹ lɯ³³]	411, 412, 413, 428
舒皂科古塔（人名）	[ʂu⁵⁵ zo³³ kʰɯ³¹ kɯ³¹ tʰɑ³¹]	519, 520, 521, 525, 938
署（神名）	[su¹³]	69, 72, 980, 981, 985, 1001
署古（神名）	[su³¹ ku³³]	69

汉语名称	国际音标	页码
束河（地名）		43
刷蔡（人名）	[ʂuɑ³¹ tsʰe³³]	770, 778
思伽究塔（人名）	[sɯ³¹ ⁿgɑ³³ dʑiə³¹ tʰɑ³¹]	803, 814
思戈（人名）	[zɯ³³ gə⁵⁵]	483, 486
思瓜（人名）	[sɯ³¹ kuɑ³¹]	818, 823
思继（人名）	[sɯ³¹ tɕi³³]	802, 814
四川（地名）		12, 22, 75, 1014, 1025, 1059
苏里（人名）	[ʂu³³ lɯ³³]	462, 463, 464, 472, 960
苏明（地名）	[ʂuɑ³¹ nɑ³¹ ue³³]	9, 37, 40, 43, 44, 64, 70, 75, 330, 331, 333, 361, 365, 390, 391, 392, 457, 537, 538, 568, 618, 629, 676, 677, 712, 713, 714, 764, 765, 778, 831, 834, 897, 961, 970, 979, 980, 992, 993, 994, 995, 996, 1015, 1045, 1046, 1054, 1056, 1061, 1064, 1066, 1067, 1071
苏裴（人名）		9, 34, 598, 782, 924, 979, 980, 984, 987, 992, 1008, 1051, 1059, 1063, 1066, 1067, 1068, 1071, 1073
孙宏开（人名）		6, 9, 1013, 1015, 1016
T		
塔□烟（人名）	[tʰɑ³³ ʔ iə³³]	813, 814
塔城（地名）		6, 1021
塔舍（地名）	[tʰɑ³³ sɚ³³]	554, 555, 568, 958
塔沃（人名）	[tʰɑ³¹ ɣo³¹]	583, 591, 592, 594
太和（地名）		37
太河（地名）		43
唐玉鸿（人名）		44
陶云逵（人名）		1014
W		
瓦尼拉吉塔烟资（人名）	[uɑ³³ ni³³ lɑ³¹ ⁿtɕi³¹ tʰɑ³¹ iə³³ tsɯ³³]	420, 421, 428
瓦塔（人名）	[uɑ³³ tʰɑ³¹]	24, 684, 685, 686, 694, 708, 714, 969
王卫东（人名）		983
王元鹿（人名）		1016, 1017
维西（地名）		6, 11, 12, 28, 75, 1016, 1021
伟□□（地名）	[ue³³ ʔ ʔ]	564, 565, 566, 568
伟布（人名）	[ue³³ pu¹³]	764, 765, 778
伟埗诃（人名）	[ue³³ ᵐbu³¹ xɯ³³]	276, 277, 945

续表

汉语名称	国际音标	页码
伟道（地名）	[ue^{33} tʰo^{33}]	544, 545, 568
伟道嘉德诃（人名）	[ue^{33} to^{33} ka^{33} tə^{31} xɯ^{33}]	256, 257, 262
伟道究伽（人名）	[ue^{33} to^{33} dʑiə^{31} ⁿga^{33}]	156, 157, 160, 161, 162, 168, 169, 176, 177, 179, 202, 203, 219, 819, 820, 821, 822, 823
伟道李（地名）	[ue^{33} to^{33} lɯ^{33}]	188, 189, 197
伟道茹（人名）	[ue^{33} to^{33} zʅ^{55}]	164, 165, 166, 179
伟道塔（人名）	[ue^{33} to^{33} tʰa^{31}]	215, 219, 559, 560, 568
伟道皂（人名）	[ue^{33} to^{33} zo^{33}]	534, 535, 568
伟度麦（人名）	[ue^{33} ty^{55} me^{31}]	770, 771, 778
伟多（地名）	[ue^{33} ⁿdo^{33}]	188, 189, 197, 241, 242, 250, 251, 252, 262, 321, 333, 351, 365, 445, 446, 453, 500, 505, 948
伟伽（地名）	[ue^{33} ⁿga^{33}]	330, 331, 333, 361
伟伽道（地名）	[ue^{33} ⁿga^{33} to^{33}]	550, 568
伟伽道尼皂（人名）	[ue^{33} ⁿga^{33} to^{33} ni^{33} zo^{33}]	537, 538, 568
伟伽革（人名）	[ue^{33} ⁿga^{33} kə^{13}]	153, 171, 172, 179, 181, 194, 197, 572, 577, 578, 580
伟伽究塔（人名）	[ue^{33} ⁿga^{33} dʑiə^{31} tʰa^{31}]	600, 601, 608
伟革（人名、地名）	[ue^{33} kə^{13}]	164, 165, 166, 179, 552, 553, 568
伟革究伽（人名）	[ue^{33} kə^{13} dʑiə^{31} ⁿga^{33}]	560, 561, 568
伟革塔（人名）	[ue^{33} kə^{13} tʰa^{31}]	547, 548, 568
伟诃（人名）	[ue^{33} xɯ^{33}]	11, 526, 527, 533, 535, 536, 537, 568, 1020
伟诃阿资上（人名）	[ue^{33} xɯ^{33} a^{33} tsɯ^{33} ʂə^{13}]	561, 562, 563, 564, 568, 958, 968
伟诃科伽（人名）	[ue^{33} xɯ^{33} kʰɯ^{31} ⁿga^{33}]	821, 822, 823
伟继波（人名）	[ue^{33} tɕi^{33} pɚ^{55}]	801, 814
伟继密（人名）	[ue^{33} tɕi^{33} mi^{55}]	806, 814
伟继宇（人名）	[ue^{33} tɕi^{33} y^{33}]	711, 712, 714
伟嘉（地名）	[ue^{33} ⁿga^{33}]	751, 752, 758
伟嘉里（地名）	[ue^{33} ka^{33} lɯ^{33}]	224, 225, 234, 936
伟究（人名）	[ue^{33} dʑiə^{31}]	593, 594
伟坎（人名）	[ue^{33} kʰa^{33}]	706, 707, 714
伟克（人名）	[ue^{33} kʰɯ^{33}]	747, 748, 758
伟莱（人名）	[ue^{33} le^{33}]	739, 740, 758
伟劳（地名）	[ue^{33} lo^{31}]	346, 365, 413, 414, 415, 416, 428, 541, 542, 543, 544, 944
伟劳科古（人名）	[ue^{33} lo^{33} kʰɯ^{31} ku^{33}]	557, 558, 568

续表

汉语名称	国际音标	页码
伟劳里（地名）	[ue³³ lo³¹ lɯ³³]	316, 333
伟密（人名）	[ue³³ mi⁵⁵]	607, 608
伟裊究革（人名）	[ue³³ niə³¹ dziə³¹ kə¹³]	547, 548, 568
伟耙纳穆皂（人名）	[ue³³ ᵐba³¹ na³¹ mu³³ zo³³]	254, 255, 262, 945
伟耙伊奴塔（人名）	[ue³³ ᵐba³¹ i³¹ nɯ³¹ tʰɑ³¹]	256, 262
伟日（人名）	[ue³³ zu⁵⁵]	703, 704, 714
伟茹河（人名）	[ue³³ zu⁵⁵ xɯ³³]	366, 367, 370, 372, 373, 374, 392, 975
伟茹华海（人名）	[ue³³ zu³¹ xuɑ³³ xɑ³¹]	800, 814
伟萨（人名）	[ue³³ sɑ¹³]	440, 451, 452, 453
伟萨嘉德密（人名）	[ue³³ sɑ¹³ kɑ³³ tə³¹ mi⁵⁵]	742, 743, 758
伟沙（地名）	[ue³³ ʂɑ³³]	377, 378, 392
伟沙里（地名）	[ue³³ ʂɑ³³ lɯ³³]	350, 365, 383, 384, 385, 392
伟沙里滋（地名）	[ue³³ ʂɑ³³ lɯ³³ ⁿtsɯ³³]	320, 321, 333
伟沙沙（人名）	[ue³³ ʂɑ³³ ʂɑ³³]	786, 792, 957
伟什莱（人名）	[ue³³ ʂɯ³³ le³³]	683, 694, 720, 721, 722, 734, 810, 814
伟舒（人名、地名）	[ue³³ ʂu⁵⁵]	314, 333, 510, 511, 525, 960
伟舒嘉顶伽（人名）	[ue³³ ʂu⁵⁵ kɑ³³ tə¹³ ᵑgɑ³³]	581, 582, 583, 584, 585, 586, 588, 594, 1021
伟舒普艾（地名）	[ue³³ ʂu⁵⁵ pʰu³³ a³¹]	584, 585, 586, 594
伟思（人名）	[ue³³ zɯ³³]	551, 552, 568, 974
伟思道究塔（人名）	[ue³³ zɯ³³ to³³ dziə³¹ tʰɑ³¹]	207, 208, 219
伟塔（人名、地名）	[ue³³ tʰɑ³¹]	545, 546, 548, 549, 550, 554, 555, 568
伟塔伽（人名）	[ue³³ tʰɑ³¹ ᵑgɑ³³]	227, 228, 229, 234
伟塔古（人名）	[ue³³ tʰɑ³¹ ku³¹]	567, 568
伟塔茹（人名）	[ue³³ tʰɑ³¹ zu⁵⁵]	200, 212, 219
伟泰布（人名）	[ue³³ tʰe⁵⁵ pu¹³]	788, 792
伟沃（人名）	[ue³³ ɣo³¹]	706, 714
伟吾纳穆皂（人名）	[ue³³ u³¹ na³¹ mu³³ zo³³]	555, 556, 568, 969
伟宇伽（人名）	[ue³³ y³³ ᵑgɑ³³]	545, 546, 553, 554, 555, 568, 970, 972
伟宇瓦塔（人名）	[ue³³ y³³ uɑ³³ tʰɑ³¹]	728, 729, 734
伟宇伊塔（人名）	[ue³³ y³³ i³¹ tʰɑ³¹]	809, 810, 814
伟皂（人名）	[ue³³ zo³³]	710, 714
伟皂伽（人名）	[ue³³ zo³³ ᵑgɑ³³]	164, 165, 166, 174, 175, 176, 179
伟泽机（地名）	[ue³³ ⁿtsə³³ tɕi³³]	381, 382, 392, 962
伟兹勒（人名）	[ue³³ tsɯ⁵⁵ lə³¹]	676, 677

续表

汉语名称	国际音标	页码
伟卒里（地名）	[ue³³ tsʰy¹³ lɯ³³]	349, 350, 365
伟族道（地名）	[ue³³ tsʰɯ³³ tʰo³³]	545, 546, 548, 549, 568, 965
委什暮诃（人名）	[ue³³ ʂɯ³³ mə³³ xɯ³³]	294, 295, 297, 298, 299, 300, 301, 304
吾麦（地名）	[u³¹ me³¹]	495, 496, 505
吴老师（人名）	[u²¹ la³³ sɿ³³]	1149
吴树湾（地名）		5, 13, 14, 18, 1079, 1080, 1082, 1132
吴天茂（人名）	[u²¹ tʰɛ³³ ma³³]	1163
吴晓丽（人名）	[u²¹ ɕiə³³ li²¹]	1150
吾木（地名）	[tʂɯ⁵⁵ tsʰɯ³³ ue³³]	5, 6, 7, 8, 9, 10, 11, 23, 24, 25, 28, 34, 35, 37, 39, 40, 42, 43, 44, 45, 46, 47, 48, 49, 50, 52, 53, 54, 55, 56, 57, 58, 59, 60, 61, 62, 63, 64, 65, 66, 67, 68, 69, 70, 71, 72, 75, 76, 80, 81, 153, 181, 200, 222, 238, 266, 281, 295, 310, 340, 370, 394, 403, 431, 440, 457, 476, 490, 509, 533, 572, 583, 598, 612, 617, 629, 635, 640, 641, 654, 658, 668, 680, 681, 682, 683, 684, 685, 686, 694, 698, 717, 738, 762, 782, 796, 816, 826, 836, 840, 865, 923, 924, 934, 968, 979, 980, 981, 982, 983, 984, 985, 986, 987, 988, 989, 990, 991, 992, 993, 994, 995, 996, 997, 999, 1001, 1003, 1004, 1005, 1006, 1008, 1009, 1015, 1020, 1021, 1022, 1023, 1024, 1025, 1026, 1027, 1028, 1031, 1035, 1036, 1037, 1038, 1039, 1040, 1041, 1042, 1043, 1044, 1045, 1046, 1047, 1049, 1052, 1053, 1054, 1055, 1056, 1057, 1058, 1059, 1060, 1061, 1062, 1063, 1064, 1066, 1067, 1068, 1069, 1070, 1071, 1072, 1073, 1075, 1076
X		
下山口（地名）		43
夏树（人名）	[ɕiə³³ ʂu³³]	1150
香格里拉（地名）		4, 13, 18, 21, 75, 996, 1014, 1079, 1080, 1082, 1132
肖敏（人名）	[ɕiə³³ mi³³]	1155
肖煜光（人名）	[ɕiə³³ y²¹ kua²¹]	1150
邪龙县（地名）		42
熊猫（人名）	[ɕuə³³ ma³³]	1155
徐可可（人名）		5, 20, 34, 1082
叙塔（人名）	[ɕy¹³ tʰɑ³¹]	638, 639, 654, 930

续表

汉语名称	国际音标	页码
Y		
烟蔡（人名）	[iə³³ tsʰe³³]	274, 275, 277
烟哲古然究（人名）	[iə³³ tʂɚ³¹ ku³¹ zə³¹ dziə³¹]	268, 269, 277, 940, 962, 972
岩可（地名）	[a³¹ kʰɚ³¹]	24, 37, 681, 682, 683, 684, 685, 686, 694, 783, 790, 791, 792, 938, 993
盐边（地名）		75
盐源（地名）		11, 75
杨宝荣（人名）	[iaŋ³³ po²¹ zu²¹]	1155
杨崇如（人名）		44
杨春江（人名）	[iaŋ³³ tʂu²¹ tɕia³³]	1139
杨从秀（人名）	[iaŋ³³ tsʰo³³ ɕuə³³]	1154
杨光（人名）	[iaŋ³³ gua²¹]	1139
杨国珍（人名）	[iaŋ³³ go³³ tʂɚ¹³]	1151
杨洁红（人名）	[iaŋ³³ gi²¹ xu³³]	1151
杨丽春陈家（人名）	[iaŋ³³ li²¹ tʂu²¹ tʂɚ²¹ tɕia³³]	1159
杨四（人名）	[iaŋ³³ sɿ³³]	1151
杨晓燕（人名）	[iaŋ³³ ɕiə³³ iə²¹]	1154
杨一奔（人名）		983
杨亦红（人名）	[iaŋ³³ i²¹ xu³³]	1152
杨亦花（人名）	[iaŋ³³ i²¹ xua²¹]	1152
杨逸天（人名）		1014
杨玉春（人名）	[iaŋ³³ y²¹ tʂu²¹]	14, 1079, 1080, 1082, 1135
杨扎实（人名）		21, 22, 23, 996, 997
叶枝（地名）		1021
伊得诃（人名）	[i³¹ ⁿdɚ³¹ xɯ³³]	552, 553, 568, 935, 948
伊得密（人名）	[i³¹ ⁿdɚ³¹ mi⁵⁵]	220, 222, 224, 225, 234
伊得伟革（人名）	[i³¹ ⁿdɚ³³ ue³³ kɚ¹³]	247, 248, 249, 255, 262
伊伽（人名）	[i³¹ ⁿgɑ³³]	188, 189, 197
伊伽伟革（人名）	[i³¹ ⁿgɑ³³ ue³³ kɚ¹³]	557, 558, 568
伊究（人名）	[i³¹ dziə³¹]	444, 452, 453
伊密□（人名）	[i⁵⁵ mi⁵⁵ ?]	243, 244, 262, 936
伊奴伽（人名）	[i³¹ nɯ³¹ ⁿgɑ³³]	399, 400, 403, 405, 406, 409, 417, 418, 419, 422, 423, 428
伊奴诃（人名）	[i³¹ nɯ³¹ xɯ³³]	442, 443, 453, 744, 758, 811, 814, 952
伊塔（人名）	[i³¹ tʰɑ³¹]	435, 437

续表

汉语名称	国际音标	页码
伊皂（人名）	[i³³ zo³¹]	24, 272, 273, 274, 277, 448, 453, 476, 485, 486, 644, 654, 662, 664, 814, 935, 975, 987
益州郡（地名）		42
永昌郡（地名）		42
永宁（地名）		42, 43
永胜（地名）		75
油米（地名）		11, 13, 20, 21, 22, 23, 1013
于老师（人名）	[y³³ la³³ sʅ³³]	1153
宇伽（人名）	[y³³ ⁿgɑ³³]	235, 238, 239, 240, 241, 243, 244, 262
玉龙县（地名）	[ue³³ ly³³ kʰɯ³³]	5, 6, 9, 23, 33, 637, 654, 938, 945, 1013, 1023, 1024
喻遂生（人名）		12, 33, 1013, 1014, 1017, 1018, 1019
云南（地名）	[iə¹³ nɑ³¹]	3, 9, 13, 18, 21, 28, 37, 38, 52, 57, 75, 153, 181, 200, 222, 238, 266, 281, 295, 310, 340, 370, 394, 403, 431, 440, 457, 476, 490, 509, 533, 572, 583, 598, 612, 635, 658, 668, 680, 698, 717, 738, 762, 782, 796, 816, 826, 836, 840, 923, 924, 936, 947, 979, 981, 992, 996, 1008, 1013, 1014, 1023, 1025, 1027, 1028, 1031, 1035, 1038, 1042, 1046, 1048, 1049, 1050, 1051, 1055, 1056, 1059, 1060, 1063, 1065, 1066, 1069, 1074, 1079, 1080, 1082, 1132
Z		
宰戈（人名）	[ze³³ gə³¹]	407, 408, 428, 972
曾晓鹏（人名）	[tsɛ²¹ ɕiə³³ pʰə³³]	1158
张海（人名）	[tʂa³³ xa³³]	1154
张君（人名）		1094
张艺君（人名）		996, 1008
赵丽明（人名）		5, 8, 33, 1035, 1063, 1073, 1082
郑裕彤（人名）		46, 986
知识伟（地名）	[tɕi³³ ʂɯ³¹ ue³³]	23, 24, 222, 224, 225, 226, 227, 234, 266, 268, 269, 277, 285, 286, 287, 290, 291, 293, 295, 617, 629, 960, 962
中甸（地名）		4, 12, 13, 33, 1014, 1021
周有光（人名）		1019
朱宝田（人名）		12, 1014
朱建军（人名）		1016
朱静（人名）	[tʂu³³ gi²¹]	1163

续表

汉语名称	国际音标	页码
朱学良（人名）		44
孜库桶（人名）	[tsʰɯ³³ kʰu⁵⁵ tʰə³³]	752, 753, 758
兹高（人名）	[dzɯ³³ lo³³]	349, 350, 365
兹革（人名）	[dzɯ³³ kə¹³]	320, 333
兹勒（地名）	[tsɯ⁵⁵ lɚ³¹]	544, 545, 568
兹日孤（地名）	[dzɯ³³ ʐɯ⁵⁵ ku⁵⁵]	383, 384, 385, 392, 932, 974
滋格（人名）	[ⁿtsɯ³³ ⁿgɯ⁵⁵]	350, 365
滋古（地名）	[ⁿtsɯ³³ ku³¹]	387, 388, 392
梓戈（人名）	[zɯ³³ gɚ⁵⁵]	160, 179
卒伟（地名）	[tsʰy⁵⁵ ue³³]	166, 167, 168, 179, 968
族科劳（地名）	[tsʰɯ³³ kʰɯ³¹ lo³¹]	542, 543, 544, 568, 966
□波卦（人名）	[ʔ pɚ⁵⁵ kuɑ³¹]	801, 814
□埠（人名）	[ʔ ᵐbu³¹]	772, 773, 778
□诃（人名）	[ʔ xɯ³³]	809, 814
□科和塔（人名）	[ʔ kʰɯ³¹ xo³¹ tʰɑ³¹]	833, 834
□烟格（人名）	[ʔ iə³³ gɚ⁵⁵]	807, 814
……□格穆诃（人名）	[ʔ ⁿgɯ⁵⁵ mu³³ xɯ³³]	830, 834
……究（人名）	[ʔ dziə³¹]	202, 219
……米（人名）	[ʔ mi⁵⁵]	827, 834
……布（地名）	[ʔ pu¹³]	433, 434, 437

主要参考文献

1. [苏联] B. A. 伊斯特林著，左少兴译.文字的产生和发展 [M].北京：北京大学出版社，2002.
2. 方国瑜，和志武.纳西象形文字谱 [M].昆明：云南人民出版社，1981.
3. 傅懋勣.纳西族图画文字《白蝙蝠取经记》研究 [M].北京：商务印书馆，2012.
4. 傅懋勣.论民族语言调查研究 [M].北京：语文出版社，1998.
5. 盖兴之，姜竹仪.纳西语在藏缅语中的地位 [J].民族语文，1990（1）.
6. 甘露.纳西东巴文假借字研究 [D].上海：华东师范大学博士学位论文，2004.
7. 和即仁，姜竹仪.纳西语简志 [M].北京：民族出版社，1985.
8. 和志武.纳西语基础语法 [M].昆明：云南民族出版社，1987.
9. 和志武.纳西族的象形文字和东巴经（调查资料）[Z].1976.
10. 黄思贤.纳西东巴文献用字研究 [D].上海：华东师范大学博士学位论文，2008.
11. 蒋波.纳西宝山文书性质浅探 [A].成都：第二届中国少数民族古籍文献国际学术研讨会，2012.
12. 李静生.纳西东巴文与甲骨文的比较研究 [J].云南社会科学，1983（6）.
13. 李霖灿.麽些象形文字字典 [M].中央博物院，1944.
14. 李子鹤.宝山纳西语音系研究 [Z].北京大学中国语言文学系博士研究生未刊手稿，2012.
15. 林向萧.关于"东巴文是什么文字"的再探讨 [J].云南民族学院学报（哲学社会科学版），2002（5）.
16. 刘楚龙.寻访神秘的玛丽玛莎文字 [Z].清华大学中国西南地区濒危文字抢救、整理与研究课题组未刊手稿，2011.
17. 木仕华.纳西东巴文与藏文的关系 [J].民族语文，2001（5）.
18. 《纳西东巴古籍译注全集》编委会.纳西东巴古籍译注全集·第100卷 [M].昆明：云南人民出版社，1999.
19. 裘锡圭.文字学概要 [M].北京：商务印书馆，1988.
20. 冉启坤.纳西东巴文字结构研究史论 [D].上海：华东师范大学硕士学位论文，2010.
21. 王元鹿，朱建军."坡芽歌书"的性质及其在文字学领域中的认识价值 [J].上海：华东师范大学学报，2009（5）.
22. 王元鹿.汉古文字与纳西东巴文字比较研究 [M].上海：华东师范大学出版社，1988.
23. 许多多.屋脚摩梭历书《哥里木》解读及符号性质初探 [D].北京：清华大学学士学位论文，2011.
24. 喻遂生.纳西东巴文研究丛稿（第二辑）[M].成都：巴蜀书社，2008.
25. 赵丽明."坡芽歌书"的符号是文字吗 [J].文史知识，2009（7）.
26. 赵丽明."坡芽歌书"是什么文字 [N].中华读书报，2009-02-18.
27. 中国大百科全书·语言文字 [M].北京：中国大百科全书出版社，1994.
28. 周有光.世界文字发展史 [M].上海：上海教育出版社，2003.

后 记

  光阴荏苒，岁月匆匆。一年的时间很快过去了，我们的书稿也逐渐变成了厚厚的一大摞。从去年5月加入赵老师的课题组，参与宝山文书的搜集、整理和翻译工作，至今已有一年多的时间。一年时间不算长，可的确是我们人生最宝贵的光阴。如果说非要给这一年的工作做一句总结，我想到了一句时髦话——"痛并快乐着"。

  是啊，语言调查和文献翻译确实是一件"痛并快乐"的事情。"痛"是多方面的：我们深入雪山深处、大江尽头，遭受蚊虫叮咬，顶着炎炎烈日，冒着滑坡和泥石流的危险去偏远的少数民族地区寻找、搜集这些弥足珍贵的文献，这是皮肉之痛；在村中遭遇老乡们的不信，在学界遭遇前人的不屑，在学校遭遇同学的不解，这是精神之痛；对着电脑，通宵达旦，秉烛夜书，仔细辨明每个音位，琢磨每个虚词的功能，这是体力之痛；但最痛的，莫过于看到先辈们一代代智慧创造和积累起来的宝贵财富，在现代文明的冲击下付之流水，消散在市场经济的大潮中，这是真真切切的揪心之痛。也许正是不能忍受这种揪心之痛，我们才义无反顾地踏上"宝山文书之旅"。

  语言调查充满了乐趣。在一年多的时间里，我们多次深入吾木人家，与他们同吃同住，就是为了更好地描写出当地的语音系统。村民们的热情、玉龙雪山的雄伟、金沙江的滔滔浪花以及吾木的袅袅炊烟，都令我们感动至极。那段快乐的田野调查，至今仍让人回味无穷。正是在吾木的短暂岁月里，我们结下了深厚的友情，感谢你们：高渊、苏裴、胡张拓、李君楠、芮腾晖、陈纯杰、李恺、黄薇兮。没有你们，吾木之行必然缺少很多欢乐。吾木村的李学信书记、和崇光主任在生活上给了我们很多帮助，特别是李学信书记，是本书概况部分（第一章）的主笔人，为我们栩栩如生地描绘出了一幅美丽的吾木画卷。和茂芳与和学义老师则热情地向我们展示了他们收藏的宝贵文书。

他们让我们深切感受到纳西人民的热情好客。

当然，若是单凭一己之力，想把吾木话描写清楚，确实是难上加难。这里必须衷心地感谢孙宏开老师、盖兴之老师、赖静如老师和赵日新老师，正是他们的细心指点和谆谆教诲，让我们的语音学和语言调查水平有了很大长进。孙先生是社科院民族所的首席专家，已经八十多岁的高龄了，然而为了我们的工作仍是三天两头奔波于清华和社科院之间，并特意在清华开了一学期的语言调查课程，无论刮风下雨，从无迟到，让我们这群年轻人都自愧不如。赖老师是水语研究专家，为人和蔼可亲，先后三次从贵州赶来清华帮助大家记音和整理音位，与我们同吃同住，让我们的工作充满了乐趣。盖老师是纳西语研究的前辈，也是本卷的评审专家。虽然也是八十多岁的高龄，但盖老师仍然火眼金睛，三伏天冒着酷暑，坚持给我们审稿，逐字逐句地校订，一丝不苟，为书稿的顺利出版提供了有力保证。赵日新老师是我的导师，我的语言调查基本功都受之于他。在一年多时间里，他亲自带着我两次深入乡间地头进行方言调查，正是他的手把手教导，我的语言学基本功才得到实战训练。这些老师的可敬、可爱让我终身难忘，他们都是我们这些年轻学子的榜样。

然而，要想准确、全面地将43份56篇东巴文文书标注、翻译清楚，并弄清每个字的读音、本义和假借义、引申义，对于一个语言学专业的研究生来说，没有多年的东巴文化学习是不可能完成的事情。因此，这项工作的主角，自然是吾木村的东巴们。和茂春老师是吾木最德高望重的东巴，为了保护和抢救这些珍贵的文书，硬是挺着年迈的身躯，从云南千里迢迢赶到北京。当他迈下飞机的那一刻，我们不禁感动得泪眼婆娑。和学湛是吾木村的老支书，也是当地有名的东巴画家，当我们在吾木的工作遭遇人为的干扰时，是他的正直和凛然激励着我们走到最后。和学耀与和继先两位老师年轻有为，都是吾木村的青年东巴，没有他们的帮助，本书估计也很难问世，尤其是和学耀老师，也是本书吾木话语音系统的被调查人，书中所录的两千条词汇，都出自其口。

姜明慧同学对云南迪庆州白地村汝卡东巴文应用文献的解读，也为我们更好地证明东巴文的成熟性提供了有力论据。可以说，宝山文书与白地汝卡东巴应用文献是一对生长在金沙江畔、相互佐证的"姐妹花"。高渊同学参与了文书用字的统计与核对工作，并标注字频，使我们看到了同一文字在字形使用上出现的主从差异。高渊还和苏裴、饶枳多、张艺君等同学参与了口述史部分的采访和撰写工作。我们亲赴吾木九个人的实践随笔也附在此书中，谨与读者分享那段难忘岁月。

最后的书稿整理工作，得到了广西师范大学出版社集团的大力支持。出版社一直的支持，为整个项目的顺利进行提供了源源不断的动力。

当然，濒危文献的调查、整理与研究是个浩大的工程，没有一个坚强有力的领导和协调者，各项工作必然是一团乱麻，难以前进。清华大学中文系的赵丽明老师是民族语言、文字学领域的大家，对汉字、女书、东巴文、壮文、歌书等内容都有深入的研究。无论是项目的批准、会议的举办、文献的发掘，还是人员的联络、成果的审定、书稿的出版，她都事必躬亲，身体力行。多年来，她为了民族文字文献的保护，穿梭于西南的高山峡谷中，着实让人感动。正是她的严格要求和谆谆教诲，为我们的工作扫清了各种障碍。没有她，这本书是不可能这么快与大家见面的。

笔者对吾木话的语音系统做了全面的调查和整理（第二章），并在各位东巴老师的帮助下，对43份56篇文书做了详实的翻译解读（第三章），并重新思考宝山文书中东巴文的文字性质（第六章）。概况部分（第一章）作者是李学信书记，笔者参与了修订。本书是集体智慧的结晶，但不可否认的是，我们现在仍是青涩的学生，在语言调查、文献翻译、文字理论、民俗文化等许多方面，都存在不成熟的地方。即使我们竭尽全力，再三努力，本书中的错误和不妥之处也是不可避免的。在此，我们恳请学界的专家前辈、纳西族同胞和所有读者不吝赐教，多多指点，提出批评，我们定当不断努力，不断提高。

最后，希望我们的拙作能够抛砖引玉，引起学术界对于这一新兴东巴文书的关注，也希望纳西东巴文以及各民族的优秀文化都能生生不息，代代相传，共创中华文化的大繁荣！

蒋波
于清华大学新斋